광양만권 잠재력과 비전

이정록 지음

국립중앙도서관 출판시도서목록(CIP)

광양만권 잠재력과 비전 / 지은이: 이정록. -- 파주 : 한울, 2006
p. ; cm. -- (한울아카데미 ; 869)

ISBN 89-460-3556-0 93900
ISBN 89-460-3570-6 93900(학생판)

530.91-KDC4
352.745-DDC21 CIP2006001952

박젤드루다에게

책머리에

우리가 살고 있는 삶의 터전인 지역(region)은 끊임없이 변화한다. 어떤 지역은 지속적으로 성장하고 발전하지만, 어떤 지역은 정반대의 길을 걷는 경우도 있다. 뿐만 아니라 특정 도시는 성장의 길에서 침체의 길로 빠지는가 하면, 반대로 침체의 수렁에서 벗어나 새로운 성장을 구가하는 도시도 있다.

지역의 성장과 저성장, 발전과 저발전의 지역변화는 동서고금을 막론하고 지표공간 위에서 나타나는 일반적인 현상이다. 지역변화는 주로 내부적 동인과 외부적 동인의 영향을 받는다. 즉 지역의 인구, 자원, 위치, 지역경제의 구조 등 지역 내적 요인뿐만 아니라 주변지역의 경제구조, 경제주기, 국가 및 지역정책 등 지역 외적 요인에 의해 변화한다. 그리고 전술한 요인의 영향을 받아 특정 지역은 성장과 저성장, 발전과 저발전이라는 변화를 경험하게 되고, 이러한 변화는 다양한 형태로 우리 삶의 터전인 지역이라는 공간에 투영된다.

우리나라에서 위치적 속성이라는 내부적 요인과 중앙정부의 정책이라는 외부적 요인이 결합되어 지역이 빠르게 변화한 사례는 많다. 울산과 포항, 구미, 창원, 그리고 광양만권 등이 이러한 유형에 속한다. 전남의 동부지역에 위치하며 섬진강을 경계로 경남의 서부지역과 인접한 광양만권은 광양만이라는 위치적 속성과 중앙정부가 추진한 각종 개발계획에 힘입어 우리나라의 대표적인 임해형 공업지역의 하나로 성장하고 있다.

광양만권은 광양만에 접해 있는 전남의 여수시, 순천시, 광양시와 경남의 하동군, 남해군 등을 포함하는 지리적 범위를 지칭한다. 그러나 인접한 도시 간에 연계성이 강하여 동일한 지역경제권을 형성하고 있는 전남의 여수시, 순천시, 광양시를 포함하는 계획권역의 용어로 광양만권이 많이 사용되고 있다.

광양만권에서 지역변화가 나타나기 시작한 것은 1960년대 중반으로 거슬러 올라간다. 광양만의 서쪽 해안에 위치한 당시의 여천군 삼일면 일대가 제2 정유공장의 입지로 결정되고 1967년에 제2 정유공장 기공식이 행해지면서 지역변화가 나타나기 시작하였다. 농업과 수산업을 영위하던 촌락에 정유공장이 건설되고, 1973년부터 추진한 정부의 중화학공업 육성계획에 의해 삼일면 일대에 석유화학 계열의 산업단지가 조성되고, 광양만의 서쪽 해안에는 여천시라는 신도시가 출현하면서 지역이 빠르게 변화하였다. 또한 여천석유화학단지의 조성으로 여수시 지역경제 또한 기존의 수산업 중심에서 제조업 중심으로 지역의 경제구조가 변하게 되었다. 여천석유화학단지(오늘날은 여수국가산업단지로 명칭이 변경되었음)는 현재 정유, 비료·석유화학 계열의 업종이 입주하고 있는 우리나라 최대의 중화학공업단지로서 에너지, 비료, 석유화학 등 산업용 원료소재를 생산하고 있다.

여천석유화학단지가 광양만권의 지역변화를 제공한 첫 번째 동인이라면, 두 번째 동인은 광양제철소의 입지라 할 수 있다. 지역 간 균형발전이라는 대의명분과 광양만이 가진 천혜의 항만조건 때문에 1981년 당시 광양군 골약면 금호도 일대가 제2 제철소의 건설 대상지로 선정되면서, 광양만권의 지역변화는 더욱 빠르게 진전되었다. 광양제철소와 제철 관련 연관산업단지가 조성되면서 광양지역의 도시화는 물론이고 순천지역의 도시화도 빠르게 진행되었고, 외부에서 전입한 인구에 의해 광양만권 도시의 인구는 증가하였다. 광양제철소가 완공되고 연관공업단지가 조성되면서 광양만권은 포항과 울산에서 부산 및 창원으로 이어지는 동남 임해공업 벨트에 편입되면서 임해형 공업지역으로 부상하게 되었다.

그리고 부산항에 이어 광양항을 우리나라의 중심 항만으로 육성하는 정부의 양항(two-port)정책에 의해 광양제철소 부근에 광양컨테이너부두 조성공사가 1987년부터 시작되었다. 1997년에 제1단계 사업이 완공되어 개장하였고, 현재는 연간 280만 TEU의 컨테이너를 처리할 수 있는 우리나라의 중심항으로 성장하였다. 또한 광양만권의 2,733만 평이 2003년에 광양만권 경제자유구역으로 지정되어 물류, 신산업, 관광의 중심지로 육성하기 위한 계획을 수립해 현재 추진 중이다. 그리고 율촌 1산단의 일부 구역이 2005년에 자유무역지대로 지정되었다.

중앙 및 지방정부의 정책에 따라 추진된 여수국가산단, 광양제철소, 광양컨테이너부두, 율촌산단, 광양만권 경제자유구역, 율촌 1산단 자유무역지대 등은 광양만권의 지역변화에 영향을 제공한 주요 동인이다. 이런 동인의 영향으로 광양만권의 공업화가 진전되었고, 지역의 산업구조는 농수산업에서 제조업 중심으로 재편되었다. 도시인구의 증가로 도시화가 진행되었고, 지역의 경관도 크게 변화하였다. 뿐만 아니라 지역에 거주하는 주민의 의식구조 또한 변하였다. 결과적으로 광양만을 중심으로 환형으로 전개된 각종 개발사업에 의해 광양만권의 공업화와 도시화가 진행되면서 지역은 크게 변화·발전하였고, 도시들은 성장하였다. 특히 지역이 보유한 제조업과 물류 관련 인프라, 그리고 중앙정부와 지방자치단체(이하 지자체) 개발계획과 각종 지원제도는 광양만권을 더욱 크게 변화시킬 것으로 예상된다.

필자가 중앙정부와 지방정부가 추진한 각종 지역개발정책에 따라 지역의 공업화와 도시화가 진행되고 있고, 지역의 경제구조와 주민의식의 변화가 뚜렷하게 나타나고 있는 광양만권의 지역변화와 지역문제에 관심을 갖고 연구한 지 어느덧 20년이 되었다. 이 책은 광양만권의 지역변화, 지역개발, 지역문제 등에 관한 많은 논문과 모노그래프 등의 형태로 발표한 필자의 연구성과 중에서 지역의 공업화에 따른 지역변화에 관한 내용을 중심으로 재구성한 것이다.

이 책은 크게 네 부분으로 구성되어 있다. 제1부는 광양만권의 현황과 개발과정에 관한 내용으로 세 개의 장으로 구성되어 있다. 서론에 해당하는 제1장에서는 연구과 연구내용, 그리고 광양만권의 위치적 속성을 기술하였다. 제2장에서는 광양만권 자연환경과 인문환경, 광양만권에 분포하는 산업단지의 현황과 특징, 광양만권 인구와 산업구조 변화 등 광양만권의 현황과 지리적 특징을 개관하였다. 제3장에서는 광양만권 변화과정을 이해하기 위해 중앙정부와 지방정부가 수립하고 시행한 각종 지역개발정책 및 계획에 나타난 광양만권의 역할과 특징을 파악하여, 요약·정리하였다.

제2부는 광양만권의 공업화로 인해 나타난 지역경제 변화에 관한 내용으로 다섯 개의 장으로 구성되어 있다. 제4장은 광양만권의 공업화 과정에서 중요한 동인 역할을 한 여천석유화학단지 건설과정, 그리고 광양제철소 입지선정과 건설과정의 특징을 정리하였다. 제5장에서는 여천석유화학단지 입지가 여천지역(구여천시) 변화에 미친 영향을 인구와 행정구역의 변화, 지역경제의 구조변화에 중점을 두고 분석하였다. 제6장에서는 광양제철소 입지가 광양지역 인구수 및 인구구조의 변화, 인구성장에 미친 특징을 분석하였다. 제7장은 광양만권 공업화가 순천지역의 변화에 미친 영향을 인구와 지역경제의 구조변화, 도시세력권 등의 특징에 중점을 두고 정리하였다. 제8장은 전술한 내용을 바탕으로 광양만권 공업화가 광양만권 전체의 경제구조 변화에 미친 영향을 분석·정리하였다.

제3부는 광양만권 공업화와 도시화가 지역주민의 의식변화에 미친 영향을 내용으로, 제9장에서는 여수지역 정주환경과 삶의 질에 관한 여수시민의 인식과 태도에 나타난 특징을 분석하였다. 제10장은 광양지역 변화에 대한 주민의 인식과 태도에 관한 내용으로, 설문조사를 통해 파악된 구

동광양시 주민들의 의식변화, 광양제철소에 대한 광양시민의 인식과 태도에 관한 특징을 정리한 것이다. 제11장은 순천지역 변화와 도시발전 방향에 대한 순천시민의 인식과 평가의 특징을 고찰한 내용이다.

제4부는 광양만권의 지속적인 발전을 위한 과제를 제시한 내용으로 두 개의 장으로 구성되어 있다. 제12장에서는 광양만권이 우리나라는 물론이고 향후 등장할 동북아 경제권에서 중요한 경제공간으로 기능할 많은 잠재력을 보유하고 있기 때문에, 광양만권이 가지고 있는 발전 잠재력을 평가해 보고, 이를 바탕으로 광양만권 발전의 비전을 설정해 보았다. 제13장은 광양만권의 지속적인 발전을 위해 지역사회가 관심을 갖고 추진해야 할 주요 지역개발 사업의 과제와 전략을 장기적인 관점에서 제시하였다.

특정 지역의 변화와 발전과정에 나타난 공간구조의 특징을 지리학적 관점에서 분석하고 정리한 연구성과는 많다. 그러나 광양만권과 같이 공업단지 건설을 비롯한 대규모 개발사업의 시행으로 나타난 지역사회의 사회·경제적 구조변화와 그 특징을 개별적으로 분석하고, 이를 종합적으로 정리한 지역연구 성격의 성과물은 그렇게 많지 않다. 이런 측면에서 이 책을 계기로 특정 지역의 변화과정과 그 특징을 정리한 지역연구서가 계속 만들어지고 축적되길 기대한다.

전술한 것과 같이, 광양만권은 공업화와 도시화로 인해 지역인구가 성장하고, 지역경제는 활성화되었으며, 전남의 다른 지역에 비해 상대적으로 많은 성장을 경험한 지역이다. 반면에 공업단지 개발과정에서 나타난 환경문제를 비롯하여 교통과 주택 문제, 원주민과 전입주민 간의 사회적 갈등, 기업과 지역사회와의 갈등 등 많은 지역문제가 광양만권에서 발생했다. 그래서 필자는 광양만권의 변화과정을 파악하고, 당면한 지역문제를 해결하기 위한 지역정책에 관심을 갖고 연구를 수행하였으며, 그 결과를 다양한 논문과 모노그래프를 통해 발표하였다. 또한 광양만권이 당면한 지역문제의 해결과 바람직한 대안을 모색하기 위한 각종 개발계획 수립에도 많이 참여하였다. 이 책에 수록된 내용은 광양만권에 대한 필자의 학술활동뿐만 아니라 다양한 사회적 참여활동의 과정에서 만들어진 결과물이라 할 수 있다.

특히 필자가 지난 20여 년 동안 광양만권을 대상으로 지역연구를 지속적으로 수행할 수 있었던 배경에는 여수상공회의소의 역할이 매우 컸다. 여수상공회의소는 1996년부터 2000년까지 5년 동안 저자에게 광양만권 연구를 위한 연구비를 제공했다. 여수상공회의소의 재정적 지원이 없었다면, 저자의 광양만권 지역연구는 지속되지 못했을 것이다. 그래서 특별히 여수상공회의소 박용하 전 회장, 김영현 전 부국장, 그리고 김정수 국장과 정병식 부장을 비롯한 여수상공회의소 관계자들에게 감사의 뜻을 전하고 싶다.

끝으로 이 책의 원고정리와 교정 작업에 도움을 준 전남대학교 지리학과의 김승곤과 류윤정에게 고맙게 생각한다. 또한 한정된 독자층을 가진 이 책의 출판을 흔쾌히 수락해 준 도서출판 한울의 김종수 사장님을 비롯하여 기획과 편집 작업에 참여한 편집부 여러분께 감사드린다.

2006년 8월

무등이 바라보이는 연구실에서

이 정 록

차례

1부

광양만권 현황과 특징

제1장

연구목적과 내용구성

1. 연구의 배경과 목적

1) 연구의 배경

지자체 간 경쟁이 치열하게 전개되고 있는 지방화 시대에 지역의 지속적인 발전을 위한 논의는 지역에 거주하는 전문가뿐만 아니라 지역의회, 지역상공회의소, 지자체 등이 적극 참여해야 한다. 이것이 최근의 지역개발 방식에서 강조하고 있는 '거버넌스형' 지역개발 모형이다.

그리고 최근의 지역개발 방식에서는 '지역 간 협력과 연대'를 새롭게 강조하는 패러다임의 변화가 나타나고 있다. 이는 광양만권과 같이 인접한 지자체들이 공동발전을 도모하기 위해 서로 긴밀한 연계를 갖고 각종 지역개발정책을 광역적으로 수립·시행하여 상승효과(synergy effect)를 발생시키는 통합형 분업방식이다.

이런 변화의 흐름 속에서 참여정부가 주요 국정과제의 하나로 설정하고 있는 분권형 지역개발이 강조되고 있고, 이런 경향은 앞으로 전개될 지역개발정책에서 커다란 흐름으로 등장할 것이 예상되기 때문에, 지역 내부의 역량을 강화하여 자립적 지역발전을 추구해야 할 필요가 있다.

전라남도의 동부지역에 위치한 여수시, 순천시, 광양시 등 광양만권 3개 도시는 각 도시가 지닌 문화적·역사적 다양성에도 불구하고, 동일한 개발 권역으로 설정되면서 하나의 지역경제권을 형성하고 있다. 특히 광양만권과 같이 유사한 지리적 자원을 보유하며 문화적·경제적으로 유사한 지역구조적 속성을 가지고 있는 경제권은 영역 단위에 집착하기보다는 3개 도시가 전략적 협력과 제휴를 통해 지역의 역량을 강화시키는 것이 필요하다.

이런 관점에서 거버넌스형 지역개발, 지역 간 협력과 제휴방식, 분권형 지역개발 방식 등이 강조되는 최근의 상황을 고려하면, 광양만권과 같이 기능적 연계가 강한 권역에서는 새로운 차원의 창의적인 발전체계를 구축해 나갈 정책적·제도적 방안에 대한 종합적인 접근과 해법을 제시하는 것이 매우 중요하다.

전술한 것과 같이, 지역개발 방식의 패러다임 전환과 함께 세계화와 지방화의 추세는 광양만권에 새로운 역할을 요구하고 있다. 예를 들어 최근 광양만권에서 논의되고 있는 행정구역 통합문제는 광양만권의 지역발전을 위해 새로운 차원에서 검토되고, 지역주민들이 고민하고, 해결해야 할 과제이다.

특히 광양만권의 새로운 비전과 아젠다, 지역발전의 로드맵을 재설정하기 위해서는, 지금까지 광양만권은 어떻게 변화·발전해 왔고, 광양만권의 공업화와 도시화의 변화과정 속에서 여수·순천·광양 지역이 어떻게 성장했는가를 종합적으로 검토하고, 이를 바탕으로 광양만권이 나아갈 새로운 방향을 설정하는 것이 중요하다.

2) 연구의 목적

전라남도의 동부지역에 해당하는 광양만권은 과거부터 전남지역에서 '동부 6군(東部六郡)'으로 총칭되었다. 그러나 광양만에 여천석유화학공업단지, 광양제철소 등이 입지함에 따라 이 지역이 우리나라의 임해공업지역으로 변모하였고, 광양만권이라는 계획지역의 용어가 등장하게 되었다.

최근 광양만권은 행정구역을 통합하자는 내부적 논의에 직면해 있고, 이런 논의는 향후 중앙정부가 추진할 행정구역 개편에 그대로 반영될 것으로 예상된다. 특히 행정구역의 광역적 통합과 상관없이 광양만권은 산업구조의 상호 유사성으로 인해 광역 행정의 필요성이 제기되고 있고, 광양만권을 대상으로 하는 광역적 도시계획이 현재 수립 중에 있다.

그리고 광양만권이 갖는 도시의 지리적 인접성과 산업구조의 기능적 연계성은 궁극적으로 단일의 경제권을 지향하게 되고, 단일의 경제권은 더 나아가 단일 행정구역으로 확대될 개연성이 매우 많다. 따라서 광양만권이라는 단일의 경제권·생활권을 대상으로 지역개발 방식의 새로운 패러다임에 적합하게 지역발전을 위한 창의적이고 자립적인 발전 체제를 구축하는 것은 중요하다.

이런 측면에서 이 책은 우리나라에서 여수를 포함한 전남의 동부지역이 1970년 이후 국토개발 과정에서 '광양만권 시대'를 구가하게 된 배경과 그 과정에서 나타난 특징을 정리하고, 이를 바탕으로 지역발전의 새로운 비전을 도출하는 것에 중점을 두었다.

따라서 이 책의 주요 목적은 다음과 같은 세 가지로 구분된다. 첫째, 여천석유화학공업단지가 조성된 이후 지금까지 나타난 광양만권 변화 및 발전과정에 대한 전반적인 특징과 흐름을 정리·파악하였다. 둘째, 광양만권의 공업화 및 도시화로 나타난 지역변화의 특성을 주민의 의식변화에 중점을 두고 분석·정리하였다. 셋째, 1960년 이후 광양만권의 변화·발전 과정에 대한 특징을 바탕으로 바람직한 광양만권 발전을 위한 비전과 정책 방향, 추진과제 등을 도출하고 제안하였다.

3) 연구내용의 구성

이 책에서는 지금까지 수행된 광양만권에 대한 연구성과를 분석·정리하고, 이를 바탕으로 지역발전을 위한 비전과 방향을 도출하고 설정하는 데 중점을 두었다. 그러므로 광양만권의 공업화 과정에서 여수시(구여천시 포함), 순천시, 광양시 등의 변화· 성장 과정을 정리하는 것이 1차적인 내용이다. 그리고 2차적으로는 공업화에 의한 광양만권의 지속적인 발전을 위한 내용을 도출하는 것이다.

이 책은 총 4부로 구성되어 있다. 제1부에서는 광양만권의 공업화와 도시화에 관한 전체적인 특징을 개관하고 정리하는 것으로, 여천석유화학단지,[1] 광양제철소 및 연관단지, 광양컨테이너부두, 율촌산단 등을 비롯하여 권역 내 각종 농공단지 등을 포함한 공업화 과정과 공업화로 나타난 도시화 과정의 특징을 파악하고 정리하였다.

제2부에서는 광양만권에 위치한 여수시(구여천시 포함), 순천시, 광양시의 변화 및 발전 과정을 광양만권의 공업화와 관련시켜 정리하였다. 특히 개별 도시의 인구변화와 경제구조 변화 등을 종합적으로 정리하여 개별 도시의 공업화와 도시화의 특징을 도출하였다.

제3부에서는 광양만권의 공업화 및 도시화에 대한 지역주민의 인식 및 태도를 분석하였다. 여수지역, 순천지역, 광양지역의 현재 상태와 장기적인 발전 방향 및 과제와 관련된 내용을 중심으로 지역주민의 인식과 평가를

1) 오늘날의 여수국가산업단지는 건설 초기부터 여천석유화학단지 또는 여천석유화학공업단지(약칭 여천산단)로 불렸기 때문에, 이 책에서는 여천석유화학단지라는 명칭도 혼용했음을 밝혀둔다.

기존의 연구성과를 바탕으로 재정리했다.

그리고 제4부에서는 전술한 연구내용을 종합적으로 분석하여 광양만권의 지속 가능한 발전을 위한 과제와 전략을 제시하였다.

이 책에서는 전술한 연구내용에 효과적으로 접근하기 위해 지금까지 발표된 광양만권에 관한 필자의 연구성과를 바탕으로 연구 체제에 맞게 재구성하였다. 한편 광양만권의 범역을 여수시, 순천시, 광양시로 한정하였고, 관련 내용의 분석 또한 이들 3개 지역만을 대상으로 했음을 밝혀둔다.

2. 광양만권의 위치적 속성과 특징

1) 광양만권의 범역과 특징

전남의 여수시, 순천시, 광양시, 그리고 경남의 하동군과 남해군 등은 남해안의 광양만에 접해 있다. 광양만에 접해 있는 지리적 범위에 대한 명칭으로서 광양만권 또는 광역 광양만권이라는 용어가 등장하고 본격적으로 사용되기 시작한 때는 제3차 국토종합개발계획(1992~2001) 진행되면서부터이다.

광양만권이라는 용어는 지역경제권 또는 개발권역에 기초한 지명이다. 반면에 광양만권을 지칭하는 생활권·통혼권 등의 지역문화권에 기초한 지명으로는 '전남의 동부지역' 또는 '동부6군'이라는 용어가 오랫동안 사용되었다. 그러나 제3차 국토종합개발계획과 광양만·진주권 광역개발계획(1998)이 수립되면서 지역문화 및 생활권에 기초한 용어보다는 광양만권이라는 계획권역의 용어가 많이 사용되고 있다. 광양만권이라는 지리적 위치를 지칭하는 용어가 사용되기 이전부터 전남지역의 동쪽에 위치한 방향성 때문에 '전남의 동부지역'이라는 용어가 자주 사용되었다. 특히 전남지역

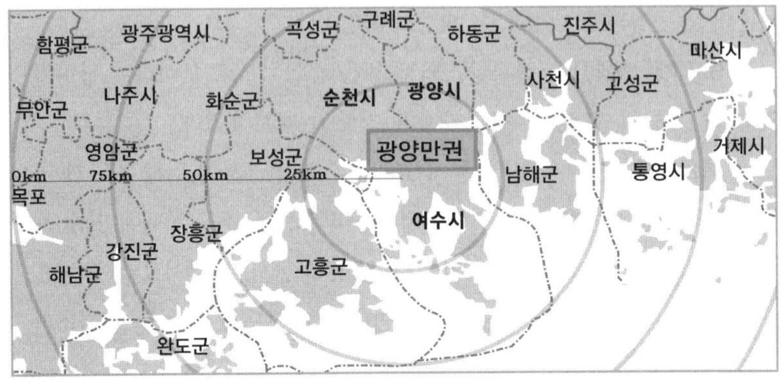

광양만권의 위치도

에 거주하는 사람들은 동부지역을 '동부6군(東部六郡: 여천군, 승주군, 광양군, 보성군, 구례군, 고흥군)'으로 통칭하면서, 동부지역이라는 방향성에 입각한 광역적 범역의 용어를 오랫동안 사용하였다. 오늘날의 전남 동부지역은 행정구역상 3개 시(여수시, 순천시, 광양시), 3개 군(고흥군, 보성군, 구례군)으로 구성되지만, 개발권역에서 지칭하는 광양만권의 범위는 기존의 '동부6군' 또는 '전남의 동부지역'과는 약간 상이하며, 여수시, 순천시, 광양시 등이 광양만권의 중심지역을 형성하고 있다(이정록, 1996: 361-362).

지리적으로 보면, 전남의 동부지역으로 불린 광양만권은 풍부한 물산과 온화한 기후조건, 넓은 평야와 연안 수산자원 등을 보유하여 다른 지역에 비해 농수산업이 발달하였으며, 이러한 농·어업 중심의 산업구조는 동부지역이라는 하나의 동질적인 경제 및 생활권을 형성하는 주요한 배경이 되었다.

특히 광양만권은 역사적으로 순천과 여수를 중심으로 독특한 생활양식과 문화를 보유하면서 하나의 동질적인 생활권을 형성하였던 지역이었다. 『신증동국여지승람』에 의하면, 이 지역은 "한양과 약 843리 떨어져 있으나 육지와 바다의 산물이 풍부하고 인심이 좋으며, 사람들의 성격이 온순하다. 그러나 바다와 가까워서 왜놈의 침입이 빈번하여 일찍부터 진(鎭)을 설치하였다"고 기록하였다.

조선 중기의 실학자인 이중환의 『택리지』에 의하면, "땅이 기름지고 바다 조수와 통하여 교역이 일찍부터 행해졌고, 광양의 백운산은 도선이 도를 닦던 곳이며 천석이 아름답다. 순천의 조계산은 남쪽 송광사 계곡의 산수가 훌륭하다"고 기록하고 있다. 이와 같이 광양만권은 예로부터 산수가 수려하고 물산이 풍부한 지역이었다.

그러나 광양만권은 서울을 비롯한 중앙과의 지리적 원격성, 근대화 과정에서의 공간적 분리, 성장 및 공업 중심지역과의 낮은 접근성, 산업 간 연계성의 부족 등으로 권역 내 공업발달은 매우 지연되었다. 권역 내의 도시 또한 배후의 농촌지역에 재화와 서비스를 제공하는 하위계층의 중심지 기능만을 수행하면서 중핵적인 도시로 출현하지 못하였고, 도시의 성장도 매우 느리게 진행되었다(이정록, 1997: 41).

그렇지만 광양만권은 1970년대 여천석유화학공업단지의 건설, 1980년대 중반 광양제철소의 입지, 광양컨테이너부두의 개항, 그리고 광양만권에 행해지는 각종 대규모 개발 프로젝트에 의해 지역의 산업화와 도시화가 빠르게 진전되면서 우리나라의 대표적인 임해형 신산업지대로 등장하였다. 이런 지역변화와 함께 등장한 용어가 바로 광양만권 또는 광역 광양만권이라는 지역구분의 명칭이다.

광양만권이라는 계획권역의 용어는 1994년 '지역균형개발 및 지방중소기업육성에 관한 법률'이 제정·공포되고, 이 법률에 의해 전국이 7대 광역개발권역으로 구획되어 7개 권역에 대한 광역개발계획이 수립되면서 공식적으로 사용되기 시작하였다. 그리고 광양만권은 '광양만·진주권' 광역개발권역에 포함되었다.

따라서 광양만권이라는 용어는 광양만권의 개발계획과 함께 등장한 계획권역(planning region)을 지칭하는 명칭이었다. 그렇지만 오늘날에는 광양만과 면해 있는 지역에서 각종 개발사업이 시행되고 있기 때문에 광양만과 인접해 있는 지역(시·군)의 행정구역을 탈피한 광역적 지역구분의 용어로 광양만권이 주로 사용되고 있다. 그리고 광양만권에서는 여수시, 순천시, 광양시가 중심적 위치를 차지하고 있다.

광양만권 또는 광역 광양만권이라는 용어에서 지칭하는 행정구역의 범위는 약간씩 차이가 있다. 광양만과 접하고 있는 행정구역은 전남의 여수시, 순천시, 광양시, 경남의 하동군과 남해군 등이다. 그러므로 광양만권에 포함되는 행정구역의 범역을 규정할 때는 이들 5개 시·군을 통칭하는 것이 바람직하다. 그러나 각종 개발계획을 포함한 계획권역으로서의 광양만권을 지칭할 때는 계획의 목적과 내용에 따라 광양만권의 범위는 조정될 수 있다. 예를 들어 전라남도 중심의 광양만권 개발계획인 경우에는 전남의 행정구역만을 포함하게 될 것이고, 전남의 동부와 경남의 서부지역을 포괄하는 개발계획인 경우에는 계획권역 또한 전남과 경남을 포괄하는 5개 시·군이 대상으로 될 수 있다.

이런 속성 때문에 광양만권의 범역은 개발계획의 내용에 따라 약간의 차이가 나타난다(<표 1-1> 참조). 여수상공회의소의 산업재배치계획(1986)에는 여수시, 순천시, 광양시, 고흥군, 하동군, 남해군 등이 포함되었다. 반면에 전라남도에서 수립한 광양만권 광역개발계획(1995)에서는 경남지역은 배제되었고, 여수시, 순천시, 광양시, 고흥군, 벌교읍(보성군) 등이 권역에 포함되었다. 광양만·진주권 광역개발계획(1998)에서는 범역을 확대하여 전남과 경남의 8개 시·군·읍이 포함되었다. 광양만권 경제자유구역 개발계획(2004)에서는 여수시, 순천시, 광양시, 하동군이 포함되었고, 전라남도가 발주한 광양만권 광역도시계획에서는 여수시, 순천시, 광양시만 포함되었다.

따라서 광양만권의 범위는 협의의 범위와 광의의 범위로 구분할 수 있다. 협의의 지리적 범위는 여수시, 순천시, 광양시로 국한할 수 있고, 광의의 지리적 범위는 여수시, 순천시, 광양시를 비롯하여 경남의 하동군과 남해군으로 확대된다. 광의의 범위는 '광역 광양만권'으로 지칭되기도 한다.

〈표 1-1〉 광양만권 범역설정의 사례

개발계획(보고서)	권역 범위	주관 기관	발행일
광역 광양만권 산업재배치에 관한 연구	여수시, 순천시, 광양시, 고흥군, 하동군, 남해군	여수상공회의소	1986. 3.
광양만권 광역개발계획(안)	여수시, 순천시, 광양시, 고흥군, 벌교읍	전라남도	1995. 12.
광양만·진주권 광역개발계획	여수시, 순천시, 광양시, 벌교읍, 진주시, 사천시, 하동군, 남해군	전라남도·경상남도	1998. 12.
광양만권 경제자유구역 개발계획	여수시, 순천시, 광양시, 하동군	전라남도·경상남도	2004. 4.
2025년 광양만권 광역도시계획(안)	여수시, 순천시, 광양시	전라남도	2006. 5

그렇지만 광양만권이라는 용어가 생활문화권의 정적인 지역구분이 아니라 계획권역과 지역경제권의 속성을 가지고 있기 때문에 지역구분의 범역은 유동적인 특성을 구조적으로 내포하고 있다.

2) 광양만권의 위치적 속성

광양만권이 가지고 있는 위치적 특징 중 하나는 우리나라의 역사과정에서 중심지역(center)과 멀리 떨어져 주변지역(periphery region)으로 기능을 하였다는 점이다. 광양만권은 역대 왕조의 수도였던 왕도(王都)와 지리적으로 멀리 떨어져 있었다. 삼한시대를 비롯하여 백제시대에는 왕도였던 위례성·공주와, 통일신라시대에는 경주와, 고려시대에는 개성과, 그리고 조선시대에는 한양(서울)과 항상 멀리 떨어진 지리적 원격성을 나타냈다.

이러한 지리적인 원격성은 중앙과 격리되는 양상을 나타냈다. 그러나 중앙과 단절을 의미하는 것은 아니다. 이른바 중심지역에서 발생한 성장의 파급효과가 시간, 거리조락의 효과(distance decay effect)로 인하여 항상 늦게 도달하여 상대적으로 변두리적인 위치를 면하지 못하였던 것이다. 이와 같은 왕도와의 원격성은 지역 간 흐름이 원활하지 못하였던 당시의 사정을 고려해 볼 때, 이 지역을 정치적·경제적인 중심지역이 아닌 주변지역적 위치로 존재하게 하는 결정적인 요건이 되었다.

이러한 주변지역적 속성은 외부지역과의 연결에 중요한 역할을 하였던 교통로의 발달에도 그대로 나타났다. 즉 조선시대에는 한양을 중심으로 6개의 간선도로인 '6대로(大路)'라는 교통망이 방사선상으로 만들어졌다. 제1로는 서울-의주, 제2로는 서울-경흥, 제3로는 서울-평해, 제4로는 서울-동래, 제5로는 서울-제주, 제6로는 서울-강화 등이 그것이다. 특히 서울과 대표적인 곡창지대인 전라도를 연결하는 제5로인 서울-제주선(서울, 과천, 수원, 천안, 공주, 정읍, 장성, 영암, 해남, 제주)에서도 광양만권은 교통로의 중심지역으로 편입되지 못하였다. 그리고 2개의 준간선축(문경-통영선, 삼례-통영선) 중에서 순천과 연결될 수 있는 '전라북도 삼례-통영선(완주의 삼례-전주-남원-함양-진주-고성-통영)'에서도 주변지역적 위치로 전락하였다.

이와 같이 역사적으로 광양만권이 수도와 지리적으로 멀리 위치한 속성은 지역의 산업과 도시구조에도 영향을 미쳤고, 농업과 수산업 중심의 주변적 기능을 수행하게 된 구조적인 배경이 되었다. 그리고 이런 구조적 속성은 근대화 과정에도 그대로 반영되었다(이정록, 1997: 42).

3) 근대화 과정에서 광양만권의 특징

1900년대부터 시작된 우리나라의 개항 및 근대화의 변혁과정에서도 여수라는 양호한 항구를 가지고 있었지만 중심이 아닌 주변지역적 위치에 머물러 있었던 것이 특징이다.

근대화의 시작을 개항장이 설치된 1876년으로 한다면, 근대화의 모습이 공간적으로 가장 먼저 정착한 곳은 항구였다. 그래서 부산, 인천, 원산을 시작으로 마산, 군산, 목포 등이 개항되면서 이들 항구도시가 근대화 물결의 중심이 되었다. 근대화 초기에는 항만 하역 시설을 바탕으로 집적의 이익을 얻기 위하여 이들 항구도시에 자본이 투자되면서 인구가 유입되어 도시가 발달하기 시작하였다. 그리고 일본의 식민지 지배가 본격화되어 이들 항구와 내륙의 주요 도시를 연결하는 내륙도로가 개설되면서 항구에서 시작된 근대화는 내륙으로 확산되기 시작하였다.

그렇지만 근대화 과정에서도 광양만권은 근대화의 주요 통로와 멀리 떨어져 있었으며, 인접한 항구인 여수는 부산, 진해, 마산, 목포 등에 비해 상대적으로 비교우위를 확보하지 못하여 교역항구의 기능보다는 어항기능을 주로 수행하였다. 이러한 여수항의 기능은 광양만권의 도시발전에도 그대로 영향을 미쳐, 광양만권은 근대화 과정에서도 성장의 중심이 되지 못하고 주변지역이 되었다. 그리고 1900년대 서울을 중심으로 발달한 초기의 'X자' 형태의 철도망(경인선, 경부선, 경의선, 경원선)은 이러한 주변지적 위치를 더욱 강화시키는 계기가 되었다.

광양만권의 주변적 위치에 약간의 변화를 제공한 계기가 된 것이 전라선의 개통이다. 1930년대 전라선과 광주선(송정-순천)이 개통되면서 순천은 철도교통의 주요 결절지로서 광양만권의 중심도시 기능을 수행하게 되었다. 특히 순천시는 교통의 중심지로, 여수시는 수산업으로 특화되기 시작하였다. 그러나 광주선과 전라선의 기능이 주로 여객 수송이었기 때문에 지역의 공업화를 비롯한 지역의 경제구조 변화에는 크게 기여하지 못하였다.

근대화 과정에서 광양만권은 여수라는 양호한 항구시설을 가지고 있었다. 그러나 여수는 부산보다도 일본과 지리적으로 멀리 떨어져 있어서 당시에 발달한 간선 교통망에 편입되지 못하였으며, 미곡생산의 중심지도 아니었기 때문에 근대화의 흐름이 상대적으로 지연되었다. 그리고 여수지역을 포함한 광양만권의 근대화는 다른 해안지역에 비해 상대적으로 늦게 시작되었다. 특히 이러한 속성은 해방 이후 전개된 우리나라의 산업화 과정에도 그대로 반영되어 이 지역의 성장과 발전이 상대적으로 늦어졌다(이정록, 1997: 43-44).

4) 국토종합개발계획 시행과정과 광양만권

전술한 광양만권의 위치적 속성은 1960년 이후 우리나라의 공업화와 도시화 과정에도 그대로 노정되었다. 우리나라는 1962년 '제1차 경제개발 5개년계획'을 시작으로 지금까지 6차에 걸친 경제개발계획과 1972년 시작된 제1·2차 국토종합개발계획의 수립과 시행을 통해 급속한 경제성장을 이룩하였다. 그리고 공업단지 중심의 생산공간이 형성되어 사회·경제적 발전과 더불어 국토공간의 다양성이 확보되었다.

그러나 도시발달과 경제활동은 집적이익과 규모의 경제(economy of scale)를 향유하기 위하여 서울을 중심으로 한 수도권과 부산을 중심으로 한 동남권, 그리고 수도권과 동남권을 연결하는 경부축 선상으로 밀집되어 이들 지역이 경제성장의 중심지역을 형성하게 되었다. 반면에 수도권이나 동남권 또는 경부축과 지리적으로 멀리 떨어져 있고, 지역 간 유동(flow)을 강화시키는 사회간접시설의 부족으로 전남지역은 개발 및 발전 과정에서 소외되어 여전히 성장의 주변지역을 차지하게 되었으며, 광양만권 또한 예외는 아니었다.

광양만권의 주변적 위치는 제1·2차 국토종합개발계획에도 그대로 반영되어 광양만권에 위치한 순천시는 단순히 주변 농촌지역에 재화와 서비스를 제공하는 중소 도시로 기능하게 되었고, 교통의 결절점이었던 순천시만이 도시적 기능을 수행하게 되었다. 그리고 양호한 자연적 조건을 가지고 있는 여수는 연근해 어업의 중심지로서 일반 어항의 기능을 수행하였다.

그러나 광양만권에도 1960년대 후반기부터 변화의 물결이 나타나기 시작하였다. 1967년 중화학공업을 육성하기 위하여, 정부가 여천군에 석유화학공업단지를 조성함으로써 전형적인 농어촌지역이었던 이 지역의 경제활동이 변모되기 시작하였다. 여천공단의 조성으로 광양만을 중심으로 한 전남의 동부지역에서는 신도시가 건설되고, 급속한 도시화와 공업화가 진행되어, 공업시설의 입지가 빈약한 전라남도 공업의 중심지역으로 등장하는 계기가 되었다.

이러한 변화과정 속에서 1985년 이후 광양제철의 입지와 관련 공단의 조성, 광양컨테이너부두 조성사업, 그리고 율촌 1산단 개발 등 광양만권을 중심으로 한 대단위 지역개발 사업에 의해 광양만권은 매우 빠르게 변화하였다(이정록, 1997: 44-55).

특히 공업단지 및 항만건설 등을 비롯한 다양한 지역개발정책의 영향으로 광양만권은 우리나라의 대표적인 신산업지대 중 하나로 등장하고 있다. 광양만권이 우리나라의 신산업지대로 등장했지만, 앞으로 광양만권을 구성하는 여수시와 순천시, 광양시가 공동으로 해결해야 할 장·단기적 지역현안은 매우 많다. 또한 광양만권과 유사한 경제구조를 가진 다른 지역과의 경쟁이 치열하게 전개될 것으로 예상되기 때문에 지역의 고유성과 차별성, 지속성을 고려한 경쟁력 있는 개발계획을 수립하고 시행해야 한다.

제2장

광양만권 현황과 지리적 특징

1. 광양만권의 현황

1) 위치 및 입지적 특징

광양만권은 한반도의 최남단 중앙부에 위치하고 있으며, 반도적인 속성 때문에 대륙과 해양을 연결하는 한반도의 관문으로, 동북아시아 물류 루트에서 중심지적 위치성을 확보하고 있다. 특히 광양만권은 한반도와 태평양의 연결고리에 해당하는 지리적 위치성을 가지고 있으며, 부산이 한반도와 일본열도로 연결되는 축상에 위치해 있다면 광양만권은 상해, 싱가포르, 홍콩, 대만, 호주 등 환태평양 주요 지역과의 연결축상에 위치해 있다.

광양만권은 국토공간상 한반도의 남부 해안 중앙부에 위치해 있으며, 행정구역상으로 전라남도와 경상남도의 접경지역에 위치하고 있다. 광양만권의 경계를 보면 북으로 지리산국립공원, 남으로는 다도해해상국립공원 및 한려해상국립공원, 동으로 부산·경남권, 서로는 광주·목포 광역권에 인접해 있다. 광양만권은 양호한 항만조건, 수려한 산악 및 해상경관, 오염되지 않은 남해안의 청정해안, 독창적이고 고유한 지역문화, 우수하고 풍부

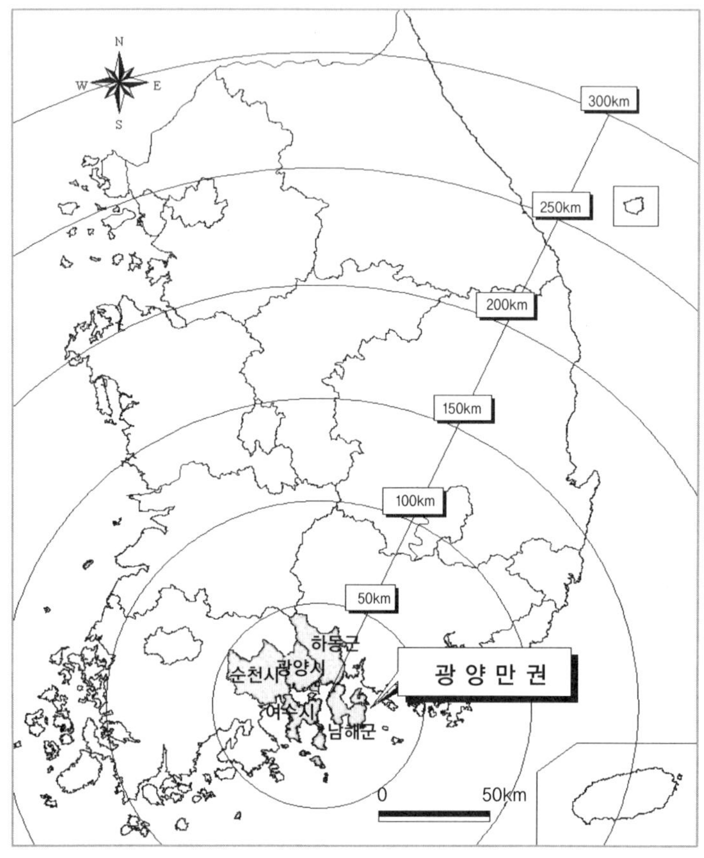

국토공간상에서 광양만권의 위치

한 인력자원 등 우수한 경제적 여건을 지니고 있다. 또한 광양만권에는 광양제철, 광양컨테이너부두, 율촌산단, 여천석유화학공단 등이 환형으로 입지해 있고, 그 중간에 중소 규모의 작은 공단이 배치되어 하나의 생산공간을 형성하고 있다.

광양만권은 한반도 남부지방의 동서 간 연결고리에 위치하고 있다. 동쪽의 부산·경남권과 서쪽의 광주·목포권은 상호교류 없이 독자적으로 성장·발전해 왔으나, 광양만권이 전남과 경남지역의 교류 활성화를 위한 촉매

역할을 할 것으로 기대된다. 특히 광양만권은 신산업지대로서 지역 산업과 기술구조의 고도화를 촉진하고 교육·연구단지의 조성을 통한 산·학·연 연계체계를 구축함으로써 국제화와 개방화, 첨단화와 고도화, 정보화를 도모하여 지역경쟁력을 제고시킬 수 있는 지역으로 평가받고 있다.

2) 자연환경의 특징

(1) 지형과 지세의 특징

광양만권은 소백산맥이 남해를 향해 완만히 뻗어 형성된 지형적 특징으로 인해 전반적으로 오랜 침식을 받은 육지가 많고, 구릉지와 만의 해안선 사이에는 여수반도와 같은 좁고 긴 육지가 형성되어 있다. 광양만은 침강작용으로 만의 입구가 깊은 것이 특징이다.

광양만권의 동부지역을 남북으로 가로지른 섬진강은 협곡을 이루면서 남류하지만 넓은 평야를 만들지는 못하였다. 섬진강은 전라남·북도의 산악지대를 흘러내리고 있는데 그 흐름이 장년기적 특색을 보이고 있어 경관이 수려하고 경사도가 높아 웅장한 모습을 보이고 있다.

광양만은 우리나라에서 비교적 규모가 큰 만으로서 여수, 순천, 광양, 남해 등지로 둘러싸여 있는데 동서 직선거리가 약 25km, 남북 직선거리가 약 10km로, 만을 둘러싼 남서부 일부를 제외하면 비교적 급경사의 높은(200~500m) 암산이 해안까지 연결되어 있다. 지형의 기복과 평균 경사도가 심하지만, 평야는 비옥한 편이다.

남해안은 잘 발달된 리아스식 해안과 넓은 간사지로 이루어져 연안 어족이 풍부하고, 해조류와 패류의 서식에 좋은 여건을 갖추고 있다.

(2) 지질과 토양의 특징

광양만권의 전체적인 지질구조는 선캄브리아기 지리산 편마암 복합체로 이루어졌고, 선캄브리아기에 퇴적된 이질암과 사질암들이 광역 변성작용으로 형성된 편마암도 많이 분포하고 있다.

광양만권에서 가장 높은 산인 백운산에는 화강암질 편마암이 다수 분포하며, 백운산 주변부에는 다소의 화강편마암이 분포하여 안정된 지질구조를 가지고 있다.

광양만권은 화강암, 편마암을 기반으로 하는 토양으로 구성되어 있어 토심이 깊으며 중성토양인 까닭에 침엽수 생육에 적합한 토질구조를 가지고 있다. 퇴적암의 한 종류인 흑색 세일은 순천시 해룡면 송치 일대에 분포하고 있다.

(3) 식물과 식생의 특징

광양만권은 위도상 남부에 속하여 온난다습한 해안성 기후의 특징을 보이고 있어 식물 성장에 좋은 조건을 갖추고 있다. 광양만 지역권은 약 70% 정도가 임야이며, 다양한 수종이 식생하고 있다. 광양만권 내에서 주종을 이루고 있는 임목 및 초목을 지역별로 구분하면, 육지부의 경우 임목은 소나무, 측백나무, 자작나무, 참나무, 밤나무, 상수리나무, 아카시아나무, 대나무, 철쭉, 진달래 등이며, 지역 내의 초목으로는 고사리, 고비, 억새, 쑥, 씀바귀, 엉겅퀴, 무릇 등이 주종을 이루고 있다.

도서부의 임목구성은 소나무, 측백나무, 참나무, 녹나무, 싸리나무, 동백나무, 옻나무, 머루나무, 감나무 등 다양한 수종이 분포한다. 육지부의 임목으로는 소나무, 상수리나무, 밤나무, 느릅나무, 칡, 싸리나무, 보리수 등이 있다.

(4) 기후와 기상의 특징

우리나라는 전체적으로 보면, 대륙성 기후로서 한서의 차이가 심한 편인데 반하여 광양만권 기후의 특색은 한반도의 최남단에 위치한 관계로 온난다습한 해양성 기후를 보이고 있다.

1971~2003년의 기온 기록을 보면 연평균 기온은 여수시는 14.3℃, 순천시는 12.8℃이고, 광양만권의 최고기온은 1994년의 39.4℃, 최저기온은 1977년의 -12.6℃이다.

광양만권의 탁월한 풍향은 일반적으로 북서풍의 횟수가 가장 많고, 계절적으로는 겨울철에 북서-북동풍, 여름에는 남동-남서풍, 봄과 가을에는 서풍 계열의 바람이 많이 분다.

연간 평균 풍속은 여수시 3.9m/sec, 순천시 내륙부는 1.3m/sec로서 비교적 정온한 편이며 강풍은 거의 발생하지 않는다. 최대풍속은 1954년 9월에 발생한 35.5m/sec의 사라호 태풍이었다.

광양만권은 우리나라 3대 다우지의 한 곳인 섬진강 하류지역에 속하여 연평균 강수량은 여수시 1,407.5mm, 순천시 1,487.5mm로서 전국 평균 강수량보다 200여 mm 정도가 많으며 하계에 평균 강수량의 50% 정도가 집중되는 현상을 보이고 있다.

광양만권에서 여수시의 경우, 천기일수는 맑은 날 113일, 흐린 날 96일 정도이고, 서리는 25일 정도 맺히며, 얼음은 76일 정도 언다. 안개는 24일 정도 끼며 눈은 12일 정도 내리나 눈이 쌓이는 날은 5일 정도이다. 상대습도는 연평균 68%로 비교적 다습한 기후를 보이고 있다.

(5) 수문과 수계의 특징

광양만권의 수계는 남으로는 섬진강, 북쪽으로 흐르는 보성강, 순천만으로 흘러드는 이사천과 동천, 광양읍을 관통하는 서천과 동천 등의 수계로 구분된다. 섬진강은 하천유역에 지리산, 백운산 등 비교적 해발고도가 높은 산이 분포하기 때문에 수질이 양호할 뿐만 아니라 수자원이 풍부하다. 보성강은 주암댐이 건설되어 광주를 비롯한 전라남도 지역에 생활 및 공업용수를 공급하고 있으며, 수어천은 광양시와 광양제철소, 율촌산단의 생활 및 공업용수로 이용되고 있다.

3) 인문환경의 특징

(1) 인구의 현황과 특징

광양만권의 인구규모는 2003년 현재 71만 명으로 전국인구 대비 1.4%, 전남인구 대비 35.4%를 차지하고 있다. 특히 광양만권은 전라남도 인구의 35%를 차지하여 전남의 경제에서 핵심적인 기능을 수행하고 있음을 알 수 있다. 전남의 인구는 계속하여 감소하는 추세를 보이고 있는 반면, 광양만권의 인구는 꾸준히 증가 추세를 보였으나 2002년을 기점으로 감소하는 경향을 나타내고 있다. 순천시는 2002년 이후 증가 추세가 둔화되었고, 여수시는 1996년을 기점으로 인구가 감소하고 있으며, 광양시는 1990년에 최고점에 이르렀다가 급격한 인구증감 현상을 겪은 후 2003년부터 다시 감소 추세에 있다. 전체적으로 광양만권의 인구는 2001년을 기점으로 감소 추세이며, 사회적 기반시설, 교육여건이 발달된 순천시와 여수시에 상대적으로 인구가 집중되어 있다.

광양만권에 거주하는 인구의 연령별 특성을 살펴보면, 14세 이하의 유·소년층 인구비율과 65세 이상의 노년 인구비율이 전국 평균보다 약간 높고,

〈표 2-1〉 **광양만권 인구변화 추이**(1980~2003)

(단위: 천 명)

구분	1980	1985	1990	1995	2001	2002	2003
전 국	37,436	40,448	43,520	44,609	48,289	48,517	48,823
전라남도	3,052	2,843	2,507	2,067	2,104	2,059	2,024
광양만권	624	649	728	685	730	725	717
순천시	238	245	272	249	272	271	270
여수시	307	313	306	314	320	316	311
광양시	79	91	150	122	138	138	136

자료: 전라남도, 『전남통계연보』, 2004.
주: 1995년 인구는 인구총조사 결과이며, 나머지는 주민등록 인구통계다.

〈표 2-2〉 광양만권 인구의 연령구조 현황

(단위: 천 명, %)

구 분	0~14세	15~64세	65세 이상
전 국	9,623(19.7)	34,854(71.3)	3,901(7.9)
전라남도	374(18.4)	1,358(67.0)	284(14.6)
광양만권	159(22.1)	490(68.3)	63(8.7)
순천시	62(22.9)	182(67.4)	24(8.8)
여수시	63(20.2)	218(70.0)	29(9.3)
광양시	34(25.0)	90(66.1)	10(7.3)

자료: 전라남도, 『전남통계연보』, 2004.

15~64세의 청·장년층의 인구비율은 낮게 나타나고 있다.

14세 이하 연령층의 구성 비율은 광양만권이 22.1%로 전국(19.7%)과 전남(18.3%)보다는 높은 비율을 보이고 있는데, 15~64세 연령층은 68.3%로 전국(71.3%)보다는 낮고 전남 평균(66.8%)보다는 높은 비율이고, 65세 이상은 8.7%로 전국(7.9%) 평균과 비슷하고 전남 평균(14.3%)보다는 낮은 비율을 보이고 있다.

인구의 연령구조에서 14세 이하 연령층이 많은 것은 생산활동 연령대인 50세 이하 연령층이 비교적 많기 때문이다. 또한 65세 이상의 연령층의 비율이 전남보다 낮은 것은 광양만권의 도시적 기능이 전남의 다른 지역보다 높기 때문이다. 이는 광양만권의 산업구조, 특히 제조업 중심의 경제구조와 밀접한 관련이 있다.

(2) 토지이용의 현황

2003년 현재 광양만권의 토지이용 실태를 보면, 임야가 전체 면적의 67.2%, 전·답 등 농경지가 19.3%, 대지 2.7%, 도로 2.8%, 공장부지 1.5%로 전남의 토지이용과 비교해 보면 임야는 전남지역 전체보다 8.1% 정도 높고, 농경지는 7.5% 정도 낮아 광양만권은 전남의 평균보다 평야가 적은 지형구조를 가지고 있다.

〈표 2-3〉 광양만권의 토지이용

(단위: ㎢, %)

구 분	전	답	대지	임야	도로	공장용지	기타
전라남도	1,197.6 (9.9)	2,079.5 (16.9)	255.5 (2.1)	7,114.8 (59.1)	338.6 (2.8)	51.3 (0.4)	1047 (8.6)
광양만권	147.5 (7.9)	213.6 (11.4)	48.2 (2.7)	1246.5 (67.2)	53.7 (2.8)	27.6 (1.5)	122.1 (6.5)
순천시	59.2 (6.5)	116.8 (12.7)	18.6 (2.0)	630.9 (69.5)	24.0 (2.6)	1.0 (0.1)	56.9 (6.3)
여수시	68.8 (13.6)	44.2 (8.8)	19.2 (3.9)	312.1 (62.6)	15.7 (3.1)	12.8 (2.6)	28.8 (5.7)
광양시	19.5 (4.4)	52.6 (11.9)	10.4 (2.3)	303.5 (68.1)	14.0 (2.9)	13.8 (3.1)	36.1 (8.2)

자료: 전라남도, 『전남통계연보』, 2004.

광양만권의 공장부지는 전남 전체 공장부지의 53.8%를 점유하고 있어 매우 넓은 부지를 차지하고 있다. 광양만권은 대지, 도로, 공장부지 등이 전체 면적의 7.0%만을 점유하고 있어 도시적인 토지이용이 많이 이루어지지 않고 있다. 그러나 이런 수치는 전남의 다른 지역과 비교하면 매우 높은 것이 특징이다.

(3) 도시계획의 현황

광양만권의 도시계획 면적을 용도지역별로 보면, 녹지지역이 전체 면적의 66.2%로 가장 넓은 지역을 차지하고, 그 다음으로 공업지역이 14.1%, 주거지역이 8.4% 순서로 나타나고 있다. 녹지면적이 대부분을 차지하고 있지만, 공업지역이 14%로 비교적 높은 비율을 점하고 있다.

광양만권은 전남 전체 면적의 15.4%를 차지하고 있으나, 2002년 말 도시계획구역 면적은 718㎢로 지정되어 전남의 45.2%를 차지하였다. 이는 광양만권의 도시기능이 전남의 다른 지역보다 활발히 전개되고 있다는 것을 시사한다.

〈표 2-4〉 광양만권의 도시계획

(단위: ㎢, %)

구 분	계획구역면적	용도지역				
		주거	상업	공업	녹지	미지정
전라남도	1,586 (100.0)	143 (9.0)	19.0 (1.2)	130 (8.2)	1,169 (73.8)	124 (7.8)
광양만권	718 (100.0)	60.2 (8.4)	7.37 (1.1)	100.7 (14.1)	475 (66.2)	72.8 (10.2)
순천시	198	18.4	2.87	3.18	174.2	-
여수시	345	25.1	2.7	51.2	216	47.9
광양시	175	16.7	1.8	46.4	84.8	24.9

자료: 전라남도, 『전남통계연보』, 2004.

광양만권의 도시계획 면적은 전남과 비교하여 공업지역의 면적이 높게 나타나고 있어 광양만권이 전남지역 중 공업활동이 가장 활발히 전개되고 있다는 것을 보여준다. 특히 공업지역의 면적은 1980년 이후 꾸준히 증가하고 있으며, 현재 조성 중이거나 계획 중인 공업단지가 건설·완공되면 권역의 공업지역 면적은 더욱 증가할 것으로 예상된다.

(4) 산업구조의 특징

광양만권은 우리나라의 대표적인 임해공업지역으로 다른 지역에 비해 산업구조에서 제조업(제2차 산업)의 비중이 비교적 높다. 광양만권의 제조업체수(2003년 현재)는 561개소로 전남의 21.7%, 종업원수는 2만 9,155명으로 전남의 43.8%, 생산액은 34조 2,000억 원으로 전남의 82.9%를 차지하고 있다.

광양만권의 제조업체수는 전남지역 전체의 21.7%를 차지하지만 종업원수는 43.8%, 생산액은 82.2%를 차지하여 전남의 제조업체수에 비하여 규모와 생산액 면에서 훨씬 높은 비율을 보이며 전라남도 산업의 핵심적인 위치를 차지하고 있다.

광양만권에 위치한 제조업체의 규모별 특징을 살펴보면, 50명 미만 사업

〈표 2-5〉 광양만권의 광업 및 제조업 현황

구 분	사업체수(개)	종업원수(명)	생산액(백만 원)
전라남도	2,583	66,456	41,308,904
광양만권	561	29,155	34,268,623
순천시	137	3,179	1,552,012
여수시	273	14,825	24,797,412
광양시	151	11,151	7,919,199

자료: 전라남도, 『전남통계연보』, 2004.

체수와 종사자 비율은 각각 99%, 67.6%를 보이고 있고, 100명 미만 사업체수와 종사자 비율은 99.6%, 76.8%의 높은 비율을 보여 대기업보다는 중소기업이 주로 입지해 있는 것을 알 수 있다(<표 2-6> 참조).

광양만권의 산업별 사업체수와 종사자수의 비율(2003)을 보면, 1차 산업(농림·수산업)이 각각 0.1%, 0.7%를 나타내고, 2차 산업(광업, 제조업)은 5.8%, 17.9%, 3차 산업은 94.1%, 81.4%를 각각 차지하고 있다.

사업체수의 지역별 분포를 보면, 여수시가 광양만권 전체의 45.9%를 차지하고, 순천시가 37.0%, 광양시가 17.1%를 차지하고 있다. 여수시가 가장 높은 비율을 보이는 것은 중소기업이 많이 입주한 여수국가산업단지의 영향이다. 그리고 순천시는 종업원 50명 이하의 중소기업이 상대적으로 많은 반면, 여수시와 광양시는 종업원 300명 이상의 대기업이 12개소와 7개소가 있어 지역 간 사업체 규모 면에서 각각 차이를 보이고 있다.

한편 광양만권에 위치한 산업별 사업체수 구조를 분석하면(<표 2-7> 참조), 도·소매업(1만 3,808개)이 가장 많고, 서비스업(1만 1,852개), 숙박·음식업(1만 789개), 운수창고·통신업(3,131개), 제조업체(2,599개), 건설업체(1,186개) 등의 순서로 나타났다. 그러나 농림·수산업과 광업, 전기·가스·수도업은 상대적으로 낮은 비율을 차지하고 있다. 산업별 사업체의 지역분포를 보면, 여수시가 모든 부문에서 압도적인 우위를 점하고 있지만, 금융·보험업에

〈표 2-6〉 광양만권의 종사자 규모별 사업체수 및 종사자수

구분		광양만권	순천시	여수시	광양시
합계	사업체수	44,846	16,582	20,573	7,691
	종사자수	195,083	66,654	83,161	45,268
1~4명	사업체수	38,962	14,318	18,192	6,452
	종사자수	68,747	25,938	31,305	11,504
5~9명	사업체수	3,315	1,358	1,285	672
	종사자수	20,693	8,414	8,064	4,215
10~19명	사업체수	1,339	501	561	277
	종사자수	17,872	6,633	7,475	3,764
20~49명	사업체수	820	284	352	184
	종사자수	24,585	8,234	10,704	5,647
50~99명	사업체수	269	85	113	71
	종사자수	18,113	5,820	7,595	4,698
100~299명	사업체수	117	31	58	28
	종사자수	19,584	5,143	9,339	5,102
300~499명	사업체수	10	2	5	3
	종사자수	4,118	884	2,060	1,174
500~999명	사업체수	11	3	5	3
	종사자수	6,909	1,588	3,397	1,924
1000명 이상	사업체수	3	-	2	1
	종사자수	29,880	-	2,2640	7,240

자료: 전라남도, 『전남통계연보』, 2004.

서는 상대적으로 순천시가 우위를 보이고 있어 두 도시 간 산업구조의 차이를 파악할 수 있다.

산업별 종사자수의 분포를 보면, 서비스업(5만 6,624명)이 가장 높은 비율을 차지하고 있고, 제조업(3만 4,793명), 도·소매업(3만 3,136명), 숙박·음식업(2만 4,499명)의 순서로 이들 업종이 비교적 높은 종사자수를 나타내고 있다. 지역별로는 여수시가 순천 및 광양시보다 여러 부문에서 우위를 점하고 있다. 그러나 도·소매업과 금융·보험업은 순천시가 수위를 차지하고 있고, 제

〈표 2-7〉 광양만권의 산업별 사업체수와 종사자수

구분		광양만권	순천시	여수시	광양시
농림·수산업	사업체수	74	21	45	8
	종사자수	1,455	229	1,159	67
광업	사업체수	13	5	5	3
	종사자수	145	35	78	32
제조업	사업체수	2,599	947	1,125	527
	종사자수	34,793	4,722	16,941	13,130
전기·가스·수도	사업체수	51	16	26	9
	종사자수	1,286	466	692	128
건설업	사업체수	1,186	377	548	261
	종사자수	11,160	2,748	5,441	2,971
도·소매업	사업체수	13,808	5,300	6,343	2,165
	종사자수	33,136	13,478	14,126	5,532
숙박 및 음식업	사업체수	10,789	3,785	4,974	2,030
	종사자수	25,499	9,417	10,947	5,135
운수·창고업 및 통신업	사업체수	3,131	1,007	1,634	490
	종사자수	16,056	5,405	6,444	4,207
금융·보험업	사업체수	519	211	223	85
	종사자수	7,753	3,454	3,145	1,154
부동산 및 임대업	사업체수	824	349	325	150
	종사자수	2,476	1,543	377	556
서비스업	사업체수	11,852	4,564	5,325	1,963
	종사자수	56,624	21,457	22,811	12,356

자료: 전라남도, 『전남통계연보』, 2004.

조업체는 광양시가 순천시보다 우위를 점하고 있는 것이 특징이다. 여수시가 여러 부문에서 우위를 차지하는 것은 인구규모와 관련이 깊다.

광양만권의 농업현황을 살펴보면, 전남의 평균과 비교해서 농가수와 농가인구는 비슷한 수준을 보여주고 있으나 경지면적은 전남 전체 평균보다 훨씬 낮다. 이는 작은 경지를 경작하는 농업인구가 상대적으로 많다는 것

〈표 2-8〉 광양만권의 농업현황

구 분	농가수(호)	농가인구(명)	경지면적(ha)	호당 경지면적 (ha/호)
전라남도	203,491	510,744	326,989	1.61
광양만권	29,252	83,074	32,362	1.10
순천시	12,240	32,958	15,459	1.26
여수시	10,873	33,393	10,174	0.94
광양시	6,139	16,723	6,729	1.10

자료: 전라남도, 『전남통계연보』, 2004.

〈표 2-9〉 광양만권의 축산업 현황

(단위: 마리, 가구)

구분	한우		젖소		돼지		닭	
	사육 두수	사육 호수	사육 두수	사육 호수	사육 두수	사육 호수	사육 두수	사육 호수
전라남도	225,493	34,302	39,752	755	819,064	2,001	10,600,398	26,121
광양만권	24,508	6,787	6,077	106	98,801	372	1,123,642	2,027
순천시	12,788	3,236	5,678	100	50,272	105	401,224	1,910
여수시	7,715	2,564	70	1	35,823	221	695,807	987
광양시	4,005	987	329	5	12,706	46	26,611	850

자료: 전라남도, 『전남통계연보』, 2004.

을 의미한다. 즉 광양만권의 농가수는 전남의 14.3%, 농지는 전남의 9.8%, 농가인구는 전남의 16.2%를 차지하고 있으며, 광양만권의 농가당 경지면적은 1.10ha로 전남의 농가당 경지면적 1.61ha보다 훨씬 낮은 수준을 나타내고 있다(<표 2-8> 참조).

농업의 지역별 특징을 보면 농가수와 농가인구, 경지면적은 순천시가 가장 많고, 여수시, 광양시 순서로 나타났다. 반면에 호당 경지면적은 순천시, 광양시, 여수시 순서로 나타났다. 특히 여수시는 호당 경지면적이 가장 낮아서, 다른 지역에 비해 농가의 경지면적에서 영세성이 뚜렷하게 나타나고

〈표 2-10〉 광양만권의 수산업 현황

구 분	어가(호)			어가인구(명)			어업종사자
	합계	전업	겸업	합계	전업	겸업	
전라남도	23,235	4,944	18,291	65,866	14,015	51,851	45,260
광양만권	5,640	1,790	3,857	5,353	1,804	3,549	9,867
순천시	673	98	575	355	45	310	603
여수시	4,682	1,637	3,045	4,706	1,703	3,003	8,745
광양시	292	55	237	292	56	236	519

자료: 전라남도, 『전남통계연보』, 2004.

있는데, 이는 도서가 많이 분포하기 때문에 나타나는 특징이다.

광양만권의 축산업 현황과 특징을 보면, 전남의 축산가구당 사육두수는 한우 6.5두, 젖소 52.6두, 돼지 409.3두, 닭 405.8두 등이다. 이에 비해 광양만권의 사육두수는 한우 3.6두, 젖소 57.3두, 돼지 265.5두, 닭 554.3두 등으로 나타나 대체적으로 전남의 평균보다 낮은 수치를 보이고 있다(<표 2-9> 참조). 사육두수와 사육호수에서 순천시가 가장 많은 비율을 점하고 있고, 여수시와 광양시는 상대적으로 그 비중이 낮다. 광양만권이 도시적 기능이 높고 또한 해안에 접해 있어 어업활동이 이루어지면서 축산업이 전남의 다른 지역보다 낮게 나타나는 것으로 판단된다.

광양만권의 어가분포를 살펴보면, 5,640호로 전남의 24.3%를 차지하며, 어가인구는 5,353명으로 8.1%를 점유하고 있다. 어업종사자는 9,867명으로 나타났는데 이는 전남의 21.8%를 차지하는 수치이다(<표 2-10> 참조).

광양만권에서 수산을 전업이나 겸업으로 하는 어가의 비율은 각각 31.6%, 68.3%이며, 어가인구는 전업보다는 겸업의 형태가 우세하게 나타나고 있다. 전업어가의 비율을 전남 전체와 비교하면, 광양만권 31.6%, 전남 21.2%로 광양만권 어가의 전업 비율이 높고, 어가인구 또한 광양만권 33.7%, 전남 21.5%로 광양만권의 비율이 높게 나타나고 있다. 한편 어업의 지역별 특징을 보면, 여수시가 압도적으로 높은 비율을 점하고 있다.

(5) 주택보급 현황

광양만권의 주택보급률은 97.4%로 전국 평균보다 높다. 지역별로는 광양시가 101.8%로 가장 높은 보급률을 보이고 있고, 순천시 96.2%, 여수시 96.4%를 각각 나타내고 있다. 광양만권에서는 순천시의 주택보급률이 가장 낮게 나타났다.

광양만권에서 순천시의 주택보급률이 상대적으로 저조한 것은 순천시의 인구유입과 관련이 깊다. 순천시는 광양만권의 배후도시로서 광양 및 여수지역의 공업화로 유입인구가 증가함에 따라 순천시의 연향 및 금당 지구에 택지를 조성하여 주택공급을 하고 있지만, 상대적으로 주택이 부족한 실정이다.

〈표 2-11〉 광양만권의 주택보급 현황

(단위: 가구, %)

구 분	세대수	주택수	보급률
전라남도	737,207	715,388	101
광양만권	233,616	227,465	97
순천시	88,326	85,014	99
여수시	100,917	97,237	99
광양시	44,373	45,214	106

자료: 전라남도, 『전남통계연보』, 2004.

(6) 교육시설의 분포와 현황

광양만권에 분포하는 교육시설의 현황을 살펴보면(2003년 현재), 유치원 190개, 초등학교 116개 교, 중학교 54개 교, 고등학교 34개 교, 전문대학 4개 교, 대학교 4개 교가 각각 분포하고 있다.

학생수의 현황을 보면, 광양만권의 학생수는 16만 2,522명으로 전체 인구의

〈표 2-12〉 광양만권의 교육시설 현황

(단위: 개 교)

구 분	유치원	초등학교	중학교	고등학교	전문대학	대학교
전라남도	642	457	250	150	11	12
광양만권	190	116	54	34	4	4
순천시	61	36	18	14	2	2
여수시	83	52	23	14	1	1
광양시	46	28	13	6	1	1

자료: 전라남도, 『전남통계연보』, 2004.

22.6%를 차지하고 있고 있다. 이는 전남 전체 학생수(416,901명)의 38.9%를 차지한다. 특히 학생수와 인구를 상호 비교해 보면, 전남인구에서 광양만권이 보인 비율(35.4%)보다도 학생수가 높게 나타나 광양만권이 전남의 다른 지역보다는 취학연령층의 비율이 높게 나타나고 있음을 알 수 있다.

이런 현상은 광양만권의 산업구조와 밀접한 관련이 있는데 제조업 중심의 사업체가 집중하여 청장년층이 상대적으로 많이 거주하기 때문이다. 실제로 전남의 초등학교 학급당 학생수는 24.9명인 데 비하여 광양만권의 초등학교 학급당 학생수는 29.5명으로 상대적으로 높다. 이는 유입인구 증가에 따른 학생수 증가에 기인하며, 따라서 학교 증설이 요구된다.

(7) 문화시설의 분포와 현황

광양만권에 분포하는 문화재를 살펴보면, 국가지정 문화재가 64점, 지방지정 문화재가 59점, 문화재 자료 28점 등이다. 광양만권에 분포하는 문화재는 전남에 분포하는 문화재에 비해 상대적으로 낮은 비율을 점하고 있는 것이 특징이다.

공공도서관의 분포를 보면, 광양만에는 공공도서관 9개소, 장서 95만 795권으로 공공도서관 1개소당 인구수는 약 7만 9,000명이고, 인구 1인당 장서수는 1.32권으로 광양만권에 문화시설의 확보가 필요하며, 그중에서도

〈표 2-13〉 광양만권의 문화시설 현황

구 분	공공도서관		문화 공간				문화재		
	수	장서수	공연시설	전시실	지역문화 복지시설	기타 시설	국가지정 문화재	지방지정 문화재	문화재 자료
전라남도	41	2,728,829	42	10	186	43	284	455	202
광양만권	9	950,795	19	2	17	3	64	59	28
순천시	3	212,428	11	1	7	1	46	40	17
여수시	4	538,930	6	1	7	1	14	10	10
광양시	2	199,437	2	-	3	1	4	9	1

자료: 전라남도, 『전남통계연보』, 2004.

도서관시설의 확충이 매우 시급하다. 특히 광양만권의 산업화와 도시화로 인한 인구증가를 고려하면 공공도서관과 관련된 시설의 확충은 당면한 과제 중 하나이다.

광양만권에 분포하는 문화시설의 현황을 살펴보면, 공연시설 19개소, 전시실 2개소, 지역문화 복지시설 17개소, 기타 시설 3개소로 문화시설이 열악한 실정이다. 공연시설은 대부분이 영화관으로 연극 등을 공연을 할 수 있는 시설이 매우 부족하다. 그리고 주민의 문화생활과 밀접한 관련을 가지고 있는 미술관의 경우, 전시실이 2개소뿐으로 다양한 문화시설 향유를 위한 기본적인 시설여건이 미흡한 상태이다. 또한 독립된 박물관은 없으며, 순천대학교 박물관 1개소만 존재하고 있다.

전체적으로 보면, 광양만권은 주지하는 것과 같이 우리나라의 대표적인 신산업 공간이며, 광양만권 경제자유구역의 지정으로 국내외의 많은 자본과 기업이 유입될 지역이다. 그러므로 광양만권의 정주환경을 제고하여 국내외 자본과 기업, 인구유치를 촉진시키기 위해서는 문화시설의 확충이 주요한 지역과제로 등장하고 있다. 또한 외부에서 들어오는 전입인구가 꾸준히 증가하는 지역 현실을 고려할 때, 주민의 삶의 질 향상에 중요한 영향을 미치는 문화시설의 확충은 시급한 과제이다.

(8) 사회복지시설의 분포와 현황

2003년 현재 광양만권의 사회복지시설은 아동복지시설 4개소, 노인복지시설 5개소, 장애인복지시설 3개소, 기타 복지시설 5개소 등 총 20개의 시설과 수용인원 1,243명으로 나타나고 있다.

광양만권의 사회복지시설은 시설수 자체가 적기 때문에 더 많은 시설이 들어서야 한다. 현재 들어선 시설 대부분이 읍·면지역에 입지하고 있어 인구 밀집지역에는 시설이 부족한 실정이다. 또한 앞으로 도래할 고령화 시대에 대비하여 노인복지시설과 농어촌지역의 복지를 위한 종합 사회복지관을 설립하여 비도시 지역에 대한 광범위한 서비스 혜택을 제공해야 할 것이다.

2003년 현재 광양만권 지역의 의료시설수는 종합병원 7개소, 병원 17개소, 의원 281개소, 치과병원 127개소, 한방병(의)원 77개소, 보건소 3개소이며, 병상수는 4,719병상, 의사수는 704명이며 의료 인력은 4,770명의 현황을 나타내고 있다.

광양만권의 의료 서비스의 수준은 의사 1인당 1,018명 수준이고, 인구 10만 명당 병·의원수는 50개소로 전국 평균 83개소와 비교해 볼 때, 상대적으로 의료 서비스 수준이 열악함을 보여주고 있다.

〈표 2-14〉 광양만권의 사회복지시설 현황

구 분	합계		아동복지시설		노인복지시설		장애인 복지시설		기타 복지시설	
	시설수	수용 인원	시설수	수용 인원	시설수	수용 인원	시설수	수용 인원	시설수	수용 인원
전라남도	72	5,851	23	1,583	18	1,003	11	774	20	2,491
광양만권	20	1,243	4	328	5	309	4	266	5	294
순천시	10	713	2	169	3	232	1	20	2	237
여수시	10	530	2	159	2	77	3	240	3	57
광양시	-	-	-	-	-	-	-	-	-	-

자료: 전라남도, 『전남통계연보』, 2004.

〈표 2-15〉 광양만권의 의료시설 현황

구 분	계		종합병원	병원	의원	치과병원	한방병(의)원	부설의원	보건소(지소, 진료소)
	병원수	병상수							
전라남도	1,423	17,614	17	59	808	311	214	5	557
광양만권	514	4,719	7	17	281	127	77	3	98
순천시	212	2,494	4	9	120	49	30	-	31
여수시	225	1,757	3	4	120	59	35	2	45
광양시	77	468	-	4	41	19	12	1	22

자료: 전라남도, 『전남통계연보』, 2004.

공공 서비스를 제공하는 보건소는 시에 1개소씩 3개소가 있으며, 순천시에 보건지소 9개소, 보건진료소 21개소, 여수시에 보건지소 14개소, 보건진료소 30개소, 광양시에 보건지소 7개소, 보건진료소 14개소가 배치되어 있다.

광양만권은 도·농 통합시로 구성되어 의료 서비스가 순천, 여수, 광양 등의 도시 지역에만 집중되어 있고, 농어촌지역에는 보건지소나 보건진료소만이 입지해 있기 때문에 중심지 이외의 지역은 높은 의료 서비스의 혜택을 받지 못하고 있다. 따라서 농어촌지역에 대한 의료시설의 확충이 필요하다.

(9) 공원시설의 분포와 특징

광양만권에 분포하는 공원시설 현황을 살펴보면, 자연공원 3개소와 도시공원 310개소가 조성되어 있다. 자연공원 3개소는 국립공원 2개소와 도립공원 1개소로 광양만권 공원면적의 대부분을 차지하고 있다.

자연공원은 여수시에 위치한 한려해상국립공원과 다도해해상국립공원 등 국립공원 2개소와 순천시에 위치한 도립공원인 조계산도립공원 등 모두 3개소이다. 이들 자연공원은 광양만권의 주요한 관광지 및 관광자원으로 외부지역에서 많은 관광객이 방문하고 있으며, 동시에 광양만 주민의 여가 및 위락 공간으로도 기능을 하고 있다.

〈표 2-16〉 광양만권의 공원 현황

(단위: ㎢)

구분			광양만권	순천시	여수시	광양시
개소			310	100	118	92
면적			503,544	36,693	456,940	9,911
자연공원	국립공원	개소	2	-	2	-
		면적	450,110	-	450,110	-
	도립공원	개소	1	1	-	-
		면적	27,380	27,380	-	-
도시공원	어린이공원	개소	206	70	75	61
		면적	471	167	178	126
	근린공원	개소	84	23	34	27
		면적	10,263	1,838	4,406	4,019
	도시자연공원	개소	13	5	5	3
		면적	13,712	7,120	982	5,610
	묘지공원	개소	2	1	1	-
		면적	878	188	690	-
	체육공원	개소	2	-	1	1
		면적	730	-	574	156

자료: 전라남도, 『전남통계연보』, 2004.

광양만권에는 310개소의 도시공원이 분포하고 있지만, 숫자에 비해 그 면적이 너무 협소하여 지역민에게 공원 역할을 충분히 제공하지 못하고 있다. 특히 광양시에는 자연공원이 없으며, 도시공원만 92개소가 있어 공원의 총면적이 다른 지역에 비해 절대적으로 협소하다는 문제를 안고 있다.

2. 광양만권 산업단지 현황과 특징

1) 광양만권 산업단지의 개관

본 절에서는 광양만권에 지정된 산업단지의 현황과 산업단지에 입주한

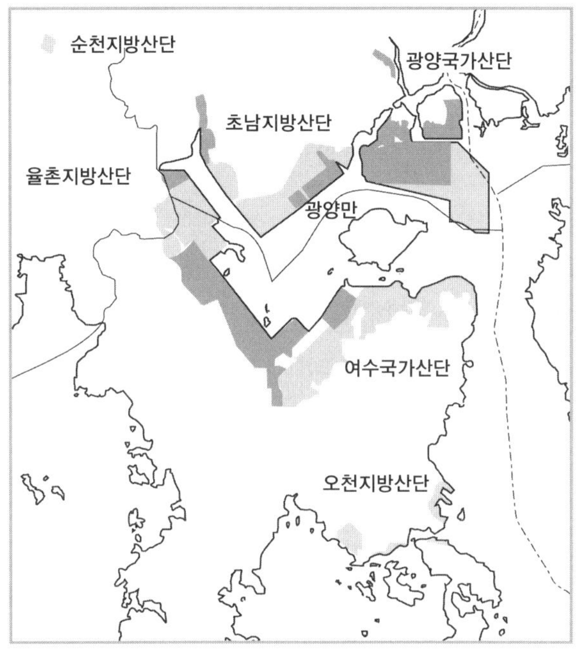

광양만권 산업단지 분포도

기업체의 특성을 파악하려고 한다. 광양만권은 수도권 및 동남권과 비교적 멀리 떨어져 있지만 다른 지역과는 달리 산업단지가 비교적 많이 분포하고 있는 것이 특징이다. 특히 광양만권의 산업단지는 석유화학 부문으로 특화되어 있는 여수국가산업단지와 광양제철소 중심의 광양제철산단이 중심적 역할을 수행하고 있다.

현재 광양만권에 지정되어 있는 산업단지를 살펴보면, 국가산업단지는 여수국가산업단지와 광양제철 국가산업단지 등 2개소가 지정·운영 중에 있다. 그리고 지방산업단지로는 여수시의 오천산업단지, 순천시의 순천산업단지, 광양시의 초남산업단지, 여수시의 율촌 1산업단지 등 4개소가 지정되어 있다(<표 2-17> 참조).

광양만권의 산업단지 총면적(농공단지 제외)은 6,040만 5,000㎡이고, 지정

〈표 2-17〉 **광양만권 산업단지의 현황**(2004)

(단위: 천㎡, 개, 명)

구분	지정 면적	조성 면적	산단면적			입주 및 가동업체				고용 인원
			분양 대상	분양	미분양	계	가동	휴·폐업	준비	
국가산단	156,192	51,533	51,333	51,533	-	205	173	4	28	24,155
여수	59,787	27,338	27,338	27,338	-	149	117	4	28	12,123
광양	96,405	24,195	24,195	24,195	-	56	56	-	-	12,032
지방산단	11,318	8,872	7,702	2,113	5,589	107	99	5	3	2,506
오천	222	222	131	131	-	42	35	4	3	284
순천	583	583	439	439	-	29	28	1	-	1,096
초남	1,352	1,352	254	254	-	30	30	-	-	575
율촌1	9,161	6,715	6,878	1,289	5,589	6	6	-	-	551
합계	167,510	60,405	59,235	53,646	5,589	312	272	9	31	26,661

자료: 건설교통부 산업입지정보시스템, 「통계자료」, 2004.

면적은 1억 6,751만㎡이다. 전체 지정면적의 약 36.1%가 공단으로 조성되어 있다. 그리고 전체 지정면적에서 국가산단이 93.2%를 차지하고 있고, 지방산단은 매우 작은 규모이다. 조성면적의 규모를 산단별로 구분해서 살펴보면, 여수국가산업단지가 전체의 45.3%를 차지하고, 광양제철산단이 40.1%를 점하고 있어 이들 두 개 산단이 전체 조성면적의 85.4%를 차지하고 있는 것이 특징이다. 지방산단은 대부분 면적규모가 작지만, 최근 준공된 율촌 1산단이 상대적으로 많은 면적을 보유하고 있다.

또한 입주 및 가동업체의 특징을 보면, 국가산단은 173개 업체, 지방산단은 107개 업체가 입주해 있으며, 여수국가산업단지가 가장 높은 비율을 점하고 있으며, 율촌 1산단은 6개 업체로 가장 작은 규모이다. 고용인원의 현황을 보면, 전체 고용인원은 2만 6,661명이고, 국가산단이 2만 4,155명으로 전체의 90.6%를 차지하고 있다. 반면에 지방산단은 2,506명으로 작은 규모이다. 그리고 여수국가산업단지와 광양제철산단의 고용인원은 거의 비슷한 수준을 유지하고 있다. 지방산단으로 지정된 율촌 1산단의 경우, 일부 구역이 2005년에 자유무역지역으로 지정되어 향후 많은 기업의 입주가 예상되지만, 현재는 산단에 입주한 업체가 매우 적은 편이다.

2) 여수시의 산업단지 현황과 특징

여수시에는 석유화학 중심의 여수국가산업단지를 비롯하여 오천산단, 화양면 농공단지 등이 분포하고 있다. 이들 산업단지에 입주한 등록업체(2004년 기준)는 636개 업체이며 이 중에서 595개 업체가 가동 중이고, 수출액은 62억 2,568만 2,000달러이다.

여수국가산업단지는 정부의 중화학공업 육성계획에 의해 1967년 공단이 조성된 이래 현재까지 정유, 비료, 석유화학 계열 업종이 주로 입주하였으며 HDLT는 국내 최대 규모의 중화학공업 기지다. 특히 여수국가산업단지는 울산·서산 지역과 함께 우리나라의 대표적인 석유화학산업의 집적지로서, 석유화학산업에서 차지하는 비중은 생산액 기준으로 우리나라 전체의 약 30.5%를 차지하고 있다.

석유화학 부문으로 특화되어 있는 여수국가산업단지의 경우, 2003년 현

〈표 2-18〉 **여수국가산업단지 및 관련 기업 현황**(2004. 6)

(단위: 개소)

구 분	업체수	가동	건설중	미입주	휴·폐업
여수국가산단	149	117	28	-	4
오천산단	42	35	4	-	3
화양농공산단	19	16	2	-	1
기타	426	426	-	-	-
합계	636	594	34	-	8

자료: 여수시, 내부자료, 2004.

여수국가산업단지구 구여천석유화학공업단지

재 가동 중에 있는 업체는 117개이고, 28개 업체가 건설 중에 있으며, 4개 업체는 폐업하였다. 지방산업단지로는 율촌 1단지 277만 평(현대 대행개발 16만 평, 전라남도 공영개발 117만 평)이 조성 중이며 2004년 현재 현대하이스코의 5개 기업체가 가동 중이고, 율촌 2단지 403만 평(육지 53만 평, 해면 350만 평)을 광양항 Ⅲ단계 항로준설토 투기장으로 조성 중이다. 준설토 투기가 완료된 후 산업단지를 분양하여 1차 금속, 조립금속, 기계장비, 기술정보 등의 업종을 유치할 계획이다.

여수국가산업단지는 1967년 기공되어 2002년 말 기준으로 149개 업체가 입주했고, 이 중 가동업체는 107개, 건설 중인 업체는 15개, 기타 27개 업체가 있다. 이 업체들은 정유, 비료, 석유화학, 비금속, 기계 등을 생산하고 있으며, 1만 2,253명이 종사하고 있고, 생산능력은 비료 202만 톤/년, 정유 65만 배럴/일, 석유화학 275만 톤/년이며, 생산규모는 22조 362억 원으로 2조 7,000억 원을 수출하였다.

〈표 2-19〉 여수국가산업단지 입주업체 및 생산품목 현황

업체명	생산품목	업체명	생산품목
LG칼텍스정유	정유제품, PP, BTX	남해화학	비료, 정밀화학제품
금호P&B화학	페놀, 아세톤	금호몬산토	노화방지제 외 2종
금호미쓰이화학	MDI	금호폴리켐	EP고무
대림산업	PP, HDPE, PB	삼남석유화학	TPA
여천NCC	에틸렌, 프로필렌	제일모직	ABS, PS
케이알코폴리머	스티렌, 부타디엔수지	코리아카본블랙	카본블랙
콜럼비아케미컬코리아	카본블랙	한국다우케미컬	MDI
한국바스프	MDI	한국화인케미컬	TDI, 염산
한국화인케미컬	TDI, 염산	한화석유화학	LDPE 외 8종
호남석유화학	에틸렌, HDPE, PP, EG	호성케맥스	노멀핵산 외 5종
LG화학	PVC 외 10종	LGMMA	MMA. PMMA
남우화학	액체탄산, 드라이아이스	태경화학	드라이아이스 외 1종
대성산소	산업용 가스 (산소, 질소, 아르곤)	부곡화학	할로겐족 불연성솔벤트
삼일화학공업	황산알류미늄	여수재생수지	PP, PE
에어리퀴드코리아	수소, 일산화탄소	영창화성	합성수지 제조
위스컴	합성수지(ABS) 제조	이화산업	황산알류미늄
일양화학	삼산화안티몬멜라민	아이씨켐	고급계면활성제
재원산업	정제타르(연료유)	진남화학	롤팩 제조
창신화학	액체탄산, 드라이아이스	프레스에어 코리아	산업용가스 (산소, 질소, 아르곤)
하나마블테크	인조대리석칩	한국탄산	액체탄산, 드라이아이스
해인기업	포르말린	금강고려화학	석고보드, 석고텍스
동양메이지	레미콘	라파스벽산석고	석고보드, 석고텍스
신화산업	레미콘	여천레미콘	레미콘
영산기업	아스콘	태원물산	시멘트용 정제석고
그린코드	부분품, 산업용 기계부품	남성	철물제조
대경기계기술	산업용기계부품	대경랜트서비스	산업용 기계부품
럭키산업	광고물	삼화	철구조물
재평기공	철구조물, 기계부품 가공,	진남개발	철물제조
카티	폐수처리 장치	태홍기계공업	산업기계제조
한동	철물설비	호산기업	철물제조, 공조닥트
호일프렌트	철구조물 제조	국제엔지니어링	배전반
현대계전엔지니어링	철물제조, 컨트롤판넬	폴리미래	PP

자료: 여수시, 내부자료, 2004.

〈표 2-20〉 화양농공단지 입주업체 및 사업체 현황

업체명	생산품목	업체명	생산품목
홍도수지	스티로폼 (단열재, 박스류, 양식용 부자)	재생산업	합성수지 F/C
주은환경	석분, 골재, 건설 폐기물 (폐아스콘 등 처리)	S.F.C	경화류, 왁스
폴리플러스	BLACK MB	대천화학	보온못자리용 필름 외 3종
인제화학	ABS 수지	에코플러스	ABS 수지(난연, 일반)
시온산업	토목·건축 가설재	여농	생오리, 유황오리
알메탁	헤드 파이프	원플라텍	PE, PP

자료: 여수시, 내부자료, 2004.

〈표 2-21〉 오천산업단지 입주업체 및 생산품목 현황

업체명	생산품목	업체명	생산품목
우남수산	사료	세광	학꽁치, 명태, 쥐치포
옛날종합식품	두부류	유성수산	꽁치가공품 외 7종
오천산업	각종 선물 세트 20여 종	제일어망공업사	각종 그물망
그린라이프 농수산	각종 젓갈	대갓집	각종 김치
남경수산	명태포, 학꽁치	대성통상	북어포, 명태포
옥진식품	조미 쥐치포	유진	연육, 계정육
파도물산	각종 젓갈	금호통상	수산물 가공
한진산업	어유, 소포제, 혼합제	두레식품	각종 선물 세트
이가산업	각종 선물 세트	국보수산	각종 선물 세트
진수산	연육	남선수산	수산물 세트
싱홍제약사	한약제	인성크릴	크릴새우
태웅물산	수산물 세트	세미수산	수산물 세트

자료: 여수시, 내부자료, 2000.

화양농공단지의 현황을 보면(2003년 기준), 12개 업체가 가동 중이고, 입주한 기업체는 주로 석유화학 계열과 기계 부문이 주종을 이루고 있으며, 주요 생산품목은 석유화학 계통의 스티로폼 생산업체가 많이 분포하고 있다.

오천산업단지는 수산가공업으로 특화된 단지로서 주로 중소 규모의 기업체가 입지해 있는 것이 특징이다. 입주한 업종으로는 사료, 꽁치 가공업, 북어포·명태포·쥐치포 가공업, 수산물 선물 세트 가공업, 각종 젓갈, 김치 가공업 등이며, 수산업의 쇠퇴로 단지의 활성화가 주요 문제로 등장하고 있다.

3) 순천시의 산업단지 현황과 특징

순천시의 산업단지는 지방산업단지 1개소와 농공단지 1개소로 구성되어 있다. 그리고 해룡산단은 여수시와 함께 구성되고 있다. 2003년 순천시

〈표 2-22〉 **순천시 지방산업단지에 입주한 기업체 현황**

(단위: 개소, 명)

구 분	합계		산업단지		농공단지		개별 입지	
	업체수	종업원수	업체수	종업원수	업체수	종업원수	업체수	종업원수
음식료품	36(25)	338	4(4)	1,072	1(1)	6	31(20)	228
섬유·의복	12(8)	250	2(2)	155	1(1)	11	9(5)	69
목재·가구	10(9)	43	-	-	-	-	10(9)	43
종이·인쇄	5(3)	38	1(-)	-	2(1)	14	2(2)	24
석유화학	22(18)	224	2(2)	41	2(1)	25	18(15)	133
비금속	35(26)	254	2(2)	14	5(5)	32	28(22)	223
1차 금속	29(26)	1,064	10(9)	386	1(1)	27	18(16)	724
조립금속	46(34)	681	8(7)	391	2(2)	51	36(25)	249
기타	34(16)	166	-	-	1(1)	5	33(15)	122
합계	208(168)	3,058	29(26)	1,072	15(13)	171	164(129)	1,815

자료: 광양만권 경제자유구역청, 『율촌 1산단 자유무역지역 신규지정 타당성 연구』, 2005.
주: ( )는 2003년 가동업체이다.

순천시 순천지방산업단지

의 산단에 입지한 기업체를 보면, 총 208개 업체가 등록되어 있으며 현대하이스코를 포함하여 168개 업체(근로자 3인 이상 규모 기준)가 가동 중이며 종업원은 약 3,058명에 이른다.

순천시의 지방산업단지 현황을 보면(2003년 기준), 29개 업체 중에서 26개 업체가 가동 중에 있으며 종업원은 1,072명이다. 한편 농공단지에는 15개 업체 중 13개 업체가 가동 중이며 종업원은 171명, 개별 입지의 기업체는 164개 업체 중 129업체가 가동 중이고 종업원은 1,815명이다.

산업단지와 농공단지, 개별 입지를 포함한 입주 기업체의 특징을 보면, 업체를 기준으로 조립금속(46개), 음식료품(36개), 비금속(35개), 기타(34개)의 순서로 나타나 금속 관련 기업체의 분포가 많은 것이 특징이다. 그러나 종업원수를 기준으로 하면, 1차 금속(1,064명)과 조립금속(681명)이 전체의 57.1%를 차지한다. 1차 금속의 경우, 업체당 평균 40명을 고용하고 있어, 중소기업 수준의 업체가 많이 분포하고 있다.

〈표 2-23〉 순천지방산업단지 입주업체 및 생산품목

업체명	생산품목	업체명	생산품목
대림산업	상하수도관 원료	신동부레미콘	레미콘
매일식품	간장·된장	미주제강	강관
부국철강	철강 제조	서경	어묵
오비맥주	맥주 포장	유림산업	산업기계, 플랜트
한국카라겐	카라겐	DSR	합성섬유 로프
DSR제강	와이어로프	신성글러브	코팅장갑류
동영산업	방화문 등	엠포엠	바이오 제품
해원에스티	강관	대주중공업	철구조물
지송	판유리	해원엠에스티	아연도금 강판
영원산업	철구조물	명성에스엔피	철구조물
한국티엠텍	철구물	동방엔지니어링	철구조물
광주기공사	기타 기계	비오비산업	철구조물
줌스톤	석재품	DSR 2공장	와이어로프
파루	무인방제기	한국신광마이크로 에렉트로닉스	반도체 부품

자료: 순천시, 내부자료, 2004

순천시의 산업구조에서는 금속과 음·식료업이 주종을 이루고 있으며, 특히 금속 관련 기업체의 분포가 많다. 이런 특징은 광양제철소와의 지리적 인접성과 연관산업 효과의 영향이다. 왜냐하면, 철강 및 철구조물을 비롯한 금속 관련 기업체는 주로 광양제철소와 관련되며, 광양제철소와 비교적 인접한 순천산단에 집중 분포하고 있다. 한편 금속 관련 기업체의 경우 광양제철뿐만 아니라 여수국가산업단지와도 연관성을 가지고 있다.

순천지방산업단지에서 생산되는 품목은 철강 외 24개 품목으로 2003년 기준 총생산실적은 2,023억 8,400만 원(내수 1,964억 8,400만 원, 수출 59억 원)이다. 주암농공단지의 생산품목 현황을 보면, 브레이크라이닝 외 12종을 생산하며, 2003년 기준 총생산실적은 200억 4,300만 원(내수 200억 4,300만 원)이다.

〈표 2-24〉 주암농공단지 입주업체 및 생산품목

업체명	생산품목	업체명	생산품목
대원브레이크	브레이크라이닝	동남스톤아트	석재품
삼정철망	용접철망	스트롱케미칼	뉴스트롱 강
알파전산품	전산용지	북성석재산업	석제품
한국화학	조립식 판넬	평강산업	부직포
에스티에스테크	시멘트 혼합제	바이오리쏘스	천연 항균제
송산석재산업	석제품	신우산업	합성고무 칩, 고무 매트
현대캐피탈	PVC 창호	-	-

자료: 순천시, 내부자료, 2004.

〈표 2-25〉 광양시 산업단지별 기업체 현황(2004. 3)

구 분	면적(㎢)	기업체수	종사자수
광양제철	26,074	7	7,843
태인산단	1,730	45	3,461
초남산단	410	30	634
신금산단	770(조성:132)	23	682
명당지구	1,013	6	56
장내지구	410	5	31
개별 공장		147	1,198
총계	30,997	259	13,905

자료: 광양시, 내부자료, 2004.

순천시 지방산업단지의 가동률(2003)은 89%이고, 총생산액은 1조 8,850억 원이며, 총수출액은 4만 5,000천 달러이다. 주암농공단지에서는 브레이크라이닝을 비롯하여 석제품과 시멘트 혼합제 등의 약 12종을 생산하고 있고, 입주한 업체 또한 비금속을 비롯하여 다양하게 구성되어 있다. 주암농공단지의 2003년 생산실적은 내수 200억 원이다. 순천시의 2003년 수출업체는 21개 업체로 세계 여러 국가로 수출하고 있으며 수출품목은 철강제품, 농수산물, 전자부품, 식품류 등이다.

〈표 2-26〉 **광양시 광양제철 연관단지 입주업체 현황**(2003. 11.)

구 분	업체수				고용인원		
	가동	휴업	건설중	계	남	여	계
석유화학	7	-	-	7	303	15	318
1차 금속	9	-	-	9	1,033	28	1,061
조립금속	12	-	-	12	1,160	48	1,208
비금속	12	-	-	12	862	43	905
지원시설	15	-	-	15	678	28	706
합계	55	-	-	55	4,036	162	4,198

자료: 광양시, 내부자료, 2004.

〈표 2-27〉 **광양제철 국가산업단지 사업체 현황**(2003. 12)

업체	생산품목	업체	생산품목
포스코 광양제철소	제철 및 제강	태금산업	세립 사문암
부국산업	제철 및 제강 합금철 제조업	효석	비금속광물 분쇄물 생산업
M.R.C.	비내화 요업 제품 제조업	포스코건설	도장 및 기타 피막처리
영국산업	가공원료 생산업	M.R.C.	비내화요업 제품 제조업 등

자료: 광양시 상공과, 내부자료, 2004.

4) 광양시의 산업단지 현황과 특징

광양시에는 광양제철 국가산업단지와 태인산단, 초남산단, 신금산단, 명당지구, 장내지구 등 6개의 산업단지와 공업지구로 지정되어 있고, 관세자유지역 및 경제자유구역도 지정되어 있다.

광양시에 지정되어 있는 산단별 특징을 지정면적에서 보면 광양제철산단이 2만 6,074㎢로 가장 넓으며, 약 7,800여 명의 종사자를 고용하고 있다. 그리고 광양제철소와 인접한 태인산단이 1,730㎢ 면적에 약 3,400여 명을 고용하고 있으며, 초남산단과 신금산단이 각각 300여 명을 고용하고 있다.

〈표 2-28〉 명당단지 입주업체 및 생산품목

업체	생산품목	업체	생산품목
강변특장	차체 및 특장차	세일	주형 및 금형제품
창조	간판 및 광고물 제조	경동정밀	산업기계 제작
형우스틸	열간압연 및 압축제품	강진레미콘	레미콘 제조업
인선ENT	지정폐기물 처리업		

자료: 광양시 상공과, 내부자료, 2004.

〈표 2-29〉 장내단지 입주업체 및 생산품목

업체	생산품목	업체	생산품목
씨티스틸	철강 제조	네오스틸	철강 제조
대창기업	목재, 깔판류, 적재용판	삼성플랙스 제2 공장	정구증

자료: 광양시 상공과, 내부자료, 2004.

광양제철 연관단지는 광양제철소 건설에 따른 연관산업 수요를 충족시키고 전후방 산업, 운송·지원 산업 등을 유치하여 육성함으로써 철강산업의 기능을 활성화하여 공업생산의 부가가치와 고용효과 등을 증대시켜 지역경제의 기반을 강화시킬 목적으로 조성되었다. 입주업체 현황(2003. 11)을 보면 석유화학이 7개 업체로 고용인원 318명, 1차 금속이 9개 업체로 고용인원 1,061명, 조립금속이 12개 업체로 고용인원 1,208명, 비금속이 12개 업체로 고용인원 905명, 지원시설이 15개 업체로 고용인원 706명 등 총 55개 업체에 4,198명이 종사하고 있다.

광양제철 국가산업단지(2003)에는 현재 7개 업체가 입주하여 7,809명의 종사자를 고용하고 있고, 비금속 2개 업체, 1차 금속 2개 업체, 기타 3개 업체 등이 조업을 하고 있다. 2003년 조강생산 능력은 1,623만 3,000톤, 매출액 6조 7,886억 원, 매출 순이익 1조 2,691억 원, 수출은 19억 4,100만 달러를 달성하였다. 주요 업종의 분포 현황을 보면, 포스코(POSCO) 광양제철소를 비롯하여 제철·제강·합금철 제조업, 비내화요업 제품 제조업, 비금속광

광양컨테이너부두와 광양제철소

물 분쇄물 생산업, 도장 및 기타 피막처리업, 가공원료 생산업 등이 주로 분포하고 있고, 광양제철소와 연계효과가 강한 업종이 입지해 있는 것이 특징이다.

광양제철산업단지와 근거리에 위치한 명당 및 장내산업단지는 총 11개 업체가 운영 중이며 1차 금속 등 10종의 생산품을 생산하고 있다. 명당단지의 입주업체는 도시형 공업이 주로 입지해 있으며, 자체 및 특장차, 열간압연 및 압축제품 제작업 등 업종이 분포한다. 장내단지에는 철강제조업 등과 관련된 업종이 입지해 있지만, 규모가 적은 것이 특징이다.

광양읍과 인접한 초남산업단지에 입주한 업체는 총 30개로서 575명이 종사하고 있으며, 화합물 3개, 조립금속 12개, 1차 금속 8개, 기타 7개 업체로 2003년 매출액 2,520억 원, 수출액 1,900만 달러에 달한다.

〈표 2-30〉 초남산업단지 입주업체 및 생산품목

업체명	생산품목	업체명	생산품목
미주실업	치약, 비누, 세제 제조	세공산업㈜	기타 구조용, 금속제물 제조
성원파이프	강관 제조업	세공산업㈜	운송용 컨테이너, 제조업
디에스알	철강선 제조업	㈜일광콘스텍	금속조립, 구조재 제조
지 엔	강관제조업	알루테크㈜	알루미늄 제련 및 합금 제조
연성산업	그 외 기타 철강산업	남해상사	기타 기초화합물, 제조업
연성산업 제2 공장	기타 구조용, 금속제물 제조	신도계전	배전반 및 자동제어반 제조
금영산업	금속조립, 구조재 제조	KS야나세 산업㈜	금속조립, 구조재 제조
달 성	금속조립, 구조재 제조	㈜세명기전	배전반 및 자동제어반 제조
한성산업	제철 및 제강업	㈜삼우기계 2공장	강관 제조업
부일정밀	금속 파스너 및 제조업	㈜케이에스티	금속조립, 구조재 제조
부일정밀 제2 공장	나사제품 제조업	전진기업	가공 및 재생 플라스틱 생산업
성진산업	금속조립, 구조재 제조	한동철강㈜	제철 및 제강업
광산금속유리	금속문 및 관련 제품 제조업	케이에스 콤프레샤㈜	기체 펌프 및 압축기 제조업
한성철강공업	금속조립, 구조재 제조	㈜씨에스 엔지니어링	탭밸브 및 유사장치 제조
강남발전기	금속조립, 구조재 제조	㈜금호	창고업
삼보강업	금속조립, 구조재 제조	한일자원	재생용금속 가공, 원료생산업

자료: 광양시 상공과, 내부자료, 2004.

3. 광양만권 인구와 산업구조 변화

광양만권의 인구와 산업구조의 변화는 여천석유화학공업단지와 광양제철소의 건설과 직접적인 관련이 있다. 광양만권의 공업화는 부산·울산 중심의 동남권에 비해 비교적 늦게 시작되었다.

광양만권에서는 1975년 구여천시에 여천석유화학단지가 건설되었고

1978년에는 여천석유화학단지 배후에 신도시를 건설하면서 지역변화는 빠르게 진행되었다. 그리고 1982년 10월부터 당시의 광양군 태인도 일원에 광양제철소가 건설되기 시작하여 1986년 11월까지 제1단계 시설이 완성되면서 광양만권은 여천석유화학단지와 광양제철소라는 성장 동력을 갖게 되었다. 그리고 1990년대에 접어들면서 광양컨테이너부두의 건설이 시작되었다.

이런 광양만권의 공업화와 대형 개발 프로젝트의 시행에 의해 광양만권의 행정구역 또한 변화했다. 1986년 1월에 광양제철소와 컨테이너부두를 위한 배후도시를 건설할 목적으로 광양출장소가 설치되었고, 당시의 광양군 옥곡면 광영리를 포함한 인근지역을 도시화 지역으로 설정하여 신도시를 개발하였다. 그리고 여천석유화학단지의 건설로 등장한 여천출장소는 1986년 1월 1일에 여천시로 승격되었다.

전술한 광양만권의 공업화와 대형 건설사업의 시행, 그리고 행정구역의 개편 등은 지역의 인구와 산업구조의 변화에 커다란 영향을 미쳤다. 이런 측면을 고려하여, 이 절에서는 광양만권의 변화과정을 인구와 산업구조적 측면에서 살펴보았다.

1) 광양만권의 인구변화

(1) 광양만권 인구변화

광양만권의 인구는 여천석유화학단지가 개발된 이후 외부지역에서 전입한 인구의 증가로 지속적인 증가 추세를 나타내고 있다(<표 2-31> 참조). 1973년 광양만권의 인구분포를 보면, 여천군이 가장 많은 15만 5,147명이고, 승주군, 여수시, 순천시, 광양군 등의 순서로 시부(市部)지역보다는 군부(郡部)지역의 인구가 상대적으로 많았다. 이는 도시인구보다는 농업에 종사하는 농업인구의 비중이 높다는 것을 의미한다.

〈표 2-31〉 광양만권 인구변화

(단위: 명)

구분	여수시	여천시	여천군	순천시	승주군	광양시(군)	합계
1971	116,394	-	155,482	97,304	145,182	93,229	607,591
1973	118,841	-	155,147	103,575	146,740	93,662	622,533
1983	174,788	49,194	95,731	117,608	124,475	80,257	642,125
1993	185,451	73,886	71,560	236,362	-	126,839	694,098
2003	311,051	-	-	270,574	-	136,753	718,378

자료: 전라남도, 『전남통계연보』, 각 년도.

1983년에는 1973년보다 권역 내의 인구가 약 2만 명 정도 증가하였다. 지역별로는 여수시가 약 17만 명으로 가장 많이 증가하였고, 순천시 또한 약 1만 4,000명이 증가했으며, 여천시는 여천석유화학단지의 영향으로 인구규모 5만 명의 신도시로 성장하였다. 반면에 농촌인구는 지속적으로 감소하여 여천군은 10년 전보다 약 6만 명이 감소하였고, 승주군은 2만 2,000명, 광양군은 7,000명이 각각 감소하였다. 1983년 광양만권의 인구는 64만 2,125명으로 전국인구의 약 1.6%, 전남인구의 약 16.8%를 차지하였다.

1971년부터 1983년까지의 인구변화를 살펴보면, 전국의 인구는 연평균 1.64% 증가한 반면, 전남의 인구는 연평균 -0.4% 감소하였다. 전국인구에 대한 전남인구의 구성 비율은 상대적으로 감소하고 있는 반면, 광양만권의 인구는 연평균 0.44% 증가하여 전남보다는 0.8% 높고, 전국에 비해 1.2%의 낮은 증가율을 나타냈다.

지역별 인구변화를 보면, 도시지역인 여수시, 순천시, 여천시가 각각 연평균 3.47%, 1.62%, 8.16%의 증가율을 보인 반면에, 농촌지역인 광양군, 여천군, 승주군은 연평균 -1.22~-3.78%의 인구감소율을 나타냈다. 특히 농촌지역의 인구감소는 광양만권만의 특징이 아닌 우리나라 농촌지역의 전체적인 현상으로 이농향도에 의한 인구전출이 주요한 원인이라고 판단된다. 그렇지만 1971년부터 1983년까지의 인구감소를 다른 농촌지역과 비교하면, 광양만권의 경우 인구감소율이 상대적으로 적은데, 이는 여천석유화학 단지 건설의 효과라 할 수 있다.

(2) 광양만권 인구이동

인구이동은 지역사회의 인구변화를 파악할 수 있는 중요한 지표 중 하나이다. 특히 광양만권과 같이 대규모 공업단지의 개발로 외부지역으로부터의 전입인구가 많은 경우에는 인구변화에서 뚜렷한 특징이 나타난다. 광양만권의 인구이동 변화추이를 살펴보면, 1983년에는 전입인구보다는 전출인구가 상대적으로 많았다. 그리고 2003년에도 유사한 경향을 보였다.

1983년의 인구이동 특징을 보면, 광양만권 총인구인 64만 2,125명 중 약 15.4%에 해당하는 9만 8,967명이 전입하였고, 약 17.2%인 11만 297명이 전출하였다. 인구이동의 범위를 보면, 전입인구는 도내이동이 전체의 74.9%(7만 4,139명)로 가장 높은 비율을 점하고 있고, 도외이동 24.5%(2만 4,221명), 국외 및 기타 이동은 약 0.6%(607명) 등으로 나타났다. 전출인구는 도내전출이 전체의 65.1%(7만 1,832명)를 차지하고, 도외전출이 34.7%(3만8,276명), 국외 및 기타 이동이 189명을 차지하였다.

인구이동의 지역별 특징을 보면, 여수시(여천시, 여천군 포함)가 가장 많은 인구이동을 보였고, 순천시(승주군 포함), 광양시의 순서로 나타났다. 전입과 전출의 경우 유사한 패턴을 나타냈는데, 여수시가 가장 많으며 순천시, 광

〈표 2-32〉 광양만권 인구이동의 변화추이

(단위: 명)

구 분	광양만권		여수시		순천시		광양시	
	전입	전출	전입	전출	전입	전출	전입	전출
1983	98,967	110,297	54,536	60,732	34,209	37,442	10,222	12,123
2003	115,997	125,165	51,509	57,742	47,581	49,966	16,907	17,457

자료: 여수시, 순천시, 광양시, 『통계연보』, 각 년도.

양시 순서이다. 전반적으로 시부의 경우는 전입인구가 다소 높게 나타났고(여수시 제외), 군부의 경우는 전출인구가 높게 나타났는데, 이는 이농 또는 도시로의 인구유입이 주요 원인으로 판단된다. 특히 전체적으로 유입인구보다 광양만권에서 타 시·도로 전출한 유출인구가 많은 것이 인구감소의 원인이 되었다.(최재선 외, 1986: 58-60).

전체적으로 보면, 1983년 광양만권 인구이동의 특징은 전입보다 전출이 많으며, 주로 농촌지역에서 전출인구가 많이 발생하였다는 것이다. 특히 당시의 광양만권은 여천석유화학단지의 1단계 준공과 공장유치가 거의 완성되어 외부로부터 인구를 유인할 요인이 사라지면서 전입인구가 많이 발생하지 않아, 전입인구보다는 전출인구가 많았다.

한편 2003년의 인구이동 특징을 살펴보면, 20년 전인 1983년과는 커다란 차이를 보이고 있다. 2003년의 경우, 광양만권의 인구이동은 전입인구보다는 전출인구가 상대적으로 많다. 광양만권 전체 인구의 16.1%(11만 5,997명)가 전입하였고, 반면에 17.4%(12만 5,165명)가 전출하여 전출초과 현상을 나타냈다.

지역별 인구이동 특징을 보면, 여수시는 전입보다는 전출인구가 많다. 시·군 간 전·출입에서도 전입보다는 전출인구가 많고, 이런 경향은 시·도 간 인구이동에서도 그대로 나타난다. 따라서 여수시의 경우, 전입인구보다는 전출인구가 많아 향후 인구감소가 예상된다.

순천시의 시·군·구 간 인구 전출입을 보면, 전출인구(1만 790명)보다는 전입인구(1만 2,721명)가 많으며, 시·도 간의 전출입에서는 전입(1만 605명)보다는 전출(1만 4,877명)이 많다. 이는 광양만권을 비롯한 전남지역 내 다른 시·군에서 순천시로의 전입인구가 상대적으로 많다는 것을 의미한다. 이런 경향은 광양만권 공업화에 의해 증가된 인구가 대부분 순천시로 전입하여 순천시의 인구증가를 보여주는 좋은 사례이다.

광양시의 경우, 시·군·구 간 전·출입에서는 전입인구(4,602명)보다는 전출인구(5,384명)가 많고, 이런 현상은 시·도 간 전·출입에서도 그대로 나타났다. 즉 전입인구(5,961명)보다도 전출인구(7,264명)가 상대적으로 많다. 따라서 인구이동의 특징에서는 광양시 또한 향후 주변지역과 타 시·도로의 전출증가에 의한 인구감소가 예상된다.

광양만권 인구이동의 전체적인 특징을 요약하면, 광양만권의 인구는 성장하고 있지만, 인구이동에서는 전입인구보다는 전출인구가 상대적으로 높은 비율을 점하고 있다. 전출인구는 광양만권 내로의 인구이동보다 다른 시·도로의 인구이동이 많았다. 그렇지만 인구이동률에서는 지역 내 인구이동이 상대적으로 높은 것이 특징이다. 이는 권역 내의 농촌지역에서 도시 지역으로의 인구이동을 의미한다.

2) 광양만권의 산업구조 변화

광양만권의 산업구조는 3차 산업과 2차 산업의 비중이 상대적으로 높은 것이 특징이다. 그리고 산업구조의 변화는 1983년 이후 지난 20년 동안 크게 변화하였다. 즉 1983년에는 1차 산업인 농림·어업의 비중이 제조업과 서비스업에 비해 상대적으로 높았다. 특히 1차 산업의 비중이 가장 높은 지역은 순천시였다. 반면에 2차 산업의 비중이 상대적으로 높은 지역은 여

〈표 2-33〉 **광양만권 산업구조의 변화**(1983~2003)

(단위: %)

구분	여수시			순천시			광양시		
	1차	2차	3차	1차	2차	3차	1차	2차	3차
1983	25.0	39.0	26.0	33.0	19.0	48.0	21.4	32.1	46.5
2003	1.5	27.8	70.7	0.4	12.7	86.9	0.2	35.9	63.9

자료: 여수상공회의소, 내부자료, 1986; 전라남도, 『전남통계연보』, 2004.
주: 1983년의 산업별 지역총생산액(GRP)을 기준으로 하였다.
2003년은 산업 대분류에서 종사자수를 기준으로 산출하였다.

〈표 2-34〉 취업인구에 의한 산업구조(1983)

(단위: 천 명, %)

구 분	합계	농림·수산업	광공업	사회간접자본 및 기타
전 국	14,151(100.0)	4,314(29.7)	3,383(23.3)	6,818(47.0)
전라남도	1,464(100.0)	835(57.0)	180(12.3)	449(30.7)
광양만권 합계	237(100.0)	103.3(43.6)	48.9(20.6)	84.8(35.8)
여수시	53(100.0)	9.7(18.3)	15.7(29.7)	27.6(52.0)
순천시	41(100.0)	10.0(25.2)	4.0(9.4)	27.0(65.4)
여천시	19(100.0)	0.2(1.2)	16.1(84.5)	2.7(14.3)
광양군	28(100.0)	6.0(21.4)	9.0(32.1)	13.0(46.5)
여천군	39(100.0)	22.5(57.8)	4.0(10.2)	12.5(32.1)
승주군	57(100.0)	54.9(96.3)	0.1(0.2)	2.0(3.5)

자료: 최재선, 『광역광양만권 산업재배치에 관한 연구』, 1986.

수시였다. 이는 여천석유화학공단의 영향으로 2차 산업의 지역총생산액(GRP)이 높기 때문이다. 실제로 구여천시의 지역총생산액은 4,327억 원으로 광양만권 전체의 약 75%를 차지하고 있었다(최재선 외, 1986: 111). 반면에 광양시는 3차 산업의 비중이 가장 높다.

2003년의 산업구조 특징을 보면, 전국 대비 1·2차 산업의 비중은 낮으나 3차 산업의 비중은 높게 나타난 것이 특징이다. 지역별로는 광양시의 2차 산업 비중이 가장 높고, 여수시, 순천시 순서로 나타났다. 반면에 순천시는 2차 산업보다는 상업 및 서비스업 중심의 3차 산업 비중이 광양만권 내에서 가장 높아 도시별 산업구조의 차이가 뚜렷하게 나타났다.

1983년 광양만권 산업구조의 특징을 파악하기 위하여 취업인구를 기준으로 살펴보면 <표 2-34>와 같다. 전체적으로는 농림·수산업에 10만 3,300명(43.6%), 광공업 4만 8,900명(20.6%), 사회간접자본 및 기타 서비스업 8만 4,800명(345.8%)으로 나타났다. 이를 전국과 비교하면 1차 산업의 구성비가 약 13.1% 많은 대신, 2차 산업은 2.7% 낮고, 3차 산업은 11.2% 낮아 1차

산업의 비중이 높은 취업구조를 보였다.

지역별로 보면, 시부는 대체로 2·3차 산업의 취업인구가 집중되어 있으며, 1차 산업에는 모두 10% 미만으로 나타났다. 그리고 여천시는 특성상 2차 산업의 취업인구가 84.5%를 차지하고 있고, 광양군도 광양제철소 건설의 영향으로 점차 2·3차 산업의 취업인구가 증가되고 있다. 그리고 여천군이나 여타 군에서는 모두 1차 산업이 약 50% 이상을 차지하고 있고, 2차 산업의 구성비는 10% 내외로 극히 미미한 상태이며, 3차 산업 또한 30% 내외로 전국과 비교하면 상대적으로 낮은 것이 특징이다(최재선 외, 1986: 108).

2003년 광양만권 업종별 종사자수에 의한 산업구조의 특징과 비교해서 분석해 보면, 도·소매업 및 제조업에 특화된 산업구조를 보이고 있다. 여수시는 제조업을 비롯하여 서비스업의 비중이 상대적으로 높으며, 순천시는 금융·보험, 교육 서비스, 부동산·임대업, 보건·사회복지 등의 비중이 높다. 광양시는 광양제철 및 연관단지의 영향으로 제조업의 비중이 높은 것이 특징이다.

제3장

개발계획에 나타난 광양만권 특징

광양만권은 우리나라의 대표적인 임해형 신산업지역 중 하나로, 광양만권의 개발은 중앙정부와 지방정부에서 수립한 각종 지역개발계획에 의거해 진행되었다. 따라서 중앙정부에서 수립한 국토종합개발계획을 비롯하여 지방정부 차원에서 수립한 각종 개발계획에 나타난 광양만권의 역할과 특징은 광양만권의 변화과정을 이해하는 중요한 수단이 된다. 그러므로 이 장에서는 각종 개발계획에 반영된 광양만권의 개발내용을 검토하여, 그 특징을 도출하였다.

1. 전국 및 광역단위 개발계획

1) 제2차 국토종합개발계획

제2차 국토종합개발계획(1982~1991)에서는 광양만권에 대한 산업개발계획이 포함되지 않았다. 그리고 지역 내 생산환경, 생활환경, 자연환경을 종합적으로 개발하기 위한 개발권역은 5개의 대도시 생활권, 17개의 지방도시 생활권, 6개의 농촌도시 생활권으로 구분되었다.

광양만권의 경우 광양만권이라는 용어가 사용되지는 않았고, 지방도시 생활권에 해당하는 순천생활권에 포함되었으며, 중심도시는 순천으로 설정되었고 배후지역으로 여수와 광양 등이 포함되었다. 그러나 순천생활권은 지역경제권에 근거한 권역설정이 아니라 생활권에 근거한 권역으로서, 순천이라는 중심지와 주변의 배후구역이라는 계층적인 지역구조를 설정한 것이 특징이다.

공업단지 개발 또한 독자적인 개발권역을 형성하지 못하고 남해안 공업벨트의 구성요소로서 광양과 여천이 포함되었다. 즉 포항, 울산, 온산, 창원, 거제, 삼천포, 광양, 여천을 연결하는 동남 해안공업 벨트를 광역적으로 구축한다는 계획의 하위 개념으로서 광양만 일원은 광양의 제2 제철 및 제강 관련 단지 건설, 여천의 여천석유화학단지 확충 등이 계획되었다.

제2차 국토종합개발계획에서는 광양만권이 독자적인 계획권역을 형성하지는 못하였지만, 남해안 공업 벨트의 일원으로 편입되었고, 광양은 제2제철소의 후보지로 제철소 및 관련 공단의 건설이 계획되었다. 여천 또한 이미 조성된 석유화학단지를 계속 확충하는 계획이 반영되었다. 그리고 이들 두 지구가 광양만권 공업화의 인큐베이터 역할을 하게 되었다. 따라서 광양만권 공업화에 대한 기본적인 구상은 제2차 국토종합개발계획에 반영되었고, 이것이 광양만권 공업화의 시작이라 할 수 있다.

2) 제3차 국토종합개발계획

광양만권에 대한 본격적인 개발계획은 제3차 국토종합계획(1992~2001)에 다양하게 반영되면서 시작되었다고 할 수 있다. 제3차 국토종합개발계획에서는 지방분산형 국토골격의 형성을 위해 여러 가지 정책을 수립하였다. 즉 지방분산형 정주체계의 형성을 위한 전략으로 대도시권 및 연담도시권 도시 간의 상호 보완 기능을 강화시켰는데, 여수·순천·광양은 연담도시권의 대상도시로 선정되어 도시별 기능특화, 도시 간 산업·문화·교육·유통 시설의 기능배치와 고속교통망 확충이 계획되었다.

제3차 계획에서는 산업의 균형배치와 산업구조의 고도화를 위한 추진계획으로 중부와 서남부 지역 신산업지대의 개발을 계획하였다. 신산업지대는 크게 아산만· 대전· 청주 벨트, 군장· 이리· 전주 벨트, 목포· 광주· 광양만 벨트로 구분되었고, 광양만권은 목표·광주·광양만 벨트에 포함되었다.

목포· 광주· 광양만 벨트의 개발계획은 광양· 대불 지역에 교역과 임해공업 거점 형성, 광주· 광양· 대불 주변에 중소 공단 개발, 광주 첨단기술 산업단지 중심의 기술집약적 산업 육성, 간척지 입지활용 및 기반시설 국가지원 등이 포함되었다. 그리고 기반시설의 확충계획으로는 광주-광양, 광주-목포 간 고속도로 건설, 광양컨테이너항과 목포의 대불공업항 건설, 주암댐과 영산강 하구언, 광양의 수어댐 용수개발 등이 계획되었다.

한편 광양만권의 사회관접자본(SOC) 관련 계획을 보면, 광양항의 개발과 관련해서는 2001년까지 5만 톤급 10선좌를 건설하여 컨테이너 물량의 38%인 240만 TEU를 처리하는 계획이 포함되었다. 배후도시 건설 및 항만의존산업 육성, 유통시설 유치 등 항만산업 공간 형성을 유도하여 지역개발을 선도한다는 내용도 수록되었다. 그리고 여수-이리 간 전라선 복선 전철화 사업도 계획되었고, 광양항을 연결하는 인입철도 건설도 계획되었다(대한민국정부 제3차 국토종합개발계획, 1992: 49-74).

이와 같이, 제3차 국토종합개발계획에는 광양만권의 공업 벨트 구축, 광양항 건설 및 관련 사회간접자본 확충계획 등이 포함되었다. 그리고 1990년대에 행해진 각종 지역계획과 1990년대 후반기에 수립된 광역권개발계획 또한 제3차 국토종합계획에서 제시한 개발 방향에 기초하여 수립되었다. 따라서 본격적인 광양만권 공업화와 도시화는 제3차 국토계획에 의거하여 진행되었다고 할 수 있다.

3) 제4차 국토종합계획

제4차 국토종합계획(2000~2020)에서는 광양만권이 지방광역권[1]으로 설정되면서 전략적 개발이 가능하도록 계획된 것이 가장 큰 특징이라 할 수 있다. 전국에 설정된 10개의 광역권은 대도시형, 산업지대형, 관광자원형으로 구분되며 광양만은 진주권과 함께 '광양만·진주권'으로 구획되어 아산만·전주-군장권과 함께 산업지대형 광역권으로 계획되었다.

광양만·진주 광역권은 전남의 여수시, 광양시, 순천시와 인접한 군, 그리고 경남의 진주, 사천, 하동 및 인접한 군이 포함된 영·호남을 연결하는 남해안 중앙부 거점지역이다. 광양만을 중심으로 광양제철소와 연관단지, 컨테이너항이 조성되어 있고, 진주권에는 항공산업 기반과 관광자원이 분포하고 있다. 특히 광양항은 부산항과 함께 국가적인 양대 항으로 조성되어 국제항의 역할을 하도록 육성한다는 계획이 수립되었다. 광양만·진주권은 21세기 우리나라가 동북아시아 물류 중심국으로 부상하는데, 선도적인 역할을 수행하기 위해 부산항과 연계하여 동북아시아 중추 항만 및 물류 중심지로 육성한다는 것이 계획에 포함된 핵심 내용이다.

제4차 국토종합계획에 포함된 광양만·진주권의 주요 개발 방향을 보면 다음과 같다. 광양항을 국제물류 중심지로 육성하고, 철도·도로 등의 교통망 확충으로 내륙지역과의 연계성을 강화한다. 그리고 제철, 정밀화학 등 기존 산업의 고부가가치화와 항공우주 등 첨단산업 기능을 강화하여 신산업지대의 중심거점으로 육성하며, 도로, 휴양공간, 도시체계, 산업단지의

1) 제4차 국토종합계획에서는 규모의 경제를 지닌 지역경제적 기반을 형성함으로써 지역이 자생적으로 발전할 수 있도록 선도하는 역할을 수행하기 위해 전국에 10개의 지방광역권을 설정하였다.

재편성을 유도하여 동서 지역 간 경제적·사회적·물리적 연계를 추진한다. 또한 영·호남을 연결하는 남해안 국제관광 벨트의 거점 역할을 하도록 광양만권을 개발한다는 것이 계획에 포함된 주요 내용이다(국토연구원 제4차 국토종합계획, 1999: 252).

4) 광양만· 진주권 광역개발계획

광양만· 진주권 광역개발계획(1998)의 목표는 환태평양 경제권의 거점으로서 입지적인 장점을 살려 남해안 개발에서 거점을 구축하기 위한 광역권의 미래상과 비전을 제시하는 것이다. 낙후된 지역경제를 활성화시켜 인구와 산업의 지방정착에 필요한 전략과 계획을 수립하며, 지역 내 인적·물적 교류 활성화를 통하여 지역통합을 달성하기 위한 전략과 계획을 포함했다.

광양만· 진주권 개발계획의 기본 방향은 국제적인 물류거점으로 육성, 국제관광 벨트 및 신산업지대 형성, 자연과 문화를 갖춘 정주환경 조성, 경제적·물리적 통합으로 실질적인 동서 화합 모색, 세계화·고속화에 걸맞은 기반시설의 설치 등이다. 광역개발의 공간구조를 보면, 광양만과 진주권의 신산업지대를 연결하는 산업권역을 형성하여 생산성을 도모하고, 순천과 진주를 중심으로 두 지역이 연계하여 남해안 거대도시권을 형성하도록 유도하며, 관광 레저 벨트 외곽에 생태환경 벨트를 구축하고, 광양만· 진주권의 통합 기능을 부여하여 동서 화합의 장으로 기능하도록 하는 것이 핵심적인 내용이다.

또한 거점 도시개발로서 순천, 광양, 여수, 하동·금성지구 등을 연담도시권으로 개발하고 광양항 주변의 도시체계를 확립하며 고흥·보성·하동·구례 지역 등 하위도시를 거느리는 중심거점 육성계획이 포함되었다.

지역별 기능의 배분계획을 보면, 광양은 광양항 배후지역에 컨벤션 센터, 국제무역전시장, 텔레포트, 물류유통단지 등의 기능을 유치하여 국제교

〈표 3-1〉 광양만 거점도시권의 주요 기능 및 전략

구분	순천시	광양시	여수시
도시별 기능	교육, 문화 중추관리	국제물류 거점, 유통·항만 지원	제조업, 관광
국제기능 강화	정보	항만, 국제물류	공항, 항만, 해외투자 유치
주요 육성산업	교육, 문화·생산자 서비스(3차)	물류, 제철(2·3차)	석유화학, 기계, 관광(2·3차)

자료: 전라남도·경상남도, 『광양만·진주권 광역개발계획』, 1998.

역 및 물류 서비스 등을 지원하는 복합 업무단지를 조성하여 국제기능을 강화하는 것으로 계획되었다. 순천은 교육, 문화, 공공업무 및 주거기능을 강화하여 주변지역에 대한 배후지원 기능을 강화하는 내용이다. 그리고 여수는 대규모 산업단지의 환경문제를 최소화하기 위한 도시기반을 조성하여 이들 산업지대의 휴식처가 되는 여가 공간을 확충하고, 권역 내 거점 관광도시로서 역할이 가능하도록 기반을 조성하는 계획이 반영되었다. 하동군의 금성을 복합신도시로 개발하여 광양항 주변의 도시체계를 보완하고, 여수·율촌·해룡·황금 산업단지를 조성하고 이를 뒷받침할 업무 및 주거용 신시가지를 체계적으로 배치할 계획도 포함되었다.

한편 신산업지대의 산업회랑 구축계획으로, 율촌·광양제철·하동·진사·서부첨단 등의 산업단지를 연결하는 회랑을 설치하여 남해안 신공업 벨트를 육성하며, 권역별로 차별화를 유도하는 내용이 핵심이다.

광양만권은 여천·율촌·해룡·황금·광양제철 등 산업단지와 관련하여 철강·석유화학의 연관산업과 신소재·정밀화학·자동차부품·기계·메카트로닉스 산업을 유치한다는 계획이다. 또한 여수국가산업단지의 환경오염을 최소화하고, 율촌산단 등 대규모 산업단지는 고부가가치의 첨단산업 위주로 개편한다는 계획이며, 광양만권의 산업회랑이 광주·목포와 연결될 수 있도록 벌교에 산업단지를 조성한다는 계획도 포함되었다. 그리고 순천대학교를 비롯한 지역 대학 등과 산학협동 체계를 구축하여 기술혁신을 추진한다는 계획도 수록되었다.

또한 관광 레저 벨트의 조성을 위해 백운산·지리산 중심의 내륙관광 벨트와 소호·창선 등으로 연결되는 해안관광 벨트의 네트워크 구축, 남해안 국제관광 벨트 사업의 구체화 등이 계획되었다.

5) 광양만권 경제자유구역 개발계획

광양만권 경제자유구역 개발계획(2004)은 경제자유구역법 제5조와 제6조, 그리고 동법 시행령 제5조의 내용을 포함하는 계획으로, 대상지역은 하동군, 광양시, 순천시, 여수시 등이다. 계획의 목표는 광양만권을 국제물류·생산의 거점으로 육성하고, 생산기반을 고도화하며, 신산업을 육성하는 것이다. 광양만권의 개발 방향은 동북아시아 교류확대에 대비한 생산거점으로 육성, 동북아시아 환적화물 중심의 국제물류 거점으로 육성, 국토 균형발전을 위한 서남권의 신산업 거점으로 육성, 외국인 투자의 적극적인 유치와 쾌적한 정주환경 조성, 인접지역에 위락 및 관광 기능 확충 등이다.

광양만권 경제자유구역은 크게 5개 지구로 구성되어 있다. 율촌지구는 율촌 1산단, 율촌 2산단, 율촌 3산단, 컨테이너부두(율촌), 여수공항 등 5개 단지로 구성된다. 광양지구는 컨테이너부두(광양), 컨테이너부두(광양) 배후지 제1단계, 컨테이너부두(광양) 배후지 제2단계, 포스코 터미널 CTS, 황금산업단지, 성황배후단지 등 6개 단지로 구성된다. 신덕지구는 신대배후단지, 광양복합물류유통단지, 해룡산업단지, 선월배후단지, 용강배후단지, 신대·덕례배후단지 등 6개 단지로 구성된다. 경남의 하동지구는 갈사만 매립지, 갈사만 매립지 배후단지, 덕천배후단지, 두우배후단지, 대송산업단지 등 5개 단지로 구성된다. 그리고 여수의 화양지구는 화양 1단지, 화양 2단지 등의 2개 단지로 계획되어 있다.

〈표 3-2〉 광양만권 경제자유구역의 지구별 발전 방향

구분	율촌지구	광양지구	신덕지구	하동지구	화양지구
규모	28.15㎢	12.90㎢	25.47㎢	12.56㎢	9.90㎢
개념	생산기능	물류기능	지원기능	생산·지원 기능	관광·휴양 기능
개발 방향	석유화학, 철강 관련산업	항만, 제철, 철금속의 물류기능	주거, 교육, 레저 기능 공급	생산·주거·업무 등 복합 기능	관광·휴양·스포츠
주요 시설	·산업단지 개발 ·여수공항 개발 ·컨테이너부두 개발	·광양항 개발 ·항만배후 부지 개발 ·CTS 등 개발	·교육·주거 단지 개발 ·골프장 등 레저 시설 개발	·산업단지 개발 ·주거·업무, 레저 시설 개발	·골프·해양스포츠 개발 ·콘도미니엄·호텔 개발

자료: 전라남도·경상남도, 『광양만권 경제자유구역 개발계획』, 2004.

이들 5개 지구의 지구별 개발 방향을 보면, 율촌지구는 석유화학, 철강 등 기반산업 관련 공장유치를 통한 생산기능 활성화 유도, 여수공항 및 컨테이너부두의 활성화를 유도하기 위한 기능 유치 등이 계획되었다. 광양지구는 광양항을 중심으로 한 환적화물의 활성화를 위한 기능 유치, 제철 관련 재료, 비철금속의 동북아시아 거점 형성을 위한 물류기능 유치 등이 계획되었다. 신덕지구는 광양만권 경제자유구역의 활성화를 지원하기 위한 배후기능 유치, 교육·주거·레저 등의 개발을 통한 쾌적한 거주환경 등이 포함되어 있다. 하동지구는 광양제철의 생산기능과 연관된 선박 관련산업 기능 유치, 주거·업무·레저 기능의 배후지원 기능 유치 등이 주요 방향이고, 화양지구는 남해안 관광 벨트의 거점으로서 관광·레저 기능 유치, 관광·스포츠·휴양 기능 유치 등으로 계획되었다.

광양만권 경제자유구역 위치도

6) 남해안 관광 벨트 개발계획

남해안 관광 벨트 개발계획(2000)은 세계적인 교류, 동서 화합의 장 창출, 고유의 관광상품 개발에 따른 지역 잠재력 극대화, 관광개발의 파급효과 확대에 따른 지역경제 활성화 등을 목표로 한다. 이 계획은 남해안을 국제적인 수준의 관광거점으로 개발하려는 목적으로 2000년에 시작하여 2009년 완료를 목표로 추진 중에 있는 대표적인 국책사업이다.

남해안 관광 벨트 개발계획의 대상지역은 부산광역시와 전남·경남의 남해안에 접한 24개 시·군이다. 남해안 관광 벨트 사업은 4개 권역, 즉 부산 도시 관광권, 경남 충무·사천 중심의 해양 레저 스포츠권, 전남 여수·고흥

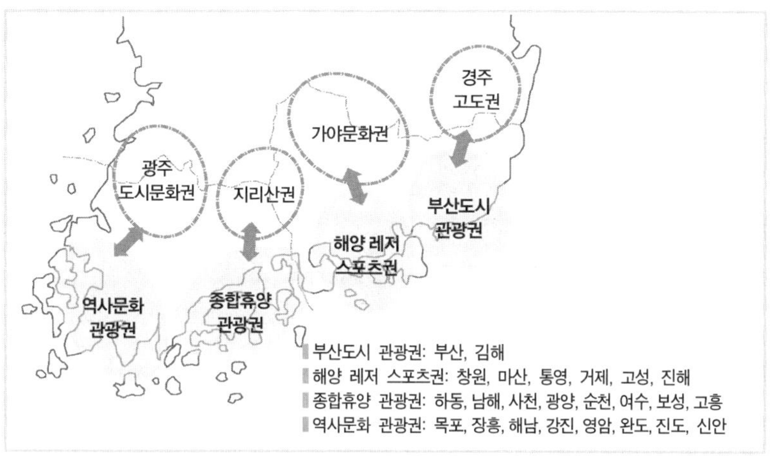

남해안 관광 벨트 개발계획의 개발권역

중심의 종합휴양 관광권, 목포 중심의 역사문화 관광권 등이 그것이다.

광양만권은 경남의 하동·남해, 전남의 광양·순천·여수·보성·고흥 등과 함께 종합휴양 관광권에 해당한다. 특히 고흥, 여수, 남해의 3개 시·군을 연결·통합하여 남해안 지역의 일체화를 도모하고, 신산업과 컨벤션 리조트의 육성을 통한 동서 화합의 상징 프로젝트를 구축하여 남해안의 선도적 리조트 지대를 형성하는 것을 주요 내용으로 한다.

2. 지역단위 개발계획

1) 제3차 전남종합개발계획

제3차 전남종합개발계획(2001~2020)의 기본 목표와 방향은 더불어 잘사는 복지전남, 해양 도서를 활용한 해양전남, 지역특성에 부합하는 신산업전남, 자연·문화가 어우러진 그린(green) 전남, 세계로 뻗어가는 개방전남 등으로 설정되었다. 광양만권과 관련된 내용은 신산업지구로서의 전남, 물류기능을 수행하는 개방전남 등이다.

주요 추진전략을 보면, 3각 국제자유항지역 개발, 신행정거점의 육성과 복합기능 도시화, 국제적인 관광 벨트 기반 구축, 농·산·어촌의 신지식 자원화, 협력·제휴 사업의 발굴 등이며, 광양항을 국제교역의 거점으로 육성하기 위해 자유항으로 지정한다는 추진전략도 포함되어 있다.

계획에 포함된 광양만권과 관련한 개발의 기본 방향은 여수·순천·광양을 연결하는 C자형의 연담도시권 형성, 지역별 특화기능 강화와 태평양의 전진기지로 육성 등이다. 주요 추진전략은 광양만 광역도시권 개발 및 정비방안, 광역 간선망 정비 및 확충, 국내외 교역증대에 따른 항공·항만 시설 확충 등으로 설정되었다.

광양만권의 광역도시권 개발 및 정비전략으로는 광양만 광역도시권을 광양만권·진주광역권 개발의 거점기능 지역으로 육성하고 광양만생활권 중심도시를 새롭게 육성한다는 것이다. 구체적인 내용으로는 여수시·순천시·광양시를 연담도시로 육성, 여수시를 남해안 관광거점 기능도시로 육성, 순천시를 광양만생활권 거점 중심도시로 육성, 광양시를 국제물류 거점도시로 육성한다는 것이다.

광역 간선망 정비·확충계획으로는 무안-광양 간 고속도로 건설, 전주-광양 간 고속도로 건설, 여수-순천 간 국도 17호선 확장사업, 여수-순천 간 서부간선도로 건설, 전라선 철도 개량 사업, 전라선 복선 및 전철화 사업, 순천-광양항 간 철도 복선화 사업 등이 포함되었다.

그리고 국내외 교역증대에 따른 항공·항만 시설의 확충사업으로 광양만권의 고속이동성 증대에 따른 여수공항의 역할 증대, 광양컨테이너부두 확장 등이 계획되었으며, 광양컨테이너부두의 효율성 극대화를 위해 자유무역지대 조성과 항만 배후지 복합 연계개발도 계획에 반영되었다.

2) 21세기 전남 비전

전남에서 수립한 21세기 전남 비전(1998~2011)에는 광양만권의 역할과 기능, 그리고 광양만권의 개발을 위한 추진사업 등이 전반적으로 포함되었다. 전남 비전에서는 광양만권의 기본 방향이 다음의 3가지로 설정되었다. 즉 광양만권이 환태평양 교역 거점기지로서 역할을 수행하기 위하여 광양 컨테이너 항만과 텔레포트를 조기에 완성, 광양만권의 3개 공단을 잇는 환광양만권 산업 벨트를 조성하여 대규모 장치산업 위주의 산업구조로 개편, 해양 전진기지인 광양과 배후지 또는 지원지를 연결시키는 교통망 강화 등이 그것이다.

전남지역의 발전을 위해 광양만권이 수행할 첫 번째 비전은 환태평양 교역의 거점기지 역할이다. 이 역할에 필요한 광양컨테이너 항만과 텔레포트 설립을 위한 다음과 같은 추진사업을 계획하였다. 항만 활성화를 위해 단기적으로 비관세 물류 촉진지역 설정, 장기적으로 자유무역항을 지정하여 중국, 일본, 북한 등의 컨테이너 화적화물 유치, 동북아권 컨테이너 중심항으로 개발, 광양컨테이너 항만 B단계 사업(2002~2011)은 율촌 2산업단지 조성과 연계하여 추가 확장 개발, 광양컨테이너부두 배후 부지 개발과 전라선 개량, 여수공항의 조기 확장 등이다.

둘째는 광양만권의 3개 공단을 잇는 환광양만권 산업 벨트를 조성하여 대규모 장치산업 위주의 산업구조를 개편하는 사업이다. 이를 위해 율촌 1산업단지, 율촌 2산업단지를 조성하고, 광양제철과 여수공단의 생산소재를 활용하는 관련산업을 유치하여 여수산업단지, 광양제철단지와 연계개발을 추진하는 것이 핵심적인 내용이다.

셋째는 해양 전진기지인 광양과 배후지 혹은 지원지를 연결시키는 교통망을 강화하는 사업이다. 광양-전주 간 고속도로, 광양컨테이너 항만 배후도로망(서쪽 전용도로 등) 건설, 율촌지방산단 진입도로 개설, 경전선 철도의 복선화로 산업축과의 연결성 강화, 해외로의 지향성을 강화하기 위해 광양-여수 간 교통망 확충, 여수-순천-광양을 연결하는 도시순환 경전철을 건설하여 연계성 강화 등이 포함되었다.

3. 기타 관련 계획

1) 광양항 광역개발 기본계획

광양만권에서 지역발전을 선도하는 주요 성장 동력 중의 하나가 광양컨테이너부두이다. 이와 관련하여 광양항 광역개발계획(1999, 해양수산부)의 기본 목표는 동북아시아 물류 중심 항만의 구축, 지역성장의 거점, 환경친화적 항만개발 등이다. 기본 방향은 광양항과 부산항의 양항 체제 확립, 광양항의 종합화물 유통기지 조성 및 자유무역지대 지정, 한반도 중심의 동북아시아 광역 해상운송 체계 구축과 내륙연계 수송 활성화를 위한 철도수송 개선 등의 광역 교통망 확충, 환적화물의 유치와 배후교통망의 확충, 항만 서비스 기반 구축을 통한 광양항의 조기 활성화, 부두별 기능 정립, 친수

〈표 3-3〉 광양컨테이너부두 개발계획

구분	전체 계획	1단계	2단계	3단계	율촌
사업 기간	1987~2011	1987~1997	1995~2003	2002~2010	2005~2011
접안 능력	20,000DWT×29 20,000DWT×4	50,000DWT×4	50,000DWT×4 20,000DWT×4	50,000DWT×12	50,000DWT×9
하역 능력	9,330천TEU/년	1,200천TEU/년	1,630천TEU/년	3,800천TEU/년	2,700천TEU/년
안벽 수심	-15m~-18m	-15m	-16m	-17m	-18m

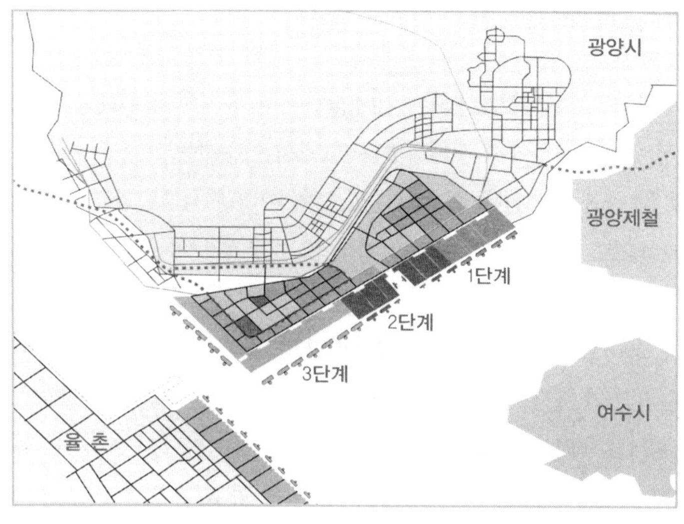

광양항 컨테이너부두 개발계획

성 항만 공간의 조성 등이다.

광양항의 발전 방향은 첫째, 항만 간에 물류 네트워크 시스템을 구축하는 것이다. 지역 간 교류의 활성화와 이를 통한 지역 균형발전의 도모, 비상시 역할 분담 등의 효과, 인접항과의 관계를 고려한 광양항과 주변항만의 역할 정립, 동북아시아의 대형 중심 항만으로 육성하기 위한 항만 간 네트워크 시스템 구축 등이 주요 내용이다. 둘째는 자유항 제도의 도입과 발전, 지역민의 고용기회와 소득 및 부가가치 창출, 환적화물을 포함한 선박 및 화물 취급 증가를 통한 항만 활성화, 지역경제 활성화 등이다. 또한 환적화물의 적극 유치, 임대운영 제도의 최대 이용, 자유항 도입 등 제도 개선을 통한 광양항의 활성화, 배후지 개발 등 항만 관련 및 지원시설의 적극 확충, 해양문화 공간과 정보통신 공간의 확충 등도 포함되었다.

2) 2012년 세계박람회 유치 타당성 연구

여수시는 2010년에 개최되는 세계박람회를 유치하기 위해 노력했지만, 중국 상해와의 경쟁에서 실패하였다. 그래서 여수시는 2012년에 다시 세계박람회를 개최하기 위해 준비하고 있으며, 2012년 세계박람회 유치계획이 국가계획으로 확정되어 현재 중앙정부 및 지방정부 차원에서 다양한 노력을 기울이고 있다.

오는 2007년 12월에 열리는 세계박람회기구(BIE) 총회에서 2012년 세계박람회의 개최지로 여수가 선정되면, '살아 있는 연안과 바다(The Living Ocean and Coast)'라는 주제의 세계박람회(BIE 인정 박람회)가 2012년 5월부터 8월까지 약 3개월 동안 여수시 신항지구 일원 약 60만 평 부지에서 개최될 계획이다. 사업지구는 박람회장으로 사용할 공화동, 수정동, 덕충동 주변지역과 주차장 및 종사원 주거단지로 활용할 만흥동 일원, 그리고 오동도와 자산공원 등으로 구성된다.

박람회를 위한 교통망 확충계획은 광역과 지역교통망 계획으로 구분된다. 광역 교통망 계획으로는 남해고속도로 확장(부산-광주 간), 전남 중부고속도로 건설(목포-광양 간), 전주-여수 간 고속도로 건설 등이며, 철도는 호남선 전철화, 호남고속철도 건설, 전라선 개량 및 복선 전철화, 경전선 일부구간 신설 및 복선화, 공항 및 항만 계획은 무안국제공항 조기 완공, 여수공항 확장, 크루즈 전용항만과 카페리 전용부두 건설 등이다. 그리고 지역교통망 계획으로는 여수-순천 간 국도 17호선 확장, 국도 17호선 우회도로 건설, 남해안 일주도로(국도 77호선)의 고흥-여수-남해 간 연륙·연도교 건설, 엑스포 대로(율촌산단-신항 간) 건설, 전라선 여수역 및 만성리역 증축사업 등이 포함되었다.

4. 맺음말

광양만권은 우리나라의 대표적인 임해형 산업지역에 해당한다. 광양만권의 변화와 발전은 중앙정부가 추진한 국토개발정책의 일환으로 시작되었고, 이를 바탕으로 지방정부가 추진한 각종 개발사업이 시행되었다. 따라서 중앙과 지방정부가 수립하고 시행한 다양한 개발계획에 나타난 광양만권과 관련된 내용은 권역의 특징을 이해하는 데 중요하다.

중앙정부 및 지방정부 차원에서 수립한 각종 개발계획에 의거한 광양만권의 개발내용을 전체적으로 보면, 우선 전국 및 광역단위 개발에서는 제2차 국토종합개발계획(1982~1991)을 시작으로 광양만권 공업화에 대한 기본적인 구상을 하였고, 제3차 국토종합개발계획(1992~2001)을 통해 광양만권에 대한 공업화와 도시화 계획이 본격적으로 진행되었다. 여기에는 광양만권의 공업 벨트 구축, 광양항 건설 및 관련 사회간접자본(SOC) 확충계획 등이 포함되었다. 제4차 국토종합개발계획(2000~2020)에서는 광양만권이 지방광역권으로 설정되면서 산업지대형 광역권으로 계획되어 전략적 개발이 가능하도록 하였다. 또한 광양만·진주권 광역개발계획(1998), 남해안 관광벨트 개발계획(2000), 광양만권 경제자유구역 개발계획(2004) 등의 계획에서는 광양만권을 국제적인 물류거점으로 육성하고, 해안관광 벨트의 네트워크를 구축해야 한다는 내용이 주로 반영되었다.

지역단위 개발계획으로는 환태평양교역 거점기지로서 역할 수행을 위한 광양만권 개발 추진사업이 전반적으로 포함된 21세기 전남 비전(전라남도, 1998~2011)과 여수·순천·광양 지역을 연결하여 연담도시권을 형성하려는 제3차 전남종합개발계획(전라남도, 2001~2020) 등이 있다.

기타 관련 계획으로는 친환경적 동북아시아 물류 중심 항만을 구축하려는 광양항 광역개발 기본계획(해양수산부, 1999)이 수립되었고, 2012년 여수세계박람회 유치를 위한 타당성 연구와 함께 교통망 확충계획도 있다.

2부

광양만권 공업화와 지역경제 변화

제4장

광양만권 공업화 과정

여천석유화학단지와 광양제철소의 건설과정을 중심으로

전남 동부지역이라고 일컬어지던 광양만권 지역경제에 결정적인 변화가 나타나기 시작한 것은 1960년대에 시작된 여천석유화학단지 조성과 1980년대 후반 광양시에 광양제철소가 준공되면서부터다. 중앙정부가 주도한 이 두 건의 대규모 프로젝트는 광양만권의 사회적·경제적 구조변화에 결정적인 영향을 미쳤다. 또한 이 두 건의 공업 인프라는 결과적으로 1985년 이후 계속된 광양제철 연관공단의 조성, 광양컨테이너부두의 건설과 개항, 율촌 1산단의 준공, 그리고 2003년 광양만권 경제자유구역 지정 등 다양한 지역개발 사업을 가능하게 한 동인이 되었다.

따라서 우리나라의 대표적인 신산업지역으로 기능을 하고 있는 오늘날의 광양만권 형성에 결정적인 영향을 미친 성장동인은 여천석유화학단지와 광양제철소의 입지라고 할 수 있다. 즉 여천석유화학단지와 광양제철소는 전남 동부지역을 광양만권이라는 지역경제권으로 성장시킨 인큐베이터 기능을 수행한 것이 사실이다. 이런 측면에서 이 장에서는 광양만권 공업화의 기반이 된 여천석유화학단지와 광양제철소의 건설과정 및 특징을 종합적으로 정리하였다.

1. 여천석유화학단지 입지와 건설과정

1) 여천석유화학단지 건설배경과 입지과정

오늘날 여수국가산업단지로 불리는 석유화학공업 중심의 공업단지는 초기에 '여천석유화학단지'로 불렸다. 당시 여천군 삼일면 일대에 석유화학공단을 건설하게 된 주요한 배경에는 중앙정부의 정책적 의지가 있었다. 당시의 박정희 정부는 제2차 경제개발계획 목표의 하나로 정유와 석유화학공업을 예정하였다. 국토의 총량적 경제발전을 위해 당시의 정부는 1963년에 여천지역에 공업단지를 조성한다는 계획을 수립하였다.

1966년 4월 11일 연두순시를 위해 전라남도를 방문한 박정희 대통령은 전남개발을 위한 건의사업에 대한 답변으로 여천지역이 정유공장 건설의 최적지라는 의견을 제시하였다. 그리고 4월 27일, 당시의 경제기획원장관은 여천지역이 바다와 인접해 있고, 10만 톤급 규모의 대형 유조선 출입이 가능하며 교통 및 용수의 입지조건이 양호하기 때문에 6만 배럴/일 규모의 제2 정유공장을 여천지역에 건설한다고 발표하였다. 그리고 5월 8일에는 정유공장 건설의 실수요자로 럭키를 선정하였고, 건설 대상지에 대한 부지 매입이 확정되지 않은 상태에서 1967년 2월 20일에 제2 정유공장 기공식을 가졌다.

제2 정유공장 기공식에는 박정희 대통령을 비롯한 많은 관계자들이 참석하였다(여수상공회의소, 1991: 273-275).[1] 정부는 기공식에서 제2 정유공장을 중심으로 석유화학 계열 공장의 건설부지 조성을 위해 여천군 삼일면 일원 약 52만 5,000평을 도시계획법 준용지역으로 고시함으로써 호남정유

---

1) 기공식에는 박정희 대통령을 비롯하여 박충훈 경제기획원장, 김정렴 상공부장관, 김성곤 의원, 구태회 의원과 릴리(A. N. Lilly), 보스(J. M. Voss) 등 칼텍스 경영진, 그리고 텍사코와 쉐브런 석유회사의 임원들이 참석하였다.

의 건설을 계기로 대규모 화학공업단지를 건설하겠다는 의지를 발표하였다. 또한 정부는 호남지방이 다른 지역에 비해 공업화가 늦었기 때문에 추후 8천 만 또는 1억 달러를 집중 투자하여 석유화학공업단지를 조성하여 여수·순천·삼천포·진주 지역을 새로운 공업지대로 발전시키겠다는 청사진도 제시하였다.

기공식 이후에 정유공장 건설 대상지에 대한 부지매입 논의가 시작되었으나 부지매입은 실패하였다(여수상공회의소, 1991: 275).[2] 결국 공장건설에 필요한 부지를 전라남도가 우선적으로 매입하여 단지를 조성한 후에 호남정유에 분양하는 형식을 채택했으며, 호남정유는 정유공장 건설부지의 확보를 위해 1967년 7월 7일에 전라남도와 계약(여수상공회의소, 1991: 274)[3])을 체결하였다. 호남정유는 계약체결 이후 추가협약을 통해 약 45만 평의 건설부지를 확보하게 된다. 그리고 부지매입에 반대했던 주민들도 국가의 기간산업 건설과 지역발전이라는 명분에 동의하면서 건설공사가 시작되었다.

정유공장 건설공사는 부지매입과 함께 순조롭게 진행되었고, 1965년 3월 12일에는 원유를 실은 유조선(Caltex: Netherland호)이 호남정유 부두에 도착하였으며, 3월 13일부터 14일까지 정유공장에서 사용할 원유가 최초로

2) 1967년 4월 9일부터 12일까지 부지매입을 위한 공식협의가 시작되었는데 당시 여천군수를 위원장으로 하여 주민과 공무원, 호남정유 대표 등 23명이 여수상공회의소에서 3차에 걸쳐 회의를 가졌지만, 주민요구액과 보상액 간의 차이가 커서 합의를 도출하지 못했다.

3) 계약내용으로 보면 첫째, 조성사업은 용지매입(지상물 철거 포함)과 정지공사(주요한 독 및 배수로의 건설 포함)를 뜻하며, 분양이라 함은 소유권 이전을 의미한다. 둘째, 조성대상지는 적량리 및 월내리 일대의 38만 9,141평이다. 셋째, 조성사업에 필요한 비용은 호남정유가 부담하고 사업종료 후 결산 결과 발생하는 부족액은 상호 정산한다. 넷째, 공사비용은 토지매입비와 지상물의 보상비, 조성사업비 및 그에 따른 사무비, 지체이자 등을 포함한다. 다섯째, 토지매입비 및 지상물의 보상비는 금융기관의 감정가를 기준으로 전라남도 공업용지 조성위원회에서 조정된 금액에 의거, 도지사가 결정한 금액으로 하고, 조성사업비는 건설부가 제정한 표준품셈에 의해 산정된 금액으로 한다. 여섯째, 조성사업을 위한 사무비는 436만 5,000원으로 한다.

GX칼텍스(구호남정유) 여수공장

저장탱크에 담겨졌다. 3월 15일 정유공장의 기계장치 설치가 완료되었으며, 4월 11일에 시운전 조업을 통해 최초의 영업제품을 생산하여 소비지로 출하하였다. 그리고 건설공사가 시작된 지 2년 3개월 만인 1969년 6월 3일에 정유공장 준공식이 행해졌다.

호남정유는 시설 확장을 위해 1970년 3월 27일에 칼텍스와 1,300만 달러 상당의 제1차 물자차관 계약을 체결하였고, 상공부에 확장사업 허가를 신청하였다. 그리고 10월 23일에 기존 상압증류탑 확장사업이 완료되었다. 또한 시설 확장을 위해 1970년 12월 19일 칼텍스와 제2차 물자차관계약(1,000만 달러)을 체결하고 정부에 승인신청을 하였는데, 12월 29일 물자차관 도입과 확장사업의 인허를 받았다. 그러나 1971년 후반기부터 시작된 경제불황의 영향으로 공사는 중단되었지만, 1972년 3월에 공사가 재개되어 8월에 주요 기계장치의 건설이 완공되었고, 10월 1일부터 정식적으로 가동되었다.

한편 정유공장의 기공식을 시작으로 1967년 12월 1일에 여수화력발전소의 기공식이 행해졌고, 1968년 3월 6일 건설공사에 사용될 시멘트를 생산하는 쌍용시멘트 여수공장 건립이 시작되어 1969년 1월 15일에는 쌍용시멘트 공장이 완공된다. 특히 호남정유 공장의 준공으로 여천지역에는 이와 관련된 석유화학 계열 기업과 공장이 입주하기 시작하였고, 부족한 전력난

해소를 위해 호남정유의 유류를 사용하는 여수화력발전소가 1967년 12월 1일에 착공하여 1976년 12월 31일에 준공하였다(여수상공회의소, 1991: 272-276). 호남정유를 시작으로 만들어진 여천석유화학단지의 건설 배경에는 국가의 경제성장과 자원의 안보성이라는 측면도 있지만, 낙후된 호남권 발전을 위한 거점지역 구축이라는 정치적 목적도 내재했다.

2) 여천석유화학단지 발전과 전개과정

1967년 2월 호남정유 여수공장(일명 제2 정유공장) 기공식을 시작으로 여천군 삼일면 일원에서는 대규모 공업단지 개발이 동시에 시작되었다. 즉 호남정유 기공식은 호남정유를 정점으로 석유화학 계열 공업단지 조성의 시작을 의미하였다. 특히 1972년 12월에 국토이용관리법이 제정·공포되어 공업단지의 건설을 뒷받침하였고, 1973년 10월 1일 산업기지 개발공사 여천 건설사무소가 개소하였다.

1973년에는 정부에서 '중화학공업 육성계획'을 수립함에 따라 중화학공업을 육성하기 위한 건설사업이 더욱 활발해졌고, 여천석유화학단지에서도 많은 건설사업이 착수되었다. 특히 1973년에는 대성메탄올공업 여수공장, DNE 공장, 남해화학 등이 기공식을 가졌다. 1974년 4월 1일에 건설부 고시 제92호로 여천종합화학공업기지 572만 평을 제1차 산업기지 개발구역으로 지정·고시하고, 기본계획을 확정하였다. 또한 1974년 11월 30일에는 제7 비료단지 조성이 시작되었다. 그리고 주식회사 럭키의 건설공사가 13만 4,000평의 부지에서 행해졌다.

1976년에는 쌍봉 주거단지가 조성되기 시작하였고, 석유화학 제1 단지와 석유화학 연관단지 조성이 행해졌다. 호남석유화학(주)과 호남에틸렌(주), 한양화학(주), 한국다우케미컬 등 공장의 기공식이 있었고, 대성에탄올 여수공장, 동해가스 여수공장, 여수화력발전소가 준공되면서 여천석유

〈표 4-1〉 **여수지역 경제성장 추이**(1970~1980)

구 분	단위	1970	1975	1976	1977	1978	1979	1980
수출통관 실적	천 달러	9,671	75,677 (100.0)	101,679 (134.4)	131,556 (173.8)	166.643 (220.2)	216,692 (286.3)	305,031 (403.1%)
예금액	백만 원	2,566	10,761 (100.0)	15,275 (141.9)	22.458 (208.7)	35,227 (327.3)	45.080 (418.9)	64,862 (602.7%)
대출액	백만 원	1,728	7,744 (100.0)	10,385 (134.1)	14,006 (180.9)	21,199 (273.7)	25,881 (334.2)	142,688 (1,842.6%)
어음 교환액	백만 원	18,643	65,373 (100.0)	96,809 (148.1)	145,975 (223.3)	296,791 (454.0)	448,112 (685.5)	647,022 (989.7%)
지방세 부과액	백만 원	102	400 (100.0)	575 (143.7)	826 (206.5)	1,164 (291.0)	1,628 (407.0)	2,113 (528.2%)
어획물 위판실적	백만 원	1,592	8,556 (100.0)	11,812 (138.1)	17,435 (203.8)	25,971 (303.5)	29,035 (339.3)	32,580 (380.8%)

자료: 여수상공회의소, 『여수상의 50년사』, 1991, 412쪽.

화학단지는 연착륙할 수 있는 여건을 확보하게 되었다.

1977년에는 단일 공장으로 세계 최대 규모인 남해화학 여수공장(8월 4일), 방주탄산(9월 30일), 럭키 여천공장(11월 15일)이 각각 준공되었다. 또한 배후도시가 건설되고 다수의 석유화학 계열 공장이 건설되면서 여수지역의 경제는 활성화되기 시작하였다. 1977년 12월 8일에는 건설부 고시 240호로 산업기지 개발지역을 1,334만 평으로 확장하기 위한 제3차 구역이 고시되었다.

1978년에는 한국합성고무공업(주), 금호석유화학(주)의 공장 기공식이 행해졌다. 그리고 여천석유화학단지 배후 주거지의 간선도로 건설공사, 여천산업기지 공업용수로 조성, 쌍봉 주거단지의 진입도로 건설 등 여천석유화학단지의 활성화를 위한 지원시설의 건설공사가 행해졌다. 또한 1979년 11월 24일에는 화치단지를 조성하고, 12월 20일에는 석유화학 제2단지를 조성하였으며, 12월 27일에는 삼일항 배후단지를 조성하였다. 1980년에는

7월 4일 월하단지를 1차로 조성하였으며 삼일항 배후 매립 6차 공사를 개시하였다.

여천석유화학단지의 조성사업은 여수지역 경제에 결정적인 영향을 미쳤다. 구체적으로 수출규모는 1970년 이후 10년 동안에 약 30배의 성장을 보였다. 1975년을 기준으로 보면(<표 4-1> 참조), 수출통관 실적, 어음교환 실적, 지방세 부과액 등을 비롯하여 전체적인 경제규모가 크게 성장하였고, 석유화학공단 조성으로 수출액 중 석유화학 제품이 차지하는 몫이 증가하였다.

1981년 3월 11일에는 여천공업기지 개발구역 기본계획을 재수정하여 16만 2,000㎡의 면적을 준공업지역으로 지정하였다. 그리고 12월 31일에는 건설부 고시 제218호로 여천종합화학공업기지를 '여천공업기지'로 개칭하였고, 985만 평으로 확장하는 제2차 구역이 고시되었다. 그리고 1982년 여수지역 산업구조를 살펴보면, 매출액의 87.2%를 여천공단 입주업체가 차지했다.

2. 광양제철소 입지와 건설과정

1) 광양제철소 입지과정

1960년대부터 실시된 경제개발계획과 공업화정책으로 국내에서 철강제품에 대한 수요가 증대됨에 따라 정부와 관련 업계, 특히 포항제철과 현대그룹은 제2의 제철소 건설에 관심을 갖게 되었다. 그러나 제2 제철의 건설을 위한 후보지 입지선정과 관련하여, 1970년대 초반부터 실수요자 선정과 후보지 입지결정을 둘러싸고 정부와 현대그룹, 포항제철소는 열띤 논쟁을 벌였으며 이 과정에서 많은 지역이 제철소 입지 후보지로 거론되었다.

1973년 제2 제철이 정부에 의해 본격적으로 추진되는 단계에서 건설부는 후보지로 거론된 아산만, 광양만, 낙동강 하구의 동쪽과 서쪽 지역 등을 검토한 결과, 아산만을 제2 제철의 후보지로 추천되었다.

반면 현대그룹은 1975년에 경북 영해와 충남 가로림만을 적지로 주장하였고, 이후 1977년 경기도 평택시 포승면 일대를 후보지로 하여 연산 1,000만 톤 규모의 일관 제철소를 건설하겠다는 사업계획서를 발표했다. 그러나 정부는 1978년 10월, 제2 제철소는 포항공장과 상호 보완 관계를 유지해야 한다는 논리를 내세워 포항제철을 실수요자로 결정했다. 제2 제철소 건설 사업자로 포항제철이 선정됨에 따라, 포항제철은 아산군이 제철소 입지로 유리하다는 판단하에 대상지를 조사한 결과, 제2 가로림만을 후보지로 추가하였다. 그리고 1978년 외국계 회사에 의한 입지 타당성 조사가 실시되었고, 1979년 7월 24일 청와대에서 열린 관계대책회의에서 아산만이 최종 대상지로 확정되었다.

아산만이 제2 제철소 후보지로 확정됨에 따라 포항제철소는 1979년 8월 제2 공장 건설을 위한 건설사무소를 아산만에 설치하여 본격적인 조사 작업을 수행하였다. 그러나 대상지에 대한 정밀조사 작업을 통해 아산만의 문제점이 노출되었으며, 1979년 10·26사태로 박정희 대통령이 서거하고, 뒤이은 제2차 석유파동으로 제2 제철소 건설 작업은 순연되었다. 특히 대상지의 정밀조사 과정에서 아산만이 제철소 부지로 부적합하다는 결론이 내려지면서 입지에 대한 전면적인 재검토 작업이 착수되었다. 1980년 5월 박태준 포항제철 사장은 처음에 계획했던 공사비로 제2 제철을 건설할 수 있는 부지로 광양만을 지목하여 조사를 지시하였다. 그리고 광양만이 제철소 입지로 매우 양호하다는 정밀조사를 바탕으로 당시 전두환 국보위 상임위원장에게 광양만과 아산만을 비교해서 결정해 줄 것을 요청하였다. 1980년 6월 20일에 국보위 건설분과위원회에서는 광양과 아산을 비교했지만 결론을 내리지 못했다. 그리고 7월 7일 국보위 상임위원장 주재로 열린 회의에서 국토종합개발의 측면과 관련산업의 파급효과, 입지변경에 따른 사회적 혼란 등을 이유로 아산을 건설 대상지로 재확정하였다.

한편 충남 아산만이 제2 제철소 입지로 재확정되었음에도 불구하고, 포항제철에서는 아산만이 광양만보다 유리하다는 용역결과는 잘못된 것으로 판단했다. 그리고 청와대와 상공부에 검토 자료를 발송하고 광양만을 제2 제철소의 입지로 지정해 줄 것을 재차 건의했다. 그러나 1980년 7월 9일 정부기구가 통폐합되면서 국내 정세의 격변 속에 국가 행정이 한동안 경색되자 제2 제철소 입지문제에 대한 논의는 수면 아래로 잠복하고 말았다. 이런 상황에서 포항제철은 국내 경제의 활성화를 위해 제2 제철소 건설의 필요성을 인식하고 광양만을 대상으로 정밀 지질조사를 실시하였다. 또한 일본 해양 컨설턴트사에 의뢰하여 자문을 구한 결과, 광양이 제철소 입지로 매우 우수한 지역이라는 평가를 받았다. 그리고 1980년 12월 27일 청와대 비서실에서 건설부, 상공부, 동력자원부, 한국전력 및 포항제철이 참가한 가운데 아산만 개발계획에 관한 관계자 회의가 열렸다. 이 회의에서는 아산만 항만 개발과 조력발전 개발에 대한 경제성 비교, 제2 제철소 소요 15만 톤 규모의 감조식 항만 건설 가능성, 제2 제철소 입지로서 아산만과 광양만의 비교·검토 등 세 가지 사항에 대해 프랑스의 르아브르(Le Havre) 항만청과 국토개발연구원에 연구용역을 주어 그 결과에 따라 입지를 최종 결정하기로 합의하였다.

이듬해인 1981년에 들어서면서 우리나라 경제는 다소 회복 국면에 들어섰다. 그러나 당시 최대 현안이었던 산업구조 조정, 고용증대 등 난제에 직면한 정부의 상황 때문에 각 부처 간 견해가 제각각이던 제2 제철소 건설 문제는 표류하게 되었다. 당시 건설부는 아산만에 25만 톤급 대단위 항만 건설이 필요하다고 주장하면서 아산만에 제2 제철소를 건설할 것을 주장하였다. 게다가 1981년 8월 프랑스 르아브르 항만청은 광양만과 아산만을 조사한 결과, 아산만이 광양만보다 유리하다는 입지평가를 바탕으로 아산만 개발안을 정부에 건의하였다.

르아브르 항만청의 입지평가를 보면, 광양만은 아산만에 비해 경제성과 비가격 요건(기후, 원료공급, 공장배치 등)의 평가에서 상대적으로 가장 낮은 평가를 받았다. 또한 르아브르 항만청은 아산만에 조력발전소를 건설하는 방안에 관해 반대의견을 제시하면서 감조식 항만건설의 필요성을 강조하였다. 그리고 아산만에 제철소를 건설하기 위해서는 추가적인 상세한 조사작업이 필요하다고 제안하였다.

그러나 포항제철은 프랑스 용역기관의 보고서에 문제가 있다고 판단하고, 1981년 8월 27일 건설부 주최로 개최된 '아산만 개발계획 경제성 검토용역' 회의에서 문제점을 지적하였다. 회의 결과에 따라 건설부는 제반 문제를 종합·검토하여 이를 결정하기로 했고, 포항제철은 9월 4일 아산만과 광양만에 대한 검토내용과 건의사항을 청와대 및 상공부로 발송했다. 그 내용은 다음과 같다. 첫째, 아산의 항로는 이용상 제약조건이 많고 위험부담이 크다. 둘째, 아산 감조식은 최대 선형 15만 DWT로 대형 제철소 부두로는 부족하다. 셋째, 광양만은 25만 DWT 항만을 건설할 수 있고, 아산 선거항(15만 DWT) 건설 시보다 소요투자액이 적다. 넷째, 장래에 브라질이 제안한 원료기지의 유치가 가능하다는 점이다. 마지막으로 기후조건, 경제적이고 안정된 원료공급, 합리적 공장배치 등의 비가격 요건 평가에서도 광양만이 상대적으로 유리하다는 내용이 그것이다.

포항제철은 제2 제철소의 입지선정은 실수요자(포항제철)의 의견을 고려해서 결정해야 한다고 강력하게 주장하면서 관련 부처와 대통령에게 관련 내용을 건의하였다. 1981년 11월 4일에 열린 청와대 회의에서 전두환 대통령은 포항제철소의 경험과 판단을 존중해 포항제철소가 건의한 광양만을 제2 제철의 건설 대상지로 최종 확정하였다. 그리고 11월 5일 당시 김주남 건설부 장관은 "경제적 측면에서 장기적으로 볼 때, 광양만이 아산만보다 유리하다. 또한 사회적 측면에서 볼 때, 보안문제와 수도권의 비대화를 방지하고 지역 균형발전을 위해 광양만을 입지로 최종 선정했다"고 공식 발표하였다. 이로써 1973년 3월부터 각축을 벌여왔던 제2 제철의 입지는 8년 8개월 만에 광양지역으로 결정된다. 제2 제철소 입지가 확정·발표되자마자 전남도청 앞에는 대형 경축 아치가 세워졌고, 11월 12일에는 광양읍 광양농업고등학교 교정에서 많은 지역민이 참가한 가운데 농악놀이 등 경축잔치가 벌어졌다. 그렇지만 전국 최고 품질의 '김' 생산지로 각광받고 있던 태인도와 금호도 주민들은 해태 양식장을 잃게 될 것이라는 사실에 불안해 했다(포항제철주식회사, 1993: 393-399).

2) 제철소 건설을 위한 부지조성과 주민 갈등

제2 제철소의 건설 대상지로 광양만이 최종 결정됨에 따라, 포항제철은 1981년 12월 1일에 건설 준비를 위해 48명으로 구성된 선발대가 광양군 진월면 면사무소에서 건설사무소 개소식을 가졌다. 1981년 12월 28일부터 부지조성을 위한 사전조사 작업을 시작으로 본격적인 시추 작업을 시행하였다. 그리고 1982년 4월 15일부터 1983년 11월 3일까지 회사는 제철소 부지조성으로 인한 주위 환경변화를 예측하고 그 영향을 최소화하기 위해 프랑스 르아브르 항만청과 한국해양과학기술(주)을 용역업체로 선정해 조류 및 주위의 변화를 실측했으며, 조수간만의 차이에 따른 정확한 조류의 속도와 방향을 예측하기 위해 1982년 10월 25일부터 11월 6일까지 수치 모델 시험을 통한 수리모형 실험을 실시하였다.

그리고 부지 조성공사 착공(1982. 9. 28) 이후인 1984년 초에 연관단지 및 CTS 사업계획이 추가되면서 현재 위치의 광양제철소 입지계획이 최종 확정되었다. 국내 최초로 바다 위에 공장을 설립한다는 점을 감안하여 최대한 자연에 순응하도록 하며 단계별로 확장이 용이한 곳으로 부지를 확정했다. 제철소 부지는 행정구역상 전남 광양군 골약면, 여천군 삼일면, 경남 하동군 금남면의 공유수면 2,533만㎡(766만여 평)과 기존 육지 205만㎡(62만여 평)에 달한다. 부지의 면적은 공장부지가 1,015만㎡, 준설매립 시 불량토를 저장한 수토장 263만㎡, 지원시설 기지 및 주택단지 210만㎡ 총 1,488만㎡(450만 평)이다(포항제철주식회사, 1993: 404).

광양제철소 건설과정에는 지역주민과 많은 갈등이 발생했으며, 금호도 전체와 태인도의 일부가 제철소 건설부지로 확정됨에 따라 주민의 이주와 어업권 보상 문제가 대두되었다. 전형적인 연안어업에 종사하는 사람들이 많이 거주하던 금호도는 반농반어의 어촌이었다. 금호도가 제철소 부지로 확정됨에 따라 당시 섬주민들은 이에 대한 기대와 함께 조상 대대로 살아온 삶의 터전을 떠나야만 한다는 사실 때문에 불안해하였다.

포항제철은 1981년 10월 2일에 용지매수 및 어업권 보상 업무를 전담할 용지과를 신설하는 한편 효율적인 용지매수 및 보상을 위해 11월에는 산업기지 개발공사와 부산수산대학에 의뢰하였고, 이에 대한 사례를 조사한 후 보상계획을 수립했다. 포항제철은 1981년 11월 20일 건설사무소를 망덕에서 금호도의 삼애중학교로 이전하면서 본격적인 보상업무를 개시하였다. 보상업무는 대체로 용지수매, 분묘이장, 어업권 보상, 주민이주 등이었다. 그러나 주민설득의 어려움 때문에 보상업무는 진전이 없었다.

따라서 포항제철은 제철소의 조속한 건설을 위해 1982년 1월 전라남도 및 경상남도와 보상업무 위탁협약을 체결하여 보상업무는 행정기관이 대행하도록 했다. 보상업무의 적기 추진과 각종 공사의 행정지원을 위해 전라남도와 광양군에는 도단위 및 군단위의 협의회를 발족시켰다. 이와 별도로 광양군은 보상업무지원 상황실을 개설하여 각종 보상업무 창구로서 지원업무를 담당하도록 했다.

이주대책 및 보상업무를 추진하기 위해 1982년 1월 5일 금호도 각 마을 이장들과 주민 150여 명이 참석하여 '광양군 골약면 금호리 이주대책협의회'를 구성하였다. 이주민대책위원회와 제철소의 첫 면담은 1982년 1월 13

일에 이루어졌다. 그리고 1월 29일 주민들은 전체회의를 갖고 2월 1일부터 공사를 시작하는 데 동의하였다. 그러나 생업기반을 잃게 된 주민들의 반발은 완강하였다. 주민들은 토지의 조기 사용에 대한 우선보상을 요구함은 물론 무면허어업권에 대하여도 보상을 요구했다. 그리고 실어비(失漁費) 지급 및 생계대책 수립 등의 요구조건을 관철하기 위해 관계 기관에 진정·탄원서를 제출하는 한편 강경한 집단항의와 농성을 계속하였다. 특히 당시의 포항제철은 토지의 선사용·후보상의 방법을 택했지만, 주민들의 단체행동으로 공사가 중단되는 사태가 수없이 반복되었다. 특히 1982년 1월 24일부터 시작된 금호도 주민들의 항의는, 6월 7일부터는 본격적인 대규모 시위로 확대되었다.

이주민 보상에 대해서는 특히 금호도와 태인도 주민들이 강력하게 반대하였다. 1982년 6월 26일 전라남도 지사실에서 주민대표들과 제철소 측의 '합동대책협의회'가 개최되었다. 9월까지 산발적인 시위는 계속되었지만, 9월 10일에 보상금 지급이 완료됨에 따라 공사가 재개되기도 했다(포항제철주식회사, 1993: 400-404). 한편 어업권 보상은 부산수산대학이 조사기관으로 선정되어 1982년 4월 10일부터 7월 30일까지 어업권 및 어선·어구 조사를 거쳐 7월 20일부터 9월 20일까지 감정평가를 실시하였다. 1982년 11월 초순까지 건물 및 토지 보상(총보상액 54억 6,800만 원), 어업권 보상(총 155억 3,000만 원), 어구 및 어선 보상(총 31억 2,200만 원)을 완료했다(김정호 외, 1994: 169-176).

한편 광양제철소 건설부지인 금호도와 태인도 일대는 김과 각종 패류 양식장이 있어 어업생산량이 매우 많았는데, 당시 금액으로 약 40억 원에 달하였다. 때문에 양식장 권리금 또한 평당 1만 원씩에 거래될 정도였다. 태인도를 비롯한 금호도, 진월면, 오곡면, 진상면, 골약면 등 5개 면 3,250여 가구의 어민들은 다른 지역에 비하여 비교적 윤택한 생활을 영위하였다. 이러한 지역적 특성 때문에 어업권 보상과 합의문제는 건설과정에서 최대

문제로 등장하였다. 당시에는 어업권 보상에 대한 선례가 없었기 때문에 논란은 더 거세게 일어났다.

1982년 9월 공사가 진행 중인 상황에서 태인도 주민들은 건설기지를 점거하고 농성을 통해 무면허어업권의 보상과 주민의 생계대책 수립, 태인지역 개발계획 등을 요구했다. 포항제철은 주민들의 이러한 요구를 수용하지 않았고, 태인도 주민 약 540여 명은 1984년 3월 10일 포항제철을 상대로 서울민사지방법원에 '자연산 패류 손해배상 청구소송'을 제기하는 등 농성과 법정투쟁을 병행하였다. 광양제철소 부지조성에 따른 어업권 보상과 무면허 관행 어업에 대해 제기한 태인도 주민들의 소송(1990년 4월 27일에 열린 제2심)에서 포항제철은 주민들에게 6억 9,000만 원을 지불하라는 판결을 받았다. 이러한 판결에 따라 포항제철은 손해배상금 9억 4,000만 원(이자 2억 5,000만 원 포함)을 1990년 6월 21일에 주민들에게 전액 보상하여 관행 어업에 의한 자연산 패류소멸 보상을 완료했다(포항제철주식회사, 1993: 408-410).

3) 광영지구 이주단지 건설과 집단이주의 과정

제철소 건설부지에 거주했던 주민들의 이주문제 또한 많은 갈등을 야기시켰다. 금호도 주민들은 처음부터 집단이주를 희망했고 제철소의 배후도시 상가지역에 정착지를 마련해 줄 것을 요구했다. 처음에 광양군은 광양읍 주위, 마동리 주위, 옥곡면 주위 등으로 분산하여 이주시키는 방안을 검토하였다. 그러나 주민들은 지금의 금호교 주위, 마동리 저수지 주위, 와우저수지 근처를 주장하였다. 1982년 5월 7일 전라남도와 광양군, 제철소 측이 다시 협의하여 옥곡면 광영리 일대를 이주지로 확정하고 1982년 7월 16일 광영리 일대 129만㎡를 산업기지 개발구역으로 추가 지정하였다.

이에 대해 금호도 주민들은 지역이 너무 협소하고 제철소와는 4km나 떨어져 있으며 광영리 원주민들과는 같이 살 수 없다고 반대하였다. 그러나

광양시 광영동 광영지구 이주단지

당초 계획대로 집단이주지 조성계획이 진행되어 1982년 12월 7일 광영 이주단지 공사가 착공되었다.

이러한 과정을 거치면서 광영지구에 새로운 이주단지가 조성되기 시작하였다. 1982년 7월 16일에 건설부 고시 제266호로 광영리 일대 128만㎡가 산업기지 개발구역으로 추가 및 변경 고시되었다. 그래서 이주민의 주거지역으로 확정된 후 용지매수가 완료되고, 1982년 12월 14일에는 택지조성 공사가 착공되었다. 또한 1983년 1월 28일 개별 이주를 희망하는 42세대를 제외한 금호도의 이주대상 262세대에 대해 택지조성 조감도에 따른 개별적인 택지 위치를 추첨을 통해 확정했다. 주택형태는 20.6평에서 25평형의 다양한 구조로 1983년 10월 30일 준공되었다. 가옥철거는 선공사 해당지역인 32가구부터 시작하였다. 이주민들은 이주지 주택공사가 완공되기도 전에 개별적인 이주가 행해졌고, 1983년 8월 23일부터 집단이주가 시작되어 10월 말에는 모두 완료되었다.

3. 광양제철소 건설에 따른 지역발전 파급효과

1) 광양제철소 설비의 건설과정

광양제철소는 포항제철소와는 달리 주로 열연·냉연 제품을 집중적으로 생산하는 소품종 대량생산의 일관 제철공장이다. 1982년 2월 9일 광양제철소의 설비규모를 조강연산 270만 톤으로 최종 확정하였다. 건설에 소요되는 자금은 내자 13억 5,800만 달러, 외자 8억 1,400만 달러 등 총 21억 7,200만 달러(1조 5,200억 원)를 투입하여 1985년 7월 1일에 착공하여 1988년 3월 말에 준공한다는 계획하에 건설사업이 시작되었다.

그러나 건설과정에서 건설계획의 일부가 수정되어 1985년 3월 5일에 270만 톤 규모의 광양제철소 제1기 설비공사가 착수되었다. 종합착공 5개월 전인 1984년 10월 15일 국내 핫코일 수요의 조기 충족을 위해 열연 공장을 먼저 착공하였고, 1985년 3월 5일에는 고로·코크스 공장, 제강공장, 연속주조공장 등을 착공하였으며, 4월 3일에는 원료처리·소결·가스설비 등을 착공하였다. 그리고 4월 6일에는 발전설비공장을, 6월 5일에는 산소설비공장을 착공하였다. 광양제철소 제1기 설비공사는 3,800㎥의 대형 고로(高爐)와 제강공장, 연속 주조공장, 열연공장 등 모두 10개의 공장설비와 배수처리, 항만하역설비 등 14개의 부대설비로 구성되었다. 광양제철소는 당초 계획보다 6개월을 앞당긴 1987년 5월 7일에 제1기 종합준공식을 치렀다. 그리고 1988년 7월 12일에는 광양제철소 제2기 설비의 종합준공도 이루어졌다.

제3기는 기존 1·2기와 같은 규모인 조강연산 270만 톤 체제로 하여 장차 3기가 가동될 경우, 광양제철소는 연간 810만 톤의 조강을 생산하는 것으로 계획되었다. 그러나 제3기 설비를 건설하는 과정에서 어업권 보상과 관련하여 지역주민과 갈등관계가 형성되었고, 지역주민들의 농성으로 준설

광양제철소

공사가 지연되기도 했다. 그러나 1989년 1월 19일 연산 122만 5,000톤 규모의 제3 냉연공장이 준공되었다. 냉연공장은 국내 자동차산업과 전자산업의 급속한 성장에 따라 고급강판의 수요를 조기에 충족시키기 위해 준공한 것이다.

1990년 12월 4일에 조강연산 270만 톤 규모의 광양제철소 제3기 설비가 종합준공되었다. 또한 1994년 1월 5일 조강연산 330만 톤 규모의 제4기 설비공사를 착공하였고, 1994년 10월 2일에 종합준공되었다. 광양제철소 4기 확장공사에 따라, 포스코(POSCO)는 조강생산 1,140만 톤 체제의 광양제철소와 940만 톤 체제의 포항제철소를 포함하여 총 2,080만 톤의 조강생산 능력을 보유하게 되어 세계 3위의 대형 철강회사로 부상하게 되었다. 특히 광양제철소는 단위제철소별 생산규모에서 1982년부터 9년 동안 세계 1위를 고수해 온 포항제철소를 제치고 최적의 생산규모를 갖춘 세계 제일의 단일제철소로 평가받고 있다.

2) 광양제철소의 생산과 고용효과

광양제철소는 1991년 이후, 튼튼한 재무구조와 대외 경쟁력을 바탕으로 한 안정적 조업으로 지역경제의 중추적 역할과 함께 지역경제 활성화에 중요한 기여를 하였다. 특히 광양제철소는 국가적인 경제침체기였던 1995년 이후 매년 3,000억에서 7,000억 원대의 순이익을 내는 왕성한 기업활동을 통해 국가경제와 지역경제에 크게 기여해 왔다. 또한 이 시기에 지역업체 공사발주 제도를 시행하는 등 지역경제 활성화를 위한 다각적인 대책을 마련해, IMF 이후 어려워진 지역경제를 회생시키는 데 적잖은 기여를 해왔다는 것은 자타가 인정하는 사실이다(<표 4-2> 참조).

광양제철소는 특히 지역경제의 근간을 이루고 있는 수많은 중소기업의 경영 안정을 위해 협력업체 작업비 전액을 현금으로 지급하고 장비나 설비 교체 자금을 무이자 3년 균등상환 조건으로 1992년부터 277억을 대여해 주는 등 지역경제 활성화와 경제안정에 많은 노력을 기울여 왔다. 그리고 광양제철소와 거래하고 있는 기업의 안정된 현금 흐름을 위해 거래업체 납품과 작업비를 국내 타 산업체에 비해 양호한 조건으로 지불하여 거래업체와

〈표 4-2〉 **광양제철소의 경영실적**(1991~1999)

(단위: 천 톤, 억 원)

구분		1991	1992	1993	1994	1995	1996	1997	1998	1999
조강생산량		19,090	20,013	22,528	22,15	23,428	24,314	26,432	25,575	26,542
	광양	8,835	9,777	12,150	12,238	12,528	12,881	14,539	13,503	14,341
매출액		58,374	62,821	69,209	73,140	82,187	84,455	97,181	111,377	106,691
	광양	23,414	26,316	33,790	35,619	39,291	39,446	46,526	51,624	48,942
세후 순이익		1,457	1,851	2,946	790	8,397	6,240	7,290	11,299	15,630
	광양	△1,097	△1,144	790	372	4,164	3,401	4,512	7,250	6,991

자료: 광양제철소, 내부자료, 2001

〈표 4-3〉 광양제철소 및 관련 업체의 고용현황(1999)

(단위: 개소, 명)

구분	광양제철소	협력업체	연관단지	계
회사수	1	27	57	85
고용인원	7,578	6,255	3,580	17,413

자료: 광양제철소, 내부자료, 2001.

동반 성장하는 경영전략을 시행하였다.

광양제철소의 건설과 경영활동은 광양시의 경제 및 산업구조를 변화시켰으며, 광양시민의 고용구조에 긍정적인 영향을 미쳤다. 광양제철소와 국가산업단지 조성으로 철강업에 종사하는 인원은 총 1만 7,400명이 넘는다. 이를 3인 가족으로 환산하면 5만 2,200명으로 전체 광양인구의 38%를 넘고 있으며, 이들에게 지급되는 인건비와 각종 자재 구입비, 운송비, 협력 작업비 등은 지역의 상공업 발전과 더불어 지역경제에도 크게 기여하였다(<표 4-3> 참조).

또한 광양제철소 직원 7,578명 중 45%가 호남 출신이고, 광양지역 출신도 5% 이상을 차지하고 있다. 광양제철소 건설에 따른 지역주민의 고용효과를 살펴보면, 1982년부터 시작된 부지 조성공사 이후 1999년 조강증산공사까지 총누계인원 2,647만 명의 건설 인력이 동원되었는데, 이 중 84%에 해당하는 2,223만 명이 광양 및 순천지역을 포함한 지역주민으로 집계되었다. 광양제철소 건설 인력의 지역별 분포를 보면, 동원 인력 2,647만 명 중 광양시 1,728만 명(65.3%), 순천시 429만 명(11.6%), 여수시 95만 명(3.6%), 기타 전남지역 23만 명(0.9%), 경남 하동군 291만 명(11.6%)으로 나타났다. 특히 건설 인력 중 65%에 해당하는 1,728만 명이 광양지역 주민으로 광양제철소의 건설은 광양지역을 중심으로 한 건설 인력 고용증대에 커다란 기여를 하였다.

3) 광양제철소 지방세 납세효과

광양제철소는 전남지역과 광양지역 개발을 위해 1984년부터 1987년까지 전남지역 개발성금 5억 원과 광양군 개발성금 1억 원을 출연하는 등 지역 발전에 중요한 기여를 하였다. 또한 1997년에는 광양시의 중마 정류장 재원 조달용 지방채 증권 60억 원을 연리 6%로 매입함으로써 광양시의 기반시설 확충사업에도 공헌하였다.

광양제철소가 광양시에 납부한 지방세 납부액은 <표 4-4>에 제시된 것과 같이 1990년 이후 꾸준히 증가하였다. 지방세는 제철소 성장과 수익에 비례하여 늘어나는데 제철소 건설 이후 1982년부터 1999년까지 광양제철소는 광양시에 모두 1,635억 원의 지방세를 납부하여 광양지역의 재정 확충에 결정적인 기여를 하였다. 특히 1982년부터 1992년까지는 제철소의 확장과 함께 취득세, 등록세 등의 지방세가 주종을 이루었으나 이후 본격적인 제철소 조업에 따라 수익성이 크게 향상되어 1993년부터는 주민세가 큰 몫을 차지하게 되었다.

1999년 한 해 광양제철소가 광양시에 납부한 지방세는 214억 원으로 광양시 지방세 총액의 37.7%를 차지하고 있으며, 이에 힘입어 광양시 재정자립도도 51.7%로 여수 43%, 순천 30%와 비교할 때 대단히 높은 수치다. 광양시는 전남에서 재정 자립도가 가장 높은 도시로 성장하였다.

〈표 4-4〉 **광양제철소 지방세 납부 현황**(1990~1999)

(단위: 억 원, %)

구분	1990	1991	1992	1993	1994	1995	1996	1997	1998	1999
광양제철소 납부액	101	104	132	122	92	96	222	226	149	215
광양시 지방세의 점유 비율	60.5	43.4	34.8	33.8	25.0	24.6	37.2	37.4	29.1	37.7

4. 광양제철소와 연관단지

1) 광양제철 연관단지의 조성

1981년 11월 제2 제철소 입지가 광양만으로 확정됨에 따라 포스코(POSCO)는 제철소 건설과 조업에 필수적인 전후방 산업 및 협력업체의 유치를 위해 1982년 6월 연관단지 조성을 당시의 건설부에 공식 요청했다. 여러 후보지를 검토한 건설부는 태인도 남측 해면을 부지로 결정하였고, 1983년 7월 12일 산업기지 개발 기본계획 2차 고시(건설부 고시 제239호)로 확정했다.

1983년 9월 23일 연관단지 조성사업 시행자로 한국토지개발공사가 지정(건설부 고시 제338호)되었다. 한국토지개발공사는 단지 조성을 위한 설계과정에서 조성상의 제반 여건을 고려하고 사업시행 면적과 기간을 조정하였다. 1984년 6월 12일 건설부가 연관단지 조성사업 계획을 승인함에 따라 동년 8월 22일 한국토지개발공사와 한라건설(주) 사이에 연관단지 조성공사 계약이 체결되었다. 그리고 8월 29일 광양제철소 북호안 도로와 연관단지를 연결하는 교량공사를 포함한 연관단지 조성공사를 착공했다.

광양제철소 연관단지는 총면적 47만 평으로서 수요에 따라 1단계 30만 평, 2단계 17만 평 등 단계별로 조성되었다. 부지용도별로는 크게 공장용지, 공공시설용지, 공원녹지 등으로 구성되었다. 면적구성은 공장용지가 30만 2,300평으로 전체의 63.7%, 지원시설용지(지원시설 및 변전소)가 7만 4,200평으로 15.6%, 공공시설용지가 8만 6,900평으로 18.3%, 공원 및 녹지가 1만 1,000평으로 2.3%를 차지하고 있으며, 공공시설용지 중에서 도로면적은 4만 6,700평으로 11.9%이다. 연관단지 조성에는 용지보상비 76억 원, 단지조성 직접비 237억 원 등 총 313억 원의 자금이 투입되었다.

연관단지 연결교량은 폭 11m, 길이 86m의 철강교로서 한라건설이 공사를, PEC 정유엔지니어링이 설계를, 건설진흥공단이 공사감리를 각각 담당했다. 2차선 교량공사는 1984년 8월 29일 착공하여 1985년 5월 말 준공되었으며, 공사비는 광양제철소와 토지개발공사가 각각 50%씩 분담했다. 1987년 8월 3일 물동량 증가에 따라 교량폭 확장공사(25m)를 시작하여 1988년 4월 9일에 준공함으로써 연관단지 입주업체의 원활한 가동을 위한 물동량 수송에 일익을 담당하게 되었다.

2) 연관단지 분양 및 확장

연관단지의 분양 작업은 광양제철소가 중심이 되어 추진하였다. 1983년 5월 9일 광양제철소는 유치업종 선정에 대한 기본 안을 전라남도에 설명했으며 전라남도에서는 관련 기관 회의 등 선정방안에 대한 협의를 거쳐 1984년 10월 18일 유치대상 업종 및 업체선정 방법, 유치대상 업종별 전라남도 참여범위, 협력·작업별 전라남도 참여범위 등을 포함한 입주업체 선정절차를 최종 확정했다. 연관단지에 입주가 가능한 업종은 제철소 건설 및 조업에 관련된 전후방 산업과 제철생산 공정의 일부를 담당하는 업종으로 한정했다.

연관단지에 입주할 수 있는 회사의 기본 자격요건은 다음과 같았다. 첫째, 제철소 가동과 동시에 기술 확보가 가능하다고 판단되는 회사로서 해당업종의 건설 및 가동에 소요될 자금조달 능력을 보유한 회사이다. 둘째는 양질의 원료와 작업 수행에 필요한 인력 확보가 가능한 회사로서 해당사업 관련 허가·면허 또는 등록을 받았거나 얻을 수 있는 자격이 있다고 판단되는 회사이다. 입주회사의 선정방안, 기본 자격요건, 광양제철소와의 관련도, 광양단지의 여건 등을 고려해 건설지원, 후방 작업, 협력 작업은 광양제철소의 추천에 의해 전라남도가 주관하여 선정했다. 그리고 이런 과정을 거쳐서 광양제철소는 중원산업을 비롯하여 23개 업체, 전라남도는 고려시멘트 등 29개 업체를 선정했다. 연관단지 입주업체로 선정된 업체는

〈표 4-5〉 **광양 연관단지의 초기 입주업체 현황**(1992)

(단위: 개소)

구 분	업체수			부지면적 (평)
	가동업체수	불가동업체수	합계	
석유화학	5	-	5	68,000
비금속	13	2	15	142,000
1차 금속	9	-	9	39,300
조립금속	10	1	11	50,700
지원시설	15	-	15	75,000
합계	52	3	55	375,000

전라남도에서 정한 업종별 기능 및 환경의 영향 등을 고려하여 입주하였다. 입주업체에 대한 부지분양은 토지개발공사와 업체 간의 분양계약에 의해 이루어졌다.

최초 분양되어 가동된 연관단지의 업체 현황을 보면, 1992년 12월 말 55개 입주업체 중 52개 업체가 생산활동에 참여하였다(<표 4-5> 참조). 태인도의 기존 연관단지는 당초 광양제철소 2기(조강 540만 톤)까지의 확장을 기준으로 하여 조성되었다. 그러나 광양제철소가 광양 3·4기 설비를 추가로 건설함으로써 광양제철소의 규모가 조강연산 1,140만 톤으로 확장됨에 따라 연관단지의 확장이 불가피해졌다. 이에 따라 광양제철소는 1988년 9월 19일 정부에 30만 평 규모의 연관단지를 추가로 조성해 줄 것을 건의했다.

연관단지는 광양제철소가 본격 가동에 들어가면서 제철소와 밀접한 관련을 가진 업체들이 입주하기 시작해 1999년 당시까지 57개 업체가 입주하여, 3,580명의 근로자가 일하였다. 산업단지에는 제철소 부산물인 슬래그나 코크스를 활용한 시멘트 및 석유화학 업체가 12개 사, 철구조물 및 컨베이어 벨트 등을 생산하는 기계업체가 14개 사, 합금철 등 부원료 공급업체가 9개 사, 물류 및 하역을 담당하는 업체가 8개 사, 레미콘 등 건설지원을 담당하는 업체가 5개 사, 차량정비 및 유류판매 등 기타 업체 업무를 수행하는 업체도

10개 사 이상이다. 이들 업체가 연간 생산하는 금액만도 7,122억 원에 달하고 수출도 7,500만 달러에 이른다. 연관단지 입주업체는 제철소와 직·간접적인 관련을 맺고 있어서 비교적 안정된 자금 흐름을 유지하고 있다.

5. 맺음말

여천석유화학단지와 광양제철소는 오늘날 광양만권이라는 지역경제권 형성에 결정적인 영향을 미친 성장동인이었다. 따라서 이 장에서는 이들의 건설과정과 특징을 종합적으로 고찰하였다.

여천석유화학단지의 입지와 건설과정을 살펴보면, 1967년 2월 20일 제2 정유공장 기공식을 시작으로 여천군 삼일면 일원에서는 대규모 공업단지 개발이 동시에 시작되었다. 그 후 1974년 4월 1일에 건설부 고시 제92호로 여천종합화학공업기지 572만 평을 제1차 산업기지개발구역으로 지정 및 고시하고 기본계획을 확정하였다. 이에 따라 석유화학단지와 연관단지 조성이 행해졌다. 1981년 12월 31일에는 건설부 고시 제218호로 여천종합화학공업기지를 여천공업기지로 개칭하였고, 985만 평으로 확장되었다.

현재 여수국가산업단지(구여천석유화학단지)는 우리나라의 대표적인 석유화학 특화의 공업단지로서, 총면적 약 3,000만㎡(약 924만 8,000평)를 가진 공단으로 성장하였고, 여천시의 출현을 비롯하여 여수지역의 경제활성화와 광양만권 공업화에 중요한 기여를 하고 있다.

광양제철소의 입지와 건설과정을 간략히 살펴보면, 1978년 10월 제2 제철소 건설사업자로 포항제철이 선정됨에 따라 포항제철은 1979년에 후보지인 아산만에 건설사무소를 설치하여 대상지 정밀조사를 실시하였다. 그러나 그 과정에서 아산만이 제철소 입지로 부적합하다는 결론이 내려지면서 포항제철은 광양만 개발안을 건의하였다. 이에 따라 대상지 선정에 관한 전면적인 재검토 작업이 착수되었고, 수차례에 걸쳐 아산만과 광양만의 입지선정 비교·검토 작업이 행해졌다. 마침내 1981년 11월 4일 청와대 회의에서 광양만을 제2 제철 건설 대상지로 최종 확정하였고, 1984년 연관단지 및 CTS 사업계획이 추가되면서 광양제철소 입지계획이 최종 확정되었다. 그 후 1985년 3월 5일 270만 톤의 광양제철소 제1기 설비공사가 착수되었고, 1987년 5월 7일에 종합준공식을 가졌다. 뒤이어 1988년 7월 2일 광양제철소 제2기, 1990년 12월 4일에는 조강연산 270만 톤 규모의 광양제철소 제3기, 1994년 10월 2일에는 조강연산 330만 톤의 광양제철소 제4기 설비가 각각 준공되었다.

한편 광양제철소 입지 확정과 더불어 이와 연계된 전후방 산업 및 협력업체 유치를 위해 1983년 7월 12일 태인도 남측 해면이 연관단지 조성지역으로 확정되었다. 조성사업 시행자로 한국토지개발공사가 지정되었고, 1984년 8월 29일 연관단지 조성공사가 착공되었다. 광양제철소 연관단지는 총면적 47만 평으로서 수요에 따라 1단계 30만 평, 2단계 17만 평 등 단계별로 조성되었다. 연관단지 입주업체는 업종별 기능 및 환경의 영향을 고려해 제철소와 밀접한 관련을 가진 업체들을 전라남도가 지정하였다.

현재 광양제철소는 약 450만 평 부지에 조강능력 연간 1,600만 톤으로 단일공장으로는 세계 최대 규모를 자랑한다. 이러한 광양제철소의 건설은 광양시를 포함한 광양만권의 산업구조 변화에 영향을 미쳤고, 지역인구의 주요 고용원으로 기능하고 있다. 특히 광양제철소를 비롯한 철강업에 종사하는 인원은 총 1만 7,400명이 넘고, 이들에게 지급되는 각종 비용은 지역의 상공업 발전과 지역경제에 크게 기여하였다.

제5장

여천석유화학단지 입지와 여천지역의 변화

여수시로 통합된 구여천시는 여천석유화학단지의 조성으로 건설된 우리나라의 대표적인 신도시에 해당한다. 여천석유화학단지는 1970년대 초반 국가 주도의 공업개발계획의 일환으로 건설되어 오늘날에는 우리나라의 대표적인 석유화학공업단지로 성장하였다.

여천석유화학단지의 입지는 지역의 인구성장과 도시발전, 그리고 지역의 산업구조와 고용구조 변화에 커다란 영향을 미쳤다. 여천석유화학단지의 입지로 인하여 여천지역의 경제구조는 농수산업 중심에서 제조업 중심으로 개편되었고, 지역의 제조업 구성에서 석유화학 관련 제조업이 매우 높은 비중을 차지하였다.

또한 여천석유화학단지의 입지가 지역 내 고용 및 산업 구조에 미친 영향도 매우 구체적으로 나타났다. 실제로 변이할당분석과 지역성장률 시차분석을 실시한 결과, 제조업과 건설업이 1987년 이후 여천지역의 고용성장에 커다란 파급효과를 제공한 것으로 나타났다. 그리고 여천석유화학단지의 입지는 구여천시뿐만 아니라 인접한 여수시와 여천군의 경제구조 변화에도 영향을 미친 것으로 밝혀졌다. 이 장에서는 여천석유화학단지의 입지가 여천지역(구여천시) 변화에 미친 영향을 1996년까지로 한정하여 고찰하였다(이정록, 2002: 137-155).

1. 연구배경

1) 연구목적과 방법

우리나라에서 대규모 공업단지의 개발은 국가의 경제성장을 위한 수단으로 공업 부문의 생산기반 확충과 지역 간 균형개발을 위한 성장거점을 확보하려는 목적에 의해 1960년대 초부터 시작되었다. 1962년 울산산업기지 개발을 시작으로 1970년대에 포항·여천·창원·구미, 그리고 1980년대에 광양·군산 등지에 대규모 산업기지가 개발되면서, 이들 공업단지가 국가와 지역경제의 성장 및 변화에 미친 파급효과와 영향을 분석한 연구성과가 일부 발표되었다.

1967년 정부의 중화학공업 육성정책에 의해 여천석유화학공업단지가 개발되면서 탄생된 구여천시는 우리나라의 전형적인 임해형 공업도시에 속한다. 여천석유화학단지의 입지과정은 전형적인 농어촌지역을 공업지역으로 성장시켰고, 여천석유화학단지의 건설과 활성화는 지역 내에 인구증가를 유발시켜 구여천시[1]라는 신흥도시를 출현시켰으며, 여천석유화학단지는 오늘날 광양만권 공업화 과정에서 중요한 인큐베이터 역할을 하였다.

여천석유화학단지가 입지해 있는 여천지역을 포함한 전남의 광양만권은 1987년 광양제철소의 준공, 1997년 광양컨테이너부두의 개항, 그리고

1) 여천석유화학단지의 건설로 탄생한 신흥공업도시였던 구여천시는 1998년에 기존의 여수시와 구여천시, 그리고 여천군이 통합되어 새로운 '여수시'로 행정구역이 변경되었다. 그러나 이 장에서는 구여천시라는 행정구역 명칭을 그대로 사용하였다. 왜냐하면 이 장에서 지역변화를 고찰한 분석기간(1987~1996) 동안에는 구여천시가 존속했기 때문이다.

1995년부터 시작된 율촌산단의 개발 등으로 지역의 공업화와 도시화가 빠르게 진행되고 있는 우리나라의 대표적인 임해공업 지역이다. 그러나 1970년 이후 광양만권 공업화를 실질적으로 선도한 여천석유화학단지에 관한 연구는 많지 않다. 특히 여천석유화학단지의 개발로 새로운 공업도시가 출현하고 주변지역이 빠르게 변화하였지만, 공업단지 개발에 따른 여천지역의 변화와 성장에 관한 연구는 전혀 이루어지지 않았다.

이러한 측면에서 이 장은 광양만권 공업화를 주도한 여천석유화학단지의 입지가 지역변화에 미친 영향, 특히 구여천시의 지역경제에 미친 영향을 고찰하는 것이 주요 목적이다. 이 장의 주요 내용은 여천석유화학단지의 입지와 발전과정을 파악하고, 여천석유화학단지의 입지가 지역의 인구와 경제구조의 변화에 미친 영향을 파악하는 것이다.

또한 이 장에서는 여천석유화학단지의 입지가 지역변화, 특히 지역의 고용변화에 미친 영향을 분석하기 위하여 변이할당분석을 이용하였다. 변이할당분석에서는 지역과 지역 산업의 성장효과를 전국성장효과(GN: national growth effect), 산업구조효과(ME: industrial mix effect), 그리고 지역할당효과(RSE: regional share effect)로 나누어 분석하였다.

분석기간은 1987년부터 1996년까지 10년 동안으로 한정하였다. 연구지역은 여천석유화학단지가 설립된 이후 1976년 전라남도 여천지구 출장소에서 1986년 구여천시로 행정구역이 변경되었다. 그리고 1998년 4월에 여천시와 여천군, 여수시 등 3개 시·군이 여수시로 행정구역이 통합되었다. 그래서 1986년 이전과 1998년 이후의 각종 통계자료에서 구여천시 자료를 도출하기가 쉽지 않았다. 이러한 자료수집의 한계를 고려하여 분석기간을 1987~1996년의 10년 동안으로 제한하였으며, 변이할당분석에서는 자료의 통일성을 위하여 노동부의 사업체 조사 통계자료를 이용하였다.

2) 여천석유화학단지의 전개과정

1960년대 초부터 개발된 우리나라 공업단지는 입지와 기능, 개발 목적과 동기, 개발 주체 등에 의해 임해형과 내륙형, 지역개발과 공업화, 정부형과 민간형 등으로 다양하게 구분된다. 1960년대의 내륙공업단지 개발계획에 이어서 1970년대에 접어들면서 중화학공업 발전을 위한 임해형 공업단지의 개발계획이 국가에 의해 주도되었다. 여천석유화학단지 또한 중앙정부의 중화학 공업정책에 의해 건설되어 호남지역의 새로운 공업지역을 형성하게 되었고, 오늘날에는 울산에 이어 우리나라의 대표적인 석유화학 중심 공업단지로 성장하였다.

여천공업단지는 1970년대 초반에 수립된 중화학공업 육성계획, 산업기지개발촉진법 등의 지원으로 1970년대에 본격적으로 개발되었지만, 공업단지 조성계획은 제2차 경제개발계획이 집행된 1966년의 정부계획에서 출발한다(여수상공회의소, 1991: 273).[2] 1966년에 증가하는 원유 수요에 대비함과 동시에 제2차 경제개발계획의 핵심사업인 석유화학 콤비나트 건설을 위한 대상지로 여천지역이 선정되고, 1967년 호남정유 착공식을 계기로 여천석유화학단지의 개발은 시작되었다.[3]

여천지역이 임해공업단지로 지정된 배경에는 광양만의 양호한 항만조

2) 당시 정부는 국토의 균형발전을 목적으로 여천에 공업단지를 조성한다는 계획을 이미 1963년에 세웠으며, 1966년 4월 11일 전남도청의 연두순시에서 전남개발을 위한 17개 항의·건의 사항에 대한 답변으로 박정희 대통령이 정유공장 입지에 여수지역이 유리하다는 의견을 제시하였다. 그리고 1966년 4월 14일 경제기획원 장관이 제2 정유공장을 여수에 건설한다는 계획을 공식적으로 발표하면서 여천공업단지가 우리나라 석유화학공업의 중심지로 등장하게 된다.

3) 당시의 건설부는 제2 정유공장 기공식(1967년 2월 20일)과 동시에 석유화학 계열 공장의 건설부지를 조성하기 위해 전남 여천군 삼일면 일대 총면적 52만 5,000평을 도시계획법(제49조 2항)에 의해 도시계획법 준용지역으로 고시하였다. 특히 당시 정부는 부지매입이 해결되지 않은 상황에서 선거를 의식하여 기공식을 앞당겼다.

건, 공업용수의 안정적 확보, 노동력 풍부 등의 입지적 우위성도 있지만, 낙후된 호남지역의 균형발전이라는 정치적 요인이 가장 크게 작용하였다(유영휘, 1989: 290).[4] 여천지역이 공업단지 대상지로 선정됨에 따라 1967년부터 제2 정유공장 건설이 시작되었다. 호남정유 건설과정에서 전라남도와 주민 간에 토지매입 및 보상에 대한 견해 차이가 발생하기도 했지만, 대부분의 주민들은 호남지역에 국가의 기간산업이 건설된다는 대명제에 동의하여 공단건설은 순조롭게 진행되었다.

호남정유 기공식을 시작으로 여수화력(1967), 쌍용시멘트(1968), 호남화력(1969) 등 공장건립이 계속되었고, 1969년 호남정유 여천공장이 준공되면서 여천석유화학단지는 울산공단에 이어 새로운 제2의 석유화학공업단지로 등장하게 된다.

한편 1973년에 수립된 '중화학공업 육성계획'과 '산업기지 개발촉진법'을 계기로 정부는 중화학공업 육성을 위해 임해공업단지 개발에 많은 투자를 하였다. 경북 포항을 시작으로 울산과 온산, 옥포, 여천(광양만)에 이르는 동남 해안의 대규모 임해공업단지 건설은 이러한 중앙정부의 국가계획에 기인한다.

중앙정부의 정책과 법률 제정에 힘입어 1974년 여천종합화학공업기지 개발구역(약 18.88㎢)이 고시되고 기본계획이 확정되었으며, 제7 비료공장이 착공되었다. 1976년에는 공단 종사자를 위한 쌍봉면의 주거단지 조성사업을 비롯하여 석유화학 제1 단지 및 연관단지의 착공, 그리고 여천공업기지로의 개칭 등이 행해지고, 여천석유화학단지의 개발구역이 확장(32.50㎢)되었으며, 공업단지를 효율적으로 개발하기 위해 여수지구 출장소가 개설된다.[5]

---

4) 여천·거제 등 1970년대에 결정된 임해공업단지의 입지선정 과정에는 건설부의 공무원, 대학교수, 연구기관 등이 참여한 것이 아니라 당시 청와대 내에 설치된 '중화학공업 추진위원회 기획단'이 주도적인 역할을 하였고, 이 기획단은 청와대 경제수석팀과 박정희 대통령에 의해 운영되었기 때문에 경제적인 요인보다도 정치적인 요인이 공업단지 후보지선정 과정에 큰 영향을 미쳤을 것으로 추정된다.

여천지구 출장소의 개설(1976)과 함께 1979년에는 제2 석유화학단지와 삼일항 배후단지가 건설되고, 관련 계열 공장이 준공되었다.[6] 1980년에는 계획지구 내에 월하단지를 1차로 조성하고 삼일항 배후지 매립공사가 시작되었고, 1981년에는 여천공업기지 개발구역 기본계획이 재수립되어 162㎢면적이 준공업지역으로 지정되었다. 특히 1981년 이후에는 여천석유화학단지 내에 기업의 입지과정에서 여천군을 비롯한 여수지역의 인구증가 및 도시화, 그리고 경제구조 변화가 나타나기 시작하였다.

1982년에는 여천석유화학단지가 활성화되면서 여수지역[7] 매출액의 약 87.2%를 여천석유화학단지 입주업체가 차지하였고, 약 5,000여 명의 고용효과를 창출하여 여천석유화학단지는 여수지역 경제에 중요한 영향을 미쳤다. 1985년에는 남해화학, 럭키소재, 호남정유, 한양화학, 호남에틸렌, 호남석유, 금호석유, 효성석유, 한국화인케미칼, (주)럭키, 대성메탄올 등의 업체가 여천석유화학단지에서 많은 고용효과를 창출하였다.

1987년에는 행정구역 개편으로 여천지구 출장소에서 구여천시로 승격되고, 신도심 개발사업이 시작되면서 여천석유화학단지가 개발된 지 20년 만에 인구규모 5만 6,000명의 새로운 도시로 성장하였다.

1990년에는 중화학공업의 육성과 남해안 공업지역 형성을 위한 거점확보를 목적으로 여천석유화학단지의 면적이 확장·고시되면서 여천석유화학단지의 면적은 거의 2배로 증가하였다. 여천석유화학단지에는 1996년 국가공단으로서 총면적 3만 784㎢로서 주로 석유화학 관련 공장이 입지해 있고, 우리나라 석유화학 관련 제품(에틸렌 기준) 생산액의 약 53%를 차지하

---

5) 1976년에는 동해가스, 여수화력, 대성에탄올 등이 준공되고, 호남에틸렌, 호남석유, 한국다우케미칼, 한양화학 등의 공장이 착공된다.

6) 1977년 단일공장으로 세계 최대 규모인 남해화학, 럭키, 방주탄산 등이 준공되었고, 1978년 한국합성고무, 금호화학의 착공, 1979년 호성석유화학, 럭키콘티넨탈카본, 진양케미칼 등이 착공되었으며 1981년에 이들 공장의 준공이 완료되었다.

7) 여수시, 여천군, 그리고 여천출장소 등의 행정구역을 총괄한 범위를 의미한다.

〈표 5-1〉 여천석유화학단지 입주업체와 고용현황(1996)

(단위: 개소, 명)

구 분	입주 업체수					고용인원		
	가동	건설 중	휴업	미착공	합계	남	여	합계
정유	1	-	-	-	1	2,454	26	2,480
비료	1	-	-	-	1	955	5	960
석유화학	16	-	-	-	16	7,866	284	8,150
석유화학 관련	17	6	-	2	25	570	81	651
조립금속	20	5	-	3	28	709	100	809
기타	31	3	1	4	39	1,606	139	1,745
계	86	14	1	9	110	14,160	635	14,795

자료: 여수·여천상공회의소, 「여수·여천·고흥 상공현황(1997~1998)」, 1997.

는 최대의 석유화학공업단지로 성장하였다.

1979년부터 석유화학 계열의 공장을 중심으로 본격적인 생산활동이 시작된 여천석유화학단지에는 석유화학 관련 업종인 비료·정유·석유화학 계열 업종이 주류를 이루고 있고, 내수 및 수출과 관련된 생산제품에 사용되는 각종 기초소재를 생산하고 있다.

여천석유화학단지의 개발은 낙후된 전남지역의 공업기반을 확대시키고, 지역의 경제를 활성화시키기 위한 일종의 성장거점 전략의 일환으로 시작되었다. 여천석유화학단지는 1981년부터 시작된 광양제철 및 연관단지의 개발, 그리고 광양컨테이너부두 개발과 율촌산업단지 건설 등에 직접적인 영향을 미쳤으며, 광양만권 공업화의 초기 과정에서 성장거점으로 기능하였다.

여천석유화학단지의 입주업체는 1969년 호남정유를 시작으로 꾸준히 증가하여, 1996년 현재 110개의 기업체가 입주하고 있다(<표 5-1> 참조). 입주업체를 업종별로 구분하면, 정유 및 비료 2개소, 석유화학 16개소, 석유화학 관련 25개소, 조립금속 28개소, 기타 39개소로 구성되어 있으나 86개소만이 실질적으로 생산에 참여하였다. 전체적으로 석유화학 관련 및 조립금

〈표 5-2〉 **여천석유화학단지의 생산액과 수출액 변화**(1986~1995)

구 분	1986	1990	1991	1992	1993	1994	1995
생산액(억 원)	30,258	54,348	61,932	53,157	77,679	78,025	98,864
수출액(백만 달러)	624	1,430	1,590	1,930	1,842	2,305	2,849

속 업체가 대부분을 차지하고 있다. 여천석유화학단지의 직접 고용인원(1996)은 1만 4,795명으로 남자가 전체의 95.7%(1만 4,160명)이고, 여자는 4.3%(635명)로 남성 노동자가 대다수를 점하고 있다. 그리고 업종별로는 석유화학 업종이 8,150명(55.1%)으로 가장 많고, 기타 업종(1,745명), 정유(2,480명), 비료(960명), 조립금속(809명), 석유화학 관련(651명) 등의 순서이다.

한편 여천석유화학단지의 생산액은 1986년 3조 원에서 1996년 약 8조 원으로 증가했고, 수출액 또한 1986년 약 6억 원에서 1996년 약 28억 원으로 크게 증가하여 우리나라의 명실상부한 석유화학공업단지로 기능하고 있다(<표 5-2> 참조).

2. 여천지역 인구와 경제구조 변화

1) 인구수의 변화

여천지역의 행정구역과 인구수의 변화는 여천석유화학단지의 건설과정과 밀접한 관계를 가지고 있다. 여천석유화학단지가 본격적으로 개발되면서 1976년 9월에 여천군의 삼일면과 쌍봉면의 3개 리(부삼, 봉계, 해산)를 관할하는 전라남도 여천지구 출장소가 설치되었다. 1978년에는 여천군 쌍봉면의 나머지 8개 리가 여천지구 출장소로 편입되었고, 1980년 12월에 삼일면이 삼일읍으로 승격되었다.

구여천시 주택지구 현재 여수시 학동·소호동 일대

1986년에는 전라남도 여천지구 출장소가 구여천시로 승격되었고 행정구역의 면적 또한 103.49㎢로 확대되었다. 1987년에 여수시 경호동 일부(장도, 가덕도)와 여천군 화양면 일부(용주리 용소)가 편입되어 행정구역은 구여천시의 106.28㎢로 늘어났다.

1976년 전라남도 여천지구 출장소로 지정될 당시의 인구수는 3만 96명(가구수 5,678세대)이었으나, 1986년 구여천시로 승격되면서 인구수는 5만 5,456명, 가구수는 1만 1,049세대로 크게 증가하였다. 그리고 1996년에는 인구수와 가구수가 각각 8만 496명, 2만 2,720세대로 증가하였다. 여천지역의 인구수와 가구수는 1976년 이후 꾸준히 증가하였으나 시기별로 약간의 차이를 나타낸다(<그림 5-1> 참조).

인구수가 가장 많이 증가한 시기는 1977~1978년과 1988~1989년, 그리고 1991~1992년의 3개 시기로, 이들 시기의 인구증가는 행정구역 개편과 주택단지 개발에 따른 전입인구의 증가와 밀접한 관련을 가지고 있다. 전체적으로 보면, 1970년대에는 사회적 증가보다는 자연적 증가에 의해 인구

〈그림 5-1〉 **여천지역의 인구 및 가구변화**(1976~1996)

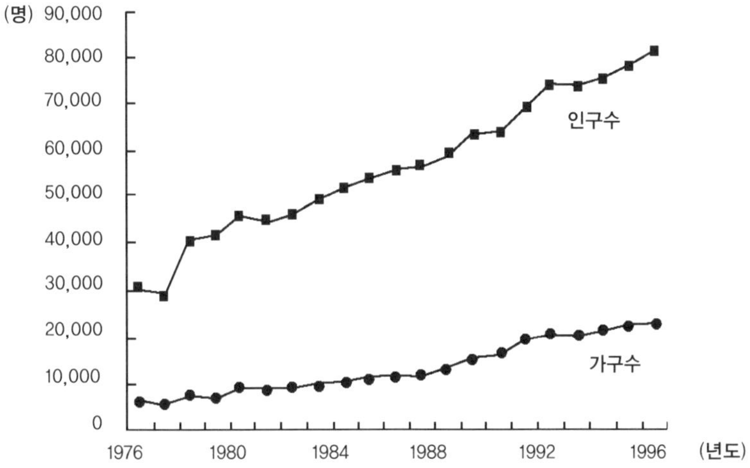

가 증가한 반면, 1980년대에는 타 지역에서 이주한 전입인구에 의한 사회적 증가가 지역 내의 인구성장을 주도하였다.

구여천시의 전출입 인구구조를 보면, 1976년 이후 지난 20년 동안 총전입인구는 23만 1,690명이고, 총전출인구는 19만 7,232명으로 전출인구보다 전입인구가 많았다. 1977년부터 1978년의 시기는 여천석유화학단지가 본격적으로 건설되던 시기로서 전출입에 의한 사회적 증가보다는 자연적 증가에 의해 인구가 늘어났다(<그림 5-2> 참조).

그러나 1980년 이후 전입인구가 꾸준히 증가하였으며, 1988년과 1989년, 그리고 1991년과 1992년의 기간에는 전출보다는 전입인구가 상대적으로 높은 비율을 차지하였다. 특히 1988년 이후에는 전입인구에 의해 인구성장이 나타났는데, 이러한 배경에는 구여천시의 신시가지 개발과 택지조성이 인구증가에 커다란 영향을 미쳤다. 또한 1988년 이후에는 도외로부터의 인구전입보다는 여수시를 비롯하여 인접한 여천군에서 인구가 전입하면서 인구가 크게 증가하였다.

〈그림 5-2〉 여천지역의 전출입 인구수 변화(1976~1996)

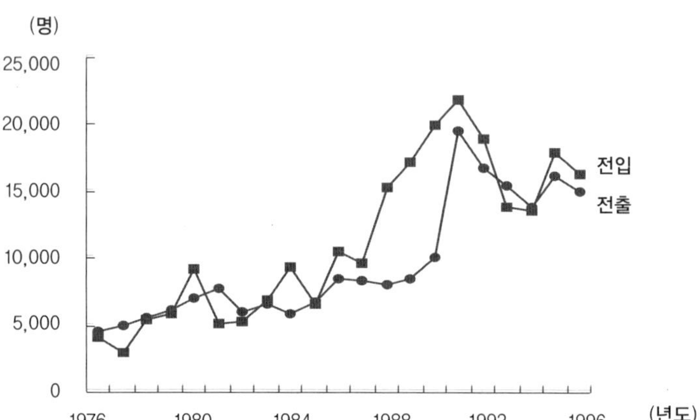

2) 지역의 경제구조 변화

공업도시는 산업구조에서 제조업이 차지하는 비중이 상대적으로 높은 것이 일반적인 특징이다. 구여천시의 산업구조 또한 여천석유화학단지의 영향으로 제조업 부문이 다른 산업 부문에 비해 상대적으로 높은 비중을 점하고 있다. 고용자수를 기준으로 구여천시의 산업구조(1996)를 살펴보면, 제조업이 전체의 58.3%를 차지하고 있고, 건설업(19.2%), 금융업(10.1%), 운수·창고업(3.9%), 전기업(3.3%), 서비스업(2.8%), 도·소매업(2.4%) 순서로 나타났다(<표 5-3> 참조).

1987년 이후 여천지역의 산업구조 변화를 보면, 도·소매업, 금융업, 서비스업이 제조업 및 건설업보다도 상대적으로 높은 성장을 보였다. 특히 1990년 이후 제조업의 고용증가는 둔화된 반면 도·소매업과 금융업은 빠르게 성장하였는데, 이러한 특징은 여천석유화학단지의 기업활동과 관련이 있다.

〈표 5-3〉 **여천지역 사업체수와 고용자수 변화**(1981~1996)

(단위: 개소, 명)

구 분	1987		1996	
	사업체수	고용자수	사업체수	고용자수
농림업	-	-	1	9
광업	-	-	-	-
제조업	49	7,485	56	12,060
전기업	2	480	6	678
건설업	21	1,698	67	3,952
도·소매업	6	95	35	502
운수·창고업	14	371	20	811
금융업	15	579	47	2,079
서비스업	8	162	19	572
합계	115	10,870	251	20,663

자료: 여천시, 『통계연보』, 각 년도.

1990년 이후에는 여천석유화학단지의 공장용지 부족으로 기업체의 신규 투자가 지연되었지만, 구여천시의 인구는 지속적으로 증가하였는데 이는 소매업과 서비스업, 금융업 등이 상대적으로 성장하였기 때문이다.

한편 여천지역의 지역경제는 여천석유화학단지의 입지 및 건설과정과 밀접한 관련성을 가지고 있으며, 여천석유화학단지의 입지는 지역의 제조업 변화에 커다란 영향을 미쳤다. 사업체수를 기준으로 보면, 1996년 당시 제조업 중에서 화학· 석유· 고무· 플라스틱 등 석유화학과 관련된 업체가 전체의 45.6%를 점하고 있고, 제1차 금속과 조립금속, 비금속광물 제조업, 음식료품 및 담배 제조업, 기타 제조업 순서이다(<표 5-4> 참조).

제조업의 업종별 변화과정을 보면, 화학· 석유· 고무· 플라스틱 등 석유화학 관련 업종은 1987년 18개 업체에서 1996년 37개 업체로 크게 증가한 반면, 음식료품· 담배 제조업은 1987년 15개 업체에서 1996년 5개 업체로 감소하였다.

그리고 비금속광물 제조업은 큰 차이가 없지만 제1차 금속과 조립금속

〈표 5-4〉 **여천지역 제조업별 사업체수와 고용자수 변화**(1987~1996)

(단위: 개소, 명)

구분	1987		1996	
	사업체수	고용자수	사업체수	고용자수
음식료품·담배 제조업	15	517	5	65
섬유, 의복, 가죽	-	-	3	-
목재·나무 제조업	-	-	-	-
펄프, 종이, 인쇄·출판업	-	-	2	-
화학, 석유, 고무, 플라스틱	18	5,341	37	9,610
비금속광물	9	463	8	526
제1차 금속, 조립금속	1	11	19	574
기타 기계 및 제조업	-	-	5	165
합계	43	6,342	81	12,435

자료: 여천시, 『통계연보』, 각 년도.

제조업은 1987년 1개 업체에서 1996년 19개 업체로 크게 증가하였고, 기타 기계 제조업 또한 증가하였다. 전체적으로 석유화학 관련 업체수가 꾸준히 증가하여 제조업에서 차지하는 비중이 매우 높다. 제조업별 고용자수의 분포를 보면, 석유화학과 관련된 제조업이 전체 고용자수의 약 77.3%를 차지하여 석유화학 부문으로 특화되어 있음을 알 수 있다. 이러한 특징은 여천석유화학단지가 석유화학 중심의 공업단지이기 때문이다. 업종별 변화과정을 보면, 석유화학 관련 제조업이 전체적인 고용성장을 주도하였고, 제1차 금속 및 조립금속, 비금속광물 제조업 또한 고용자수가 꾸준히 증가하였다.

전체적으로 여천석유화학단지의 건설로 여천지역의 지역경제는 농수산업에서 제조업 중심으로 전환되었고, 도시인구의 증가로 도·소매업과 서비스업, 금융업 등 도시 관련 부문이 꾸준히 성장하였다. 그리고 여천석유화학단지가 지닌 특성 때문에 제조업 부문은 화학·석유·고무·플라스틱 등 석유화학 관련 제조업이 높은 비율을 점하고 있는 것이 특징이다.

3. 지역의 고용구조 변화과정

1) 여천지역의 고용구조 변화

여천석유화학단지의 입지는 구여천시라는 신흥공업도시를 출현시켰고, 지역인구와 고용구조의 변화에 커다란 영향을 미쳤다. 여천석유화학단지의 입지에 의한 지역의 고용구조 변화를 파악하기 위해 변이할당분석을 시도하였다. 1987년부터 1996년까지 10년 동안의 변화과정을 보면(<표 5-5> 참조), 구여천시에서는 약 9,792명의 고용성장이 발생하였다. 이러한 고용성장에는 전국산업의 구조적 변화에 의한 영향보다는 여천지역이 가진 산업구조의 경쟁력 요인이 주요한 영향을 미쳤다. 즉 전국적인 성장효과에 의해 약 3,266명의 고용증가가 발생한 반면, 지역 산업의 구조적 속성에 의해 약 360명, 그리고 지역 산업의 특화 및 경쟁력에 의해 약 6,162명 등으로 여천지역에서 약 6,525명의 고용성장이 발생하였다.

변이할당분석을 실시한 결과, 신흥공업도시라는 특성 때문에 모든 산업부문이 여천지역의 고용증가에 영향을 미쳤지만 산업 부문별로 영향력의 차이가 나타났다. 부문별로는 제조업이 약 46.7%(4,575명)로 가장 많은 영향력을 제공하였고, 건설업(23.0%), 금융·보험업(15.3%), 운수·창고업(4.5%), 서비스업(4.2%), 도·소매업(4.2%), 전기업(2.0%) 등의 순서로 나타났다. 반면에 농림·수산업과 광업은 지역의 고용성장에 파급효과를 제공하지 못하였다.

산업 부문별 영향력에서 제조업이 전체의 46.7%를 차지하여 구여천시의 고용성장은 여천석유화학단지에 입주한 석유화학 관련 제조업체에 의해 주도되었고, 공단건설에 참여한 건설업과 전기업, 주민 서비스와 관련된 금융업 또한 중요한 공헌을 하였다. 특히 건설업이 제조업과 함께 지역의 고용성장에 영향을 미친 것은 구여천시의 신도시 개발과 여천석유화학단지의 지속적인 확장사업 등의 건설 수요 증대와 관련이 있는 것으로 밝혀졌다.

〈표 5-5〉 여천지역의 변이할당분석(1987~1996)

구 분	1987~1996			1987~1991			1992~1996		
	GN(A)	ME+RSE(B)	A+B	GN(A)	ME+RSE(B)	A+B	GN(A)	ME+RSE(B)	A+B
농림·수산업	0.30	7.70	8	0.14	7.86	8	0.66	-2.66	-2
광업	0.30	-0.30	0	0.14	-0.14	0	0.06	-0.06	0
제조업	2,249.11	2,325.89	4,575	1,038.69	2,816.92	3,148	666.80	296.20	963
전기업	144.23	53.77	198	66.61	67.39	134	34.01	77.99	112
건설업	510.22	1,743.78	2,254	235.63	1,554.37	1,790	148.06	1,339.94	1,488
도·소매업	28.55	378.45	407	13.18	75.82	89	33.23	-84.23	-51
운수·창고업	111.48	328.52	440	51.48	94.52	146	29.86	284.14	314
금융·보험업	173.98	1,326.02	1,500	80.35	857.65	938	132.13	-252.13	-120
서비스업	48.68	361.32	410	22.48	375.52	398	19.83	222.17	242
합계	3,226.84	6,525.16	9,792	1,508.70	5,142.30	6,651	1,064.65	1,881.35	2,946

주: GN-전국성장효과(national growth effect), ME-산업구조효과(industrial mix effect),
RSE-지역할당효과(regional share effect).

고용변화에 미친 산업 부문별 영향력은 시계열적인 차이를 보였다. 제1기(1987~1991)에는 약 6,651명(전체의 약 68%)의 고용효과가 발생하였으나, 제2기(1992~1996)에는 약 2,946명의 고용증가만 발생하여 시기적 차이를 나타냈다.

그리고 제1기에는 전국적인 성장효과보다는 여천지역의 지역 내적 경쟁력이 고용기회를 확대한 반면, 제2기에는 상대적으로 지역 내적 요인이 고용성장에 영향을 미치지 못하였다. 이러한 차이는 여천석유화학단지에 입주한 공장의 설립시기, 그리고 신도시 개발과정 등과 밀접한 관계를 가지고 있는 것으로 판단된다.

제1기에는 모든 산업이 고용성장에 영향을 미쳤다. 부분별로는 제조업이 전체의 47.3%로 가장 많은 영향을 미쳤고, 건설업(27.0%), 금융·보험업(14.1%), 서비스업(5.8%) 등이 많은 영향을 미쳤다. 농림·수산업과 광업의 기여도는 상대적으로 매우 낮았다. 특히 제조업과 건설업이 전체 고용성장의

〈표 5-6〉 **시기별 변이할당분석**(1987~1996)

구 분	구여천시			여천군			여수시		
	1987~1991	1992~1996	1987~1996	1987~1991	1992~1996	1987~1996	1987~1991	1992~1996	1987~1996
농림·수산업	8	-2	-2	370	356	502	384	-313	-1
광업	0	0	0	-6	11	52	25	-2	52
제조업	3,148	963	963	84	22	208	-1,436	-816	-3,311
전기업	134	112	112	10	3	13	-20	36	20
건설업	1,790	1,488	1,488	0	-71	-66	871	-737	195
도·소매업	89	-51	-51	30	17	33	-378	362	65
운수·창고업	146	314	314	44	59	205	806	-1,463	-23
금융·보험업	938	-120	-120	-138	100	152	685	440	1,086
서비스업	398	242	242	172	-19	-28	269	166	80
합계	6,651	2,946	9,792	566	478	1,071	1,206	-2,327	-1,837

약 74.3%를 차지하여 여천석유화학단지에 입주한 기업활동과 신도시 개발사업이 지역경제 변화에 주요한 영향을 미친 것으로 밝혀졌다.

그러나 제2기의 고용변화는 제1기와 대조적인 차이를 보였다. 건설업(50.5%), 제조업(32.7%)을 비롯하여 운수·창고업, 서비스업, 전기업 등은 고용성장에 순기능적 효과를 제공한 반면, 금융·보험업과 도· 소매업, 농림·수산업은 오히려 역기능적 효과를 제공하였다. 제2기에는 제조업보다 건설업이 고용성장의 주요 동인으로 작용하였다. 이러한 특징은 여천석유화학단지 운영 및 신도시 개발과정과 밀접한 관련이 있다.

즉 여천석유화학단지에는 많은 기업이 입주하여 안정적인 공단 운영이 유지된 반면, 신도시 개발사업은 전입인구의 증가로 더욱 확대되었기 때문이다. 또한 기존의 여천지구 출장소가 1986년에 구여천시로 행정구역이 변경되고, 그에 따른 주거단지 개발이 지역 내에서 진행되어 건설업이 지역의 고용성장을 주도했기 때문이다.

구여천시의 고용변화에서 나타난 특징을 종합하면, 구여천시의 고용성장은 전국적인 성장효과나 지역 산업의 구조효과보다는 지역 산업의 경쟁효과에 의해 발생하였다. 그리고 제조업과 건설업이 전반적인 고용성장을 주도하였고 시기별로 살펴보면 제1기에서는 제조업이, 후반기에는 건설업이 각각 고용성장에 커다란 역할을 하였다. 전체적으로 고용성장에 제조업의 영향력이 가장 크게 작용한 것으로 분석되었다.

이러한 결과는 도시화의 진전으로 제조업 부문에서 3차 산업을 중심으로 한 서비스업의 역할이 증대된 포스코(POSCO)가 입지한 포항지역, 현대 관련 공장과 기업체가 입지한 울산지역, 그리고 광양지역의 연구결과와 대조적인 차이를 보이고 있다. 그렇지만 구여천시의 고용성장은 제조업에서 서비스업 부문에 이르기까지 다각화되지 못하고, 여천석유화학단지에 입주한 제조업 부문이 전반적인 지역의 고용성장을 주도한 것이 특징적이다.

2) 여수시와 여천군의 고용구조 변화

공업단지의 입지는 해당지역뿐만 아니라 주변지역의 경제구조에 커다란 영향을 미치는 것이 일반적인 특징이다. 여천석유화학단지의 입지 및 건설과정이 인접한 여수시와 여천군의 고용구조에 미친 영향은 시기별·지역별로 뚜렷한 차이를 보였다.

1987년부터 1996년까지 10년 동안의 고용성장효과를 지역별로 보면, 구여천시(9,792명), 여천군(1,071명), 여수시(-1,837명) 순서로 구여천시와 여천군에서는 고용이 증가하였지만, 여수시에서는 오히려 고용이 감소하였다.

여천군의 고용성장에는 건설업과 서비스업을 제외한 모든 산업 부문이 긍정적인 파급효과를 제공하였으며, 농림·수산업(501명)과 제조업(208명), 운수·창고업(205명)이 전체 고용성장의 약 85.4%를 차지하였다. 반면에 여수시의 경우, 제조업과 운수·창고업은 고용증가에 역기능적 효과를 제공하였으나, 다른 산업 부문은 순기능적 효과를 제공하였다. 그러나 여수시에서는 제조업의 고용유출에 따라 전체적인 고용은 오히려 감소하였다. 이러한 특징은 여수시에 입주한 기존 기업체들이 여천석유화학단지와 1993년에 준공된 여천군 화양면의 화양농공단지로 이주한 결과에 기인한다. 따라서 여천석유화학단지의 입지에 따른 고용성장의 변화가 지역별로 뚜렷한 대조를 보였다.

시기별 고용변화 또한 뚜렷한 지역적 차이를 나타냈다. 여천군의 경우, 제1기에는 금융·보험업과 광업을 제외한 모든 부문에서 고용이 증가하고 농림·수산업과 서비스업이 고용성장을 주도하였다. 제2기에는 건설업과 서비스업을 제외한 모든 산업 부문에서 고용이 증가하였고, 농림·수산업과 서비스업이 커다란 영향을 미쳤다. 그러나 산업 부문 간 고용성장효과는 시기별로 유의미한 차이를 나타내지 못하였다. 전체적으로 볼 때, 여천석유화학단지의 입지에 의한 파급효과는 여천군의 고용성장에 그대로 반영되어 여천군의 지역성장에 긍정적인 영향을 미쳤다고 할 수 있다.

한편 여수시의 경우, 제1기에서는 약 1,206명의 고용성장효과가 발생하였지만 제2기에서는 반대로 약 2,327명의 고용감소를 보였다. 전반기에는 제조업과 도·소매업이, 후반기에는 운수·창고업, 제조업, 건설업, 농림·수산업 등이 고용감소에 영향을 미쳤다. 제1기에서는 제조업 부문에서 고용이 감소하였지만, 건설업, 운수·창고업, 금융업, 서비스업 등의 영향으로 고용은 약간 증가하였다.

그러나 제2기에서는 운수·창고업, 건설업, 제조업 등의 고용감소가 고용변화에 결정적인 영향을 미쳤다. 많은 고용을 창출한 운수·창고업 부문의 고용감소는 여천석유화학단지 배후지에 조성된 대규모 물류단지로 이들 업체가 이주한 결과이다.

여수시와 구여천시 고용변화의 특징을 종합하면, 여천군의 고용변화는 시기별로 커다란 차이가 없었지만, 여수시는 시기별로 뚜렷한 고용변화의 차이를 보였다. 1992년 이후 여수시의 전반적인 고용감소는 여수시에 입지한 기업체의 구여천시 및 여천군으로의 이전, 그리고 구여천시의 신도시

개발에 따른 여수시민의 구여천시로의 전출과 밀접한 관련이 있는 것으로 추정된다.

4. 지역의 산업구조 변화과정

변이할당분석을 이용하여 지역의 경제성장과 변화를 분석하고 예측할 수 있지만, 변이할당분석에서는 성장효과를 고용자수나 소득변화로 간주하기 때문에 지역의 실질적인 성장률 파악에는 한계가 있다. 반면에 지역성장률 시차분석에서는 산업별 지역성장의 기여도를 성장률로 표시하기 때문에 지역성장의 파급효과를 측정하는 데 유용하다. 따라서 지역의 산업구조 변화과정을 파악하기 위하여 지역성장률 시차분석을 실시한 결과, 변이할당분석과 유사한 특징을 보였다. 그러나 지역의 고용성장에 미친 산업부문별 영향력은 더욱 뚜렷하게 나타났다.

1987년부터 1996년까지 10년 동안 구여천시의 고용성장은 산업복합효과(-0.2741)보다는 지역할당효과(0.5668)에 의해 발생하여 총성장률은 0.2926을 나타내고 있다. 산업 부문별로는 제조업과 운수·창고업, 광업이 고용성장에 긍정적인 파급효과를 제공하였고, 이들을 제외한 나머지 산업 부문은 고용성장에 역효과를 제공하였다. 그리고 시기별 고용성장은 제2기보다 제1기에 많이 발생하였다.

제1기의 고용성장에는 제조업이 가장 큰 영향을 미쳤고, 제2기에는 제조업보다 건설업(0.1199)이 고용성장을 주도한 것으로 분석되었으며, 이러한 특징은 변이할당분석의 결과와 거의 유사하다. 그러나 전체적인 경향을 보면, 변이할당분석과 달리 지역성장률 시차분석에서는 제조업이 구여천시의 고용성장에 결정적인 기여를 한 것으로 밝혀졌다(<표 5-7> 참조).

한편 여수시와 구여천시의 지역성장률 시차분석(1987~1991)을 비교·분

〈표 5-7〉 여천지역 지역성장률 시차분석(1987~1996)

구분	1987~1991			1992~1996			1987~1996		
	MIR	SRR	NCR	MIR	SRR	NCR	MIR	SRR	NCR
농림·수산업	0.0007	0.00075	0.00146	-0.0004	-0.00016	-0.00054	-0.0012	0.00072	-0.00048
광업	0.0076	0.00004	0.00764	0.0037	0.00003	0.00369	0.0132	0.00007	0.01322
제조업	-0.0269	0.25910	0.23224	0.0217	0.08142	0.10309	0.0166	0.43967	0.45631
전기업	0.0034	0.00034	0.00370	0.0004	0.00413	0.00453	0.0088	-0.01328	-0.00444
건설업	-0.0222	0.07278	0.05058	0.0148	0.10516	0.11998	-0.0497	0.00175	-0.04793
도·소매업	-0.0141	0.00649	-0.00760	-0.0258	-0.01179	-0.03755	-0.0706	0.02895	-0.04162
운수·창고업	-0.0092	0.01009	0.00089	-0.0097	0.01457	0.00484	-0.0242	0.03168	0.00746
금융·보험업	-0.0341	0.06196	0.02784	-0.0424	-0.05055	-0.09299	-0.1257	0.04832	-0.07742
서비스업	-0.0333	0.02953	-0.00381	-0.0205	0.00820	-0.01231	-0.0413	0.02895	-0.01235
합계	-0.1281	0.44107	0.31294	-0.0583	0.15099	0.09274	-0.2741	0.56683	0.29275

주: NCR-지역성장률 시차, MIR-산업복합효과 성장률, SRR-지역할당효과 성장률.

〈표 5-8〉 시기별 지역 총성장률 시차분석의 결과(1987~1996)

구 분	구여천시		여천군		여수시	
	1987~1991	1992~1996	1987~1991	1992~1996	1987~1991	1992~1996
농림·수산업	0.00146	-0.00054	0.27050	0.32039	0.03468	-0.02700
광업	0.00764	0.00369	0.00684	0.05485	0.00935	0.00469
제조업	0.23224	0.10309	0.00772	0.17455	-0.14247	-0.02373
전기업	0.00370	0.00453	0.00521	0.00453	-0.00380	0.00162
건설업	0.05058	0.11998	-0.05820	-0.17577	0.02220	-0.02152
도·소매업	-0.00760	-0.03755	0.00561	-0.05274	-0.05473	-0.01760
운수·창고업	0.00089	0.00484	0.01400	0.09836	0.03002	-0.13559
금융·보험업	0.02784	-0.09299	-0.17361	-0.18431	-0.02573	-0.058-3
서비스업	-0.00381	-0.01231	0.03221	-0.12633	-0.07296	-0.04288
합계	0.31294	0.09274	0.11029	0.11352	-0.20343	-0.32004

석하였다. <표 5-8>에 제시된 것과 같이, 지역 총성장률은 여천군(0.1135)과 여수시(-0.7831)가 각각 커다란 차이를 보였다. 여천군에서는 고용이 성장한 반면 여수시에서는 반대로 고용이 감소한 것으로 분석되었으며, 여천군과 여수시의 고용변화 또한 구여천시의 경우와 동일하게 지역할당효과의 영향을 많이 받았다. 그리고 산업 부문별로는 농림·수산업과 제조업이 여천군의 고용성장을 주도하였지만 금융·보험업, 건설업, 서비스업은 고용증가에 역기능적 효과를 제공하였다. 여수시의 경우, 광업을 제외한 전 산업 부문이 고용성장에 역기능적인 효과를 제공하였으며, 특히 제조업이 고용성장에 마이너스적 효과를 제공한 것은 변이할당분석의 결과와 유사하다.

여천군과 여수시의 산업별 고용변화를 시기별로 파악하기 위해 변이할당분석과 동일하게 2개 시기로 구분하여 지역성장률 시차분석을 실시하였다. 지역성장률 시차분석 결과, 여천군에서는 제1기(1987~1991)에 농림·수산업이 지역성장에 가장 큰 영향을 미쳤고, 서비스업과 운수·창고업도 성장에 긍정적인 효과를 제공하였다. 그러나 광업과 제조업, 전기업, 도·소매업은 거의 영향을 미치지 못했으며, 건설업과 금융·보험업은 오히려 성장에 부정적인 효과를 제공하였다.

한편 제2기(1992~1996)에는 제1기와 상이한 패턴이 나타났다. 즉 제조업이 지역성장에 가장 큰 영향을 미쳤는데, 이러한 특징은 여천석유화학단지와 관련된 하청기업체의 입지를 비롯하여 인접한 화양농공단지의 개발과 관련이 있다. 농림·수산업과 운수·창고업 또한 지역성장에 긍정적인 효과를 제공하였으나, 건설업, 도· 소매업, 금융·보험업, 서비스업은 여전히 지역성장에 긍정적인 파급효과를 제공하지 못하였다. 여천군의 경우에는 여천석유화학단지의 건설이 지역경제 및 산업구조에 미친 영향은 상대적으로 낮았다고 평가할 수 있다. 이는 여천군의 지역경제가 농업과 수산업으로 편중되었기 때문이다.

한편 여수시에서는 제1기에 농림·수산업과 건설업, 운수·창고업이 지역성장에 긍정적인 파급효과를 제공하였지만, 제조업, 도·소매업, 금융·보험업, 서비스업 등은 반대로 지역성장에 부정적인 효과를 제공하였다. 제2기에도 여수시의 지역성장은 제1기와 유사하게 마이너스 효과를 나타냈고, 특히 운수·창고업과 건설업의 저성장은 여수시의 지역성장에 장애요소로 작용하였다.

지역성장률 시차분석에 나타난 산업구조의 변화과정을 종합해 보면, 구여천시와 여천군은 제조업의 꾸준한 증가로 지속적인 지역성장이 나타났지만, 여수시는 제1기의 제조업(-0.1424)과 제2기의 운수·창고업(-0.1355)의 영향으로 오히려 지역성장이 둔화된 것으로 분석되었다. 또한 여수시의 저성장은 도·소매업, 금융·보험업, 서비스업 등 도시적 기반활동의 정체와 밀접한 관련을 가지고 있는 것으로 밝혀졌다. 그러나 여천석유화학단지의 입지가 여천군과 여수시 등 주변지역에 미친 지역성장효과는 변이할당분석의 결과와 거의 유사한 특징을 나타냈다.

5. 맺음말

공업활동이 집중적으로 이루어지고 있는 공업단지와 공업단지가 입지한 도시의 성장·변화 과정을 이해하기 위해서는 공업단지의 개발과정, 공업단지에 입지한 제조업의 특성, 주변지역의 경제구조 등과 관련시켜 접근하는 것이 필요하다. 이 장에서는 공업단지의 입지가 지역의 변화와 성장에 미친 영향을 파악하기 위하여 우리나라의 대표적인 석유화학공업단지인 전남 구여천시를 사례지역으로 선정하여 여천석유화학단지의 입지·개발과정과 도시의 변화과정을 고찰하였다.

여천석유화학단지는 1970년대 초반에 수립된 국가의 경제개발계획의 일환으로 조성된 국가주도적 공업단지다. 1969년 호남정유의 착공과 함께 공업단지 개발사업이 시작되어 여천석유화학단지의 면적은 1974년 18.88㎢에서 1976년 32.50㎢로 확장되었고, 1996년에는 총면적이 30,784㎢가 되었다. 그리고 여천석유화학단지에는 1996년에 약 110개의 석유화학 관련 기업체가 입지하였고, 에틸렌을 기준으로 우리나라 석유화학 관련 제품의 약 53%를 차지하는 핵심적인 공업단지로 성장하였다. 여천석유화학단지에 입지한 기업체를 업종별로 구분하면 석유화학과 조립금속 관련 업체가 대부분을 차지하고 있고, 1만 4,795명의 직접고용을 창출하였다.

여천석유화학단지의 건설은 지역의 인구와 행정구역의 변화, 그리고 지역경제의 구조변화에 커다란 영향을 미친 것으로 분석되었다. 1976년 9월 여천석유화학단지를 포함한 여천군의 삼일면과 쌍봉면 자연부락을 행정구역으로 출범한 전라남도 여천지구 출장소는 그 후 행정구역이 106.28㎢로 확대되었고, 1986년에는 여천지구 출장소가 구여천시로 승격되었다. 구여천시의 인구수는 1976년 3만 96명에서 1996년 8만 496명으로 크게 증가하였고, 가구수 또한 1976년의 5,678세대에서 1996년 2만 2,720세대로 증가하였는데, 이러한 인구수 및 가구수의 증가는 여천석유화학단지의 건설과 직접적인 관련성을 갖고 있다. 그리고 구여천시의 인구증가에는 자연적 증가보다는 전입에 의한 사회적 증가가 커다란 영향을 미친 것으로 밝혀졌다.

또한 여천석유화학단지의 입지는 지역의 경제구조 변화에도 영향을 미친 것으로 분석되었다. 구여천시의 산업별 고용자수를 보면, 제조업이 전체 고용자의 약 58.3%를 차지하여 구여천시가 일반적인 기업도시가 가지는 산업구조의 특성을 반영하고 있다. 그리고 제조업 중에서도 화학·석유·고무·플라스틱 등 석유화학 관련 업체가 전체 제조업수의 약 45.6%를 점유하여 여천석유화학단지의 특성이 지역의 제조업 구조에도 그대로 영향을 미친 것으로 나타났다.

여천석유화학단지의 입지가 지역 내 고용구조 및 산업구조에 미친 영향을 실증적으로 분석하기 위하여 변이할당분석과 지역성장률 시차분석을 실시하였다. 변이할당분석 결과, 여천지역의 고용증가에는 제조업·건설업·금융업 등이 크게 기여하였으며, 산업 부문별 영향력에서는 제조업이 전체의 46.7%를 차지하여 가장 큰 영향을 미쳤다. 그러나 전반기에는 제조업이, 후반기에는 건설업이 고용증가를 주도하였는데 이러한 시기별 차이는 여천지역의 도시개발 과정과 밀접한 관련이 있다. 또한 여천석유화학단지의 입지과정은 인접한 여수시와 여천군의 고용변화에도 영향을 미친 것으로 밝혀졌다. 지역성장률 시차분석 결과, 시기별·지역별로 약간의 차이가 있었지만 전체적으로 변이할당분석과 유사하게 나타났다.

결론적으로 여천석유화학단지의 입지와 건설과정은 구여천시뿐만 아니라 주변의 여수시와 여천군의 지역변화에 많은 영향을 미쳤다. 이러한 특징은 여천지역의 인구수와 가구수의 변화, 산업구조 변화, 제조업 구조 변화, 그리고 산업별 고용구조의 변화에서 뚜렷하게 나타났다. 따라서 여천석유화학단지는 여천지역의 지역변화, 특히 지역의 경제구조 변화과정에 중요한 기여를 하였다고 판단된다.

이 장에서는 여천석유화학단지 및 그 주변지역을 대상으로 지역변화를 실증적으로 분석하여 공업지역의 일반적인 변화과정을 설명했다는 점에서 연구의 의의를 찾을 수 있다. 그러나 공업단지의 입지와 지역변화 간의 관계는 경제적·사회적 요인을 포함한 다양한 변수를 적용하여 분석하고, 이를 바탕으로 지역변화의 종합적인 특성을 도출하는 것이 필요하다. 이러한 측면에서 볼 때, 고용구조의 변화에 국한하여 여천석유화학단지의 입지와 지역의 변화과정을 고찰했다는 점에서 한계가 있다.

제6장

광양제철소 입지와 광양지역의 인구변화

우리나라의 대표적인 공업도시에 해당하는 광양시는 광양제철소의 입지와 건설에 힘입어 도시가 발달하였다. 이 장에서는 광양제철소의 입지과정이 광양지역 인구변화에 미친 영향을 고찰하려고 한다. 이를 위해 분석기간을 1980년부터 2001년까지로 설정하였다.

전체적으로 보면, 광양제철소의 입지에 따라 광양시의 인구수는 1981년 7만 8,478명에서 2001년 13만 8,468명으로 증가하였고, 가구수 또한 1981년 1만 4,917호에서 2001년 4만 3,176호로 크게 증가하였다. 광양지역의 인구성장은 전입인구에 의한 사회적 증가에 의해 주도되었고, 광양제철소의 제1기 건설공사가 준공된 1987년부터 1991년 사이에 가장 현저하게 나타났다. 지역의 인구증가는 주로 광양읍과 동광양지역에서 나타났다. 특히 동광양지역의 인구는 1981년 1만 3,211명에서 2001년 7만 4,956명으로 크게 증가하였고, 광양시 전체 인구의 약 54.1%가 동광양지역에 거주하고 있다.

결과적으로 1982년 광양지역이 광양제철소의 건설 후보지로 결정된 이후, 지난 20년 동안 광양제철소의 입지와 기업활동은 광양지역의 인구구조 변화와 인구성장에 중요한 영향을 미친 것으로 분석되었다(이정록, 2004: 83-96).

1. 연구배경과 내용

1) 연구내용과 방법

1960년대 이후 정부의 지역개발 정책에 의해 공업단지가 조성되고 새로운 도시가 출현한 사례 중 하나가 전남의 동부지역에 위치한 광양시이다. 광양지역은 1980년대 중반까지 전형적인 농촌이었다. 그러나 1987년 광양제철소가 준공되고 관련된 공업단지가 건설되면서 외부지역으로부터 전입인구가 증가하여 광양지역의 인구가 크게 성장하였다.

여천석유화학단지의 입지로 지역변화를 경험한 여천지역과 마찬가지로 기업과 공장의 입지는 지역사회 변화에 많은 영향을 미친다. 이러한 측면에서 이 장은 우리나라의 대표적인 공업도시에 해당하는 광양시를 사례지역으로 선정하여 광양제철소의 입지와 관련된 기업활동이 지역의 인구변화에 미친 영향에 중점을 두고 연구를 수행하였다. 이 장에서는 광양지역의 인구증가에 결정적인 동인으로 작용한 광양제철소의 입지과정을 살펴보고, 이를 토대로 1980년 이후 2001년까지의 지역 인구변화에서 나타난 특징을 분석하였다.

그리고 이 장에서는 광양제철소의 입지·건설 과정, 준공 후 경영활동에 의해 나타난 광양지역 인구변화의 특징을 도출하기 위해 1981년부터 2001년까지로 연구기간을 한정하였다. 연구기간의 기점으로 1981년을 설정한 것은 광양제철소의 입지선정 및 건설 과정에 나타난 인구변화의 특징을 도출하기 위함이다. 특히 광양시의 인구증가는 제철소의 입지선정 및 건설 과정과 밀접한 관련이 있기 때문에 1981년 이후 약 20여 년 동안 인구변화를 파악하기 위해 1981년부터 2001년까지로 한정하였다. 연구에 필요한 자료는 행정기간에서 발행한 통계연보와 주민등록 인구동태 보고서, 인구 센서스 등을 활용하였다.[8)]

2) 광양제철소 입지과정

1960년대에 실시된 경제개발계획으로 국내에서 철강 수요가 증가하면서, 1970년대 초반부터 포항제철에 이어 제2의 제철소 건설의 필요성이 제기되었다. 1973년 당시의 건설부는 제2 제철소의 후보지로 충남의 아산만을 검토했지만, 1980년 6월 충남의 아산만이 아닌 전남의 광양만이 후보지로 최종 선정되었다.

1982년 6월 금호도 종합개발계획이 확정되었고, 7월 광양만 산업기지 개발사업 실시계획[9])이 정부의 승인을 받아, 9월에 금호도 일대의 제철소 부지를 조성하기 위한 호안 축조공사가 시작되었다. 1983년 2월 광양제철소의 부지 준설공사가 착공되었고, 10월에는 광양제철소 개소식이 거행되면서 본격적인 건설공사가 시작되었다.

1985년 3월에 270만 톤 생산규모의 광양제철소 제1기 설비공사가 착수되었다. 종합착공 5개월 전인 1984년 10월 15일 국내 핫코일 수요의 조기 충족을 위해 열연공장을 먼저 착공했고, 1985년 3월 5일에는 고로·코크스 공장, 제강공장, 연속주조공장 등을 착공했고, 4월 3일에는 원료처리, 소결, 증가·가스·시험검정 설비 등을 착공했다. 그리고 1985년 4월 6일에는 발전설비공장을 착공했고, 6월 5일에는 산소설비공장을 각각 착공했다.

광양제철소 제1기 설비공사는 내용적 3,800㎥의 대형 고로와 제강공장,

---

8) 당시의 광양군은 1987년 1월 골약면과 태금면의 2개 면을 관할하는 전라남도 광양지구 출장소가 설치되어 기존의 광양군은 광양읍을 포함한 1읍 6면으로 축소되었다. 그리고 광양지구 출장소는 1989년 동광양시로 승격되었고, 1995년 동광양시와 광양군이 통합되어 현재의 광양시로 행정구역이 변경되었다. 따라서 당시의 광양군, 광양지구 출장소, 동광양시, 그리고 현재의 광양시에서 발행한 인구통계 자료를 사용하였다.

9) 1982년 2월 9일 광양제철소의 설비규모는 조강기준 연산 270만 톤으로 최종 확정되었다. 건설에 소요되는 자금은 내자 13억 5,800만 달러, 외자 8억 1,400만 달러 등 총 21억 7,200만 달러(1조 5,200억 원)를 투입, 1985년 7월 1일 착공하여 1988년 3월 말에 준공한다는 계획하에 건설사업이 시작되었다.

연속주조공장, 열연공장 등 모두 10개의 공장설비와 배수처리, 항만하역설비 등의 14개 부대설비로 구성되었다. 광양제철소는 당초 계획보다 6개월을 앞당긴 1987년 5월 7일 광양제철소 제1기 종합준공식을 행하였다. 그리고 1988년 7월 12일 광양제철소 제2기 설비의 종합준공도 이루어졌다.

광양제철소 제3기는 기존의 1·2기와 같은 규모의 조강연산 270만 톤 체제로 장차 3기를 가동할 경우, 광양제철소는 연간 810만 톤의 조강을 생산하는 것으로 계획되었다. 그러나 제3기 건설과정에는 어업권 보상과 관련하여 지역주민과 갈등관계가 형성되었고, 지역주민들의 농성으로 준설공사가 지연되기도 했다.

그러나 1989년 1월 19일 연산 122만 5,000톤 규모의 제3 냉연공장이 준공되었다. 냉연공장은 국내의 자동차 및 전자 산업의 급속한 성장에 따라 고급강판의 수요를 조기에 충족시키기 위해 준공한 것이다. 그리고 1990년 12월 4일 조강연산 270만 톤 규모의 광양제철소 제3기 설비가 준공되었다.

1994년 1월 5일 조강연산 330만 톤 규모의 제4기 설비공사를 착공하였고, 1994년 10월 2일 종합준공되었다. 광양제철소 4기의 확장공사로 인해, 포항제철소(POSCO)는 조강생산 1,140만 톤 체제의 광양제철소와 940만 톤 체제의 포항제철소를 포함하여 총 2,080만 톤의 조강생산 능력을 보유하게 되어 세계 3위의 대형 철강회사로 부상하게 되었다. 특히 광양제철소는 단위제철소별 생산규모에서 1982년부터 9년 동안 세계 1위를 차지한 포항제철소를 제치고 세계 제일의 생산규모를 가진 단일제철소로 성장하였다.

2. 광양지역 인구와 인구구조 변화

1) 전체적인 개관

1980년 이후의 광양지역 인구는 광양만권 공업화와 도시화, 광양제철소의 입지와 준공, 광양제철소의 건설에 따른 행정구역의 개편, 광양컨테이너부두의 개장, 그리고 동광양시와 광양군의 행정구역 통합 등 여러 사회적 요인에 의해 크게 성장하였다. 1980년대와 1990년대에 걸쳐서 광양지역의 인구가 다른 중소 규모의 농촌도시에 비해 크게 증가한 것은 전입인구에 의한 사회적 증가에 기인한다. 이러한 광양지역의 인구증가는 광양제철소의 개발과 준공, 그리고 광양컨테이너부두 개항 등 지역개발 사업의 결과이다. 특히 1981년부터 1990년까지 광양지역의 인구는 전남의 시·군 중에서 인구가 가장 많이 증가하였다.

2001년 말 광양시에 거주하는 인구는 13만 8,468명으로 1981년 이후 5만 9,990명이 증가하여 전남에서 인구증가율이 가장 높은 지역에 해당한다. 2001년 인구를 기준으로 하면, 광양시는 전라남도 전체 인구(210만 4,052명)의 약 6.58%를 차지하고 있고, 가구수(세대수)는 4만 3,176세대로서 전남 전체의 약 5.92%를 점하고 있다. 광양시의 인구가 전남지역 전체에서 차지하는 비중은 비교적 많지 않지만, 인구밀도 지표로 살펴보면 광양시(310.4명)는 전남(175.4명)에 비해 약 1.77배가 높아 상대적으로 인구가 집중되어 있음을 알 수 있다.

1981년부터 2001년까지 지난 20여 년 동안의 광양지역 인구변화를 살펴보면, 지역의 가구수와 인구수가 크게 증가하였다. 광양시 가구수는 1981년 이후 계속 증가하였는데, 이러한 배경은 개인의 가치관과 생활양식의 변화에 따른 핵가족화 현상도 주요 원인이지만, 광양제철소의 건설에 따른 외부지역으로부터의 전입가구 증가가 가장 결정적인 영향을 미쳤다.

광양지역의 가구수 변화 추이를 보면, 1981년 광양의 가구수는 1만 4,917세대에서 1986년 2만 3,203세대로 약 1.6배 성장하였고, 1990년에는 3만 2,125세대로 증가하였다. 1981년 이후 10년 동안 광양의 가구수는 약 1만 7,208세대가 증가하여 연평균 1.2%의 높은 성장률을 기록하였다. 그리고 1996년에 3만 9,291세대, 2001년에 4만 3,176세대로 지속적인 성장세를 나타냈다. 지난 1981년 이후 가구수가 가장 많이 증가한 시기는 3개 시기로서, 1990~1991년의 4,339세대, 1984~1985년의 3,165세대, 그리고 1988~1989년의 3,147세대로 나타났다. 가구수가 급격히 증가한 이들 3개 시기는 모두 광양제철소의 준공과 설비증설, 행정구역의 개편 등과 밀접한 관련이 있는 것으로 판단된다.

한편 인구수는 1981년 7만 8,478명에서 1986년 11만 1,731명, 1990년 15만 5,558명, 1996년 13만 1,306명, 그리고 2001년 13만 8,468명으로 지난 20년 동안 지속적인 성장세를 나타냈다. 인구변화에서 나타난 특징을 보면, 광양제철소의 건설공사와 설비준공에 힘입어 1981년부터 1990년까지 인구는 꾸준히 성장하였다.

그러나 1990년을 기점으로 인구성장은 급격하게 둔화되었고, 1991에는 오히려 전년에 비해 인구가 감소하였다. 즉 1990년 15만 5,558명에서 1991년에는 12만 6,680명으로 2만 8,878명이 감소하였지만, 1991년 이후에는 인구가 지속적으로 증가하고 있다. 1991년 이후의 인구증가는 광양컨테이너부두 건설공사와 제1단계 부두개발 완공, 초남공단·태인공단·신금공단 등의 개발을 비롯한 각종 지역개발 사업의 결과이며, 향후 전개될 광양만권 경제자유구역 개발계획, 광양컨테이너부두 시설 투자, 광양항 배후 부지 개발 등 대규모 지역개발 프로젝트의 영향을 받아 지역인구는 더욱 증가될 것으로 예상된다(<표 6-1> 참조).

1981년 이후 광양지역 인구변화에서 인구가 가장 많이 증가한 시기는 1985년부터 1989년까지의 기간이다. 특히 1985년부터 1986년에는 2만 394명이 증가하여 가장 많은 인구변화를 나타낸 시기로서 광양제철소 개발, 동광양지역을 중심으로 한 전라남도 광양지구 출장소 설치, 그리고 동광양지역에서 전개된 대규모 택지개발 사업과 이주단지 조성 등의 영향을 받았으며, 전입인구의 증가가 인구성장에 결정적인 영향을 미쳤다. 1986년부터 1987년 사이에는 18,168명이 증가하였고, 1988년부터 1989년 사이에는

〈표 6-1〉 광양지역 가구수와 인구수 변화(1981~2001)

구분	가구수	인구수			세대당 인구수	인구 밀도	인구증감률(%)
		계	남자	여자			
1981	14,917	78,478	39,224	39,254	5.3	183.6	-
1983	15,505	80,257	40,865	39,392	5.2	187.0	1.13
1986	23,203	111,731	60,329	51,402	4.8	195.6	13.1
1988	26,875	139,404	76,076	63,328	5.2	205.2	12.4
1990	32,125	155,558	86,051	69,507	4.8	325.7	5.8
1992	37,770	128,445	66,160	62,285	3.4	290.6	-8.7
1994	37,719	127,783	65,438	62,345	3.4	289.0	-0.3
1996	39,291	131,306	67,208	64,098	3.3	296.2	1.4
1998	41,915	136,910	70,012	66,898	3.3	307.1	2.1
2000	42,670	138,097	70,449	67,648	3.2	309.6	0.4
2001	43,176	138,468	70,634	67,834	3.2	310.4	0.1

자료: 광양군, 동광양시, 광양시, 『통계연보』, 각 년도.

11,255명이 증가하였다. 인구증가가 주로 1990년 이전에 집중된 것은 전술한 것과 같이 광양제철소의 건설사업, 동광양 지역의 신시가지 조성, 그리고 택지개발 등과 관련이 깊다.

그러나 광양지역의 인구는 1990년을 정점으로 1991년에 급격히 감소하였다. 1991년 1년 동안에 전체 인구의 22.8%에 해당하는 2만 8,878명이 감소하였다. 이는 전국적으로 인구통계의 조사가 1991년 이전에는 상주 인구조사인 반면, 1991년부터는 주민등록 조사로 변경된 요인도 있지만, 1992년 광양제철소 제4기 종합준공을 앞두고 건설경기가 일단락되면서 건설 근로자들이 다른 지역으로 유출되었기 때문이다. 1990년에서 1991년의 급격한 인구감소는 광양제철소의 종합준공에 따른 건설 관련 인구의 이출과 직접적인 관련이 있는 것으로 판단된다.

1981년부터 2000년까지 20년 동안 광양지역 인구추이에서 인구증감의 요인을 분석하기 위하여 자연적 증가와 사회적 증가로 구분해서 살펴본 결과, 자연증가율에 의한 인구증가는 1만 5,646명인 반면, 타 지역으로부터의

〈그림 6-1〉 **광양지역 인구변화 추이**(1981~2001)

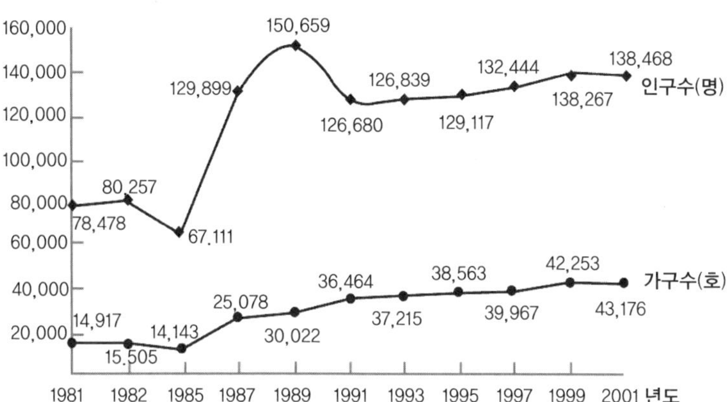

전입을 포함한 사회적 증가는 4만 3,816명으로 조사되었다. 이는 광양제철소를 비롯한 협력회사와 연관단지 종사자 1만 7,240명의 약 2.54배에 해당되며, 구성인구를 보면 상업과 행정 등 서비스와 관련된 인구와 부양가족으로 추정된다.

2) 인구이동의 특징

1981년부터 2001년까지의 광양지역 인구이동을 전출자와 전입자로 구분하여 분석해 보면, 지난 21년 동안 광양지역에서 전출한 총인구수는 33만 6,684명이고, 전입한 총인구수는 33만 3,057명으로 추계되었다. 광양지역의 인구는 지난 1981년 이후 꾸준히 증가하였고, 이러한 인구증가는 주로 전입인구에 의한 사회적 증가에 기인한 것으로 나타났다(<그림 6-2> 참조).

특히 광양지역의 전입인구는 1987년부터 1991년까지 지속적으로 증가하였고, 1989년(2만 6,353명)에 가장 많은 증가를 나타냈다. 이러한 특징은 광양

〈그림 6-2〉 광양지역 전입인구와 전출인구의 변화(1981~2001)

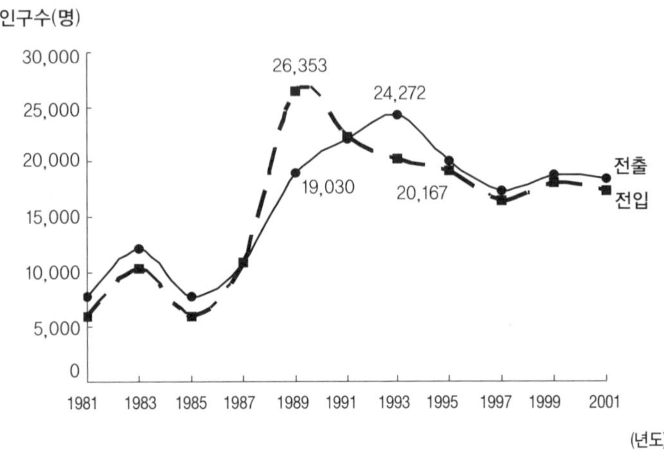

제철소의 건설 및 준공과 밀접한 관련이 있다. 1989년은 광양제철소 제3 냉연공장이 준공된 시기로 광양제철소의 생산시설이 증가함에 따라 제철소 고용인구 및 관련 인구의 증가로 전입인구가 급격히 늘어난 것으로 추정된다. 전출인구보다 전입인구가 상대적으로 많은 전입초과의 시기는 1986년(+3,146명), 1989년(+7,323명), 1990년(+2,992명), 1991년(+281명), 1994년(+1,432명), 1996년(+104명), 1998년(+2,790명) 등으로 분석되었다.

전입자와 전출자의 규모는 연도에 따라 약간씩 상이했지만, 인구이동의 경향은 대략 세 가지 패턴을 나타냈다(<그림 6-2> 참조). 즉 1981년부터 1988년까지의 전출인구 우세기, 1989년부터 1994년까지의 전입인구 우세기, 1995년 이후의 전입·전출인구가 서로 비슷한 복합기가 그것이다. 전체적으로 보면 1980년대 후반까지는 전출초과 현상이, 1980년대 후반과 1990년대 초반에는 전입초과 현상이 나타났는데, 특히 1989~1994년의 전입인구 초과 현상이 지역인구 증가에 결정적인 영향을 미쳤다.

3) 연령별 인구구조의 변화

광양지역의 연령별 인구수의 변화는 가구수 및 인구수에 비해 그 특징이 뚜렷하지 않다(<표 6-2> 참조). 전체적으로 보면, 0~14세의 연령집단은 1986년 전체의 27.4%에서 1997년 26.7%, 그리고 2001년 26.4%로 완만하게 감소하였다. 15~64세의 연령집단 또한 1986년 67.6%, 1997년 67.1%, 2001년 66.6%로 감소하고 있다. 특히 1986년 67.6%에서 1993년 64.4%로 크게 감소한 것은 1991년의 인구감소, 즉 광양제철소 준공 이후 건설 인력과 관련된 유동인구의 사회적 이동에 의한 결과이다.

연령별 인구구성에서 0~14세, 15~64세 연령집단의 지속적인 감소와는 달리 65세 이상의 노령인구는 꾸준히 증가하고 있다. 노령인구의 증가는 전남의 농촌지역에서 나타나는 일반적인 현상이지만, 전남의 다른 시·군에 비하면 광양지역의 노령인구 비율은 그렇게 높은 편은 아니다.

〈표 6-2〉 **연령별 인구구조 변화**(1986~2001)

(단위: 명, %)

구 분	1986	1993	1997	2001
0~14세	30,630(27.4)	35,605(27.4)	35,701(26.7)	36,482(26.4)
15~64세	81,101(67.6)	83,622(64.4)	88,402(67.1)	92,034(66.6)
65세 이상	5,604(5.0)	10,562(8.2)	8,185(6.2)	9,722(7.0)
총계	111,731(100.0)	129,789(100.0)	132,288(100.0)	138,238(100.0)

자료: 광양군, 동광양시, 광양시, 『통계연보』, 각 년도.
주: 외국인은 제외한 수치다.

3. 지역별 인구와 인구구조 변화

2001년 말 광양시의 인구를 광양읍, 동광양지역,10) 그리고 면부(面部)지역으로 구분하여 살펴보면, 광양읍에는 전체 인구의 29.4%인 4만 701명이 거주하고 있고, 동광양지역에는 전체의 54.1%인 7만 4,956명, 그리고 면부지역에는 2만 2,811명인 16.5%가 거주하고 있다(<표 6-3> 참조). 지역별 인구변화는 1981년 이후 커다란 차이가 있다. 광양지역에서 광양읍이 차지하는 인구의 비율은 1981년 31.6%에서 1991년 33.6%로 증가하였고, 2001년에는 29.4%로 감소하였다. 반면에 동광양지역의 인구비율은 1991년 5만 2,492명(41.5%)에서 2001년 7만 4,956명(54.1%)으로 크게 증가하였다.

옥룡면과 봉강면을 비롯한 면지역의 인구는 1981년 5만 3,699명(68.4%)에서 1991년 3만 1,580명(24.9%), 2001년 2만 2,811명(16.5%)으로 감소하였다. 면부지역의 지속적인 인구감소는 인구의 노령화, 농촌인구의 도시로의 이주 등에 기인한다. 전체적으로 보면, 광양제철소를 비롯한 동광양지역의 개발이 시작되기 전인 1981년에는 광양읍에 가장 많은 인구가 분포했지만, 1991년부터는 동광양지역의 인구분포가 가장 많아 광양지역의 인구 중심(重心)이 광양읍에서 동광양으로 이동했음을 알 수 있다. 이러한 인구분포의 변화는 동광양지역의 발전과 관련이 깊다.

가구수의 분포를 읍·면·동별로 구분하여 살펴보면, 광양읍의 가구수는 1981년 4,882세대, 1991년 1만 1,295세대, 2001년 1만 3,004세대로 1981년 이후 계속 증가하였다. 동광양지역은 1991년 1만 7,223세대에서 2001년 2만 2,428세대로 증가하였다. 한편 면지역은 1981년 1만 35세대에서 1991년 7,946세대, 2001년 7,744세대로 지속적으로 감소하였다. 인구수의 분포와 마찬가지로 동광양지역에 전체의 54.1%에 해당하는 세대가 거주하여 가장

10) 동광양지역은 현재의 광양시 행정구역에서 골약동, 중마동, 광영동, 태인동, 금당동 등을 포함하는 동부지역을 의미한다.

〈표 6-3〉 읍·면·동부 지역의 가구와 인구변화(1981~2001)

(단위: 명, %)

구분	지역	1981	1991	2001
가구수	동광양지역	-	17,223(47.2)	22,428(52.0)
	광양읍지역	4,882(32.7)	11,295(31.0)	13,004(30.0)
	면지역	10,035(67.3)	7,946(21.8)	7,744(18.0)
	합계	14,917(100.0)	36,464(100.0)	43,176(100.0)
인구수	동광양지역	-	52,492(41.5)	74,956(54.1)
	광양읍지역	24,779(31.6)	42,608(33.6)	40,701(29.4)
	면지역	53,699(68.4)	31,580(24.9)	22,811(16.5)
	합계	78,478(100.0)	126,680(100.0)	138,468(100.0)

자료: 광양군, 동광양시, 광양시, 『통계연보』, 각 년도.

높은 비율을 차지하였다.

1) 광양읍의 인구변화

광양제철소가 입지한 동광양지역이 개발되기 전까지 광양읍은 광양지역의 행정과 문화, 그리고 경제의 중심지 기능을 수행하였다. 그러나 동광양지역 중심의 신도시 개발, 광양시청의 이동, 광양시 경제의 동광양지역으로의 이동 등으로 광양읍이 수행했던 중심지적 기능 또한 동광양지역으로 이전되면서 인구와 가구의 성장도 둔화되었다.

광양읍의 인구는 1981년 이후 꾸준히 증가하였다. 그러나 광양읍의 인구는 1990년을 정점으로 전반기에는 성장한 반면, 후반기에는 감소와 성장의 둔화 및 정체를 나타냈다. 이러한 인구수 변화와 함께 광양지역에서 광양읍이 차지하는 인구비율 또한 변화했는데, 1981년을 기준으로 2001년의 비중은 32.7%에서 30.0%로 감소하였다(<표 6-4> 참조).

〈표 6-4〉 **광양읍의 가구수와 인구수 변화**(1981~2001)

구 분	1981	1985	1990	1991	1995	2001
가구수(A)	4,882	6,399	11,272	11,295	11,560	13,004
A/C(%)	32.7	33.4	35.1	31.0	30.0	30.0
인구수(B)	24,779	29,207	47,499	42,608	39,934	40,701
B/D(%)	31.6	32.2	30.1	33.6	31.3	29.4
총가구수(C)	14,917	19,159	32,125	36,464	38,563	43,176
총인구수(D)	78,478	90,797	155,558	126,680	129,177	138,468

자료: 광양군, 동광양시, 광양시, 『통계연보』, 각 년도.

광양읍은 광양제철소 입지과정 초기에 광양제철소 배후 도시로서의 역할을 수행하면서 1980년대에는 급격한 인구증가를 보였다. 특히 광양읍은 1981~1990년 동안 광양체철소 관련 인구와 서비스업 종사자들의 급격한 유입으로 2배 이상의 인구증가를 보였고, 1990년에는 4만 7,499명이 거주하여 가장 많은 인구를 기록했다. 그러나 1991년의 인구급감 현상으로 광양읍에서도 4,891명이 감소하였다. 1991년 이후 동광양지역의 지속적인 인구증가 현상과는 대조적으로 1990년대 초반에는 인구가 지속적으로 감소하였다. 그러나 1995년 이후 완만한 증가를 보이면서 전체적으로 정체현상을 보이고 있다. 이는 동광양지역 중심의 도시개발정책에 기인하며 광양읍이 제철소의 2단계 배후도시로 발전하기를 희망했던 광양읍지역 주민들의 기대에 부응하지 못하고 있음을 나타낸다.

반면에 광양읍의 가구수는 1981년 이후 계속 증가하였다. 그러나 가구수는 증가하지만, 광양시 전체에서 차지하는 비중은 1981년 32.7%에서 2001년 30.0%로 감소하였다. 인구수와 마찬가지로 광양읍의 가구수도 1990년에는 광양시 전체의 35.1%를 차지하였지만, 그 이후에는 감소하였다. 1981년 이후 가구수는 증가하지만, 광양시에서 차지하는 비중이 감소하는 주요 이유는 세대당 인구가 계속 감소하기 때문이다. 즉 1991년 가구당 3.8명에서

광양시 광양읍

2001년에는 3.1명으로 감소한 것이 이를 증명하고 있다.

2) 동광양지역의 인구변화

동광양지역의 가구수와 인구수는 1981년 이후 계속 증가하였고 광양지역 중에서 인구변화가 가장 빠르게 나타난 지역에 해당한다. 동광양지역은 광양제철소의 건설, 신시가지의 조성, 대규모 택지개발 사업, 그리고 광양컨테이너부두의 건설공사 등으로 가구수와 인구수가 증가했기 때문이다. 이러한 대규모 지역개발 사업의 영향으로 광양읍과 면부지역에서뿐만 아니라 타 시·군에서 동광양지역으로 인구가 전입하여 동광양지역의 인구는 크게 증가하였다(<표 6-5> 참조).

동광양지역에는 광양제철소와 연관단지가 입지해 있기 때문에 제철소 입지 및 건설 과정에 따라 급격한 인구변화가 나타났다. 제철소의 입지가 확정된 1981년 말 1만 3,078명이었던 인구수는 1982년 2월 도로개설을 위한 기반공사가 시작되면서 1년 만에 1,000여 명이 증가하였다. 그리고 제철소 부지 조성사업에 따른 금호도 이주대상 주민 304세대가 이주단지인 옥곡

광양시 중마동 일대 동광양지역

면 광영지구로 집단이주를 완료한 1983년에는 1,700여 명이 일시적으로 감소하였다.

1985년부터 제철소 건설공사가 본격적으로 시행되고 광양제철소 임직원들의 이주, 연관단지 조성 등이 이루어지면서 광양지역의 인구는 1984년 1만 2,561명에서 1990년 7만 118명으로 6년 동안 연평균 76.4%의 폭발적인 인구증가율을 나타냈으며, 특히 상주인구가 대폭 증가하였다. 반면에 1991년 한 해 동안에는 1만 7,626명이 감소하여 광양시 전체 감소인구의 61.0%를 차지했다. 이러한 현상은 동광양지역의 인구가 당시 광양지역 전체 인구의 41.4%에 불과했던 점으로 미루어보아 이 지역이 건설 근로자의 유출로 가장 큰 영향을 받았던 것으로 분석된다.

1992년부터 2000년의 기간 동안은 연평균 4.9%의 높은 인구성장률을 보였고, 인구가 급격히 증가하여 광양읍지역의 정체현상과 면부지역의 감소추세를 크게 상쇄시켰다. 이 시기에 동광양지역은 광양시 전체 인구의 완

〈표 6-5〉 **동광양지역의 동별 인구변화**(1981~2001)

(단위: 호, 명)

구분		1981	1985	1988	1990	1995	1998	2001
골약면	가구수	2,269 (15.2)	2,114 (11.0)	- -	- -	- -	- -	- -
	인구수	13,211 (16.7)	10,524 (11.6)	- -	- -	- -	- -	- -
태금면	가구수	- -	1,198 (6.3)	- -	- -	- -	- -	- -
	인구수	- -	5,741 (6.3)	- -	- -	- -	- -	- -
골약동	가구수	- -	- -	1,276 (4.7)	1,288 (4.0)	1,265 (3.4)	1,151 (2.6)	1,043 (2.4)
	인구수	- -	- -	7,465 (5.4)	7,553 (4.9)	4,382 (3.9)	3,617 (2.6)	3,031 (2.2)
중마동	가구수	- -	- -	1,441 (5.4)	2,355 (7.3)	5,004 (13.1)	7,786 (18.6)	9,915 (23.0)
	인구수	- -	- -	11,267 (8.1)	13,312 (8.6)	10,257 (8.2)	25,517 (18.6)	33,534 (24.2)
광영동	가구수	- -	1,704 (8.9)	2,932 (10.9)	3,908 (12.2)	5,403 (14.0)	5,530 (13.1)	4,888 (11.3)
	인구수	- -	7,421 (8.2)	13,387 (9.6)	18,695 (12.0)	16,995 (13.6)	17,411 (12.7)	15,053 (10.9)
태인동	가구수	- -	- -	1,129 (4.2)	1,683 (5.2)	1,239 (3.2)	1,302 (3.1)	1,127 (2.6)
	인구수	- -	- -	8,571 (6.1)	9,640 (6.2)	4,293 (3.8)	4,161 (3.0)	3,477 (2.5)
금당동	가구수	- -	- -	3,014 (11.2)	3,830 (11.9)	6,352 (16.5)	5,886 (13.9)	5,455 (12.7)
	인구수	- -	- -	20,545 (14.7)	20,918 (13.4)	20,429 (16.2)	20,775 (15.2)	19,861 (14.4)

자료: 광양군, 동광양시, 광양시, 『통계연보』, 각 년도.
주: 괄호 안은 전체 인구에서 차지하는 비율(%)이다.

만한 상승을 주도했다. 이는 광양제철소가 준공된 이후 1995년 도·농통합 도시의 새로운 청사가 동광양지역으로 이전되고 동광양 중심의 도시개발

정책이 시행됨에 따라 도시기반시설이 확충되었기 때문이다.

또한 도시화가 안정되면서 외부 지역으로부터의 유입인구가 늘어났고, 광양읍과 면단위 지역으로부터의 인구유입 역시 큰 몫을 차지한 것으로 분석된다. 그리고 1997년 컨테이너부두의 1단계 준공과 계속되는 건설과정도 인구유입을 가속화시켰다.

한편 동광양지역의 새로운 중심 시가지로 기능하고 있는 중마동의 경우, 가구수는 1988년 1,441세대에서 2001년 9,915세대로 약 7배 정도 증가하였다. 특히 1990년 이후 세대수가 급증하였는데, 이러한 배경은 중마동 중심의 대규모 택지개발 사업, 광양시청 이전과 관련이 깊다. 인구수 또한 1988년 1만 1,267명에서 2001년 3만 3,534명으로 약 3배의 증가가 나타났다. 현재 중마동이 광양시 전체 인구에서 차지하는 비율은 약 24.2%로 광양읍에 이어 2위를 차지하고 있다.

3) 면부(面部)지역의 인구변화

광양시에서 인구와 가구수가 지속적으로 감소하는 지역은 광양읍과 동광양지역을 제외한 면부지역에 해당한다. 광양시의 면부지역 인구는 1980년 이후 지속적인 감소현상을 보이고 있으며 이는 전남의 여타 지역과 유사한 이촌향도 현상으로 분석된다. 면단위 지역에서 다른 지역으로 전출한 사람들의 약 70% 정도는 전남지역으로 이동하였고, 특히 순천시와 동광양지역으로의 이동이 많은 것으로 분석되었다.

1981년 이후 지난 20년 동안 면부지역의 인구변화에서 나타난 가장 큰 특징은 가구수에서는 커다란 변화가 없는 반면, 인구수는 모든 면부지역에서 전체적으로 감소했다는 점이다. 면지역의 이러한 변화는 세대당 인구수가 감소했다는 것을 의미한다. 즉 유소년 및 청장년층에 해당하는 인구는 지속적으로 도시로 이출한 반면, 노령인구는 계속해서 세대를 구성하며 잔

존하기 때문에 가구수에서는 유의미한 변화를 찾을 수 없다. 오히려 봉강면, 옥곡면, 진상면은 1981년보다 2001년의 가구수가 상대적으로 많은 것이 특징이다.

1981년부터 20년 동안 광양시의 모든 면부지역에서는 인구감소를 경험했다. 1981년 인구수를 기준으로 인구감소율을 살펴보면, 다압면이 가장 많은 53.0%가 감소하였고, 옥룡면 48.3%, 진월면 46.1%, 진상면 41.7%, 봉강면 39.3%, 옥곡면 34.8%의 순서로 나타났으며, 다른 면에 비해 옥곡면의 인구는 상대적으로 적게 감소한 것이 특징이다. 광양제철소의 입지로 광양지역의 인구는 전체적으로 증가하였지만, 지역 내 면부지역의 인구는 광양읍 및 동광양지역과는 상이하게 지속적인 인구감소를 보였다. 이러한 현상은 면부지역의 인구가 다른 시·군으로 전출한 영향도 있지만, 광양읍과 신도시에 해당하는 동광양지역 내의 인구이동도 영향을 미쳤기 때문이다. 그리고 면부지역의 인구감소는 광양지역의 산업구조 변화와 관계없이 계속될 것으로 예상된다.

4. 맺음말

이 장에서는 우리나라의 대표적인 기업도시에 해당하는 광양시를 사례로 광양제철소의 입지와 지역의 인구변화 간의 관계를 분석하였다. 이를 위해 1980년부터 2001년까지로 한정하여 광양지역에서 나타난 인구와 인구구조의 변화를 고찰하였다.

광양지역은 1980년대 중반까지 전형적인 농어촌이었다. 그러나 1987년 광양제철소 제1기 공사가 준공된 이후, 전입인구의 증가와 관련된 공단의 건설 등으로 도시화와 공업화가 빠르게 진행된 우리나라의 대표적인 신흥공업도시에 해당한다.

광양제철소의 입지는 1980년 이후의 광양지역 인구변화에 커다란 영향을 미쳤다. 1981년 광양지역의 인구수는 7만 8,478명이었으나 1990년 15만 5,558명으로 크게 증가하였고, 2001년 13만 8,468명으로 지난 20년 동안 인구는 꾸준히 증가하였다. 가구수 또한 1981년 1만 4,917호에서 1990년 3만 2,125호로 증가하였고, 2001년에는 4만 3,176호가 되었다. 특히 1985년부터 1989년 사이에 인구가 가장 많이 증가하였는데, 이러한 인구와 가구수의 증가는 광양제철소의 건설 및 입지 과정과 관련이 깊다.

광양지역의 인구성장은 전입인구에 의한 사회적 증가에 의해 주도되었다. 전입인구의 증가는 1987년부터 1991년 사이에 가장 현저하게 나타났고, 1991년 이후에는 전입인구와 전출인구가 거의 비슷한 수준을 유지하였다. 이러한 인구이동의 영향으로 광양지역은 다른 중소 도시에 비해 청장년층의 인구비중이 상대적으로 많고, 65세 이상 노령인구의 비율은 낮았으며, 공업도시의 인구적 속성을 그대로 반영하고 있다.

광양지역 내의 인구변화에 나타난 특징을 종합하면, 광양제철소가 입지한 동광양지역에서 인구증가가 뚜렷하게 나타났다. 즉 1981년 당시 동광양지역의 인구는 1만 3,211명이었으나 1991년 5만 2,492명으로 증가하였고, 2001년에는 7만 4,956명으로 크게 증가하여 광양시 전체 인구의 약 54.1%를 차지하고 있다. 반면에 광양제철소가 건설되기 전까지 광양지역의 중심지 기능을 수행한 광양읍의 인구비중은 감소하였고, 광양지역의 중심지 또한 광양읍에서 동광양지역으로 이동하였다.

1982년 광양제철소의 건설 후보지가 광양지역으로 결정된 이후, 지난 20년 동안 광양제철소의 입지와 기업활동은 광양지역의 성장에 커다란 영향을 미쳤다. 특히 광양제철소의 기업활동에 의해 광양지역의 인구는 약 8만 명에서 약 14만 명으로 증가하였다. 지역의 인구와 인구구조의 변화뿐만 아니라 광양제철소의 입지로 인해 지역경제의 구조변화, 도시구조의 개편, 도시경관의 변화도 나타났다. 또한 광양제철소는 광양지역의 변화와 발전

뿐만 아니라 순천시를 포함한 광양만권의 지역발전을 주도하는 선도기업으로 기능하고 있다.

이 장에서는 특정 기업 및 공장의 입지에 의해 나타나는 단위지역의 변화를 인구변화에 국한하여 고찰하였다. 그러나 이 장에서는 광양제철소의 건설 및 입지 과정, 기업규모의 변화 등에 따른 지역인구 변화 간의 관련성을 명확하게 규명하는 데 미흡하였다.

제7장

광양만권 공업화에 의한 순천지역의 변화

역사적으로 전남의 동부지역에서 지방행정, 경제, 문화의 중심지적 기능을 수행하면서 성장한 도시가 바로 순천시이다. 특히 순천지역은 광양만권에서 행해진 대규모 지역개발 사업인 1970년대의 여천석유화학단지 조성, 1980년대의 광양제철소 준공, 그리고 2000년대의 광양컨테이너부두의 개항과 광양만권 경제자유구역의 지정 등으로 가장 큰 지역성장효과를 경험하였다.

순천시가 광양만권 공업화 과정에서 도시성장효과를 누릴 수 있었던 주요 배경은 순천시가 가진 교통의 결절성, 교육·상업·서비스 중심의 중심지적 기능의 존재, 쾌적하고 안정된 주거환경의 제공 등 다양하다. 실제로 광양만권 공업화 과정에서 순천지역은 광양과 여수를 포함한 주변지역 및 외부지역에서 들어온 전입인구 때문에 뚜렷한 인구증가를 나타냈고, 순천시가 가진 교육, 의료, 상업 및 서비스 등의 도시기능을 바탕으로 광양만권의 중핵적 기능을 수행하고 있다. 이런 측면을 고려하여, 이 장에서는 광양만권 공업화로 인해 나타난 순천지역의 인구성장과 산업구조 변화, 그리고 순천시의 도시세력권 변화 등을 정리하였다.

1. 순천지역 인구변화와 특징

1) 지역의 인구변화

순천시의 인구규모는 현재 약 27만 명으로 전라남도에서 두 번째로 많은 인구를 보유하고 있고, 전국적인 수준과 비교하면, 중규모의 인구규모라 할 수 있다. 순천시의 인구는 승주군과 통합한 이후 2001년까지 꾸준히 상승하였으나, 2001년 이후 인구성장이 둔화되고 있다. 1994년부터 2003년까지 인구증가율은 11.7%이며 연평균 1.7%의 저성장 추세를 보였다.

순천시 가구수 변화를 살펴보면, 1980년부터 2003년까지 4만 4,881가구가 증가하였고, 1994년 이후에는 2만 709가구가 증가하였다. 이는 기존 가구의 30.6%에 해당하는 수치로 연평균 3.4%씩 증가한 것이다.

순천지역의 읍·면·동별 인구변화는 승주군과의 통합 전후로 구분하여 살펴보면 다음과 같다. 승주군의 경우, 1980년 12만 3,778명에서 1993년 7만 5,321명으로 4만 8,457명(39.1%)이 감소했으며 연평균 -2.7%를 나타냈다. 1993년까지 승주읍은 1만 648명에서 6,071명으로, 주암면은 1만 4,622에서 7,757명으로, 송광면은 1만 392명에서 3,319명으로 낙안면은 1만 1,277명에서 6,330명으로 대체로 인구 감소폭이 크게 나타났다. 그러나 여수지역과 인접해 있는 해룡면은 1만 5,822명에서 1만 3,211명으로 줄어들어 상대적으로 인구 감소폭이 적었으며 승주군에서 제일 높은 인구분포를 나타냈다. 전술한 지역의 가구수는 인구수에 비해서 감소폭이 적게 나타나는 것으로 볼 때 젊은 층의 인구유출이 많았음을 시사하고 있다.

구순천시는 1985년 인구 12만 1,933명에서 1993년 16만 1,041명으로 3만 9,108명이 증가하였으며, 가구수 역시 2만 6,630에서 4만 4,082가구로 증가하면서 전체적으로 도시규모가 성장했음을 알 수 있다. 동별로 살펴보면 덕연동은 2만 5,273명으로 1985년에 비해 1만 4,248명, 4,000가구 이상 증가

순천시 도시경관

하면서 가장 큰 폭의 성장세를 나타내었다. 다음으로 남제동, 삼산동, 왕조동, 풍덕동 역시 인구가 증가하였다. 반면 구도심에 해당하는 매곡동과 중앙동은 1985년에 비해 인구와 가구수가 오히려 감소하였다.

순천시와 승주군이 통합된 이후 동·읍·면별 특징을 살펴보면, 가장 큰 변화를 보인 곳은 왕조동이다. 이곳은 1994년 6,000가구에서 1997년 1만 3,321가구, 2003년 1만 5,939가구로 급격하게 증가하였으며, 또한 인구수도 1994년 2만 479명에서 1997년 4만 3,377명, 2002년에는 5만 2,794명으로 각각 증가하였다. 그리하여 2003년에는 순천에서 유일하게 왕조 1·2동으로 분할되었다. 승주군 지역이던 해룡면은 1994년 3,729가구 1만 3,623명에서

〈표 7-1〉 순천지역의 가구수와 인구수 변화(1980~2003)

구 분	1980	1985	1990	1995	2000	2003
가구수	43,445	48,496	58,708	71,803	83,955	88,326
인구수	238,001	245,154	271,597	251,316	270,698	270,574

자료: 순천시, 『통계연보』, 각 년도.

위 | **순천시의 구도심지구** 현재 중앙동 일대
아래 | **순천시의 신시가지 개발지구** 현재 연향동 일대

1997년 6,077가구 2만 703명, 2003년 8,183가구 2만 6,590명으로 빠른 증가를 보였다. 이는 순천시에서 주도한 대규모 택지개발 사업의 영향으로 파악된다. 또한 덕연동, 삼산동, 남제동, 풍덕동 등은 큰 성장폭은 아니었으나 인구가 밀집되는 경향을 보였다. 반면에 승주군에 속했던 농촌지역인 승주읍, 주암면, 송광면 등은 인구가 지속적으로 감소하였으며, 순천시내에서도 남제동, 저전동, 장천동, 중앙동, 매곡동 등은 지속적으로 인구가 감소하는 경향을 보였다.

전체적으로 볼 때, 순천지역의 인구변화는 광양만권 공업화의 직접적인 영향이며, 전입인구의 증가로 설명될 수 있다. 왕조동과 해룡면의 경우 광양만권 공업화의 직접적인 영향을 받은 지역으로, 이들 지역에서 인구가 증가한 것은 광양과 여수지역, 그리고 순천시내에서의 전입인구가 증가했기 때문이다. 특히 광양과 여수지역으로의 접근이 상대적으로 유리한 왕조동의 인구증가는 연향 및 금당 지구의 택지개발과 대규모 아파트 단지의 건설과 직접적인 관련이 있다.

2) 인구이동

광양만권 공업화로 지역성장의 파급효과가 나타나기 시작한 1980년 이후 순천시의 인구는 꾸준히 증가하였다. 그리고 이런 인구증가는 전출과 전입을 포함한 인구이동에서도 그대로 나타났다. 따라서 순천시 인구성장의 요인을 파악하기 위해 인구이동의 특징을 1990년부터 2003년까지 14년 동안을 분석하였다.

1990년부터 2003년까지의 총이동의 특징을 살펴보면(<표 7-2> 참조), 전출인구(67만 994명)보다는 전입인구(68만 1,161명) 초과 현상을 나타냈다. 그래서 순천시의 인구증가는 외부지역에서 이주한 전입인구에 의해 발생한 것으로 해석할 수 있다. 그러나 전출과 전입인구는 시기별로 약간의 차이를 나타냈다. 1993년부터 1997년까지의 기간과 1999년부터 2000년까지의 기간에는 전출보다도 전입인구가 많은 전입초과 현상을 나타낸 시기였다. 그러나 2001년 이후에는 전입보다도 전출인구가 많은 것이 특징이다.

시·도 내 이동과 시·도 간 이동으로 구분하여 인구이동의 특징을 살펴보면, 시·도 내의 이동에서는 1990년 이후 2003년까지 전출보다는 전입인구가 상대적으로 많은 비율을 차지하였다. 반면에 시·도 간 인구이동에서는 1995년부터 1997년까지의 3년 동안을 제외하면 전출인구가 전입인구보다 상대적으로 많은 특징을 보이고 있다.

시·도 내 이동 및 시·도 간 이동에서 인구이동의 특징이 다른 직접적인

〈표 7-2〉 **순천지역 인구이동 추이**(1990~2003)

구분	총이동		시·도 내		시·도 간	
	전입인구	전출인구	전입인구	전출인구	전입인구	전출인구
1990	46,464	46,697	34,454	26,055	11,315	14,569
1991	43,328	43,873	28,749	24,956	11,024	13,220
1992	47,051	48,868	33,502	30,631	10,043	12,853
1993	48,750	47,423	33,508	30,130	10,718	12,628
1994	44,563	41,387	33,895	30,391	10,668	11,006
1995	56,962	49,910	44,469	38,391	12,493	11,519
1996	46,953	42,838	34,261	26,442	12,679	11,962
1997	49,010	45,139	36,223	32,807	12,787	12,332
1998	48,824	48,856	36,311	36,192	12,513	12,664
1999	53,300	53,967	40,584	39,663	12,716	14,304
2000	49,739	49,637	11,787	9,402	11,481	13,656
2001	49,950	50,304	11,830	9,277	11,097	13,979
2002	48,686	52,129	38,034	37,400	10,652	14,729
2003	47,581	49,966	36,976	35,089	10,605	14,877
합계	681,161	670,994	454,583	406,826	160,791	184,298

자료: 순천시, 『통계연보』, 각 년도.

이유는 순천시의 인구증가에는 다른 시·도로부터의 전입인구보다는 광양만권 내에서 순천지역으로 이동하는 전입인구에 의해 인구성장이 주도되고 있다는 것을 의미한다. 실제로 광양만권 공업화, 특히 광양제철소의 준공과 본격적인 생산활동이 행해진 1990년대 중반까지는 시·도 내 인구이동에서 전출보다도 전입인구가 월등히 높은 추세를 보였다. 1990년부터 1997년까지는 매년 3,000명에서 5,000명 정도의 전입인구 초과 현상을 나타냈다.

따라서 순천시의 인구이동에서 나타난 특징을 종합하면, 순천시는 1990년 이후 전입인구 초과로 지역인구가 증가하였으며, 광양만권을 포함한 전남지역 내 인구의 순천지역으로의 전입에 의해 인구가 늘어났다고 설명할 수 있다. 특히 순천의 신도심지구에 해당하는 연향 및 금당 지구의 대규모 택지개발과 신도시 개발, 그리고 순천이 가지고 있는 교육·상업·교통 부문의 중심지적 속성이 광양만권에 거주하는 인구를 순천지역으로 전입시키는 계기를 제공하였다.

2. 순천지역 경제구조의 변화

1) 사업체의 업종별 변화

순천지역은 광양만권에서 중심도시의 기능을 수행하고 있다. 주변도시와 기능을 비교할 때, 순천시는 광양만권의 배후도시로서 중핵기능을 수행하고 있는데, 이는 광양만권의 중심지로서 교육·행정·문화·주거 기능 등에 기반을 둔 것이다.

2003년 현재 순천시는 총사업체수 1만 6,582개소와 종사자 6만 6,654명을 나타내고 있다. 이는 1996년에 비해 사업체수 1,601개소와 종사자 1만 91명이 증가된 것이며, 성장의 주요 분야는 서비스업으로 나타났다. 서비스업은 1996년에 비해 사업체수 1,303개소와 종사자수 5,883명이 증가하였다. 순천지역의 제조업은 1996년 사업체수 1,083개소에서 2003년 947개로, 종업자수는 77명이 감소하면서 전체적으로 성장하지 못하고 있음을 보여준다.

순천시의 광업 및 제조업 현황을 살펴보면, 사업체수는 137개소로 인구규모가 훨씬 못 미치는 광양시 151개소에 비해서도 적으며, 전남지역 전체의 5.3%에 해당하는 매우 낮은 수치를 나타내고 있다. 광업 및 제조업 부문의 생산액은 1조 5,000억 원이며 이는 전남의 3.6%에 해당하고, 여수의 59.8%에 비해 매우 낮은 수준이다. 이는 대규모 산업단지가 없으며, 기대를 모았던 율촌 1·2산업단지의 조성과 입주가 부진하여 순천지역의 공업발달

〈표 7-3〉 순천지역 업종별 사업체수와 종사자수의 변화(1996~2003)

구 분	1996		1998		2000		2003	
	사업체수	종업자수	사업체수	종업자수	사업체수	종업자수	사업체수	종업자수
합계	14,981	56,563	15,814	55,907	16,748	63,012	16,582	66,654
농림·수산업	4	61	12	80	23	194	21	229
어업	1	3	-	-	-	-	-	-
광업	8	92	7	77	6	49	5	35
제조업	1,083	4,799	948	3,876	960	4,640	947	4,722
전기·가스·수도	9	376	12	306	14	340	16	466
건설업	352	3,613	376	2,785	399	3,933	377	2,748
도·소매업	5,467	13,872	5,582	13,743	5,368	14,187	5,300	13,478
숙박·음식업	3,406	7,327	3,799	8,073	3,890	9,005	3,785	9,417
운수·통신업	883	4,680	953	4,055	1,138	4,697	1,017	5,150
금융·보험	258	4,623	245	3,963	221	3,552	211	3,454
서비스업	3,510	17,117	3,880	18,949	4,729	22,425	4,813	23,000

자료: 순천시, 『통계연보』, 각 년도.

을 이끌 만한 기반산업이 없기 때문으로 평가된다.

순천지역에 분포하는 전체 사업체 중에서 50명 미만의 사업체는 1만 6,461개소로 전체의 99.2%이며, 종사자수는 4만 9,219명으로 전체의 73.8%를 차지한다. 또한 전체 사업체 중에서 100명 미만의 사업체는 1만 6,546개소로 전체의 99.7%이며, 종사자수는 5만 5,039명으로 전체의 82.5%를 차지하여 대부분의 사업체가 영세한 규모이다. 이는 순천지역 역시 여수지역과 마찬가지로 지역에 입지한 제조업체가 대부분 중소 규모의 영세성을 띠고 있기 때문이다.

그리고 순천지역의 업종별 변화과정을 보면(<표 7-3> 참조), 농림·수산업, 전기·가스·수도, 건설업, 숙박·음식업, 운수·통신업에서 1996년 이후 꾸준한 성장세를 나타내고 있다. 반면에 제조업, 도·소매업, 금융·보험업, 서비스업 등은 오히려 사업체수 및 종사자수가 감소하는 경향을 보이고 있는 것이 특징이다. 특히 제조업의 경우, 사업체수와 종사자수에서 감소 또는 성장둔화 현상이 나타나고 있다. 그리고 순천시의 주요한 기능 중 하나인 도·소매업과 금융·보험업 등의 상업, 서비스업도 2001년을 정점으로 성장이 둔화되는 경향을 보이고 있다. 이런 경향은 향후 순천시의 인구변화와 밀접한 관련이 있다. 즉 지역인구의 성장세가 둔화되면서 관련 업종의 성장에 한계가 발생했기 때문이다. 그리고 광양만권의 발전에 따른 성장효과를 순천시가 견인하는 데 한계를 나타낸 것과 관련이 있다.

2) 지역의 고용구조 변화

순천시의 지역경제가 본격적으로 변화하기 시작한 것은 1980년대 중반 진행된 광양제철소 건설과 밀접한 관련을 가지고 있다(<표 7-4> 참조). 1981년 순천시의 총사업체수는 179개소, 고용자수는 4,119명에서 1996년에는 각각 429개소, 1만 2,876명으로 증가하면서 높은 고용성장률을 보였다. 1981년부터 1996년까지를 비교할 때, 1차 산업인 농림·수산업과 광업은 거의 변화가 없으며, 2차 산업 중에서 제조업과 건설업이 높은 고용성장률을 보였다. 3차 산업의 경우, 도·소매업 221%, 운수·창고업 96%, 금융업 212%, 서비스업 330%의 고용증가율을 나타냈다.

순천지역의 산업성장에서 산업 간 비중을 비교해 보면, 1981년 기준년도 당시 운수·창고업이 1,064명으로 전체 산업 중에서 26%를 차지하면서 가장 큰 비중을 보였으나, 비교년도 1996년 당시에는 전체 산업 중에서 16%를 차지하며 고용비율은 감소하였다.

금융업의 경우, 기준년도 당시 21%를 차지하고 있고, 비교년도에도 21%를 차지하면서 전체 산업 중에서 가장 큰 비중을 나타냈다. 가장 큰 고용증가를 보인 부문은 건설업으로서 1981년에는 전체 산업 중 59명으로 1%를 차지하였다. 그러나 비교년도에서는 1,789명으로 증가하여 전체의 14%를

〈표 7-4〉 **순천시 고용구조의 변화**(1981~1996)

구분	1981		1986		1991		1996	
	사업체 수	고용자 수	사업체 수	고용자 수	사업체 수	고용자 수	사업체 수	고용자 수
농림·수산업	1	1	1	1	1	1	2	33
광업	1	22	1	25	1	1	2	33
제조업	31	858	53	1,017	33	1,046	66	1,985
전기업	2	178	3	274	2	153	4	285
건설업	5	59	18	462	24	1,397	40	1,789
도·소매업	56	606	124	1,293	27	626	90	1,947
운수·창고업	24	1,064	22	1,430	22	1,701	45	2,088
금융업	37	850	46	903	52	1,573	133	2,650
서비스업	22	481	41	1,272	50	1,905	47	2,066
합계	179	4,119	309	6,677	212	8,403	429	12,876

자료: 노동청, 『사업체 노동실태조사 보고서』, 각 년도.

차지하여 가장 높은 고용자 증가율을 보였다.

3) 지역의 경제구조 변화

순천지역의 실질적인 고용변화를 통해 지역의 경제구조 변화를 파악하기 위하여 변이할당분석을 이용하였다. 산업별 고용인구를 이용하여 3개 기간(1981~1986, 1986~1991, 1991~1996)으로 구분하여 고용변화의 특징을 변이할당분석을 통해 살펴보았다.

제1기(1981~1986) 동안에는 <표 7-5>와 같이 전국할당성장효과가 총성장효과의 71.1%를 차지하고 있다. 이 시기에는 지역경쟁효과보다는 산업구조효과가 산업구조효과보다는 전국할당성장효과에 의해서 고용증가가 나타나고 있음을 알 수 있다. 산업구조효과에서는 운수·창고업, 서비스업, 금융업, 도·소매업 등이 비교적 큰 고용증가를, 제조업, 광업 등에서는 마

〈표 7-5〉 변이할당분석에 의한 순천지역의 성장효과 분석(1981~1996)

구분	총성장효과			
	1981~1986	1986~1991	1991~1996	1981~1996
농림·수산업	0	0	32	32
광업	3	24	32	11
제조업	159	29	939	1,127
전기업	96	-121	132	107
건설업	403	935	392	1,730
도·소매업	607	-667	1,321	1,261
운수·창고업	366	271	387	1,024
금융업	53	670	1,077	1,800
서비스업	791	633	161	1,585
합계	2,478.00	1,726.00	4,473.00	8,677.00

이너스 고용성장을 보였으며, 지역경쟁효과에서는 서비스업, 건설업, 도·소매업 등이 플러스 성장을, 금융업, 운수·창고업, 제조업 등이 마이너스 성장을 나타냈다.

제2기(1986~1991) 동안에는 총성장효과가 감소하여 제1기에 비하여 752명의 고용감소가 나타났다. 제2기 또한 지역경쟁효과나 산업구조효과보다 전국할당효과에 의해서 총성장효과가 주도되었다. 특히 지역경쟁효과는 전체적으로 -205.08을 보임으로써 마이너스 성장을 보였다.

제2기 동안에는 서비스업, 도·소매업 등이 마이너스 성장으로 전환되었다. 도·소매업 같은 경우 제1기 204에서 -893으로 크게 전환됨을 알 수 있다. 건설업은 꾸준히 증가하여 제1기 374에서 847로 지역경쟁효과를 주도하고 있다. 산업구조효과에서는 금융업, 서비스업이 각각 370과 387의 고용성장을 나타내 플러스 성장을 보여주고 있고, 나머지 산업 부문에서는 마이너스 성장을 하였다.

제3기(1991~1996) 동안에는 총성장효과가 4,473을 보임으로써 크게 증가하였다. 이 시기에는 지역경쟁효과와 산업구조효과 부문에서 큰 고용성장을 보이며 전국할당효과보다 높게 나타나 총성장효과를 주도하고 있다. 제2기와는 달리 지역경쟁효과는 1,725.87의 수치를 나타냄으로써 플러스 성장으로의 큰 전환이 있었음을 알 수 있다. 이는 제조업과 도·소매업이 각각 1,010과 913을 보임으로써 지역경쟁효과를 주도하고 있기 때문이다. 건설업의 경우 꾸준한 증가에서 이 시기에는 -248을 보임으로써 마이너스 성장을 하였다. 산업구조효과에서도 양적으로 높은 고용성장을 하였는데, 이는 금융업과 도·소매업, 건설업 부문에 의해 주도된 것을 알 수 있다. 반면, 서비스업과 제조업의 경우는 마이너스 고용성장을 하였다.

1981년에서 1996년까지 산업구조의 변화에 나타난 특징을 분석해 보면, 8,677명의 총고용성장효과를 나타내고 있다. 전국할당효과는 4,134명, 산업구조효과는 3,210명, 지역경쟁효과는 1,332명이다. 지역경쟁효과는 건설업이 1,637명으로 가장 크게 나타났고 제조업, 서비스업, 광업 순서로 플러스 성장을 나타내고, 금융업은 -1,392로 가장 큰 마이너스 성장을 보이고 운수·창고업, 도·소매업, 전기업 순서로 마이너스 성장을 나타내고 있다.

산업구조효과에서는 금융업이 고용성장을 주도하고 있고, 제조업, 광업, 농림·수산업, 전기업을 제외한 전 산업 부문에서 플러스 성장을 하고 있다. 총성장효과 측면에서 살펴볼 때, 금융업이 1,800명으로 가장 큰 폭으로 고용증가를 보였고, 건설업, 서비스업, 제조업, 도·소매업 순서로 고용증가 현상을 나타내고 있다. 1981년 이후 순천시의 지역경제 변화는 광양제철소를 비롯한 광양만권 공업화에 기인한 것으로 분석되었다.

3. 순천시의 도시세력권 특징

도시의 세력권이란 특정 도시가 가진 중심지적 기능이 주변지역으로 미치는 지리적 범위를 의미한다. 특정 도시가 보유한 중심지적 기능이 저차에서 고차로 갈수록 세력권의 범위인 중심지의 보완구역이 넓어진다. 또한 도시의 인구규모가 많을수록 주변에 넓은 보완구역을 가지는 것이 특징이다. 도시세력권은 도시의 영향권과 주변지역에 대한 지배 정도를 파악하는 중요한 지표이다.

그러나 도시세력권을 확정하는 작업은 쉽지 않다. 도시세력권을 설정하기 위해 일반적으로 사용되고 있는 지표는 중심도시와 주변지역 간의 기능적 연계 수준과 주변지역의 도시화 수준이다. 기능적 연계성을 측정하기 위해 많이 사용되는 변수를 보면, 통근·통학 등 일상생활의 행동반경, 화폐유통, 전화통화량, 물동량, 쇼핑 활동 등의 경제권, 공공기설 이용권 등이 있다. 이 절에서도 전술한 변수를 이용하여 도시세력권을 파악하였다.

또한 이 절에서는 순천시의 도시세력권 범위분석을 통해 순천시가 광양만권에서 갖는 위상과 역할을 고찰하기 위해 광양만권 광역개발계획 수립용역(1995)에서 실시한 설문조사 결과를 원용하였다. 당시의 연구보고서에서는 광양만권의 개발권역 범위설정을 위한 작업의 일환으로 광양만권 시·군을 대상으로 도시세력권의 범위를 파악하였다. 세력권 설정을 위한 설문조사는 광양만권 주민(순천시, 승주군, 여수시, 여천군, 여천시, 광양, 고흥군, 보성군 등)을 대상으로 1995년 9월 1일부터 약 1개월 동안 실시하였다. 따라서 이 절에서는 당시의 행정구역 명칭을 그대로 사용하였다.

1) 통근 및 통학권의 구조

광양만권의 통근권 구조를 보면, 광양군에서 30분 이내 지역으로 통근하는 비율이 82.1%로 가장 높았고, 1시간 이내 지역으로 통근하는 사람은 14.9%였다. 고흥군 역시 30분 이내의 지역으로 통근하는 비율이 83.2%로 광양군과 비슷했고, 승주군은 67.6%가, 여천군은 71.4%가 30분 이내 지역으로 통근한다. 전체적으로 조사지역 주민들 대부분의 통근시간은 약 30분

〈표 7-6〉 광양만권의 통근권 구조

(단위: %)

구 분	30분 이내	1시간 이내	1시간 30분 이내	1시간 30분 이상
광양군	82.1	14.9	1.5	1.5
고흥군	83.2	7.1	8.0	1.8
승주군	67.6	26.9	4.6	0.9
여천군	71.4	19.0	-	9.5

자료: 설문조사.

내외인 것을 알 수 있고, 순천시 읍·면부 거주자는 순천시로 통근하는 경우가 비교적 많았다. 또 여천군에서는 여천시 및 여수시로의 통근비율(19%)이 비교적 많았다(<표 7-6> 참조).

한편 광양만권의 통학권을 조사한 결과, 광양군에서 광양군의 읍·면과 동광양시에 있는 중학교에 다니는 학생의 비율은 64.5%로 가장 높았다. 순천시에 있는 중학교에 다니는 학생의 비율은 11.6%, 동광양지역(표에서는 광양시) 중학교에 다니고 있는 학생의 비율은 19.8%로 순천으로 통학하는 학생의 비율보다 높았다.

중학교의 통학권은 평균적으로 67.1%가 읍·면지역 내에서 이루어지고 있음을 알 수 있다. 또 중학교 통학권이 중심도시인 순천시(평균 14.1%)와 여수시(평균 14.3%)의 세력권이 상대적으로 높았다. 고흥군의 중학교 통학권 구조를 보면, 76.5%가 고흥군의 면·읍으로 통학하고, 11.2%가 순천시로, 5.6%가 광주시, 1.1%의 학생들은 여수시로 통학했다. 승주군의 경우 69.5%가 면·읍으로, 27.1%가 순천으로, 0.4%의 학생들이 광주로 통학하였다. 여천군은 58.0%가 면·읍으로 통학하며, 27.6%가 여수시로, 6.6%가 순천시로 통학한다(<표 7-7> 참조).

또한 고등학교 통학권 구조를 보면(<표 7-8> 참조), 광양군의 경우 군내로 통학하는 비율이 16.9%, 순천으로 통학하는 비율이 47.5%, 동광양시로 통학하는 비율이 26.3%이다. 고흥군은 49.4%가 군내로 통학하고, 29.0%가 순

〈표 7-7〉 광양만권의 중학교 통학권 구조

(단위: %)

구 분	면(읍)	순천시	여수시	여천시	동광양시	광주시	기타
광양군	64.5	11.6	-	-	19.8	-	4.1
고흥군	76.5	11.2	1.1	-	-	5.6	5.6
승주군	69.5	27.1	-	-	-	0.4	3.0
여천군	58.0	6.6	27.6	3.9	1.1	0.6	2.2

자료: 설문조사.

〈표 7-8〉 광양만권의 고등학교 통학권 구조

(단위: %)

구 분	군내	승주읍	순천시	여수시	여천시	동광양시	광주시	기타
광양군	16.9	-	47.5	-	-	26.3	0.8	8.5
고흥군	49.4	1.2	29.0	0.6	-	0.6	11.1	8.0
승주군	4.5	2.0	87.0	-	-	-	1.6	4.9
여천군	10.8	-	17.0	56.3	10.2	-	2.8	2.8

자료: 설문조사.

천시로, 11.1%가 광주로 통학하는데 이는 다른 군보다 높은 비율을 나타내고 있다. 승주군은 순천시로 통학하는 비율이 87.0%로 가장 높으며 군내로는 4.5%, 승주읍으로 2.0%가 통학하고 있다. 여천군은 여수시로 통학하는 비율이 56.3%, 순천으로 통학하는 비율이 17.0%, 군내로 통학하는 비율이 10.8%, 여천시로는 10.2%의 학생들이 통학하고 있다.

이와 같이, 고등학교의 통학권 구조는 중학교의 경우보다 중심도시 지향적 경향이 뚜렷하게 나타난다. 고등학교의 경우, 광양만권에 거주하는 평균 45.1%의 학생들이 순천시로 통학하는 것으로 분석되어 광양만권은 순천시의 세력권에 대부분 편입되었다. 여천군의 경우, 여수로의 의존성이 상대적으로 높음을 알 수 있다. 여천군은 여수시로의 통학비율이 약 56%이고, 광양군은 47.5%, 고흥군은 순천시로의 통학비율이 약 17% 이상을 차지하고 있다. 한편 고흥군은 광주시로 통학하는 비율 또한 높다(<표 7-8> 참조).

결과적으로, 통근권의 경우 순천시를 제외하면 대부분의 지역에서는 70~80%의 주민들이 30분 이내의 시·군으로 통근하고 있는 것으로 나타났다. 그렇지만 순천시에서는 광양권 내의 시·군으로 통근하는 비율이 순천시를 제외한 시내·군내에서의 통근자 비율보다 높았다. 학생들의 통학권 구조에서는 중학교와는 달리 고등학교의 경우 순천으로의 통학비율이 매우 높게 나타났고, 광양군과 승주군의 비율이 압도적으로 높은 것이 특징이다. 따라서 통근·통학권에서 순천시는 광양만권에서 확고한 중심지적 기능을 수행하고 있으며 이는 고등학교 학생들의 통학권 설문조사에 그대로 나타나고 있다. 이런 결과를 통해 중심지 계층구조에서 저차기능보다는 고차 기능을 수행하고 있는 중심지의 특성을 순천시가 그대로 수행하고 있음을 알 수 있다.

2) 물품 구매권의 구조

(1) 일상용품 구매권

광양만권에서 일상용품 구매권 구조를 살펴보면(<표 7-9> 참조), 광양군의 48.9%가 면내에서 이루어지고 있고, 33.0%는 읍사무소에서, 10.2%는 동광양시에서 이루어졌다. 고흥군은 66.8%가 면내에서, 28.4%가 읍사무소에

〈표 7-9〉 광양만권의 일상용품 구매권 구조

(단위: %)

구 분	면내	읍사무소	순천시	여수시	여천시	광양시	광주시	기 타
광양군	48.9	33.0	1.1	-	-	10.2	-	6.8
고흥군	66.8	28.4	3.0	-	-	-	-	1.9
승주군	63.2	13.1	20.8	0.3	0.6	-	0.6	1.5
여천군	43.5	13.1	6.3	32.5	4.2	-	0.5	-

자료: 설문조사.

서, 3.0%가 순천시에서 구매하고 있는 것으로 조사되었다. 승주군 또한 면내에서의 구매권이 63.2%로 가장 높았고, 순천시에서 20.8%, 읍사무소에서 13.1%를 구매하였다. 여천군은 면내에서 43.5%, 여수시에서 32.5%를 구매하고, 읍사무소에서 13.1%를, 순천시에서 6.3%를 구매하였다. 따라서 일상용품의 구입 장소는 평균적으로 보면 면내에서의 구매권이 55.6%로 거의 거주지 내로 국한되었다. 그리고 여천군은 타 군보다 여수시에 대한 의존성이 32.5%로 비교적 높았다. 결과적으로 일상용품 구매권에서 나타난 특징을 요약하면, 대부분의 일상용품은 지역 내에서 구매하지만, 순천시의 비중이 약간 높게 나타나고 있음을 알 수 있다.

(2) 의류 구매권

광양만권에서 발생하고 있는 의류 구매권의 특징을 살펴보면, 뚜렷한 순천시의 영향력을 파악할 수 있다. 읍사무소가 54.0%로 가장 높았고, 순천시 19.9%, 동광양시 15.9% 순서로 나타난다. 고흥군 역시 읍사무소가 53.2%로 가장 높았으며, 그 다음으로 면내에서 26.4%, 순천시에서 9.8%를 나타냈다. 승주군은 순천시가 75.4%로 가장 높고, 면내가 11.1%, 읍사무소에서 4.2%가 구매하고 있다. 여천은 여수시에서 72.1%, 순천시에서 13.7%, 여천시에서 6.8%를 구매하는 것으로 나타났다(<표 7-10> 참조).

〈표 7-10〉 광양만권의 의류 구매권 구조

(단위: %)

구 분	면내	읍사무소	순천시	여수시	여천시	동광양시	광주시	기 타
광양군	1.7	54.0	19.9	-	-	15.9	-	8.5
고흥군	26.4	53.2	9.8	1.1	-	-	4.9	4.5
승주군	11.1	4.2	75.4	-	0.3	-	1.5	7.5
여천군	5.3	1.1	13.7	72.1	6.8	-	1.1	-

자료: 설문조사.

이런 결과를 토대로 살펴보면, 의류구입은 시급 도시에 대한 의존성이 비교적 높음을 알 수 있고, 광양군은 순천시(20%), 여천군은 여수시(72%)에 대한 의존성이 상대적으로 높음을 알 수 있다. 그러나 순천지역과 지리적 원격성을 보이고 있는 고흥군은 읍·면내의 이용률이 90%를 차지해 상대적으로 지역 내에서 주로 구입하는 높은 경향을 보였다. 따라서 일상용품보다는 의류 구매에 있어서 순천시에 대한 의존도가 상대적으로 높음을 알 수 있다.

(3) 농기구 구매 및 서비스권

광양만권에서 농기구 구매 및 서비스권을 살펴보면(<표 7-11> 참조), 광양군의 경우, 면내에서 46.2%, 읍사무소에서 34.7%, 동광양시에서 15.6%가 구매하였다. 고흥군 역시 읍사무소가 58.7%로 높은 비율을 차지하며 면내에서 36.0%를 차지한다. 승주군은 면내에서 52.3%, 순천시에서 27.1%, 읍사무소에서 16.4%를 차지한다. 여천군은 여수시가 36.7%, 면내에서 31.9%, 읍사무소에서 23.4%를 차지한다.

전체적으로 보면, 자체 지역(특히 면내)에서 평균 41.6%를 차지하여 지역 내 의존성이 매우 높음을 알 수 있다. 순천시의 면부지역은 지역 내에서 52%를 구입하였고, 여천군은 여수시(약 37%)에, 순천시의 면부는 순천시(약 27%)에 대한 의존성이 비교적 높았다. 농기구는 주로 지역 내에서 구매하고 있기 때문에 순천시에 대한 의존성이 낮은 것으로 나타났다. 이런 결과는

〈표 7-11〉 광양만권의 농기구 및 서비스권 구조

(단위: %)

구 분	면내	읍사무소	순천시	여수시	여천시	동광양시	광주시	기 타
광양군	46.2	34.7	1.7	-	-	15.6	-	1.7
고흥군	36.0	58.7	3.7	-	-	-	-	1.7
승주군	52.3	16.4	27.1	0.6	0.3	-	1.2	2.1
여천군	31.9	23.4	4.8	36.7	2.7	-	-	0.5

자료: 설문조사.

농기구라는 소비재의 특성과 관련이 있다. 농가생활에 필요한 농기구의 경우, 수리를 비롯한 각종 서비스를 제공받기 위해서는 주거지와 인접한 곳에서 구매하는 것이 편리하기 때문이다.

(4) 가구 구매권

상업활동에서 중요한 가구의 구매권을 분석해 보면(<표 7-12> 참조), 광양군의 경우 가구를 구입하는 장소로는 읍사무소가 47.2%로 가장 높았고, 동광양시가 25.6%로 그 다음을 차지했다. 그리고 순천시에서 구입하는 경우는 14.2%를 차지했다. 고흥군 역시 66.3%로 읍사무소에서 가장 많이 구입하며 면내에서 15.2%, 순천시에서는 9.1%가 구매한다. 승주군은 순천시가 84.1%로 가장 높고 면내는 4.5%, 읍사무소는 2.7%로 저조하다. 여천군은 여수시가 72.5%, 순천시는 15.3%를 차지했다.

따라서 가구의 구입 장소는 의류품의 구입 장소와 유사한 공간적 패턴을 나타내고 있다. 전체적으로 보면 평균 30.7%로 순천시에 대한 의존성이 비교적 높고, 여천군은 여천시에 대한 의존성이 약 73%를 나타낸다. 구례군은 광주시에 대한 의존성(약 10%)이 타 시·군에 비해 매우 높으며, 고흥군은 주로 군내(약 82%)에서 구입하는 것으로 밝혀졌다. 가구 구매권에서는 순천시가 광양만권에서 중심지 기능을 수행하고 있는 것으로 밝혀졌다.

〈표 7-12〉 광양만권의 가구 구매권의 구조

(단위: %)

구 분	면내	읍사무소	순천시	여수시	여천시	동광양시	광주시	기 타
광양군	3.4	47.2	14.2	-	-	25.6	-	9.7
고흥군	15.2	66.3	9.1	1.1	0.4	-	4.5	3.4
승주군	4.5	2.7	84.1	0.3	0.6	-	3.0	4.8
여천군	1.6	1.1	15.3	72.5	9.0	-	-	0.5

자료: 설문조사.

(5) 가전제품 구매권

광양만권에서 가전제품의 구매권 구조를 보면(<표 7-13> 참조), 광양군에서는 읍사무소에서 46.0%, 순천시에서 21.0%, 동광양시에서 15.9%, 면내에서 8.0%를 구입한다. 고흥군 역시 읍사무소가 67.2%로 가장 높은 구매를 보이고 있고 면내에서는 15.8%를 차지하며 순천시도 9.1%를 차지하고 있다. 승주군은 순천시에서 구매비율이 78.0%로 가장 높다. 여천군은 여수시에서 68.8%, 순천시에서 14.8%, 여천시에서 10.6%를 구매한다.

이런 결과를 종합해 보면, 가전제품의 구입 장소 또한 가구의 구매권과 유사한 공간구조를 나타내고 있음을 알 수 있다. 여천군은 외부지역 의존성이 가장 높고, 광양시는 지역 내에서 50%, 지역 외에서 50%를 구입한다. 고흥군과 구례군의 군내 구매율은 각각 84%, 81%이며, 구례군의 경우, 읍사무소 소재지의 지향성이 다른 지역에 비해 상대적으로 높게 나타났다. 따라서 가전제품의 경우, 여천군을 제외하면 순천시가 광양만권의 중심지로서 일정한 세력권을 확보하고 있는 것으로 밝혀졌다. 그리고 가전제품 구매와 관련된 순천시의 도시세력권은 가구 구매권보다도 넓었다.

〈표 7-13〉 광양만권의 가전제품 구매권 구조

(단위: %)

구 분	면내	읍사무소	순천시	여수시	여천시	광양시	광주시	기 타
광양군	8.0	46.0	21.0	-	0.6	15.9	-	8.5
고흥군	15.8	67.2	9.1	0.8	-	0.4	1.5	5.3
승주군	9.8	2.7	78.0	-	0.6	-	2.7	6.2
여천군	3.7	1.6	14.8	68.8	10.6	-	0.5	-

자료: 설문조사.

(6) 귀금속 구매권

광양만권에서 귀금속 구매권을 보면(<표 7-14> 참조), 광양군은 읍사무소

〈표 7-14〉 광양만권의 귀금속 구매권의 구조

(단위: %)

구 분	면내	읍사무소	순천시	여수시	여천시	동광양시	광주시	기 타
광양군	6.8	43.8	21.0	-	-	19.9	-	8.5
고흥군	17.4	61.8	9.3	1.2	-	-	4.6	5.8
승주군	2.7	3.3	84.5	0.3	0.9	-	2.4	6.0
여천군	1.1	0.5	13.8	79.9	4.2	-	0.5	-

자료: 설문조사.

에서 43.8%, 순천시에서 21.0%, 동광양시에서 19.9%, 면내에서 6.8%를 구입한다. 고흥군 역시 읍사무소에서 61.8%의 구매율을 보이고 있고, 면내에서 17.4%, 순천시에서 9.3%를 구매한다. 승주군은 순천시가 84.5%로 가장 높은 구매율을 보였으며 여천군은 여수시가 79.9%로 가장 높았다. 이와 같이 귀금속 구입권은 순천시와 여수시에 대한 의존성이 매우 높음을 알 수 있고, 고흥군과 구례군은 상대적으로 읍소재지 지향성이 뚜렷하게 나타났다.

특히 귀금속 판매는 일상용품과는 달리 비교적 고차계층의 중심지에서 구매하는 속성이 있는데, 광양만권의 구매권 구조에서도 동일한 특징이 나타났다. 여천군을 제외하면 광양만권에 거주하는 많은 주민들은 시·군 내의 중심지 또는 순천시에서 귀금속을 구매하는 특성을 보여, 광양만권에서 차지하는 순천시의 중심지 기능과 도시세력권의 범위를 쉽게 파악할 수 있다.

(7) 혼수용품 구매권

광양만권에서 혼수용품의 구매권을 보면(<표 7-15> 참조), 광양군은 읍사무소에서 33.9%, 순천시에서 38.7%, 동광양시에서 18.5%를 구매한다. 고흥군 역시 읍사무소가 58.9%의 비율을 차지하고 있다. 승주군은 순천시가 85.7%, 여천군은 여수시가 78.9%, 순천시가 16.8%를 차지한다. 따라서 혼수용품이 가구·가전 제품보다 고차계층이기 때문에 시급도시의 의존성이 매우 높다. 구례군은 광주시의 의존성(약 12%)이 타 시·군에 비해 매우 높으

〈표 7-15〉 광양만권의 혼수용품 구매권 구조

(단위: %)

구 분	면내	읍사무소	순천시	여수시	여천시	동광양시	광주시	기 타
광양군	-	33.9	38.7	-	-	18.5	1.2	7.7
고흥군	11.0	58.9	13.6	2.1	0.4	-	8.9	5.1
승주군	1.9	2.8	85.7	0.9	0.6	-	3.4	4.7
여천군	1.1	0.5	16.8	78.9	1.6	-	0.5	0.5

자료: 설문조사.

며, 고흥군의 군내 의존성은 약 70%이다. 그리고 순천시의 세력권이 상대적으로 넓음을 알 수 있다.

3) 의료 및 은행 서비스권의 구조

(1) 약품 및 병의원 진료권의 구조

광양만권에서 약품 구매권을 보면(<표 7-16> 참조), 주로 지역 내에서 약품을 구입하고 있는 것으로 나타났다. 광양군의 경우, 면지역에서 32.4%, 읍지역에서 42.0%가 지역 내에서 필요한 약품을 구입하는 것으로 분석되었다. 반면에 승주군의 경우 면지역에서 구입하는 것(38.9%)보다 순천시에서 구입하는 비율(42.7%)이 상대적으로 많았으며, 여천군도 유사한 경향을 나타냈다.

약품 구매권의 구조에서 나타난 특징을 요약하면, 군부지역에서는 면 또는 읍 단위 지역에서 약품을 구매하여 다른 서비스에 비해 거주지역과 인접한 지역에서 구입하는 것으로 나타나 시부의 세력권은 그렇게 넓지 않았다. 그러나 여천군은 여수시(약 47%)에, 순천시의 면부는 순천시(약 43%)에 대한 의존성이 비교적 높은 것으로 밝혀졌다. 그러나 약품 구매는 일상용품의 구매와 마찬가지로 주로 거주지와 지리적으로 인접한 지역에서 구입하는 성향 때문에 순천시의 세력권은 주로 승주군에 한정되어, 광양만권에

〈표 7-16〉 광양만권의 약품 구매권 구조

(단위: %)

구 분	면내	읍사무소	순천시	여수시	여천시	동광양시	광주시	기 타
광양군	32.4	42.0	1.1	-	-	16.5	-	8.0
고흥군	58.6	36.2	3.0	0.4	-	-	0.4	1.5
승주군	38.9	13.6	42.7	0.3	-	-	0.3	4.2
여천군	29.3	12.6	7.9	46.6	3.7	-	-	-

자료: 설문조사.

〈표 7-17〉 광양만권의 병의원 진료권 구조

(단위: %)

구 분	면내	읍사무소	순천시	여수시	여천시	동광양시	광주시	기 타
광양군	3.4	36.4	31.8	-	-	22.7	-	5.7
고흥군	25.7	62.3	5.3	1.1	0.4	-	2.6	2.6
승주군	8.6	7.1	78.9	0.3	-	-	1.8	3.3
여천군	5.8	3.1	12.6	74.9	3.7	-	-	-

자료: 설문조사.

서 순천시가 갖는 약품 구매 세력권은 넓지 않은 것으로 나타났다.

반면에 약품 구매와는 달리, 병·의원의 진료권은 약품 구매권에 비해 상대적으로 이동범위가 넓은 것으로 나타났고, 약품 구입보다 시급 도시에 대한 의존성이 매우 높은 것이 특징이다. 특히 병·의원 진료에 대한 순천시와 여수시의 세력권은 약품보다 상대적으로 넓은 것으로 밝혀졌다. 그러나 고흥군의 경우, 순천 및 여수를 비롯한 시부와의 지리적 원격성 때문에 주로 군내의 병·의원을 이용하는 것으로 분석되었다. 따라서 병·의원 진료권으로 볼 때, 순천시는 광양만권에서 일정한 도시세력권을 형성하고 있고, 고차의 서비스를 제공하는 도시로 나타났다(<표 7-17> 참조).

(2) 은행 서비스권

광양만권에 거주하는 주민들의 은행 이용 특징을 보면(<표 7-18> 참조), 여천군을 제외한 대부분의 지역에서 자체 지역의 은행을 이용하는 것으로 나타났다. 그러나 여천군은 상대적으로 여수시에 대한 의존성(37.0%)이 비교적 높은 것이 특징이다. 은행의 서비스 이용은 전술한 일상용품 또는 약품 구매권과 유사한 속성이 있기 때문에 순천시의 역할은 그렇게 크지 않은 것으로 나타났다.

〈표 7-18〉 광양만권의 은행 서비스권 구조

(단위: %)

구 분	면내	읍사무소	순천시	여수시	여천시	동광양시	광주시	기 타
광양군	50.6	36.4	0.6	-	-	11.4	-	1.1
고흥군	60.5	33.8	4.2	0.4	0.4	-	-	0.8
승주군	57.9	16.7	23.3	-	0.3	-	0.6	-
여천군	30.2	16.4	9.5	37.0	6.3	-	0.5	-

자료: 설문조사.

4. 맺음말

순천시는 역사적으로 전라남도 동부지역에서 행정·문화의 중심도시 역할을 수행하였다. 특히 교통의 결절이라는 위치적 속성은 순천시의 중심지적 기능을 강화시켰고, 이런 기능 강화는 광양만권에서 순천시가 중심지 역할을 수행하고, 광양만권 공업화에 따른 성장효과를 견인할 수 있는 결과가 되었다. 따라서 전라선과 경전선의 개통을 계기로 하여 교통의 중심지로 성장하던 순천시의 도시발달에 결정적인 영향을 미친 요인은 1980년대 후반부터 시작된 광양만권 공업화라 할 수 있다.

광양만권에서 시행된 다양한 지역개발 사업에 힘입어 순천시의 인구는 증가했고, 광양만권에 속해 있는 주민들에게 도시적 서비스를 제공하면서 순천시의 도시세력권은 강화되었으며, 순천시의 도시화는 빠르게 진행되었다. 특히 순천시의 지역변화에 결정적인 영향을 미친 동인은 광역 광양만권의 산업화 과정이라고 할 수 있다. 1970년대 후반에 준공된 여천석유화학공업단지, 1987년 완공된 광양제철소 및 연관공단, 1998년에 개항된 광양컨테이너부두 1단계 사업, 율촌산단(1·2차) 건설사업 등에 의해 순천시의 도시화와 산업구조는 빠르게 재편되었다.

뿐만 아니라 1998년 수립된 '광양만·진주권 광역개발계획'에 의해, 순천시는 광양만·진주권에서 명실상부한 권역 중심지로 성장할 수 있는 여건을 확보하게 되었다. 전남의 동부지역에 해당하는 광양만권과 경남의 서부지역을 포함하는 광역 광양만·진주권에는 순천시와 도시여건이 비슷한 진주시와 여수시가 위치해 있지만 순천시는 광양만권에서 확실한 중심도시 기능을 수행하고 있고, 이런 특성은 광양만권에서 차지하는 순천시의 도시세력권에서도 그대로 확인되었다.

순천시가 전남 동부지역의 중심지로, 그리고 광양만권의 중심도시로 성장하게 된 배경에는 순천시가 차지하고 있는 지리적 중심성(geographical centrality), 순천시의 양호한 접근성(accessibility), 순천시가 확보하고 있는 독점적·배타적인 고차계층의 중심지 기능성, 넓은 보완구역(배후지역), 주변도시의 급속한 공업화에 따른 파급효과의 영향 등이 있다. 이러한 요인이 순천시의 공업화와 도시화, 그리고 도시구조의 변화에 중요한 영향을 미쳤다.

순천시는 광양만권 내에서 비교우위를 확보한 내적 요인을 가지고 있기 때문에, 광양만권이 발전할수록 중심도시로 확고하게 자리매김할 잠재력이 충분하다. 그러나 순천시가 광양만권에서 차지하는 위상과 기능을 앞으로 유지·확대시키기 위해서는 해결해야 할 과제 또한 많다.

순천시가 해결해야 할 주요 문제점을 다음과 같이 지적할 수 있다. 첫째는 지역경제에서 기반기능(basic function)이 약하다는 점이다. 즉 지역경제를 대표할 수 있는 선도산업(leading industry)이 없다는 점이다. 때문에 순천시는 주변지역의 발전을 주도하고 지역 내 성장효과를 전파시키는 성장거점으로서의 역할을 수행하지 못하였다. 특히 제조업 부문에서는 그런 특성이 뚜렷하게 나타났다. 또한 순천시는 지금까지 동부지역의 경제를 주도하지 못하고 오히려 주변여건의 변화에 편승하여 지역을 성장시킨 대표적인 도시였다는 사실이다.

둘째는 중소 소비도시형의 경제구조를 가지고 있기 때문에 지역의 경제구조가 취약하다는 점이다. 지역경제의 유형은 대도시 지역경제, 공업도시 지역경제, 중소 소비도시 지역경제, 저발전 지역경제, 과소 지역경제 등 다섯 가지 유형으로 구분된다. 순천시는 주로 주변의 농촌지역을 배후지로 하여 행정·교육·유통·소비의 중심지 역할을 하는 중소 소비도시 지역경제형에 해당한다. 이런 유형의 도시는 인구가 꾸준히 증가하지만 자체 생산기반이 없기 때문에 유통 및 소비 활동이 위축되면 지역경제가 침체되는 특징이 있다. 그러므로 지역경제를 소비형에서 공업도시 지역경제형으로 전환하고 지역발전을 위한 새로운 성장 동력을 확보하는 것이 필요하다.

셋째는 인구규모 20~30만 명의 중소 도시들이 공통적으로 가지고 있는 특성이라 할 수 있는 지역사회의 정체성이다. 즉 도시주민을 포함한 전체 주민들이 변화를 싫어하고 현 상황에 만족하는 자족적 사고를 가지게 되는 경우가 많은데, 순천시의 경우도 이러한 특성을 일부 나타내고 있다. 빠르게 공업화가 진행되는 광양만권에서 이러한 사고는 지역발전을 침체시키거나 느리게 하는 결과로 작용할 수 있다.

넷째는 단순히 주변지역으로 서비스를 제공하는 중심지 역할에 충실한 나머지, 새로운 서비스를 창출하여 주변의 배후지역으로 확대하려는 노력을 소홀히 한 점이다. 이러한 결과, 순천시의 중심지 역할은 과거보다 상대적으로 축소되는 경향을 나타내고 있다. 순천시는 광양만권에서 일정한 도시세력권을 가진 중심지로 기능하였고, 현재도 그 기능을 수행하고 있다.

그러나 광양시와 여수시, 그리고 진주시와 경쟁하는 상황에서 도시세력권을 확대할 새로운 중심지 기능을 확보하지 못하면, 순천시의 도시성장은 둔화될 수밖에 없다. 왜냐하면 도시발전에 필요한 하부구조와 성장 동력을 확보하지 못하면, 지역경제는 지속적으로 침체되기 때문이다.

마지막으로 순천시의 도시계획은 광양만·진주권의 중심도시에 적합하지 못하다. 즉 지금까지 순천시의 도시계획은 광양만권을 포함한 동부지역 전체를 종합적으로 고려하지 않고, 단순히 인구규모 30만 명 수준에 적합한 도시계획 및 도시공간의 기능배분이 이루어졌다. 특히 도시의 장기적인 발전 방향을 고려하지 않고 현안을 해결하기 위한 땜질식 기능배분이 이루어지고 있는 것도 한계이다.

따라서 전술한 다섯 가지 문제를 슬기롭게 해결할 수 있다면, 순천시는 전남의 동부지역과 광양만권에서 수행했던 중심도시로서의 기능을 유지하면서 도시세력권을 넓게 확대시킬 수 있을 것이다. 그러므로 장기적인 관점에서 도시의 지속적 발전을 도모할 성장 동력을 확보하고 동시에 광양만권에서 중심지적 기능을 강화시킬 수 있는 전략을 지속적으로 개발하고 시행해야 한다.

제8장

광양만권 공업화와 경제구조의 변화

광양만권 공업화에 따른 권역 내 지역변화는 전술한 여천시, 광양시, 순천시의 사례연구에서 구체적으로 확인되었다. 즉 여천석유화학단지와 광양제철소의 입지는 구여천시 및 동광양시를 포함한 여수와 광양 지역의 경제구조에 영향을 미쳤다. 그리고 공업단지 개발의 파급효과는 순천시의 인구 및 지역경제의 구조변화에도 그대로 반영되었다.

전술한 제5장에서 제7장까지는 광양만권 공업화에 따른 지역변화를 개별적인 차원에서 분석하였다. 그러나 이 장에서는 광양만권에서 행해진 공업단지 개발과 대규모 기업의 입지를 포함한 각종 대규모 개발사업이 광양만권 전체(여수시, 순천시, 광양시)의 지역경제 변화에 미친 영향을 분석하고 정리하였다. 특히 이 장에서는 광양만권에서 행해지는 각종 공업단지 개발을 비롯한 공업 및 도시화 정책이 권역의 사회·경제적 변화에 미친 영향을 고용구조 및 산업구조 변화에 중점을 두고 분석하고 정리하였다(이정록, 2000: 175-186).

1. 연구배경과 내용

1) 연구내용과 방법

이 장에서는 광양만권 공업화가 본격적으로 진행된 1987년 이후 10년 동안 광양만권에서 나타난 지역경제의 변화를 고찰하는 데 연구의 중점을 두었다. 왜냐하면 광양만권 공업화는 1970년대 중반부터 시작되었지만, 본격적인 공업화와 도시화는 광양제철소 제1기 건설공사가 완공된 1987년 이후부터 시작되었기 때문이다. 따라서 이 장에서는 1987년부터 1996년까지 10년 동안 광양만권에서 나타난 지역경제의 변화를 분석하였다.

지역경제의 구조변화에 대한 분석은 다양한 방법을 통해 행해지고 있고, 학문의 성격과 연구자의 관심에 따라 상이한 방법들이 원용되고 있다. 일반적으로 지역경제의 성장과 변화에 대한 분석방법에는 투입산출 모델, 변이할당모델, 지역승수모델, 입지상 모델 등 다양한 모델과 분석기법이 있다. 그러나 이 장에서는 경제구조의 변화에 나타난 특징을 비교적 쉽게 파악할 수 있는 변이할당분석(shift-share analysis)과 지역성장률 시차분석(regional growth rate differential analysis)을 이용하여 광양만권 공업화에 따른 지역경제의 구조변화를 고찰하였다.

변이할당분석은 지역성장 및 고용변화를 파악하고 이들 변화를 분할하여 분석하는 방법으로 특정 지역의 성장과 쇠퇴 정도는 물론이고, 특정 산업이 지역경제에 미치는 상대적 효과를 측정하는 데 매우 유용한 분석방법이다. 이런 측면을 고려하여, 이 장에서도 광양만권 공업화의 결과로 나타난 지역의 경제구조 변화의 특징을 계량적으로 분석하기 위해 변이할당분석을 원용하였다.

한편 변이할당분석만으로는 지역의 실질적인 성장률을 파악하기 어렵기 때문에 이 장에서는 산업 부문별 성장기여도를 성장률로 표시하여 지역성장의 효과를 측정할 수 있는 방법인 지역성장률 시차분석을 병행하여 지역경제의 구조변화에 나타난 특색을 파악하였다.

그리고 이 장에서는 전술한 두 가지 분석방법을 위하여 연구지역 내 지자체에서 발행하는 각종 지역 통계자료와 광공업 통계자료, 그리고 노동부의 사업체조사 통계자료 등을 1차 자료로 이용하였다. 광양만권의 지리적 범위는 연구자 및 연구방법, 그리고 각종 개발계획에 따라 상이하다. 그러나 이 장에서는 광양만권 공업화의 직접 영향권역이며 지역경제의 기능성 연계가 강한 순천시, 광양시, 여수시를 광양만권의 공간적 범위로 전제하고 연구를 진행하였다.

2) 광양만권의 인구성장

광양만권 공업화는 지역의 인구성장과 도시화에 결정적인 영향을 미쳤고, 특히 여천석유화학단지와 광양제철소의 입지는 광양만권에 구여천시와 구동광양시 등의 신흥공업도시를 출현시켰다. 광양만권의 인구변화를 살펴보면, 1980년 이후 꾸준히 증가한 광양만권의 인구는 72만 107명(1996)으로 전남 전체의 33.1%를 차지하는데, 이러한 인구성장은 광양만권 공업화와 밀접한 관련을 맺고 있다(<표 8-1>, <그림 8-1> 참조).

광양만권의 인구는 1985년 이후 꾸준히 증가하고 있고, 전남지역에서 차지하는 비중 또한 지속적으로 증가하였다. 그러나 1987년 이후의 인구변화에서 나타난 특징을 살펴보면, 1989년에 73만 8,789명으로 가장 많은 인구구성을 보였다. 그러나 1989년부터 1993년까지는 권역의 인구가 오히려 감소하였다. 그러나 1993년 이후 꾸준히 증가하여 1996년에는 72만 107명으로 1989년과 거의 비슷한 수준을 나타냈다.

〈표 8-1〉 **광양만권 인구의 변화 추이**(1985~1996)

(단위: 명)

구 분	1985	1987	1990	1993	1996
광양만권(A)	648,762	664,116	721,302	667,298	720,107
A/B(%)	17.3	23.3	28.8	29.9	33.1
전라남도(B)	3,748,484	2,852,912	2,507,439	2,236,150	2,177,368

자료: 전라남도, 『전남통계연보』, 각 년도.

1989년부터 1993년까지 광양만권의 인구는 연평균 1.5%가 감소되는 경향을 보였는데, 이러한 감소현상은 군부(郡部)지역의 인구감소와 건설업 관련 인구의 감소에 기인한다. 1987년 광양제철소 제1기 시설이 준공됨에 따라 1989년 이후 많은 건설 인력이 철수하여 순천시 및 광양시의 인구감소에 영향을 미쳤기 때문이다.

또한 농촌지역인 면부(面部)지역의 인구감소가 광양만권 인구변화에 영향을 미쳤다. 그러나 1988년부터 1993년 사이의 전남지역 전체 연평균 인구감소율이 3.45%임을 고려하면, 다른 시·군에 비해 광양만권의 농촌인구는 상대적으로 낮은 감소율을 보였다고 할 수 있다.

한편 광양만권의 도시별 인구변화를 살펴보면, 광양시는 1987년 7만 6,557명에서 1996년 13만 1,306명으로 증가하였고, 여수시 또한 31만 7,568명에서 33만 954명으로 증가하였다. 그러나 순천시는 26만 9,991명에서 25만 7,847명으로 약간 감소하였다. 1987년 이후 10년 동안의 인구변화에서 광양시의 인구성장이 다른 지역에 비해 두드러진 이유는 고용인구가 많은 광양제철소 및 연관공단 건설에 기인한다.

광양만권의 인구는 1987년 이후 꾸준히 증가하였다. 같은 기간에 전남지역 다른 시·군의 인구가 감소한 반면, 순천시를 제외한 광양시와 여수시의 인구는 증가하여 상대적 인구성장률은 매우 높게 나타났다. 이와 같이 광양만권의 인구가 증가한 이유는 광양만권 공업화에 기인한다고 볼 수 있다.

〈그림 8-1〉 광양만권 도시별 인구변화(1987~1996)

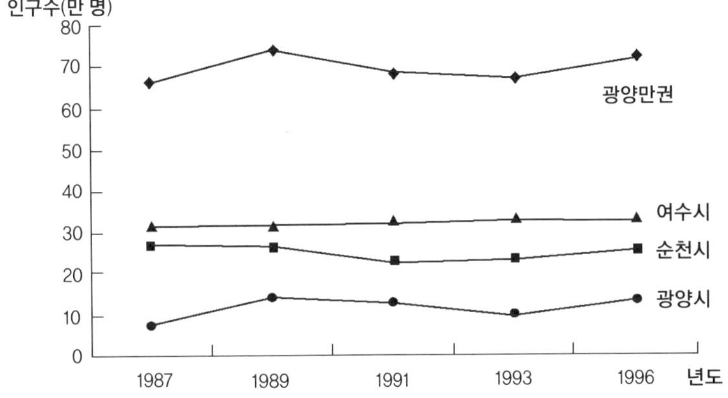

2. 광양만권 공업화 과정과 공업구조 변화

1) 광양만권 공업화 과정

광양만권은 예로부터 농업과 수산업이 지역경제를 이루고 있던 농어촌 지역이었다. 그러나 광양만권에 여천석유화학단지를 비롯한 다양한 공업단지가 조성되고 새로운 도시가 출현하면서 지역의 경제구조 또한 농수산업에서 공업 및 서비스업으로 변모하기 시작하였다.

광양만권 공업화는 정부의 공업단지 개발정책에 의해 주도되었다. 지역의 공업화는 1967년 중화학공업을 육성하기 위한 국가정책의 일환으로 당시 여천군 삼일면에 호남석유 공장이 입지하고, 그 후에 석유화학 및 관련 공장을 입지시키기 위하여 광양만과 접해 있는 여천군 해안 일대가 1974년에 산업기지 개발지구로 지정되면서 시작되었다. 그리고 1981년 포항제철소 제2 제철소의 입지가 당시 광양군 태인도(현재의 광양시 금호동)로 결정되고, 1987년 연간 270만 톤의 조강능력을 가진 제1기 제철소가 완공되면서 광양만권 공업화는 본격화되었다.

광양제철소의 입지는 광양지역의 사회·경제적 변화뿐만 아니라 순천시와 당시 여천시, 여수시를 비롯한 광양만권 공업화 및 도시화에 커다란 영향을 미쳤다. 광양만권에 입주한 주요 공업단지 현황에 나타난 것과 같이 여천국가산업단지를 시작으로 광양제철과 연관단지, 순천과 여수 지역에 공업단지가 조성되면서 광양만권 공업화가 시작되었다(<표 8-2> 참조). 농공단지를 제외한 공업단지의 분포를 보면 여수시가 가장 많은 5개소이고, 광양시 3개소, 순천시 1개소 등이다.

광양만권 공업화 과정은 공업단지 건설, 광양만권 도시의 지역경제구조의 변화 등을 고려하면, 제1기(1974~1981), 제2기(1982~1987), 제3기(1988년 이후) 등으로 구분할 수 있다. 공업화의 초기 단계인 제1기는 여천석유화학공업단지가 건설되고 여수와 순천지역에 도시공업단지가 건설된 시기이며, 제2기는 1981년 광양제철소 입지가 결정되고 광양 및 순천 지역의 인구 성장 및 건설 관련 업종의 증가가 나타난 시기이다. 그리고 제3기는 광양만권

〈표 8-2〉 광양만권의 주요 공업단지 현황(1997)

(단위: 천㎡)

구분	위치	총면적	공업 용지	조성 주체	조성 기간
여천국가산업단지(1차)	여수시	22,190	4,934	한국수자원공사	1974~1996
여천국가산업단지(2차)	여수시	8,573	6,548	서남산업단지	1990~공사 중
광양제철단지	광양시	14,880	10,150	포항제철(주)	1982~1987
광양제철 연관단지	광양시	1,551	1,302	한국토지공사	1984~1989
율촌 제1 산업단지	여수시	8,802	6,444	전라남도	1994~1997
율촌 제2 산업단지	여수시	25,620	16,072	전라남도	1996~2006
순천공업단지	순천시	583	439	순천시	1978~1982
여수오촌공업단지	여수시	222	130	중소기업공단	1981~1983
광양초남공업단지	광양시	409	201	광양시	1990~1993

자료: 전라남도, 「제조업현황 통계자료」, 1997.

〈표 8-3〉 **광양만권의 제조업 변화**(1982–1996년)

(단위: 개소, 명, 백만 원)

구 분	1982			1987			1996		
	사업체수	종업원수	생산액	사업체수	종업원수	생산액	사업체수	종업원수	생산액
순천시(A) A/D(%)	104 (29.1)	1,780 (7.1)	24,284 (0.8)	119 (29.3)	2,607 (11.1)	70,916 (1.6)	138 (24.6)	2,970 (9.4)	276,790 (1.8)
광양시(B) B/D(%)	21 (5.8)	260 (1.1)	3,135 (0.1)	26 (6.4)	4,625 (19.7)	538,135 (12.2)	131 (23.3)	11,971 (37.7)	4,551,146 (29.7)
여수시(C) C/D(%)	233 (65.1)	22,879 (91.8)	3,011,132 (99.1)	261 (64.3)	16,300 (69.2)	3,796,924 (86.2)	293 (52.1)	16,812 (52.9)	10,515,880 (68.5)
광양만권(D) D/E(%)	358 (17.2)	24,919 (39.3)	3,038,551 (73.2)	406 (24.6)	23,532 (41.9)	4,405,975 (87.0)	562 (21.7)	31,753 (42.0)	15,343,816 (78.5)
전남(E)	2,082	63,344	4,150,176	1,652	56,222	5,067,204	2,595	75,578	19,556,952

자료: 전라남도, 『전남통계연보』, 각 년도.
주: 행정구역은 분석의 편의성을 위해 현재(2000)의 통합된 행정구역인 광양시(구광양군+구동광양시), 순천시(구순천시+구승주군), 여수시(구여수시+구여천시+구여천군)를 의미한다.

공업화의 확산기로 광양제철소 제1기 공사가 완료되고, 여천지역에 율촌산업단지(1차) 사업이 시행된 시기다. 그러나 광양만권의 공업화는 광양제철소 건설이 완료된 1987년 이후부터 본격화되었다고 할 수 있다.

광양만권 공업화는 지역의 제조업 성장에 커다란 영향을 미쳤다. <표 8-3>에 나타난 것과 같이 광양만권의 제조업은 1982년 이후 사업체수 및 종업원수, 그리고 제조업 생산액에서 꾸준히 증가 추세를 보였다. 1996년 전남지역의 제조업 분포에서 광양만권이 차지하는 비율을 살펴보면, 사업체수에서는 전남 전체의 21.7%로 상대적으로 낮지만, 종업원수(42.0%)와 제조업 생산액(78.5%)에서는 매우 높은 비율을 차지하여 광양만권이 전남에서 핵심적인 공업지역으로 기능하고 있음을 알 수 있다.

그리고 광양만권 지역 중에서는 광양만권 공업화의 인큐베이터 역할을 한 여수시(구여천시 포함)가 사업체수와 종업원수, 제조업 생산액 등에서 여전히 높은 비중을 차지하고 있지만, 1987년 이후에는 광양시가 급속한 성장을 보였다. 또한 광양시의 경우, 사업체수에 비하여 종업원수 및 제조업 생산액 비율이 상대적으로 높은 것은 광양제철소가 건설되고 제철 관련 기업들이 입지했기 때문이다.

광양만권 공업화 과정에서 나타난 특징을 요약하면, 여천석유화학공업단지의 건설로 광양만권 공업화가 시작되었고, 1987년에는 광양제철소가 준공되어 광양만권 공업화를 확산시키는 데 크게 기여하였다. 따라서 석유화학 및 제철공업은 광양만권 경제의 선도산업(leading industry)으로 기능하고 있는 것으로 밝혀졌다.

2) 광양만권 제조업 구조의 변화

광양만권 공업화 과정은 제조업 구조변화에 커다란 영향을 미쳤다. 1987년 이후 광양만권에서 각종 공업단지가 개발됨에 따라 제조업의 업종구조는 화학·고무, 1차 금속, 비금속 광물제품 제조업으로 전환되었다. 그리고 여천석유화학단지보다는 광양제철소 및 연관단지의 역할이 제조업의 업종별 구조변화에 영향을 미친 것으로 밝혀졌다(<표 8-4> 참조).

1987년 제조업의 업종별 분포를 종업원수를 기준으로 살펴보면, 화학섬유·고무제조업이 전체의 40.4%로 가장 높은 비율을 차지하였고, 1차 금속(18.6%), 음식료·담배제조업(17.0%), 비금속(10.2%) 등도 비교적 높은 비율을 점하였다. 또한 1996년 제조업 업종별 분포에서도 1987년과 유사하게 화학섬유·고무, 1차 금속, 비금속광물 제조업 등이 높은 비율을 차지하였다.

그러나 1996년 제조업 업종별 구성은 1987년과 커다란 차이가 있는데, 음식료·담배, 섬유의복·가죽, 종이·인쇄·출판업, 화학섬유와 고무제조업 등은 그 비중이 상대적으로 낮아졌다. 반면에 1차 금속, 조립금속 및 기계, 그리고 기타 제조업은 1987년보다 비중이 높아졌다.

〈표 8-4〉 광양만권 제조업의 업종별 변화(1987~1996)

(단위: 개소, 명)

업종 구분	1987		1996	
	사업체수(%)	종업원수(%)	사업체수(%)	종업원수(%)
음식료·담배 제조업	163(40.2)	4,012(17.0)	153(27.2)	3,139(9.9)
섬유의복·가죽 산업	12(3.0)	183(0.8)	20(3.6)	338(1.1)
목재·나무제품 제조업	28(6.9)	285(1.2)	18(3.2)	395(1.2)
종이·인쇄·출판업	10(2.5)	205(0.9)	19(3.4)	137(0.4)
화학섬유·고무 제조업	46(11.3)	9,505(40.4)	74(13.2)	11,208(35.3)
비금속광물제품 제조업	52(12.8)	2,389(10.2)	73(13.0)	3,540(11.1)
1차 금속산업	14(3.4)	4,382(18.6)	23(4.1)	8,722(27.5)
조립금속·기계 제조업	48(11.8)	1,749(7.4)	131(23.3)	2,673(8.4)
기타 제조업	33(8.1)	822(3.5)	51(9.0)	1,601(5.1)

자료: 순천시·여수시·광양시, 『통계연보』, 1987; 통계청, 「광공업통계조사보고서」, 1996.
주: 미분류 통계자료는 기타 제조업에 포함시켰다.

특히 광양만권의 제조업에서 중요한 역할을 하고 있는 석유화학 관련 제조업은 사업체수와 종업원수가 10년 전에 비해서 증가했지만, 광양만권 전체 제조업에서 차지하는 비중은 상대적으로 낮아진 것으로 밝혀졌다. 지역경제에서 중요한 기능을 하는 화학 관련 제조업의 비중이 낮아진 것은 광양제철소 입지에 따른 제철 관련 제조업이 10년 전보다 빠르게 성장했기 때문이다.

전체적으로 보면, 광양만권의 제조업 구성은 도시형 제조업이라 할 수 있는 음식료 제조업의 비중이 상대적으로 낮았다. 그러나 1차 금속, 비금속 광물, 조립금속 등의 제조업은 급속하게 성장하여 이들 제조업이 지역의 공업구조에서 중요한 비중을 차지하고 있다. 따라서 광양만권에서는 화학 및 1차 금속 관련 제조업이 지역경제에서 중요한 역할을 하는 제조업으로 밝혀졌고, 여천석유화학공업단지, 광양제철소 및 연관단지의 건설이 지역의 제조업 구조 변화에 영향을 미쳤다고 할 수 있다.

3. 광양만권의 경제구조 변화

1) 광양만권의 고용구조 변화

광양만권 공업화에 따른 고용구조의 변화를 살펴보기 위하여 산업별 고용자수를 기준으로 분석하였다. 광양만권의 고용자수는 1987년 이후 10년 동안 꾸준히 증가하였으며, 1987년과 비교하면 약 69%의 성장을 나타냈다. 그리고 산업별 고용자수 구성(1996년 기준)에서는 제조업, 금융업, 건설업, 운수·창고업 등이 상대적으로 높은 비율을 차지하고 있다(<표 8-5> 참조).

산업별 고용자수(1996년 기준)의 분포에서는 제조업이 3만 1,057명으로 광양만권 전체의 42.8%를 차지하여 광양만권의 지역경제에서 제조업이 차지하는 높은 비중을 그대로 반영하고 있고, 금융업(15.1%), 건설업(12.4%), 운수·창고업(10.8%) 등이 그 뒤를 이었다. 1987년부터 1996년까지 10년 동안 광양만권의 산업별 고용자수 변화에 나타난 특징은 모든 산업 부문에서 뚜렷한 성장이 있었지만 산업별로 커다란 차이를 보였다는 점이다.

산업별 고용자수 변화에서 건설업이 가장 높은 성장률(214%)을 보였고, 금융업(155%), 도· 소매업(64%), 광업(53%), 제조업(50%)도 다른 부문에 비해 상대적으로 높은 고용변화를 나타냈다. 반면에 농림·수산업(32%), 전기업(44%), 운수·창고업(45%), 서비스업(31%) 등은 다른 산업 부문에 비해 상대적으로 낮은 성장을 보였다. 금융업과 도· 소매업, 건설업 등이 제조업 부문보다 상대적으로 높은 성장률을 나타낸 주요 배경에는 광양만권 공업화가 인구증가와 도시화에 영향을 미친 결과라 할 수 있다.

지역별 고용자수(1996년 기준)의 분포는 여수시(49.5%), 광양시(32.7%), 순천시(17.8%)의 순서로 광양만권에서 여수시가 가장 높은 비중을 차지하고 있다. 그러나 1987년 이후 10년 동안 지역별 고용자수의 변화에서는 광양시(217%), 순천시(50.7%), 여수시(33.0%) 등의 순서로 나타났고, 광양시가 여

〈표 8-5〉 광양만권의 산업별 고용자수 변화(1987~1996)

(단위: 명)

구분	1987				1996			
	순천시	여수시	광양시	합계(%)	순천시	여수시	광양시	합계(%)
농림·수산업	-	2,062	-	2,062(4.8)	33	2,571	122	2,726(3.8)
광업	20	14	65	99(0.2)	33	118	-	151(0.2)
제조업	2,019	13,787	4,984	20,790(48.3)	1,985	15,259	13,813	31,057(42.8)
전기업	222	588	-	810(1.9)	285	819	64	1,168(1.6)
건설업	510	2,065	292	2,867(6.7)	1,789	4,448	2,752	8,989(12.4)
도·소매업	1,266	1,245	174	2,685(6.3)	1,947	1,750	706	4,403(6.1)
운수·창고업	1,748	3,065	579	5,392(12.5)	2,088	3,573	2,164	7,825(10.8)
금융업	1,090	1,978	1,207	4,275(9.9)	2,650	4,716	3,552	10,918(15.1)
서비스업	1,665	2,177	178	4,020(9.4)	2,066	2,638	559	5,263(7.3)
합계	8,540	26,981	7,479	43,000(100.0)	12,876	35,892	23,732	72,500(100.0)

자료: 순천시, 여수시, 광양시, 『통계연보』, 각 년도.
주: 행정구역은 분석의 편의성을 위해 통합된 행정구역인 광양시(구광양군+구동광양시), 순천시(구순천시+구승주군), 여수시(구여수시+구여천시+구여천군)를 의미한다.

수시나 순천시보다 급속한 성장을 보였다. 특히 광양시에서는 1996년 고용자수가 2만 3,732명으로 증가하여 1987년과 비교하면 약 217%나 성장한 것이다. 그리고 산업별 고용자수 변화에서 광양시가 급속한 성장을 보인 것은 1987년 광양제철소의 입지 및 관련 공단의 건설과 밀접한 관련이 있다.

또한 순천시가 여수시보다 높은 성장률을 보인 것은 광양제철소와의 지리적 인접성, 광양만권 공업화에 따른 외부 전입인구의 증가, 그리고 순천공업단지의 활성화 등 순천시가 광양만권에서 차지하는 중심지 기능에 기인한다. 반면에 여수시의 고용자수 성장률이 다른 도시에 비해 상대적으로 낮은 것은 신규고용과 신설기업의 창출이 지속적으로 확대되지 못한 결과이고, 이는 장치형 산업인 여천석유화학공업단지의 특성과 관련시켜 설명할 수 있다.

한편 광양시의 산업별 고용자수의 변화에서는 제조업보다 건설업, 도·

소매업, 서비스업, 금융업 등에서 뚜렷한 성장이 나타났다. 건설업은 1987년과 비교하면 약 842%의 성장을 보여 건설업 부문이 지역경제 활성화를 주도한 것으로 밝혀졌다. 순천시의 경우, 제조업보다는 건설업, 금융업, 도·소매업 등에서 고용자수 증가가 두드러졌다. 여수시는 금융업, 건설업, 운수·창고업 등에서 고용자수가 증가하였다.

전체적으로 보면, 광양만권 전체의 산업별 고용자수는 1987년보다 약 69% 정도 증가했고, 이러한 증가는 모든 산업 부문에서 뚜렷하게 나타났다. 지역별로는 광양시와 순천시가 여수시보다 상대적으로 높은 성장률을 보였고, 광양시는 광양제철소의 입지로 인하여 다른 도시에 비해 공업화가 빠르게 진행되었다. 지역별로 고용자수의 변화에서 차이가 나타난 것은 지역경제적 속성, 즉 광양시는 제철 관련 제조업, 여수시는 석유화학 및 수산물 가공 제조업, 그리고 순천시는 제철 및 음식료품 관련 제조업 등과 관련시켜 설명할 수 있다.

2) 고용구조 변화와 지역성장

광양만권 공업화가 지역경제 구조변화에 미친 영향에 대한 분석은 다양한 방법으로 가능하지만, 일정 기간 동안 일어난 지역경제의 성과에 대한 변화를 다양하게 측정할 수 있는 방법 중 하나인 변이할당분석을 원용했다.

1987년부터 1996년까지 나타난 광양만권의 고용구조 변화를 파악하기 위해 변이할당분석을 실시한 결과(<표 8-6> 참조), 광양만권에서는 매우 활발한 고용성장이 이루어져 약 2만 6,976명의 실질성장효과가 발생하였다.

그리고 광양만권의 실질성장에는 전국의 경제성장과 지역의 경제성장이 거의 비슷한 비율로 영향을 미쳤다. 즉 전국의 경제성장이 지역의 고용성장에 미친 효과는 1만 3,680명이고, 광양만권이 가지고 있는 산업구조적 속성과 지역의 생산환경에 의한 효과는 1만 3,297명으로 분석되었다.

〈표 8-6〉 **광양만권 산업별 고용성장 변화**(1987~1996)

구분	전국성장효과(GN)	전이성장효과			총성장효과(GN+ME+RSE)
		산업구조(ME)	지역할당(RSE)	순성장효과(ME+RSE)	
농림·수산업	620.19	-198.04	239.85	41.81	662
광업	29.75	-100.60	123.85	23.25	53
제조업	6,247.02	-6,816.68	10,836.66	4,019.98	10,267
전기업	243.69	334.78	-221.47	113.31	357
건설업	1,653.85	5,590.83	-3,759.69	1,831.15	3,485
도·소매업	806.79	1,799.16	-887.96	911.21	1,718
운수·창고업	1,585.94	-226.98	1,188.04	961.06	2,547
금융업	1,284.56	5,911.59	-553.15	5,358.44	6,643
서비스업	1,207.64	1,156.61	-1,120.25	36.36	1,244
합계	13,679.44	7,450.66	5,845.90	13,296.56	26,976

전국의 경제성장이 지역경제 성장에 미친 효과인 전국성장효과에서는 거의 모든 산업 부문에서 고용증가가 발생하였고, 제조업이 가장 큰 영향을 미쳤다. 산업구조효과에서는 금융업, 건설업, 도·소매업이 광양만권의 고용성장에 영향을 미쳤으나 제조업은 오히려 고용감소를 보였다. 그러나 광양만권의 경제환경을 반영하는 지역경쟁 요인에서는 제조업과 운수·창고업이 고용성장에 결정적인 영향을 미쳤다.

1987년부터 1996년까지 광양만권의 고용구조는 제조업, 금융업, 건설업, 운수·창고업 등의 성장에 힘입어 전반적인 고용증가가 나타났고, 제조업, 운수·창고업, 농림·수산업, 광업 등은 지역 외적인 요인보다는 지역 내적인 요인에 의해 고용증가가 이루어졌다. 따라서 광양만권의 실질적인 고용성장은 제조업에 의해 주도되었고, 광양제철소 및 연관공업단지의 건설이 광양만권 경제구조 변화에 커다란 영향을 미쳤다고 볼 수 있다.

한편 광양만권의 지역별 고용성장을 파악하기 위해 지역 외적인 요인을 제외한 지역 내적 요인에 해당하는 산업구조 요인과 지역경쟁 요인의 고용

〈표 8-7〉 순천시·여수시·광양시의 변이할당분석(1987~1996)

구분	순천시		여수시		광양시	
	ME	RSE	ME	RSE	ME	RSE
농림·수산업	-0.10	31.80	-197.86	87.27	-0.10	120.80
광업	-20.32	27.31	-14.23	114.03	-66.05	-17.48
제조업	-662.00	21.32	4,520.52	1,849.77	-1,634.17	8,965.57
전기업	91.64	-95.35	242.72	-188.40	0.41	62.29
건설업	518.05	607.71	2,097.58	-335.08	2,975.21	-4,032.32
도·소매업	848.32	-547.73	834.25	-703.34	116.59	363.12
운수·창고업	-75.17	-110.07	-126.91	-137.82	-24.90	1,435.92
금융업	1,507.28	-274.81	2,735.23	-591.59	1,669.07	313.25
서비스업	479.16	-578.47	626.22	-818.07	51.23	276.29
합계	2,686.86	-918.28	1,676.50	-723.25	3,087.30	7,487.43

주: ME-산업구조효과, RSE-지역할당효과.
행정구역은 분석의 편의성을 위해 현재(2000)의 통합된 행정구역인 광양시(구광양군+구동광양시), 순천시(구순천시+구승주군), 여수시(구여수시+구여천시+구여천군)를 의미한다.

효과를 분석한 결과는 <표 8-7>과 같다. 광양시를 제외하면, 여수시와 순천시의 고용성장은 도시의 경제환경에 의한 경쟁요인보다는 산업의 전국적인 성장을 의미하는 산업구조효과에 의한 것으로 밝혀졌다. 그러나 전체적으로 보면 지역의 경제성장 요인에 의해 지역경제가 변화되었다.

순천시의 경우, 지역경쟁에 의한 고용성장은 건설업, 농림·수산업, 광업, 제조업 등의 부문에서 발생하였으나 다른 산업 부문에서는 오히려 고용감소가 나타났다. 순천시의 건설업 부문 고용효과는 광양만권 공업화에 따른 전입인구 증가로 도시 내에서 아파트 단지 건설을 비롯한 다양한 개발사업과 관련이 있다고 할 수 있다. 순천시는 광양만권의 중심도시로서 교육·문화·상업·서비스 기능이 다른 도시에 비해 특화되어 있다. 그래서 이러한 도시의 중심지적 기능 때문에 인근의 광양과 여수시로 통근하려는 전입인구가 지속적으로 증가하면서 주택건설 시장에 영향을 미쳐 건설업 활성화가 고용증가로 나타난 것이다.

여수시 또한 순천시와 비슷한 고용성장 패턴을 보였다. 그러나 순천시와 차별되는 특징은 제조업 부문에서 약 1,850명의 지역할당효과가 발생한 것이다. 여수시에서 제조업 부문이 고용성장에 영향을 미친 것은 약 931만 평의 공업단지 면적에 약 86개 업체(1996)가 입지해 있는 석유화학 계열로 특화된 여수국가산업단지의 영향이다.

광양시는 순천시 및 여수시와는 달리 광업과 건설업을 제외한 모든 산업 부문에서 지역경쟁 요인에 의해 고용증가가 이루어졌다. 제조업이 약 8,966명의 고용증가를 발생시켜 가장 많은 비중을 차지하였다. 그리고 운수·창고업, 도·소매업, 금융업, 서비스업, 농림·수산업 등 부문에서도 고용증가가 뚜렷하게 나타났다.

특히 제조업의 고용성장은 광양제철소의 입지와 직접적인 관련이 있다. 왜냐하면 광양제철소 준공 이후 진행된 광양제철 연관단지, 초남공업단지 등의 건설로 광양시는 다른 도시에 비해 제조업 부문의 발달이 빠르게 진행되었으며, 지역경제 또한 농업 중심에서 2·3차 산업 중심으로 재편되었기 때문이다.

1987년부터 1996년까지 광양만권 도시들의 지역경쟁 요인에 의한 고용증가는 광양시에서만 높게 나타났고, 순천시와 여수시에서는 오히려 고용감소가 나타났다. 광양만권에서는 제조업, 건설업, 운수·창고업 등이 고용증가에 영향을 미치는 주요 경제 부문으로 밝혀졌고, 1987년 이후 10년 동안의 광양만권 고용성장은 광양시와 광양제철소, 제철 관련 제조업이 주도하고 있는 것으로 분석되었다. 전체적으로 보면, 지난 10년 동안 광양만권의 고용증가는 여천석유화학단지와 광양제철소 및 연관단지에 입주한 기업체와 건설업, 운수·창고업에 의해 주도되었다.

3) 산업구조 변화와 지역성장

일반적으로 변이할당분석을 이용하여 지역의 경제성장과 변화를 분석하고 예측할 수 있지만, 성장효과를 고용자수나 소득변화로 간주하기 때문에 지역의 실질적인 성장률을 파악하기는 쉽지 않다. 그래서 산업별 성장기여도를 성장률로 표시하여 지역성장의 파급효과를 측정하는 방법이 지역성장률 시차분석이다.

지역성장률 시차분석을 통한 지역성장효과를 분석한 결과(<표 8-8> 참조), 광양만권의 지역성장률은 산업복합효과에 의한 성장률보다는 지역할당효과에 의한 성장률이 큰 영향을 미쳤지만, 광양만권 전체의 성장률은 약 -0.07로 마이너스 성장을 나타냈다. 성장률 시차분석의 결과, 변이할당분석 결과와는 상반되지만 성장률 시차가 적기 때문에 두 가지 분석방법에서 의미 있는 차이가 발견되지는 않았다.

특히 광양만권 전체의 성장률 시차분석에서 산업복합효과에 의한 성장률은 -0.19인 반면, 지역할당효과에 의한 성장률은 0.13으로서 광양만권의 경제적 특성이 지역성장에 커다란 영향을 미치고 있는 것으로 분석되었다(<표 8-8> 참조). 산업 부문별로는 제조업이 광양만권의 지역성장에 가장 큰 영향을 미쳤으며, 농림·수산업, 광업, 전기업, 운수·창고업 등이 긍정적인 파급효과를 제공하였다. 그러나 건설업과 금융업, 도·소매업, 서비스업 등은 지역성장에 커다란 파급효과를 제공하지 못한 것으로 나타났다.

한편 지역성장률 시차는 도시별로 뚜렷한 차이가 나타났다. 광양시(+0.46), 여수시(-0.38), 순천시(-0.39) 등의 순서로 광양시를 제외하면 지역성장률 시차는 모두 마이너스 효과를 나타냈다. 그렇지만 농림·수산업을 제외하면, 지역성장에 영향을 미치는 산업 부문을 판별할 수 있다. 즉 광양시의 제조업과 운수·창고업, 여수시의 운수·창고업, 순천시의 건설업 등이 지역성장에 커다란 파급효과를 제공한 경제활동 부문으로 분석되었다.

〈표 8-8〉 **광양만권의 지역성장률 시차분석**(1987~1996)

구 분	순천시		여수시		광양시		광양만권 (NCR)
	MIR(1)	SRR(2)	MIR(3)	SRR(4)	MIR(5)	SRR(6)	
농림·수산업	-0.00120	0.00372	0.01140	0.29451	-0.00120	0.01194	0.01908
광업	0.01300	0.00320	0.03960	0.04548	0.01260	-0.00173	0.01508
제조업	0.01670	0.00250	0.05000	-0.04615	0.01670	0.88610	0.25455
전기업	0.00200	-0.01116	0.00380	-0.00868	-0.00390	0.00616	0.01281
건설업	-0.05680	0.07115	-0.01673	-0.12732	-0.04230	-0.39853	-0.10931
도·소매업	-0.06730	-0.06413	-0.20910	-0.02479	-0.07040	0.03589	-0.08289
운수·창고업	-0.02340	-0.01289	-0.07160	0.10901	-0.02410	0.14192	0.00464
금융업	-0.12340	-0.03218	-0.37610	-0.07938	-0.12290	0.03096	-0.12089
서비스업	-0.03870	-0.06773	-0.12100	-0.12549	-0.04130	0.02731	-0.05921
합계	-0.27920	-0.10751	-0.84060	0.46365	-0.27670	0.74001	-0.06614

주: NCR=MIR(1+3+5)+SRR(2+4+6), NCR-지역성장률 시차, MIR-산업복합효과 성장률, SRR-지역할당효과.

지역성장률 시차분석 결과를 종합하면, 변이할당분석과 거의 유사한 결과가 도출되었다. 즉 광양만권의 지역성장은 광양제철소와 여수국가산업단지 등의 제조업 중심 공업단지와 기존의 농림·수산업 중심의 경제활동이 지역의 성장과 변화를 주도하고 있고, 지역성장에 영향을 미치는 주요 요인으로 밝혀졌다. 그리고 도시 중에서는 광양시가 1987년 이후 10년 동안 가장 급속한 지역성장을 경험한 것으로 밝혀졌다.

이러한 분석 결과를 근거로 할 때, 광양제철소 제1기 공사가 완공된 1987년 이후 광양만권 공업화와 도시성장은 광양제철소 및 연관단지, 광양만권 내에 입지한 제철 관련 제조업의 성장 등이 광양만권의 지역성장에 커다란 파급효과를 제공한 직접적인 요인으로 나타났다. 그리고 여수시의 여수국가산업단지와 수산업 및 운수·창고업, 순천시의 건설업 등도 광양만권 지역성장에 공헌한 요인으로 분석되었다.

4. 맺음말

전형적인 농수산업 중심의 지역경제를 영위하던 전남의 동부지역인 광양만권에서 공업화와 도시화가 구체적으로 나타나기 시작한 것은 1970년대 중반이다. 그러나 지역 균형개발 및 낙후된 전남지역의 공업화를 꾀하기 위한 중앙정부의 정책에 의해 1967년에 여천군 삼일면에 석유화학공업단지가 건설되면서 광양만권 공업화가 시작되었다.

그 후 1987년 광양제철소 제1기 설비가 준공되고, 여수시, 순천시, 광양시에 소규모의 공업단지가 조성되면서 본격적으로 광양만권 공업화가 진행되었다. 그리고 현재 조성 중에 있는 광양컨테이너부두의 건설사업, 율촌산업단지의 개발 등 지역개발 사업에 의해 광양만권은 우리나라의 대표적인 임해공업지역 중 하나로 성장하고 있다.

광양만권 인구는 1987년 이후 꾸준히 증가하여 전남 전체 인구의 약 33.1%를 차지하고 있으며, 순천시를 제외한 광양시와 여수시의 인구는 계속 증가하고 있다. 도시별로는 광양시의 인구가 빠르게 성장한 것으로 밝혀졌다. 광양만권의 제조업 구조 또한 변화되어 1차 금속·금속광물·조립금속 제조업 등이 지역의 공업구조에서 중요한 부문으로 성장하였다.

광양만권 공업화는 여천석유화학공업단지 및 광양제철소에 의해 주도되어, 1987년 이후 제조업 종사자수, 사업체수, 그리고 생산액이 꾸준히 증가하였다. 특히 산업별 고용자수(1996)에서 제조업이 3만 1,057명으로 광양만권 전체의 42.8%를 차지하여 광양만권의 지역경제에서 제조업이 매우 높은 비율을 차지하였고, 이러한 제조업의 영향은 지역의 금융업, 건설업, 운수·창고업 등 산업 부문 성장에도 영향을 미쳤다.

또한 광양만권의 도시별 고용자수(1996)의 분포에서는 여수시, 광양시, 순천시 순서로 나타났지만, 1987년 이후 10년 동안 고용자수 변화에서는 광양시가 여수시 및 순천시보다 뚜렷한 성장을 보였다. 광양시가 산업별 고용자수 변화에서 두드러진 성장을 보인 것은 광양제철소의 준공과 제철 관련 공업단지의 건설 때문으로 판단된다.

광양만권 공업화가 지역의 경제구조 변화에 미친 영향을 파악하기 위해 변이할당분석을 실시한 결과, 1987년부터 1996년까지 광양만권의 고용성장은 전국의 경제성장 요인보다도 지역의 경제성장 요인의 영향을 많이 받았다. 특히 제조업과 금융업, 건설업, 운수·창고업 등의 경제 부문이 고용증가에 영향을 미쳤고, 제조업이 실질적인 고용성장을 주도하였다. 지역별로는 광양시에서 지역의 경쟁요인에 의한 고용증가가 가장 많이 발생하였고, 여수시와 순천시는 지역경쟁 요인보다는 산업구조 요인에 의해 고용성장이 주로 발생한 것으로 분석되었다.

지역성장률 시차분석에서도 변이할당분석과 유사한 결과가 도출되었다. 1987년 이후 10년 동안의 광양만권 지역성장은 광양제철소와 여수국가산업단지 등의 제조업과 농림·수산업에 의해 영향을 받았고, 광양시에서 가장 빠른 지역성장효과가 나타났다.

결론적으로 광양만권은 1970년대 중반 이후 공업화가 본격적으로 진행되었고, 1987년 광양제철소가 건설되고 광양시, 순천시, 여수시에 관련된 공업단지가 조성되면서 권역의 공업화가 빠르게 진행되었다. 그리고 광양만권 공업화는 지역의 경제구조를 제조업 중심으로 재편시켰고, 이러한 지역의 경제구조는 인구성장과 도시화, 지역발전에 영향을 미쳤다. 이 장에서는 광양만권 공업화가 지역의 경제구조 변화에 미친 영향을 기술적인 방법과 분석적인 방법을 이용하여 고찰하였다. 그러나 변이할당 모델과 지역성장률 시차 모델을 통한 광양만권의 경제구조 변화에 대한 설명은 이론적·실질적인 한계가 있었고, 광양만권 공업화에 따른 지역경제의 변화과정을 구체적이고 명확하게 파악하지 못한 점이 한계이다.

3부
광양만권 변화에 대한 지역주민의 인식태도

제9장

여수지역 주민의 인식과 태도

여수시는 인구규모와 면적으로 볼 때 전라남도에서 가장 큰 규모를 가진 제일의 도시이다. 그러나 도시기능의 질적 측면을 살펴보면 그 수준이 매우 낮다. 도시와 농촌이 통합되었기 때문에 지역 내에서 교통, 산업용지, 택지, 주거환경, 사회복지시설 등의 공간적 차이를 가지고 있고, 도시권역의 확대로 많은 도시문제를 안고 있다.

여수지역은 여천석유화학공업단지, 광양제철 및 연관단지, 광양컨테이너부두, 그리고 율촌 1·2산업단지 등이 활성화되면, 이들 개발사업의 영향으로 지역의 공업발달과 도시화가 빠르게 진행될 것으로 예상된다. 그리고 여수시는 수려한 남해안의 해상경관을 바탕으로 우리나라의 중요한 해상관광지역으로 성장할 잠재력도 가지고 있다.

그러나 여수지역은 대도시권으로 성장하는 데 많은 내부적인 문제를 가지고 있다. 여수지역이 주변의 순천시와 광양시, 그리고 경남의 진주시 등지와 경쟁하여 광양만권의 중심도시로서 성장하기 위해서는 지역 내 성장잠재력을 최대한 발휘하면서 쾌적한 도시환경을 형성해 가는 것이 앞으로 풀어야 할 과제이다. 이런 측면에서 이 장에서는 여수시의 생활환경과 삶의 질에 대한 여수시민의 의식조사를 실시한 연구성과(이정록, 1998)를 바탕으로 그 특징을 파악하려고 한다.

1. 연구목적과 내용

1) 연구의 목적

여수지역은 우리나라의 근대화 과정에서 전남 동부지역의 발전에 중요한 역할을 하였고, 1970년대 이후에는 광양만권의 공업 및 수산업의 중심도시로 자리매김하였다. 전남 동부지역 발전에 선도적인 역할을 수행한 대표적인 항구도시로서, 광양만권 공업화와 도시화가 급속하게 진행되고 있는 상황에서 여수지역이 차지하는 기능과 역할은 매우 중요하다.

여수지역은 1970년대 이후 여천산단의 준공과 광양만권 공업화에 의해 여수지역에 여천시라는 신흥공업도시가 새롭게 탄생하였다. 그리고 기존의 여수시를 비롯하여 공업과 농업기능이 혼재된 여천시, 농수산업 중심의 여천군으로 분할되어 무분별한 도시개발이 행해졌다. 그러나 지난 1998년 4월에 여수시, 여천시, 여천군이 통합됨에 따라 여수시는 인구와 면적에서 가장 큰 규모를 차지해 전남 제일의 도시로 등장하였다.

그렇지만 여수지역은 지금까지 항만공간, 산업시설 중심의 산업공간의 기능성을 강화하기 위한 도시기반시설의 양적인 개발에 치중했기 때문에 도시민의 정주공간으로서 삶의 질이나 생활환경 개선 등 질적 수준을 높이기 위한 노력은 뒷전이었다. 또한 최근의 도시개발에서 나타난 특징을 보면 다른 도시들, 특히 인접한 순천시, 광양시 등에 비해 도시기반시설이 절대적으로 부족하였다.

그러므로 여수지역의 주요 현안이었던 여수시·여천시·여천군의 통합이 이루어짐에 따라 21세기를 지향하는 새로운 도시발전을 위한 다양한 논의가 우선적으로 진행되어야 한다. 이를 위해서는 기본적으로 여수시의 삶의 질에 대한 토론을 바탕으로 장기적인 관점에서 여수시, 여천시, 여천군을 통합한 새로운 도시발전 전략이 모색되어야 하며, 지역주민들의 삶의 질을 보장하는 지속 가능한 도시발전을 위한 다양한 정책적 논의가 이루어져야 한다.

여수도시권은 광양컨테이너부두의 완공, 율촌 1·2산단의 준공 등 지역개발 사업에 의해 우리나라의 중추적인 임해공업도시이자 동북아시아의 새로운 해운·항만 도시로서 도시기능이 새롭게 변화될 것으로 전망된다. 그러므로 전술한 방향으로의 도시의 기능 변화를 꾀하기 위해서는 여수시의 새로운 도시발전을 위한 공간구조 재편성과 여수시민의 삶의 질에 대한 분석을 기초로 장기적인 도시개발의 방향과 전략을 설정하는 것이 중요하다.

따라서 이 장에서는 도·농 통합도시로 새롭게 출범한 여수시의 정주환경 및 삶의 질에 대한 현재의 특성을 분석하고, 이를 기초로 장기적인 관점에서 여수시의 바람직한 도시발전 방향을 모색하려고 한다. 이 장의 주요 목적은 첫째, 여수시민을 대상으로 여수시 정주환경의 만족도를 분석하고, 둘째, 여수시 생활환경의 삶의 질에 대한 특징과 삶의 질 변화과정에 대한 주민들의 평가를 고찰하며, 셋째, 여수지역 주민들의 삶의 질 향상을 위한 도시개발의 장기적인 방향을 제시하려는 것이다.

2) 연구의 주요 내용

이 장에서는 통합여수시가 21세기에 완벽한 정주공간 체계가 구축된 자족적인 도시로, 그리고 광양만권의 중추적인 기능을 수행하는 중심도시(central city)로 발전하기 위한 도시개발의 새로운 방향과 과제를 모색하려고 한다. 그리고 이 장에서는 거주공간으로서 여수시가 제공하는 도시적 삶의 질에 대해 지역주민들이 어떻게 인식하고 있는가를 실증적으로 분석하여 바람직한 대안을 제시하려고 한다. 이 장에서 수행한 연구의 주요 내용은 다음과 같다.

첫째, 여수시 도시공간의 정주환경과 삶의 질 수준을 분석하기 위해 지역사회의 전반적인 생활여건에 대한 주민들의 만족도 평가를 시도하였다. 이를 위해 지역사회에 대한 시민의 정체성을 분석하고 정주환경에 대한 만족도와 생활환경에 대한 삶의 질을 측정하여, 그 특징을 규명하였다.

둘째, 시민들의 주거 공간이자 사회적 공간으로 기능하고 있는 주거지역의 사회·경제적 속성과 적정성 분석도 도시지역 삶의 질 연구에서 매우 중요한 과제 중 하나이다. 따라서 주거지역과 삶의 질 관계를 분석하고, 여수시의 거주지역별 주민의 삶의 질 만족도를 고찰하며, 주거지역의 선호도를 파악하였다.

셋째, 삶의 질의 측정지표인 주거생활, 근린주거, 자연환경, 경제환경, 교육환경, 여가생활, 문화생활, 교통환경, 도시행정 및 편익 서비스의 9개 분야에 대하여 여수시민들이 5년 전과 비교하여 어떻게 인식하고 있는가를 분석하였다.

넷째, 여수시의 도시기능과 발전 방향은 여수시민들의 인식에 기초하여 도시민의 합의와 실천적 노력을 담보할 수 있는 방향으로 수립되어야 한다. 따라서 여수시민들의 도시발전 과정에서 발생한 문제점에 대한 인식, 도시개발 방향에 관한 인식, 도시발전 미래상에 대한 인식 등을 제시하였다.

이 장은 여수시의 현재의 도시문제, 특히 시민들이 인식·평가한 삶의 질에 대한 분석자료를 바탕으로 여수시 도시발전을 위한 장기적인 정책을 제시한 실증적인 연구이다. 또한 여수대도시권(여수시, 여천시, 여천군) 주민의 삶의 질을 분석하여 여수의 발전을 위한 새로운 모델을 제시한다는 측면에서 큰 의의가 있다. 따라서 이 장의 연구내용은 통합여수시의 도시계획, 지역개발정책, 교통계획, 사회복지 및 문화개발계획 등을 수립하는 데 실증적인 자료로 활용될 수 있고, 여수대도시권의 도시발전 기본 방향과 전략적 과제를 설정하는 데 유용하게 활용될 것으로 판단된다.

3) 연구방법과 자료

여수시민을 대상으로 한 삶의 질과 생활환경에 대한 조사는 기본적으로 설문지를 통한 표본조사를 통해 이루어졌다. 이 장에서는 비교적 간편하게 이용할 수 있는 리커트(R. Likert)식 척도법을 원용한 5단계의 척도를 사용하여 작성한 설문지를 가지고 조사를 실시하였다.

그리고 주민의식의 변화를 파악하기 위해 약 1,000여 명의 여수시민을 표본집단으로 선정하여 설문조사를 실시하였다. 표본선정의 방법은 전수조사의 제약성과 어려움을 고려하여 모집단의 특성을 잘 대변할 수 있는 표본을 추출하였고, 표본추출에서는 표본집단의 개인적인 속성보다는 거주지별 속성에 중점을 두고 작업을 진행하였다. 특히 표본선정에서는 행정동보다는 법정동을 기준으로 하였고 각 동·면별 인구와 세대규모를 고려하여 표본집단의 크기를 산출하였다.

<표 9-1>에 나타난 것과 같이, 여수시의 총인구는 약 33만 954명(1996)이며, 세대수는 9만 3,731가구이다. 이를 세대별로 구분하면 구여수시가 전체의 56.3%, 구여천시가 24.2%, 그리고 구여천군이 19.5%를 차지하고 있다.

이러한 거주지별 세대규모를 기준으로 표본규모(sample size)는 여수시 전체 가구의 약 1.06%에 해당하는 1,000명을 대상으로 설문지를 배포하여 자료를 수집하였다. 1,000명을 대상으로 설문조사를 실시하여 수집한 자료 중에서 통계적으로 유의한 891명의 표본집단 설문자료를 분석에 사용하였다.

표본집단의 거주지별 분포는 구여수시가 53.1%로서 실제 세대수 56.3%보다 약 3.2%가 적게 조사되었다. 그리고 구여천시의 표본크기는 28.5%(실제 세대수는 24.2%)로서 실제보다 약 4.3%가 과도하게 추출되었고, 구여천군의 응답자는 18.4%로서 실제 가구수인 19.3%보다 1.1%가 적게 추출되었다.

〈표 9-1〉 표본집단의 거주지별 구성

(단위: 명, 세대)

구분	인구수(1996)	세대수(1996)	표본집단 크기
구여수시	187,239	52,718(56.3%)	53.1%
구여천시	80,496	22,720(24.2%)	28.5%
구여천군	63,219	18,295(19.5%)	18.4%
합계	330,954	93,731(100.0%)	100.0%

그러나 전체적인 표본집단의 거주지별 특성에서는 모집단인 여수시의 세대구성을 잘 반영하고 있어 통계적으로 의미 있는 표본집단의 추출이라고 할 수 있다.

설문지 조사방법은 실질적인 설문조사와 사전 예비조사의 2단계로 구분하여 실시하였다. 작성된 설문지에 의한 사전조사는 1998년 6월 1일부터 이틀에 걸쳐 약 100명의 표본집단을 무작위로 추출하여 직접 면접조사를 통해 자료를 수집하였는데, 이 조사는 주로 설문내용의 문제와 한계점 도출을 목적으로 실시하였다.

사전 설문조사에서 도출된 문제점과 오류를 보완하여 새로운 설문내용을 구성하였고, 실질적인 설문조사는 1998년 7월 1일부터 7월 20일까지 약 20일 동안 진행되었다. 자료조사의 편의성을 위하여 직접 면접조사가 아닌 집단조사법을 이용하였고, 여수지역의 초·중·고등학교 재학생의 학부모를 대상으로 실시하였다.

설문지를 통해 수집된 자료 중에서 통계적으로 유의미한 자료를 바탕으로 SPSS-PC를 이용하여 통계분석을 실시하였다. 그리고 통계분석 과정에서 무응답으로 나타난 부분은 각 문항의 통계분석에서만 제외시켰다. 이 장에서 주로 사용한 통계분석은 가장 기본적인 분석 작업에 속하는 각 변수별 빈도분석(frequency analysis)과 교차분석(cross-tabulation) 방법이다.

2. 정주환경의 만족도 분석

1) 지역사회에 대한 시민의 정체성 분석

지역사회는 개인의 삶의 질을 결정하는 중요한 장이다. 그러나 지역사회라는 특정 생활공간에 거주하고 있는 개개인들의 지역에 대한 생각과 느낌은 서로 상이하며, 특정 개개인의 지역사회에 대한 인식을 장소 또는 지역의 '정체성'으로 설명할 수 있다. '나는 여수사람이다'라고 표현하는 지역사회에 대한 정체성은 개개인이 '여수'라는 장소에 대해 갖는 소속감 또는 지역사회에 대한 동일화, 지역에 대한 친밀감과 친숙도, 지역사회에 대한 자부심 등으로 구체화된다. 왜냐하면 특정 지역에 대해 부정적인 평가를 하면서 그 지역에 대한 일정한 정체감을 갖기는 어렵기 때문이다. 즉 특정 지역에 대해 긍정적인 평가를 하고 자부심을 가질수록 그 지역에 대한 동일화의 정도나 애착심의 정도가 크게 나타난다.

또한 지역사회에 대한 정체성은 주민들의 거주기간 및 정주과정과 밀접한 관련성이 있다. 특정 도시에서 생활한 거주기간이 길면 길수록 지역사회를 잘 알게 되고, 이는 지역사회에 대한 애착심과 자부심 형성에 커다란 영향을 미친다. 그리고 지역사회에 대한 소속감과 애착심이 강하면, 다른 지역으로 이주하려는 성향보다는 계속 정주하려는 경향이 상대적으로 높은 것이 특징이다. 따라서 지역사회의 정체성 수준은 특정 도시에 계속 정주할 것인가 아니면 다른 도시로 이주할 것인가 하는 정주의사 결정과정에도 중요한 영향을 미친다.

(1) 여수시민들의 지역사회 정체성 분석

특정 지역에 거주하고 있는 주민들이 그 지역에 대해 갖는 정체성은 지역에 대한 긍지나 자부심 정도를 통해 파악할 수 있다. 이 절에서는 여수지

〈표 9-2〉 지역사회에 대한 긍지와 자부심 평가

(단위: %)

구 분	매우 만족	약간 만족	보통	약간 불만	매우 불만
5년 전	4.6	20.5	51.9	18.5	4.5
현재(1998년)	2.1	21.1	48.0	21.6	7.2
5년 후	15.5	37.2	35.2	7.8	4.3

역에 대한 시민들의 정체성을 알아보기 위하여 '여수시민으로서 느끼는 자부심과 긍지'라는 변수를 이용하여 분석하였다. 그리고 지역사회에 대한 긍지와 자부심은 시간 및 거주기간에 따라 다르게 나타나기 때문에 5년 단위로 구분하여 조사하였다.

'귀하는 여수시민으로서의 긍지와 자부심에 대해 어느 정도 만족하고 계십니까?'라는 설문에 대한 결과는 <표 9-2>에 나타난 것과 같다. 여수시민으로서의 긍지와 자부심에 대한 응답자의 평가는 '보통이다(48.0%)', '약간 불만이다(21.6%)', '약간 만족한다(21.1%)', '매우 불만이다(7.2%)', '매우 만족한다(2.1%)'의 순서로 나타났다. 즉 지역사회에 대한 정체성은 만족 수준(23.2%)보다 보통 수준(48.0%)이 주류를 이루고 있어서, 조사대상자들은 통합시인 여수시의 지역사회에 대해 강한 정체성과 동질성을 갖고 있지는 않지만, 그렇다고 지역사회에 대한 정체성이 희박한 수준은 아닌 '보통 수준'인 것으로 분석되었다. 그러나 긍정과 부정이 교차하는 '보통이다'라는 속성을 제외하면, 여수시민들의 지역사회에 대한 정체성은 상대적으로 강하지 않은 것으로 판단된다.

'여수'라는 지역사회에 대해 갖고 있는 여수시민들의 지역의식인 정체성 변화를 분석하기 위하여 시간적으로 구분하여 5년 전 수준과 현재, 그리고 5년 후의 평가를 비교해 보았다.

대부분의 응답자들은 현재보다도 5년 전의 지역사회에 대해 비교적 높은 긍지와 자부심을 가지고 있었던 것으로 나타났다. 그러나 통합시가 되면서

〈그림 9-1〉 지역사회에 대한 긍지와 자부심의 변화

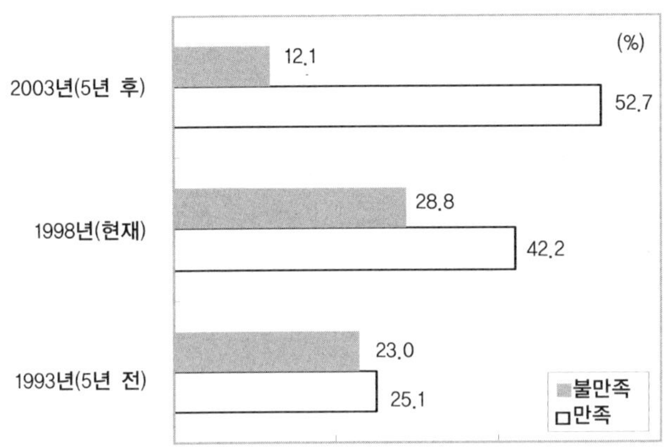

지역사회에 대한 자부심과 긍지는 약간 감소하였고, 특히 불만족 수준이 23.0%에서 28.8%로 상대적으로 증가한 것으로 나타났다. 이러한 특징은 통합과정에서 노정된 지역주민 간의 갈등이 지역정체성 악화에 영향을 미친 것으로 판단된다. 5년 후에 여수시민들이 갖게 될 지역정체성을 현재와 비교해 보면, 지역정체성에 대한 '만족 수준'이 현재의 42.2%에서 52.7%로 크게 향상될 것으로 전망하였고, '불만 수준'은 현재의 28.8%에서 12.1%로, 그리고 '보통이다'는 48.0%에서 35.2%로 각각 감소할 것으로 전망하였다.

따라서 이러한 분석 결과를 종합하면, 여수지역에 거주하는 시민들은 현재보다 5년 후의 지역사회에 대해 긍정적으로 평가하여, 5년 후에는 지역사회에 대한 시민들의 긍지와 자부심이 향상됨에 따라 지역사회에 대한 애착심이 강화되어 지역의 공동체 의식이 더욱 성숙될 것으로 기대된다.

(2) 지역사회에 대한 정체성과 정주의사와의 관계

한편 지역사회에 대한 긍지와 자부심·애착심 등은 정주의사와 밀접한 관계가 있다. 그러므로 여수지역에 계속 정주할 것인가 아니면 이주할 의사가 있는가 하는 거주지역의 이동성향을 분석하면 지역사회의 정체성을 간접적으로 측정할 수 있다.

'귀하는 여수에서 다른 지역으로 거주지를 옮길 의사가 있습니까?'라는 설문을 실시한 결과, 전체 응답자의 약 65.7%는 여수시에서 계속 거주하겠다고 응답한 반면, 전체의 33.9%는 기회가 되면 거주지를 다른 도시로 옮기겠다고 응답하였다. 결과적으로 약 66%의 응답자는 여수에서 계속 정주하려는 강한 의지를 가지고 있었다.

지역사회의 정체성과 정주의사와의 관계를 분석한 결과, 지역정체성의 강약이 정주의사에 결정적인 영향을 미치지는 않았다. 따라서 지역정체성과 다른 도시로의 이주결정 간에는 커다란 상관관계가 없는 것으로 분석되었다. 그러나 전체 응답자의 약 30%가 기회가 되면 거주지를 옮기겠다는 이주성향을 보여 공동체적 지역의식의 형성과 정체성 강화에 부정적인 요인으로 작용하고 있다고 할 수 있다.

지역주민이 지역사회에 대해 갖는 높은 정체성은 지역의 변화 및 발전과정에서 매우 중요한 역할을 한다. 그러므로 여수지역에서 생활하고 있는 시민들의 지역사회에 대한 공동체적 의식을 함양시키고, 지역사회에 대한 애착심과 자부심을 고취시켜 여수시에 계속 거주하도록 하는 정책의 집행이 필요하다.

2) 지역사회의 정주환경에 대한 만족도 평가

지역사회의 정주환경과 삶의 질 수준을 분석하는 작업에서 가장 많이 사용되고 있는 방법 중 하나가 지역사회의 전반적인 생활여건에 대한 주민의 만족도 평가이다. 여수시의 정주환경을 비롯한 전체적인 지역사회에 대한 시민들의 만족도 평가를 파악하기 위하여 '살기 좋음'의 비교평가, 생활여건을 포함한 지역사회에 대한 만족도 평가, 정주공간으로서 여수시의 평가 분석, 그리고 이주성향의 주요 원인 등으로 구분하여 분석하였다.

(1) 지역사회의 정주환경 평가

정주환경의 측정과 평가에서 특정 지역사회가 생활하기에 얼마나 적절한가의 주관적인 측정은 '살기 좋음(livability)'을 반영하는 지표를 통해 평가하고 추정할 수 있다. 그러나 주관적인 지표방법에 의한 삶의 질 측정에서 살기 좋음이란 매우 자의적이고 주관적인 평가라는 한계가 있다. 이러한 한계점을 보완하기 위하여 다른 도시, 즉 개개인이 거주하는 도시와 유사한 속성을 가진 다른 도시 또는 상위 도시와 비교한 살기 좋음을 측정할 수 있다.

여수시의 정주환경에 대한 '살기 좋음(livability)'을 측정하기 위하여 '귀하는 여수시가 타 도시에 비해 살기가 좋다고 생각합니까?'라는 설문에 대해 <그림 9-2>에 나타난 것과 같이 비교적 살기 좋은 도시라는 인식과 평가를 하였지만, 정주환경에 대한 만족도는 그렇게 높지 않다. 다른 도시의 정주환경과 비교하여 여수시의 수준은 비교적 양호한 것으로 분석되었다. 그러나 대부분의 응답자는 여수시가 다른 도시와 비교하여 커다란 차별성과 독특성을 가진 '살기 좋은 도시'라고 생각하지는 않은 것으로 분석되었다.

〈그림 9-2〉 다른 지역과 비교한 여수시의 '살기 좋음' 평가

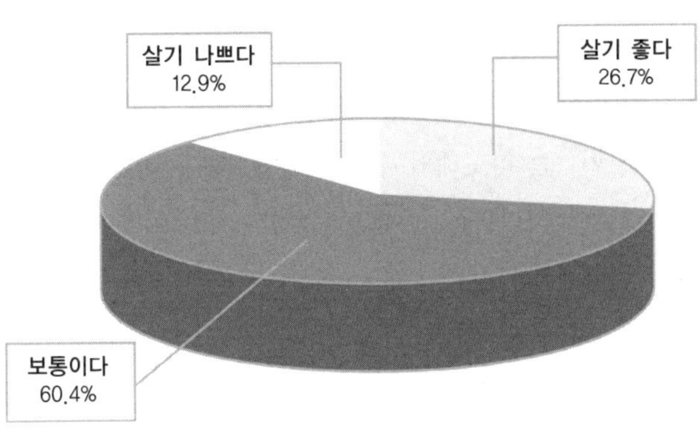

〈표 9-3〉 각 요인별 살기 좋음의 상대적 평가

(단위: %)

요인별 구분	긍정적	부정적	비고
경제적 여건	8.2	7.8	+0.4
역사문화적 배경	15.2	3.9	+11.3
교통환경	11.6	16.0	-4.4
교육환경	0.9	16.6	-15.7
문화여가 생활	2.9	27.0	-24.1
쾌적한 자연환경	20.3	8.1	+12.2
도시의 안전성	3.7	1.8	+1.9
주택 사정	11.9	0.6	+11.3
행정 서비스	0.3	3.4	-3.1
근린주거의 사회성	18.3	1.3	+17.0
사회복지 서비스	1.2	10.1	-8.9
기타	4.8	3.4	+1.4

여수지역의 정주환경을 경제적 여건, 역사·문화적 배경, 교통, 교육, 문화·여가, 자연환경, 도시의 안전성, 주택 사정, 행정 서비스, 근린주거, 사회복지 서비스 등 11개 요인을 지표로 다른 지역과 비교하여 평가한 결과는 <표 9-3>에 제시되어 있다.

여수지역이 다른 도시보다 살기 좋은 요인으로는 쾌적한 자연환경, 근린주거의 사회성, 역사·문화적 배경, 주택 사정, 도시의 안전성, 그리고 경제적 여건 등 6가지 요인을 들었다.

이 6개 요인 중에서 가장 중요한 요인은 쾌적한 자연환경(20.3%)으로 평가되었다. 이런 평가는 다도해의 수려한 해상경관을 비롯한 자연적 환경의 우수성을 대부분의 시민들이 높게 인식하고 있고, 이에 대해 자랑스럽게 생각하고 있기 때문이다.

그 다음으로 중요하게 평가한 요인은 '근린주거의 사회성(18.3%)'으로 분석되었다. 여수시 시민들은 주거지역에서 이웃과의 사회적 관계와 유대가 매우 강한 것으로 나타났고, 강한 근린주거의 공동체적 의식에 대해 커다란 의미를 부여하였다.

세 번째로 중요하게 평가한 요인은 지역사회의 역사·문화적 배경으로 나타났다. 수산업도시에서 출발하여 공업 및 관광도시로 성장하고 있는 도시의 역사성, 그리고 충무공 이순신 장군으로 표현되는 여수의 문화적 자산에 대해 긍정적인 평가를 하였다. 그리고 주택사정도 다른 도시에 비해 비교적 양호한 것으로 평가하였고, 범죄와 재해가 상대적으로 적어 도시의 안전성에도 긍정적인 평가를 하였다.

반면 여수시가 다른 도시에 비해 상대적으로 살기 나쁘다면 그 이유는 무엇인가를 분석한 결과, 문화·여가 생활, 교통과 교육환경, 사회복지 서비스, 그리고 행정 서비스 등 5개 요인이 다른 도시와 비교할 때 여수가 열악하다고 평가하였다. 특히 대부분의 응답자가 여수의 나쁜 정주환경으로서 문화 및 여가 생활과 관련된 편익시설의 부족을 가장 중요한 요인으로 지적하였다. 이러한 속성은 지방의 중소 도시가 공통적으로 안고 있는 문제이지만, 34만 명의 인구규모를 고려하면 도시민을 위한 다양한 유형의 문화시설과 도시 내 여가시설의 확충이 선결과제로 등장하고 있음을 알 수 있다.

그리고 여수시의 정주환경을 저해하는 요인으로는 교통과 교육환경으로 나타났다. 여수시가 우리나라 최남단인 남해안에 위치해 있기 때문에 서울을 비롯한 수도권과의 접근성이 낮고, 해안지역이라는 특성 때문에 주변도시와 도로교통의 연계성 또한 상대적으로 나빠서 이러한 평가가 나왔다고 생각된다.

또한 중·고등학교와 대학교의 교육환경에 대한 평가에서도 부정적인 것으로 밝혀졌고, 도시민을 위한 사회 및 복지 서비스 시설 부족, 행정 서비스 등도 정주환경의 질을 저해시키는 요인으로 평가되어 이들 문제에 대한 장기적인 개선책이 필요한 것으로 나타났다.

(2) 지역사회의 만족도 평가

여수지역에 거주하고 있는 시민들의 여수시라는 정주공간에 대한 만족도는 지역주민의 삶의 질과 깊은 관련성을 가지고 있다. 그러므로 정주공간에 대한 만족도 평가는 개인의 주관적인 삶의 질을 평가하는 중요한 요소가 된다.

'귀하는 여수시의 전반적인 생활환경에 대해 어느 정도 만족하고 계십니까?'라는 설문에 대해 조사대상자의 대부분은 여수라는 정주공간에 대해 만족하지 못하고 있는 것으로 밝혀졌다. 이를 구체적으로 살펴보면, <표 9-4>에 나타난 것과 같이 전체적으로 만족도(16.6%)보다는 불만족도(35.6%)가 상대적으로 높은 비율을 점하고 있다.

따라서 대부분의 응답자는 정주공간으로서의 여수시를 살기 좋은 도시라고 평가하고 있지만, '여수'라는 지역사회가 제공하는 정주환경에 대해서는 만족하지 못하고 있는 것으로 나타났다. 이는 정주공간으로서 여수시의 도시적 생활편익시설이 부족하여 시민들의 삶의 질 향상을 도모하지 못하고 있음을 의미한다.

그리고 지역의 전반적인 생활여건을 포함한 정주환경에 대한 만족도는 시간에 따라 변하고 있는 것으로 분석되었다. 현재 여수시민이 느끼는 정주환경에 대한 만족도는 5년 전의 23.1%에 비해 16.6%로 감소하였으며, 불만족도는 5년 전의 30.8%에서 35.6%로 오히려 증가하여 생활여건이 악화

〈표 9-4〉 지역사회에 대한 만족도 평가

(단위: %)

구 분	매우 만족	약간 만족	보 통	약간 불만	매우 불만
5년 전	3.7	19.4	46.1	25.9	4.9
현 재	1.2	15.4	47.9	27.6	8.0
5년 후	10.2	34.3	42.6	8.8	4.2

〈그림 9-3〉 지역사회에 대한 만족도 변화

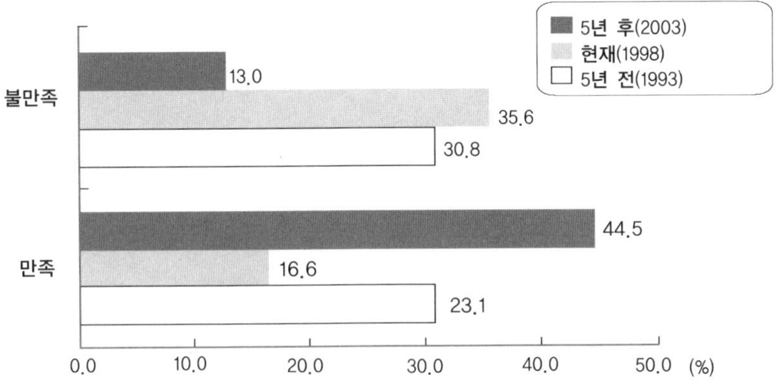

되었다는 평가를 하였다. 특히 여수시, 여천시, 여천군이 통합된 현재의 생활여건이 과거보다 불만족스럽다는 평가는 통합시가 지역주민의 생활여건 변화에 커다란 영향을 제공하지 못하고 있음을 반증하는 사례이다.

그러나 앞으로 여수시의 정주환경이 어떻게 변화할 것인가에 대한 평가에서는 생활여건이 만족할 만한 수준으로 향상될 것이라는 기대감을 가지고 있는 것으로 나타났으며, 이러한 특징은 지역사회에 대한 긍지와 자긍심 평가와 거의 유사한 경향을 보이고 있다.

따라서 2000년대 여수지역 정주환경 변화에 대한 지역주민의 낙관적인 전망을 뒷받침하기 위해서는 도시발전을 위한 장기적인 지역정책의 수립과 집행이 시급한 과제이다. 이를 위해서는 거시적인 관점에서 지역주민의 삶의 질을 제고시키기 위한 여수시 도시발전의 명확한 방향 설정과 이를 구체적으로 달성하기 위한 다양한 정책적 프로그램의 도입이 매우 중요하다.

(3) 지역사회 정주의사 평가

지역사회의 살기 좋음과 정주환경에 대한 만족도의 정도는 주민의 정주 및 이주 의사와 관련성이 있으며, 정주환경에 대한 만족도가 높으면 높을

〈그림 9-4〉 다른 도시로의 이주성향 분석

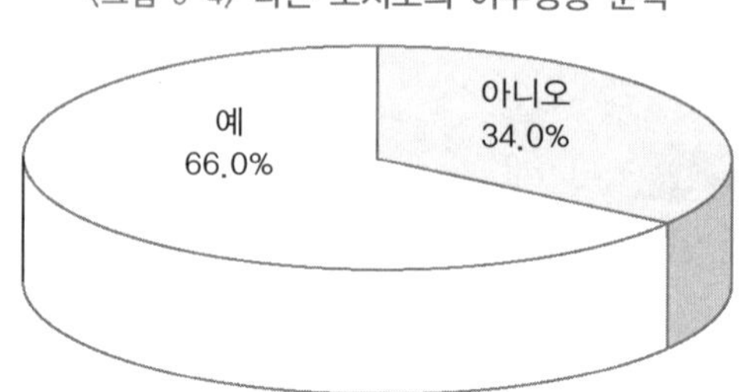

수록 다른 지역으로 이주하지 않고 계속 정주하려는 성향이 있다.

그러므로 이러한 지역주민의 인식 및 평가가 거주지 이전에는 어떤 영향을 미쳤는가를 파악하기 위한 '귀하는 여수에서 타 지역으로 거주지를 옮길 의향이 있습니까?'라는 설문에 대해 <그림 9-4>와 같이, 전체 응답자 중 580명인 66.0%가 거주지를 옮기지 않고 여수시에서 계속 정주하겠다고 응답한 반면, 다른 도시로 이주하겠다는 성향을 보인 응답자는 299명으로 34.0%로 나타났다.

이러한 경향은 출생지역의 변수와도 밀접한 관련이 있는 것으로 밝혀졌다. 즉 여수지역에서 출생한 조사대상자들은 지역 내에서 계속 정주하겠다는 응답이 비교적 높은 반면, 외부지역에서 전입한 사람들은 상대적으로 낮은 정주의사를 나타냈다.

한편 기회가 되면 여수시에서 다른 도시로 이주하겠다고 응답한 집단을 대상으로 이주하려는 이유를 분석한 결과, 주로 자녀들을 위한 교육기회의 확대(52.3%), 향상된 여가·문화 생활의 영위(15.1%), 보다 쾌적한 생활환경의 추구(14.7%) 등의 이유 때문에 이주하기를 선호하는 것으로 나타났다. 특히 여수시의 살기 좋음에 대한 평가에서도 지적된 것과 같이 대부분의 응답자들은 자녀들을 위한 '보다 향상된 교육환경' 때문에 다른 도시로 이주하기를 원하고 있으므로, 지역 내 교육환경의 질적 개선은 여수시가 자족적인 정주도시로 성장하는 데 중요한 요인으로 밝혀졌다.

〈그림 9-5〉 **다른 지역으로 이주하려는 주요 이유**

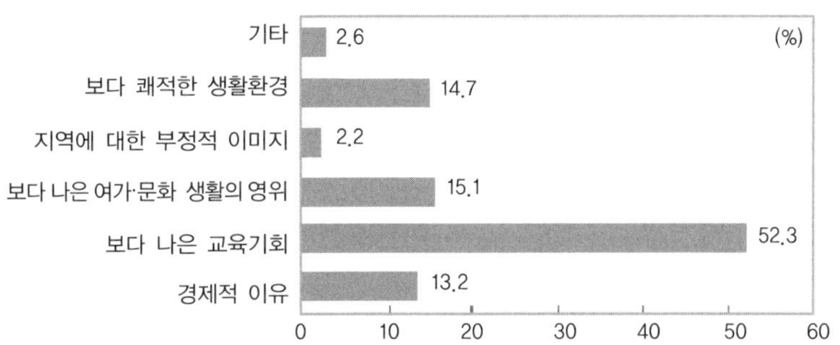

또한 여수시는 수려하고 쾌적한 자연환경을 보유하고 있는 도시라는 이미지를 가지고 있지만, 보다 쾌적한 생활환경을 위하여 다른 도시로 이주하겠다고 응답한 비율이 약 14.7%를 차지하고 있어, '살기 좋음'에 대한 평가와는 상반된 결과를 나타내고 있다. 이러한 속성은 주로 여천공단과 인접한 지역주민들이, 거주지 이전 요인에서 생활환경의 쾌적성에 중점을 두었기 때문으로 판명되었다(<그림 9-5> 참조).

3) 생활환경에 대한 삶의 질 분석

(1) 생활환경에 대한 만족도 평가

여수지역의 정주환경에 대한 시민들의 만족도를 평가하기 위하여 삶의 질 측정지표에 관한 연구에서 일반적으로 많이 사용되고 있는 자연환경, 생활편익시설, 경제생활, 교육환경, 여가생활, 문화생활, 교통환경, 가정 및 사회생활, 주택환경, 정보이용환경, 의료환경 등 11개의 지표를 이용하여 분석하였다.

<그림 9-6>에 나타나 있는 11개의 삶의 질 측정지표 중에서 삶의 질에 대한 만족도의 수준이 평균(3.00) 이상으로 분석된 지표는 '가정 및 사회생활'(3.41), 그리고 '주택환경'(3.06)으로 밝혀졌다. 반면에 가장 만족도 지수가

〈그림 9-6〉 생활환경 지표의 삶의 질에 대한 평균분석

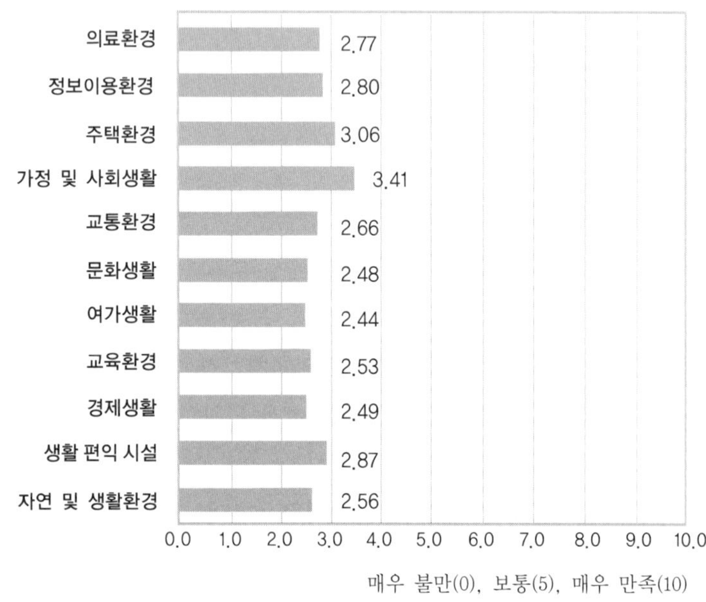

낮은 지표는 여가생활(2.44), 문화생활(2.48), 경제생활(2.49), 교육환경(2.53), 자연환경(2.56), 교통환경(2.66) 등으로 분석되었고, 의료환경(2.77), 정보이용환경(2.80), 생활편익시설(2.87) 등도 평균 이하 수준이지만 '보통 수준'으로 평가할 수 있다.

생활환경의 질과 수준의 평가에서 나타난 것과 같이 여수시가 현재의 도·농 통합형 도시에서 탈피하여 자족적인 경제권이 영위되는 대도시로, 광양만권의 중핵도시로, 그리고 다가오는 21세기 남해안의 대표적인 해양관광도시로 발전하기 위해서는 기본적으로 지역주민의 삶의 질을 향상시키는 것이 중요한 과제이다. 이를 위해서는 1차적으로 지역주민을 위한 여가 및 문화환경을 개선시킬 수 있는 정책이 필요하고, 나아가 지역의 경제여건 개선을 비롯하여, 교육환경, 자연환경의 쾌적성 확보, 환경오염의 최소화, 교통환경의 개선 등도 동시에 추진되어야 할 것으로 판단된다.

(2) 여수시 삶의 질의 종합적 특성

지금까지 여수시 도시공간의 정주환경에 대한 삶의 질을 11개의 측정지표를 이용하여 분석하였다. 여수시민의 삶의 질에 대한 만족도는 각 측정지표별로 커다란 차이가 있었다.

이러한 분석 결과를 토대로 현재 여수시의 생활여건을 비롯한 전반적인 정주공간에 대한 삶의 질에 대한 만족도를 측정하여, 그 특징을 규명하려고 한다. 그러나 삶의 질에 대한 종합적인 측정은 다양한 객관적인 삶의 질 지표와 시민의 인식적·주관적인 삶의 질 지표를 분석해야 하기 때문에 매우 어려운 작업이라 할 수 있다. 왜냐하면 특정 지역사회의 정주공간에 대한 삶의 질 측정은 주관적인 지표와 객관적인 지표를 체계적으로 분석하고 종합해야 하기 때문이다.

이러한 특징을 고려하여 객관적· 주관적 측정지표를 동시에 고려하지 않고, 전술한 11개의 측정지표를 기초로 응답자들의 인식적·주관적 평가에 근거하여 분석을 시도하였다. 따라서 여수시라는 지역사회에 대한 종합적인 삶의 질의 평가는 여수시민의 주관적· 인식적 측면의 평가라 할 수 있다. 그렇지만 이러한 한계를 보완하기 위하여 주관적인 평가 수준을 10점 척도로 세분화하여 삶의 질에 대한 만족도를 분석하였다. 여수시민들이 주관적으로 인식·평가하는 '여수시의 삶의 질'에 대한 만족도는 <그림 9-7>에 제시되어 있다.

여수시 삶의 질에 대한 만족도를 10점 척도로 구분하여 분석한 결과, '만족' 수준은 전체의 22.6%이고, '불만' 수준은 29.9%이며, '보통'은 47.5%로 나타났다. 여수시민의 약 50%는 여수시의 전체적인 삶의 질에 대해서 긍정적으로 평가하였지만, 만족보다는 만족하지 않다는 평가가 상대적으로 높은 비율을 차지하였다. 그러므로 여수시의 삶의 질에 대한 만족도는 비교적 보통 수준을 유지하고 있지만, 전체적으로 여수시민들은 현재의 여수시 정주공간에 대해 부정적인 평가를 하였다.

〈그림 9-7〉 전체적인 여수시 삶의 질에 관한 만족도 평가

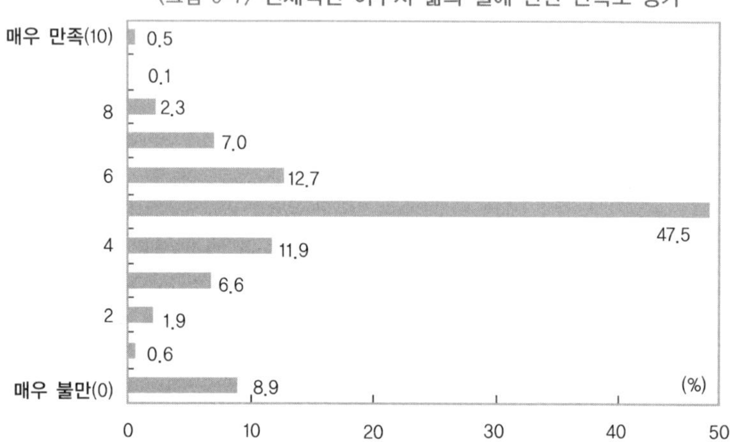

그러나 여수시민이 평가하는 여수시 정주환경의 삶의 질 수준을 객관적으로 계량화시킬 필요성이 있기 때문에, 10점 척도에서 나타난 각 등급 간의 평균분석과 교차분석을 통하여 만족도 수준을 측정하였다. 그 결과, 10점 척도에서 중위수 5.00을 기준으로 할 때, 여수시민의 삶의 질 수준은 '4.84'로 분석되어 삶의 질에 대한 만족도 수준은 평균보다 낮게 나타났다. 결과적으로 여수시민이 인식하고 평가하는 정주환경에 대한 삶의 질에 대한 만족도는 '보통 수준'이라고 할 수 있지만, 절대적인 측면에서 보면 높은 수준은 아니라고 평가할 수 있다.

3. 근린주거별 삶의 질의 공간구조

1) 근린주거과 삶의 질

도시공간에서 주거지역이 차지하는 비중은 공간적 크기뿐만 아니라 주민

들에게 미치는 영향 면에서도 중요한 위치를 점하고 있다. 그리고 도시의 주거지역은 사회·경제적 특성을 달리하는 도시민이 도시공간상에서 구조화되어 지역적으로 융합된 형태를 띠는 사회적 계층성을 드러내고 있다. 또한 도시 내 주거지역 및 주거지는 주민의 특성에 따라 제반 주거환경의 요소가 차별적으로 나타나기 때문에 도시의 사회·경제적 속성을 반영하고 있다.

도시지역의 삶의 질 측정에서 주거지역은 매우 중요한 영향을 미친다. 주거지역 중에서 도시민이 자기 동네라고 인식하는 '근린(neighborhood)'은 주민의 사회적 공간(social space)임과 동시에 주거 공간(housing space)으로 기능하고, 거주민에게 애착과 장소감(sense of place)을 제공하여 지역사회의 공동체적 속성을 형성하는 공간이다. 따라서 주거지역의 물리적 하부구조와 사회·경제적 속성이 양호하고 주민 간의 근린우호가 강하면, 그곳에 거주하는 주민들은 상대적으로 삶의 질에 대한 평가에서도 만족도가 높게 나타난다. 반대로 근린주거의 사회·경제적 속성이 불량하면 주민들의 삶의 질이 낮게 평가되고, 다른 주거지역으로 이동하려는 성향이 강하게 나타난다.

예를 들어 여수시의 여천공단 인근에 거주하고 있는 주민들은 여천공단에서 배출되는 다양한 환경오염 물질 때문에 현재의 거주지에 대해 불만을 갖게 되고, 이러한 불만은 여수시 정주공간의 삶의 질 평가에 직접적으로 반영된다는 점이다.

이러한 특징 때문에 도시공간의 삶의 질 연구에 관심을 갖는 사회과학자들은 주거지역과 근린의 사회·경제적 속성에 대한 분석과 근린주거의 삶의 질 만족도에 많은 관심을 가지고 연구를 수행하고 있다. 그리고 도시근린 및 주거지역에 대해 거주민이 인식하고 평가하는 삶의 질의 만족도 논의는 삶의 질 연구에서 중요한 부문을 차지하기 때문에 여수시의 거주지역별 주민의 삶의 질에 대한 만족도를 분석하였다.

2) 근린주거의 삶의 질 특징

(1) 현 거주지에 대한 삶의 질 만족도 분석

여수시민들이 현재 살고 있는 근린주거에 해당하는 거주지(동·읍·면)에 대한 삶의 질의 만족도를 분석한 결과는 <그림 9-8>에 제시되어 있다. 전체적으로 보면, 응답자의 현재 거주지에 대한 삶의 질의 만족도 수준은 만족이 전체의 33.8%, 불만족이 27.3%, 그리고 보통이 38.9%로 나타났다. 따라서 여수시민들은 현재 거주하고 있는 동네, 근린주거의 삶의 질에 대해 만족하고 있다는 긍정적인 평가를 하였다.

여수시민이 현재 살고 있는 거주지의 삶의 질에 대한 만족도 지수를 여수시 정주환경의 삶의 질 만족도 지수와 비교하면 약간의 차이가 있다. <표 9-5>에 나타난 것과 같이, 여수시 전체의 만족도 지수는 4.84인 반면, 현재 거주지의 만족도 지수는 4.98로 나타났다. 이러한 분석 결과는 여수시민들이 여수시 전체의 삶의 질은 상대적으로 낮게 평가했지만, 현재의 근린주거에 대해서는

〈그림 9-8〉 현재 거주지의 삶의 질에 대한 만족도 평가

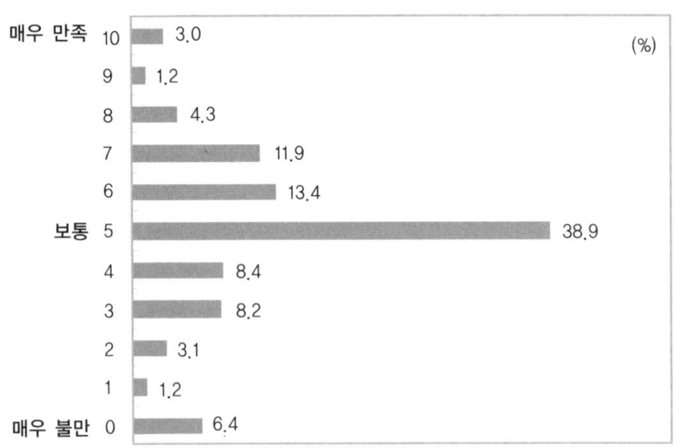

〈표 9-5〉 여수시 정주환경과 근린주거의 만족도 지수 비교

여수시 전체의 삶의 질		현재 거주지(근린)의 삶의 질	
만족도 지수	만족 수준	만족도 지수	만족 수준
4.84	22.6%	4.98	33.8%

비교적 만족하고 있다고 평가하고 있음을 반영한 결과이다.

(2) 근린주거의 '살기 좋음' 평가 분석

도시지역에서 특정 근린주거의 삶의 질과 '살기 좋음(livability)'에 대한 도시민의 인식은 도시 내의 거주지 이동 패턴 및 이동 행태를 분석하고 예측하는 데 매우 유용한 지표 중 하나이다. 또한 근린주거를 중심으로 한 거주지에 대한 주민들의 주관적인 인식과 평가는 지역 내 삶의 질의 공간구조를 이해하는 중요한 실증적 준거를 제공한다. 특정 거주지에 대한 살기 좋음의 평가 수준은 근린주거의 삶의 질을 결정하는 중요한 요소이다. 이런 특징을 고려하여, 여수시의 주거 공간 중에서 거주장소로 가장 적합한 '살기 좋음'과 삶의 질이 양호하다고 평가하는 거주지의 공간적 특징을 분석하였다.

여수지역에서 시민이 근린주거의 생활공간으로 '살기 좋음'과 삶의 질 수준이 가장 좋다고 인식·평가하는 거주지를 1·2·3순위로 각각 3등급으로 구분하여 분석하고, 각 응답자별 가중치를 부여하여 종합순위를 산출하였다(<표 9-6> 참조).

<표 9-6>에 나타난 것과 같이 여수시에서 '거주장소로서 어느 동이 가장 살기에 좋은가'라는 설문에 대한 주관적인 평가 분석에서 순위별 특징을 보면 다음과 같다. 여서동이 확실한 1위를 차지하였다. 2위는 문수동, 3위는 학동, 4위는 소호동, 5위는 서교동으로 분석되었다. 그리고 중앙동, 미평동, 교동, 국동, 관문동 등이 각각 6위에서 10위를 차지하였고, 시전동

〈표 9-6〉 거주지별 '살기 좋음'의 평가적 순위 및 종합

평가순위	1순위 그룹	2순위 그룹	3순위 그룹	종합순위
1	여서동	여서동	여서동	여서동
2	문수동	문수동	문수동	문수동
3	학 동	학 동	학 동	학 동
4	서교동	미평동	돌산읍	소호동
5	소호동	중앙동	교 동	서교동
6	중앙동	소호동	소호동	중앙동
7	교 동	서교동	국 동	미평동
8	미평동	관문동	화양면	교 동
9	국 동	시전동	서교동	국 동
10	공화동	국 동	미평동	관문동
11	관문동	교 동	시전동	시전동
12	선원동	선원동	중앙동	선원동
13	시전동	신월동	충무동	공화동
14	신월동	둔덕동	율촌면	신월동
15	충무동	여천동	신월동	충무동

(11위), 선원동(12위), 공화동(13위), 신월동(14위), 충무동(15위) 등의 순서로 나타났다.

<그림 9-9>와 같이, 여수시에서 주거지역으로 가장 살기 좋은 지역은 '여서동'으로 대부분의 시민들은 여수시에서 여서동의 삶의 질 수준이 가장 높다고 주관적인 평가를 하였다. 그리고 여서동과 인접한 문수동, 구여천시의 중심지역인 학동, 자연경관이 아름다운 소호동 등이 여수시에서 최적의 정주환경을 갖춘 살기 좋은 거주장소로 밝혀졌다.

여수시에서 거주장소로 양호한 평가를 받은 상위의 15개 동을 분석해 보면, '살기 좋음'이 높은 지역은 도심지역과 비교적 격리되어 새롭게 개발

〈그림 9-9〉 근린주거의 '살기 좋음'에 대한 주관적 평가(상위 10위권)

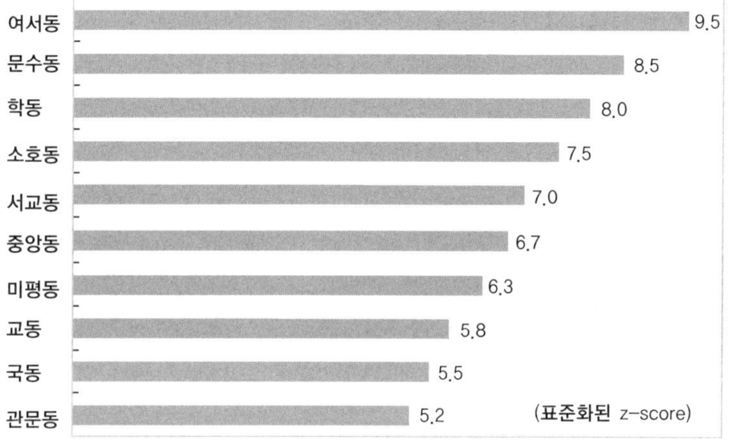

된 주변의 신흥 주택지구와 도심지역으로 양분된 공간적 패턴을 보이고 있고, 주로 구여수시와 구여천시에 집중 분포하고 있다. 여서동-문수동-학동-시전동-선원동-소호동으로 연결되는 아파트가 밀집된 신흥주택지구가 매우 높은 평가를 보이고 있다. 그리고 여수의 중심지역이라 할 수 있는 충무동-서교동-교동-중앙동 일대의 구도심지역, 여수 오동도와 인접한 구도심지 주변의 주거지구인 관문동-공화동 일대, 가막만의 해안과 인접한 국동-신월동 일대, 그리고 비교적 최근에 주택단지로 개발된 미평동 등의 지역도 주거지로 양호하게 평가되었다.

그러나 각 거주지별(행정구역 기준) '살기 좋음'에 대한 주관적인 평가에서, 상위 15위에 구여수시와 구여천시의 행정구역에 속한 지역이 포함된 반면, 구여천군인 돌산읍을 비롯한 면부지역은 전혀 포함되지 않은 것이 특징이다.

근린주거별 '살기 좋음'과 삶의 질에 대한 시민들의 주관적인 평가 분석을 종합해 보면, 여수 시민들은 주거기능이 집중된 신흥 아파트 지구와 쾌적한 주거환경을 보유하고 구도심과 비교적 떨어진 지역이 다른 근린주거

여수시 신주택지구 여서동 일대

여수시 구도심지구 중앙동·관문동 일대

에 비해 상대적으로 삶의 질이 가장 높다고 평가하였다. 그러나 교육 및 교통환경을 고려하여 구도심지역의 주택지에 대한 평가 또한 비교적 높게 나타났다. 전체적으로 근린주거별 삶의 질의 공간구조는 뚜렷하게 2개 권역으로 구별되었다.

3) 주거지 이동지역의 선호도 분석

도시지역에서 근린주거의 삶의 질에 관한 공간적 차이는 주민들의 거주지 이동에 중요한 영향을 미치고 있고, 삶의 질에 대한 주관적인 판단은 주민으로 하여금 거주지를 이동하도록 하는 동인으로 작용한다. 이러한 과정에서 특정 거주지 또는 근린에 대한 개인적인 판단과 선호도는 주거지 이동과정에서 흡인요인(pull factor)으로 작용한다.

그러므로 도시지역에서 주거이동의 선호지역에 대한 분석은 도시 내 인구이동의 공간적 변화과정을 예측할 수 있기 때문에 매우 중요하다. 따라서 여수시민을 대상으로 주거이동의 선호도 분석과 거주지 이동에 영향을 미치는 요인분석을 시도하였다.

(1) 주거이동의 선호도 분석

특정 근린주거에 대한 인지도 및 선호도는 주거이동에 결정적인 영향을 미치고, 주거이동의 공간적 패턴을 추론할 수 있는 좋은 지표이다. 여수시민들이 '현재의 거주지에서 다른 거주지(동·읍·면)로 이동하려고 할 때, 어느 지역으로 이사하기를 원하는가?' 하는 이주성향을 분석한 결과는 <그림 9-10>에 나타난 것과 같다.

여수시민이 도시 내 주거지 이동과정에서 가장 선호하는 지역은 '여서동'으로, 전체 응답자의 23.9%가 선호한다고 평가하였다. 그 다음으로 학동(8.0%), 문수동(7.9%)이 각각 2위와 3위의 선호지역으로 분석되었다. 1위부터 10위까지의 공간적 분포에서는 대부분이 구여수시와 구여천시의 지역인데 비해, 돌산읍이 10위 내에 포함된 것이 특징적이다.

만약 현재 살고 있는 거주지에서 다른 지역으로 주거지를 이동할 경우, 여수시민이 가장 선호하는 지역은 여서동과 문수동, 학동, 소호동, 미평동 등 여수시의 구도심지역과 비교적 떨어져 있는 전형적인 주택단지인 신흥

〈그림 9-10〉 주거지 이동에 대한 거주지별 선호도 분석

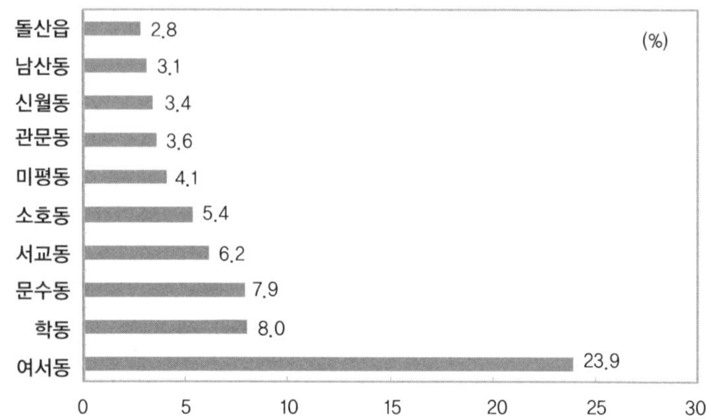

〈표 9-7〉 선호도가 높은 주요 거주지(동·읍·면)

상위 10% 집단	상위 20% 집단	상위 30% 집단
1. 여서동	6. 신월동	11. 선원동
2. 학　동	7. 관문동	12. 여천동
3. 문수동	8. 서교동	13. 국　동
4. 소호동	9. 돌산읍	14. 교　동
5. 미평동	10. 시전동	15. 중앙동

아파트 지구로 나타났다. 그러나 구도심지역에 해당하는 서교동, 관문동, 국동, 중앙동 등에 대한 선호도 또한 비교적 낮지 않은 것으로 나타났다. 그리고 돌산읍도 여수시민들이 선호하는 주거지구로 밝혀졌다.

주거이동의 선호도 분석에서 여수시민이 비교적 많이 선호하여 근린주거에 대한 선호도가 높은 거주지를 명확하게 구분하기 위하여 조사대상자가 평가한 3개의 거주지를 순위별로 종합하여 교차분석을 실시한 결과는 <표 9-7>에 제시되어 있다.

전체적으로 보면, 여수시민들이 최적의 주거지로 평가하여 주거이동의 목적지로 가장 선호하는 근린(동네)은 여수시의 신흥주택지구의 중심지역

이라 할 수 있는 '여서동'으로 밝혀졌다. 그리고 여서동을 포함하여 학동, 문수동, 소호동, 미평동 등을 주거이동의 최적 선호지역으로 평가하였다. 이러한 선호도의 분석 결과는 거주지별 '살기 좋음'에 대한 주관적인 평가 결과와 거의 유사한 공간적 분포 패턴을 나타냈다.

이러한 분석 결과를 종합해 보면, 여수시민들은 현재의 거주지에서 새로운 지역으로 주거지를 이동할 경우, 목적지의 자연적 쾌적성과 주거기능 중심의 편의성을 가장 중요한 결정 요인으로 평가하였고, 자연공원과의 인접성, 생활편익시설이 많이 입지한 구도심지역과의 교통 접근성, 그리고 해양 지향의 수려한 가시적 경관성 등의 요인도 주거이동의 의사결정 과정에 중요한 영향을 미치는 것으로 분석되었다.

따라서 주거이동의 대상지로서 선호도가 높은 여서동, 학동, 문수동, 소호동, 미평동, 신월동, 돌산읍 등은 다른 주거지역에 비해 양호한 도시적 편익시설과 쾌적한 주거환경을 보유하고 있기 때문에 도시 내에서 전입인구가 계속 증가할 것으로 예상된다. 또한 이들 지역은 여수시의 도시화가 진전될수록 주거지(근린주거)로서의 기능성과 선호도가 더욱 증대될 것으로 판단되기 때문에 주택의 가격 또한 다른 지역에 비해 상대적으로 상승할 것으로 기대된다.

(2) 거주지 이동과정에 영향을 미치는 요인분석

여수시민을 대상으로 '귀하는 현재 살고 있는 곳에서 다른 곳으로 이사할 생각이 있습니까?'라는 설문을 실시한 결과, <표 9-8>에 제시된 바와 같이 대부분의 주민들은 현재의 거주지에서 계속 정주하려는 생각을 가지고 있는 것으로 밝혀졌다. 이는 현재의 근린주거와 주택의 질에 만족하고 있음을 반영한 결과라 할 수 있다.

현재 살고 있는 거주지에서 도시 내의 다른 거주지로 이사할 의향이 있는 응답자를 대상으로 주거이동의 이유를 분석해 보면 <그림 9-11>에 제

〈표 9-8〉 현 거주지에서 이동성향에 대한 분석

(단위: 명, %)

구분	예	아니오	합계
응답자수	277	602	879
비율	31.5	68.5	100.0

〈그림 9-11〉 현 거주지에서 다른 거주지로 주거이동을 하려는 이유

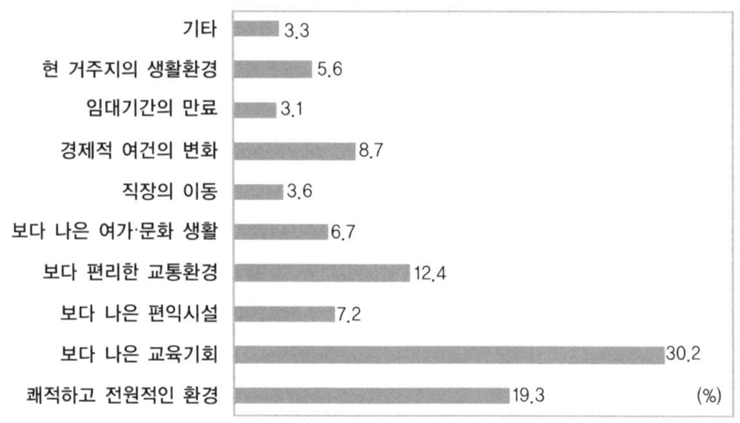

시된 것과 같다. 주거지를 이동하려는 응답자의 가장 큰 이유는 '자녀를 위한 교육환경의 개선'(전체의 30.2%)이고 다음으로 쾌적하고 전원적인 주거환경의 추구(19.3%)인 것으로 나타났다.

4) 분석 결과의 종합

도시지역의 삶의 질에 관한 연구에서 시민들의 주거 공간이자 사회적 공간으로 기능하고 있는 주거지역, 특히 근린(neighborhood)의 사회·경제적 속성과 '살기 좋음'에 대한 삶의 질 분석은 매우 중요한 주제 중 하나이다.

여수시민이 현재 자기가 생활하고 있는 근린주거에 대한 삶의 질의 만족도를 평가한 결과, 종합적인 만족도 지수는 약 49.8점(100점 기준)으로 대부분의 시민들은 현재 거주하고 있는 동네, 근린주거의 삶의 질에 대해 만족하고 있다는 긍정적인 평가를 하였다.

여수시의 거주지(행정구역 기준) 중에서 주거생활에 가장 적합한 '살기 좋음'의 수준을 평가하여 거주지별 삶의 질을 분석한 결과, 여수지역 내에서는 삶의 질의 수준이 공간적으로 커다란 차이를 보이고 있다.

여수지역에서 주거 공간으로 가장 살기 좋은 근린(동네)은 '여서동'으로 밝혀졌다. 그리고 여서동과 인접한 문수동, 학동, 소호동 등과 구도심지역의 서교동이 여수시에서 최적의 주거환경을 갖춘 가장 살기 좋은 거주지로 판별되었다. 또한 여수시에서 근린주거의 '살기 좋음'이 비교적 양호한 상위의 15개 지역을 분석한 결과, 구도심지역과 주변부의 아파트 밀집촌인 신흥주택지역으로 밝혀져 공간적으로 뚜렷하게 구별되는 2개의 권역을 형성하고 있음을 알 수 있다.

현재 살고 있는 근린(동네)에서 도시 내의 다른 지역으로 주거이동을 할 경우, 여수시민들이 가장 선호하는 주거이동의 목적지는 여서동으로 밝혀졌고, 인근의 학동, 문수동, 서교동, 소호동 등도 주거이동의 최적 선호지역으로 평가되었다. 이러한 선호도의 분석 결과는 거주지별 '살기 좋음'에 대한 주관적인 평가결과와 거의 유사한 공간적 분포 패턴을 나타내고 있다.

대부분의 여수시민들은 현재 살고 있는 거주지(근린주거)에 대한 만족도가 비교적 높기 때문에 도시 내 다른 지역으로 주거이동을 하려는 경향이 낮은 것으로 분석되었다. 주거이동의 주요 이유는 자녀들을 위한 보다 나은 교육환경, 쾌적한 주거환경의 추구, 편리하고 양호한 도시적 생활편익시설 등으로 분석되었다.

여수시 근린주거별 삶의 질의 공간구조에서 나타난 특징을 요약하면, 여수시에서 가장 살기 좋은 지역은 여서동을 중심으로 가막만과 인접한 서부의 해안지역, 국도 17호선이 관통하는 북부의 미평동·둔덕동 일대, 국동과 신월동 일대, 그리고 중앙동·국동을 중심으로 하는 도심지역 등으로 나타났다. 그러나 도심지역을 제외하면 도시 내의 주거이동 과정에서 가장 선호하는 목적지는 대부분의 시민들이 여서동을 중심으로 구학동-시전동-소호동으로 연결되는 서부지역을 선호하고 있다. 그러므로 장기적인 여수시의 주택공급의 방향 및 다가오는 21세기를 향한 새로운 도시개발의 공간축 설정은 여서동-문수동-학동-소호동-화양면으로 연결되는 가막만을 중심으로 한 서부 방향을 지향해야 될 것으로 판단된다.

4. 삶의 질 변화에 대한 평가

1) 주거생활의 삶의 질 변화

<그림 9-12>는 5년 전과 비교하여 여수시민들의 주거생활에 대한 삶의 질 변화에 대한 평가를 보여주고 있다. 좋아졌다가 35.2%, 나빠졌다는 11.4%로 여수시민들은 주거생활에 있어서 삶의 질이 5년 전보다 대체적으로 좋아졌다고 평가하였다. 이는 주택유형 중에서 아파트의 비중이 1991년 22.9%에서 1996년 38.7%로 증가함에 따라 주거의 편리성과 쾌적성이 향상되어 나타난 것으로 추정할 수 있다. 그러나 보통이라는 평가가 53.4%로 여수시민의 절반 이상이 주거생활에 대한 삶의 질에는 큰 변화가 없었다고 인식하는 것으로 나타났다.

2) 근린주거의 삶의 질 변화

근린주거(neighborhood)에 대해서는 이웃과 동네여건 등의 이웃관계를 지

〈그림 9-12〉 주거생활과 근린주거의 변화에 대한 평가

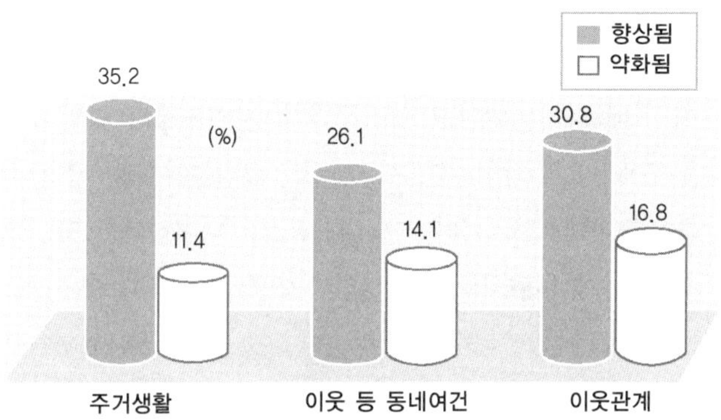

〈표 9-9〉 근린주거의 삶의 질 변화에 대한 평가

(단위: %)

구 분	매우 좋아짐	좋아짐	보통	나빠짐	매우 나빠짐
이웃 등 동네여건	2.4	23.7	59.8	12.5	1.6
이웃관계	4.7	26.1	52.5	14.6	2.2

표로 여수시민들의 삶의 질을 평가하였다. <표 9-9>에 나타난 것과 같이 전반적으로 여수시민들은 근린주거에 대한 삶의 질이 5년 전보다 좋아졌다는 평가가 나빠졌다는 평가보다도 높게 나타났다. 그러나 보통이다는 평가가 절반 이상을 차지하고 있어 삶의 질에 커다란 변화가 없었다고 느끼는 시민들이 많은 것으로 밝혀졌다.

근린주거에 영향을 줄 수 있는 지표인 자연환경, 범죄로부터 안전성 등과 같은 지표는 나빠졌다고 평가한 것에 반하여 근린주거의 변화에 대해 향상되었다는 평가가 높게 나타난 것은 개인주의적 생활문화와 아파트 주거가 결합하여 나타난 현상으로 파악할 수 있다.

3) 자연환경의 삶의 질 변화

자연환경의 삶의 질 평가에서 대부분의 여수시민들은 자연환경의 삶의 질이 과거에 비해 악화되었다고 평가하였다. 자연환경의 삶의 질 변화에 대한 인식을 구체적으로 살펴보면, 자연환경의 쾌적성에 대한 평가는 나빠졌다 48.8%, 좋아졌다 14.5%로 나타났고, 대기환경은 나빠졌다 66.3%, 좋아졌다 6.3%이다. 수질환경에 대한 평가는 나빠졌다 68.9%, 좋아졌다 6%이며, 쓰레기 및 산업폐기물 처리에 대한 평가는 나빠졌다 65.2%, 좋아졌다 6.1%, 해양오염에 대한 평가는 나빠졌다 74.9%, 좋아졌다 6.6%, 그리고 소음에 대한 평가는 나빠졌다 59.6%, 좋아졌다 7.2%로 나타났다(<그림 9-13> 참조).

자연환경의 삶의 질에 대해서 여수시민들은 5년 전과 비교해 볼 때 대부분 매우 나빠졌다고 평가하였다. 자연환경 중에서 해양오염, 수질환경, 대기오염, 쓰레기 및 산업폐기물 처리, 소음, 자연환경의 쾌적성 등의 순서로 나빠졌다고 평가하였다. 특히 해양오염에 대해서 나빠졌다는 비율이 가장 높게 나타났다. 이런 인식은 바다 및 수산업에 대한 여수시민의 경제적 의존성과 밀접한 관련이 있다. 많은 시민들이 수산업과 양식업에 종사하고

〈그림 9-13〉 자연환경의 삶의 질 변화에 대한 평가 비교

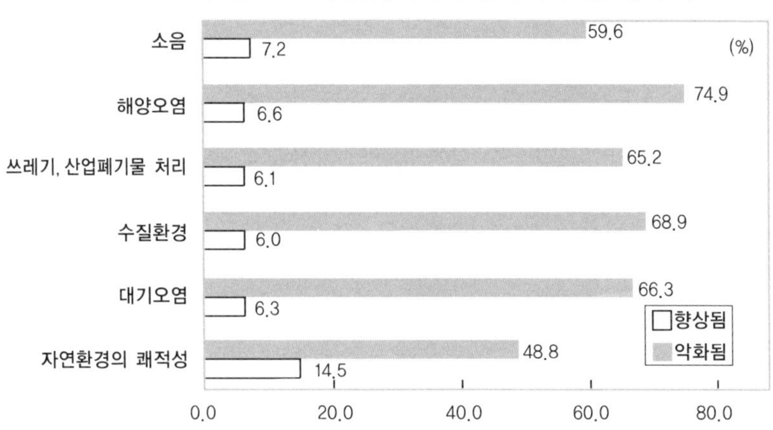

있기 때문에 해양오염에 대해 상대적으로 민감하게 반응한 결과이고, 실제로 광양만에서 행해진 대규모 개발사업이 여수지역 주변의 해양오염을 가중시키고 있기 때문이다. 실제로 시프린스호 기름유출 등으로 많은 피해를 보았기 때문에 해양오염을 매우 중요하게 인식한 결과이다.

4) 경제환경의 삶의 질 변화

<표 9-10>은 경제환경의 삶의 질에 대하여 여수시민들이 5년 전과 비교하여 현재의 만족도를 나타낸 것이다. 전체적으로 보면 경제환경은 나빠졌다는 평가가 우세하게 나타났다. 각 항목별로 살펴보면, 장바구니 물가에 대한 평가는 좋아졌다 4.6%, 나빠졌다 69.8%로 나타나 대부분의 여수시민들은 5년 전보다 시장의 물가가 크게 상승한 것으로 인식하였다. 개인의 소득 수준 향상은 좋아졌다가 10.4%인 반면, 5년 전보다 나빠졌다가 48.6%로 나타났는데 이는 여수시의 경제적 활성화를 가져올 만한 새로운 기업의 입주가 없었고, 어획량의 감소로 인한 여수경제의 침체성을 보여주는 증거라고 할 수 있다.

소비생활의 편리함은 5년 전에 비해 편리해졌다 23.3%, 불편해졌다 25.8%로 재래시장의 현대화와 주거지역에 대형 슈퍼마켓 등이 입지하면서

〈표 9-10〉 경제환경의 삶의 질 변화에 대한 평가

(단위: %)

구 분	매우 좋아짐	좋아짐	보통	나빠짐	매우 나빠짐
시장여건	2.4	25.5	47.9	18.0	6.2
장바구니 물가	0.5	4.1	25.7	48.5	21.3
개인의 소득 수준 향상	0.5	9.9	41.0	36.5	12.1
소비생활의 편리함	1.0	22.3	50.7	20.8	5.0
취업기회의 다양성	0.2	4.9	33.0	44.0	17.8
직장생활 여건	0.1	11.9	44.5	33.0	10.4

편리해졌다고 인식한 결과이다. 그러나 새로운 쇼핑 문화를 창출할 수 있는 유통업 즉 대규모 할인점이나 백화점이 진출하지 않았고 자동차의 증가에 따른 주차난 등 교통문제로 발생한 소비생활의 불편함으로 인하여 소비생활에 대한 긍정적 평가가 비교적 높지 않았다.

취업기회의 다양성 변화에 대한 평가는 다양해졌다 5.1%, 다양해지지 않았다 61.8%로 여수시에 새로운 산업단지가 조성되지 않았고 기존에 입지한 국가산단은 중화학공업으로 주로 장치형 산업에 해당되기 때문에 다양한 고용창출을 확대시키지 못했다. 그래서 여수시민들은 취업기회의 다양성이 크게 개선되지 못했다고 평가했다.

5) 교육환경의 삶의 질 변화

여수시민들의 교육환경의 삶의 질에 대한 평가는 5년 전에 비해서 고등학교 이하의 교육여건은 비교적 좋아졌다고 평가하고 있으나 대학교육과

〈그림 9-14〉 교육환경의 변화에 대한 평가 비교

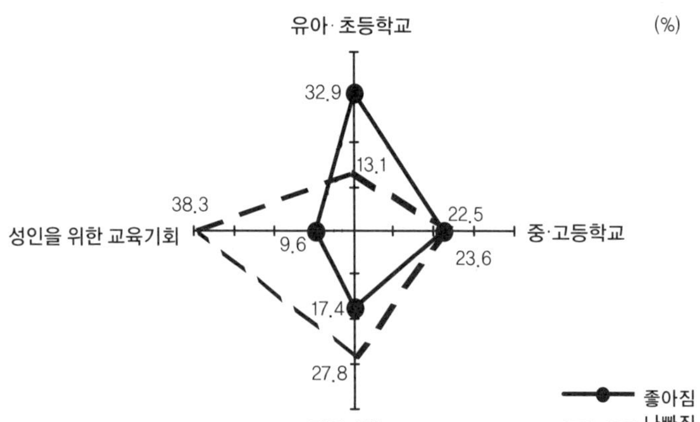

성인을 위한 교육여건은 상당히 나빠졌다고 평가하였다(<그림 9-14> 참조).

각급 교육환경에 대한 변화과정의 평가결과를 항목별로 살펴보면, 유아·초등학교 교육여건에 대한 평가에서는 좋아졌다 32.9%, 나빠졌다 13.1%로, 유아·초등학교의 교육여건은 5년 전보다 많이 좋아진 것으로 평가하였다. 중·고등학교 교육여건은 좋아졌다 22.5%, 나빠졌다 23.6%로 평가하여 대체적으로 큰 변화가 없는 것으로 인식하였다. 전문대학·대학교의 교육여건에 대한 평가에서는 좋아졌다 17.4%, 나빠졌다 27.8%로 나타났고, 성인을 위한 교육기회는 좋아졌다 9.6%, 나빠졌다 38.3%로 평가하였다. 특히 '성인을 위한 교육기회'는 5년 전보다 많이 나빠진 것으로 평가했는데, 이는 평생교육 등에 대한 일반인의 교육 수요는 크게 증가했으나 지역권 대학에서 관련된 교육 서비스를 제공하지 못했기 때문이다. 전체적으로 보면, 여수시민들은 교육환경이 5년 전에 비해 향상되지 않았다고 평가하였다.

6) 문화생활의 삶의 질 변화

<그림 9-15>는 5년 전과 비교하여 여수시민들의 문화생활에 대한 삶의 질 변화를 평가한 결과이다. 여가생활과 관련된 도시지표 중에서 공연·전시회 및 영화관에 대한 평가는 좋아졌다가 14.9%, 나빠졌다가 33.7%로 나타났다. 박물관·도서관에 대한 평가는 좋아졌다가 16.8%, 나빠졌

〈그림 9-15〉 문화생활의 삶의 질 변화에 대한 평가 비교

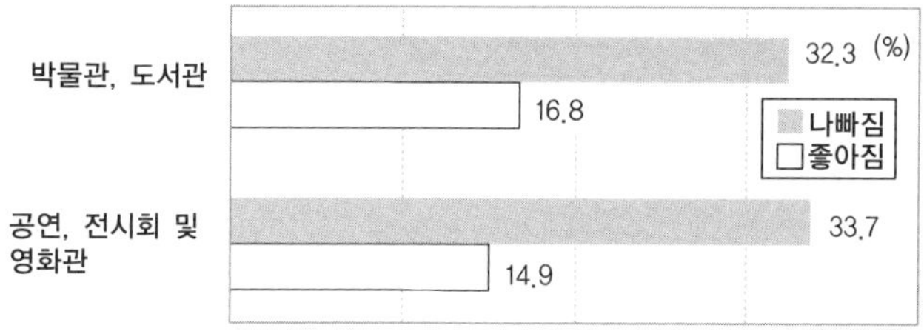

	나빠짐	좋아짐
박물관, 도서관	32.3	16.8
공연, 전시회 및 영화관	33.7	14.9

(%)

다가 32.3%로 나타났다.

여수시민들의 문화생활에 대한 평가는 전체적으로 보면, 5년 전보다 나빠졌다는 인식이 대체적으로 우세하다. 이는 문화생활을 영위하고자 하는 여수시민들의 욕구는 강한 반면, 이를 만족시켜 줄 만한 시설이 없기 때문에 시민들은 문화생활의 삶의 질에 대해 비교적 부정적으로 인식했다.

7) 여가생활의 삶의 질 변화

<그림 9-16>은 여가생활의 삶의 질이 5년 전과 비교하여 어떻게 변화하였는가를 보여주고 있다. 전체적으로 보면 여가생활의 삶의 질에 대한 평가는 5년 전보다 아침운동, 산책공간에 대한 평가를 제외하고는 대부분 나빠졌다고 평가를 하였다.

세부적으로 살펴보면 청소년을 위한 여가 및 운동 공간이 악화되었다는 인식이 가장 뚜렷한 특징을 나타냈다. 즉 대부분의 시민들은 청소년을 위한 여가 및 운동 공간이 가장 부족한 것으로 평가하였다. 그리고 노인을 위한 여가 및 휴식 공간도 악화되었다는 의견이 43.8%에 이르고 있다. 따라

〈그림 9-16〉 여가생활의 삶의 질 변화에 대한 평가 비교

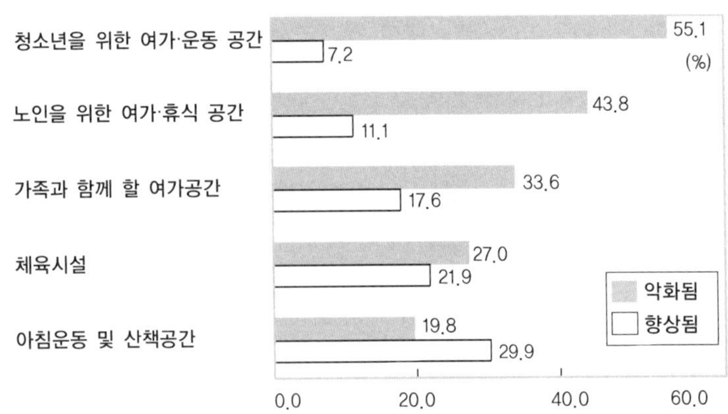

서 여수시에서 여가생활의 삶의 질을 향상시키기 위해서는 노인과 청소년을 위한 여가시설의 확충이 시급히 행해져야 할 것으로 보인다.

8) 교통환경의 삶의 질 변화

<그림 9-17>에 제시된 바와 같이 교통환경의 삶의 질 변화에 대한 평가에서, 시내버스 운행의 편리성에 대한 평가는 좋아졌다가 15.4%, 나빠졌다가 30.9%로 나타나 여수시민들은 시내버스를 이용하는 데 비교적 불편하다고 인식하였다. 이는 차량증가로 이동시간이 증가된 데에 대한 불편함과 새로운 주택단지의 건설로 시내버스를 이용할 주민이 크게 증가하여 주민편의를 위한 시내버스의 증편과 노선 신설이 필요함에도 불구하고, 관련 서비스의 제공에는 소홀하기 때문에, 교통환경에 불만을 가진 결과이다.

도로의 포장상태와 도로운행의 만족도를 나타내는 도로상태에 대한 지표는 좋아졌다가 23%, 나빠졌다가 35.6%로 평가하고 있어 대체적으로 도로상태가 나쁘다고 인식했다. 버스 터미널, 공항과의 접근성은 좋아졌다가 12.3%, 나빠졌다가 29.5%로 비교적 나빠졌다는 인식이 많았다. 이는 차량증가로 늘어난 이동시간 때문으로 추정할 수 있다. 전체적으로 보면, 대부

〈그림 9-17〉 교통환경의 변화에 대한 평가 비교

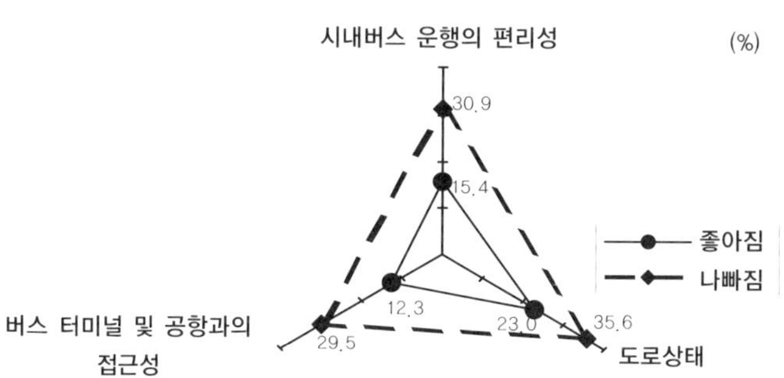

분의 시민들은 여수지역의 교통환경이 크게 개선되지 않았다고 인식했다.

9) 도시행정 서비스의 삶의 질 변화

여수시의 도시행정 서비스 변화에 대한 평가를 분석하였다. 동사무소 활동을 비롯한 행정 서비스, 장애인을 위한 사회복지시설, 범죄로부터의 안전성, 도시미관 등의 4개 지표를 이용하여 5년 전과 현재를 비교한 분석 결과는 <표 9-11>에 제시된 것과 같다.

여수시 행정 서비스의 여건변화에 대한 평가는 좋아졌다 26.9%, 나빠졌다 18.3%로 비교적 좋아졌다고 평가하였다. 이는 지방자치제의 실시로 주민 중심의 서비스 행정을 추진한 결과이다. 한편 장애인을 위한 사회복지시설에 대한 평가는 좋아졌다 10%, 나빠졌다 44.1%로 나타났다. 범죄로부터 안전성에 대한 평가는 좋아졌다 8.5%, 나빠졌다 41.6%로 나타났다. 도시미관에 대한 평가는 좋아졌다 18.9%, 나빠졌다가 27.1%로 나타났다.

도시행정 서비스에 대한 전체적인 평가를 보면, 여수시민들은 5년 전보다 전반적으로 나빠졌다고 평가하였지만, 행정 서비스는 오히려 좋아졌다고 평가하였다. 따라서 장애인을 위한 사회복지시설, 도시의 안정성, 도시미관 등에서 삶의 질을 제고시킬 수 있는 정책수립과 시행이 필요할 것으로 판단된다.

〈표 9-11〉 도시행정 서비스의 삶의 질 변화에 대한 평가

(단위: %)

구분	매우 좋아짐	좋아짐	보통	나빠짐	매우 나빠짐
행정 서비스 여건	2.6	24.3	54.8	14.0	4.3
장애인을 위한 사회복지시설	0.9	9.1	45.8	31.8	12.3
범죄로부터의 안전	0.8	7.7	49.9	32.5	9.1
도시미관	1.1	17.8	54.0	21.4	5.7

5. 도시발전에 대한 인식과 평가

여수시의 도시기능과 발전 방향은 여수시민들의 정체성, 여수시의 도시개발의 방향, 여수시 도시발전의 문제점, 여수시 도시발전의 미래상 등에 대한 시민들의 인식에 기초하여 수립되어야 한다. 왜냐하면 여수시의 발전과정에서 가장 중요한 요인은 여수시민이기 때문이다. 그러므로 여수시민들이 생각하는 미래의 여수시 모습에 대한 청사진을 바탕으로 도시민의 합의와 실천적 노력을 담보할 수 있는 지역발전 방향을 설정해야 한다.

1) 도시발전의 문제점에 대한 인식

여수시의 지역발전에 현재 장애요인으로 작용하는 것은 무엇인가 하는 설문의 분석 결과는 <그림 9-18>과 같다. 대부분의 시민들이 지역의 문제점으로 인식하고 있는 요인은 도로 및 접근성의 부족 20.7%, 문화 및 여가시설의 부족 17.8%, 도시계획의 불합리 16.1%, 공동체 의식의 결여 14.6%,

〈그림 9-18〉 지역발전의 장애요인에 대한 분석

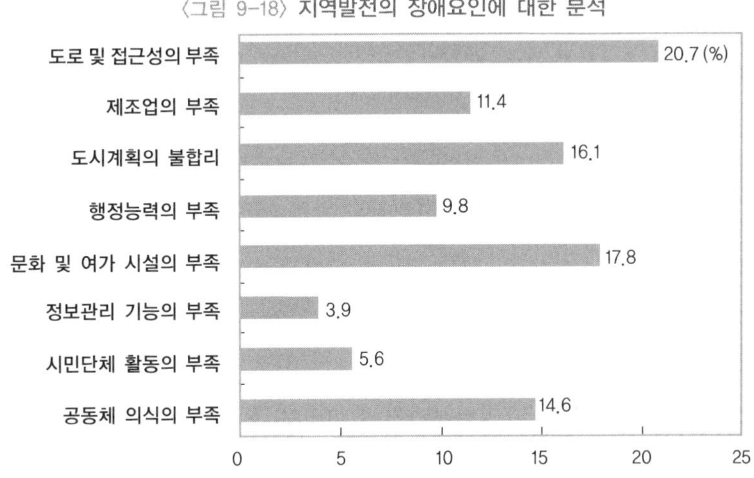

제조업의 부족 11.4%, 행정능력의 부족 9.8%, 시민단체 활동의 부족 5.6%, 정보관리 기능의 부족 3.9% 등의 순서로 나타났다. 여수시 발전에 가장 큰 장애요인으로는 도로 및 접근성의 부족이라고 응답하였다. 이는 여수시가 한반도의 최남단에 입지함으로써 서울과의 접근성이 낮고 또한 여수반도에 위치하고 있어 주변지역과의 연계성이 국도 17호선만을 통해 이루어지고 있어 접근성이 떨어진 결과이다. 문화 및 여가 시설의 부족이 두 번째 문제점으로 지적되었다. 문화 및 여가 시설의 부족은 여수시뿐만 아니라 우리나라 대부분의 중소 도시에서 나타나는 일반적인 경향과 유사하며, 도시민의 삶의 질 향상을 위해 문화와 여가 시설을 중요시하는 오늘날의 흐름이 반영된 결과이다.

도시계획의 불합리는 구여수시가 도시계획하에 형성된 도시가 아니고 또한 대규모의 도시계획을 실시할 가용 토지가 없기 때문에 나타난 현상이라고 볼 수 있다. 공동체 의식 부족의 항목도 상대적으로 높게 나타났는데 이는 여천시·군과 통합된 여수시가 갖는 태생적 한계를 보여주는 결과에 기인하는 현상이다. 즉 통합여수시가 출범하면서, 구여수시, 구여천시, 구여천군의 주민 간에 발생한 갈등이 공동체 의식 약화에 영향을 미쳤기 때문이다. 제조업의 부족은 구여수시에 제조업 공장이 많지 않다는 것을 보여주고 있다.

한편, 여수시민들이 인식하고 있는 여수시의 경쟁력을 광양만·진주권에 위치한 다른 도시와 비교하기 위하여 '여수시가 광양만권의 중심도시로 성장하는 데 주변도시인 순천시와 진주시에 비하여 도시 경쟁력이 있다고 생각하는가?'를 묻는 설문에 대하여 여수시가 다른 도시에 비해 경쟁력이 있다가 47.3%, 경쟁력이 없다 28.8%, 모르겠다 23.9%로 여수시가 주변도시들과 비교해서 경쟁력이 있다고 인식하였다.

대부분의 여수시민들은 통합여수시가 되면서 주변도시인 순천시와 진주시보다 여수시가 경쟁력이 있다고 인식하였다. 특히 많은 시민들이 순천시와 진주시가 확보하지 못한 자연환경 부문의 우위를 여수시의 차별적 경쟁력으로 인식하였다. 그리고 수산업, 항만, 해양관광 부분도 여수시가 주변의 도시들보다 우위를 점하고 있다고 인식하였다. 그러므로 순천시와 진주시와 비교해 우위를 확보한 해양과 관광에 시정의 우선순위를 두고 정책을 집행해야 할 것으로 판단된다.

2) 도시개발의 방향에 관한 인식

지역사회의 주체는 그 지역에 살고 있는 주민이기 때문에, 주민이 만들고 싶은 지역사회의 청사진이 지역개발계획으로 구체화되어야 한다. 그러므로 지역개발정책에서 가장 중요한 개발의 목표와 방향 설정에는 주민들의 다양한 생각과 요구가 반영되고 함축적으로 표현되어야 한다. 그러나 지금까지 시행된 대부분 정책의 계획과정에 주민들의 의사가 제대로 반영되지 못하였고, 여수시의 도시 및 지역개발정책 또한 예외가 아니다.

〈그림 9-19〉 현재 여수시의 도시 특성에 대한 인식

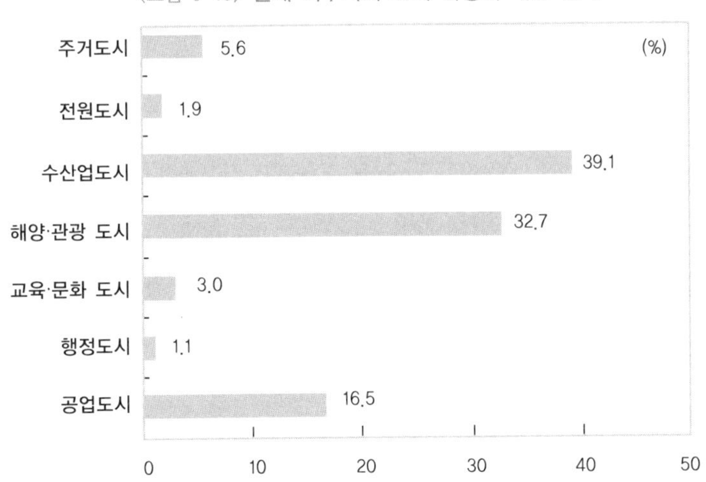

따라서 여수시민이 생각하고 있는 여수시의 발전 방향에 대한 인식태도를 파악하기 위하여 현재의 도시기능성, 여수시의 도시경쟁력 등에 대해 설문분석을 실시하였다. '현재의 여수시를 한마디로 표현한다면 어떤 도시라고 생각합니까?'라는 설문에 대한 분석 결과는 <그림 9-19>에 제시된 것과 같다. 여수시의 도시 특성에 대해 대부분의 시민들은 수산업도시(39.1%)라고 평가하였다. 그리고 해양관광도시(32.7%), 공업도시(16.5%), 주거도시(5.6%), 교육문화도시(3.0%), 전원도시(1.9%), 행정도시(1.1%) 순서로 인식하고 있으며, 전체 응답자의 71.8%가 수산업 및 관광도시를 현재의 여수시 모습이라고 인식하였다.

따라서 여수시민들이 인식하고 있는 여수시의 도시 특성은 수산업 도시와 해양관광도시로 대별할 수 있다. 즉 3면이 바다로 둘러싸인 여수시는 일찍부터 항구가 발달하여 연안수산업 중심도시로 기능하였고, 수산업이 지역경제에서 중요한 비중을 차지하기 때문에 대부분의 시민들은 여수시를 수산업 도시로 인식하였다. 또한 여수반도권은 한려해상국립공원과 다도해해상국립공원의 중간 지점에 위치하여 오동도를 비롯하여 향일암, 흥국사, 거문도, 백도, 가막만 등 풍부한 자연적·문화적 관광자원을 보유하여 해양관광도시로도 인식하였다. 이와 더불어 여천공단의 준공과 율촌산단의 개발로 우리나라 임해공업도시 중 하나로 성장하고 있기 때문에 공업도시라는 인식도 상대적으로 많았다.

'여수시가 주변도시(순천, 진주 등)와의 경쟁에서 가장 유리한 부문은 무엇이라고 생각합니까?'라는 설문에서는 수산업(40.1%), 관광(22.3%), 항만(13.1%), 공업(12.2%), 쾌적한 주거환경(5.1%), 문화(2.5%), 교통(2.1%) 등의 순서로 나타났다(<그림 9-20> 참조).

여수시가 광양만권 주변도시(순천, 진주)와 경쟁에서 비교우위에 있다고 생각하는 부문으로 수산업과 항만 등을 들었는데, 이는 유일하게 양호한 항구를 가진 여수시의 특징상 당연한 결과로 볼 수 있다. 관광이 두 번째로

〈그림 9-20〉 주변도시와의 경쟁에서 유리한 부문

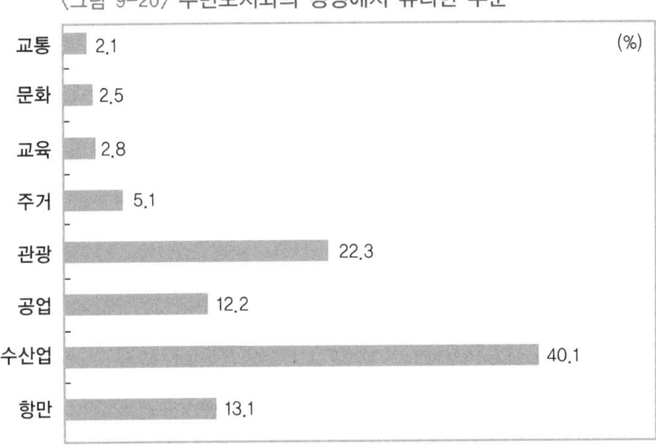

〈그림 9-21〉 여수시 지역발전을 위해 향후 육성할 부문

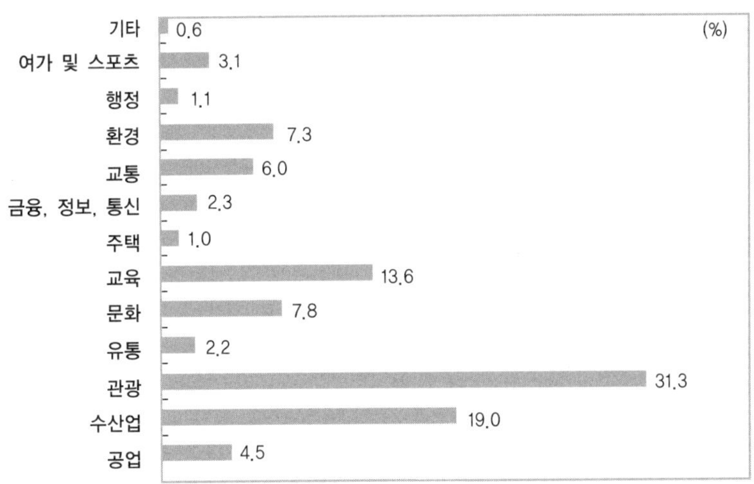

유리한 부문으로 인식된 것은, 시민 스스로가 주변도시보다 여수시가 관광자원이 많다는 것을 인식하고 있음을 나타낸 것이고, 관광 부문이 장기적 여수시 도시발전의 중심축이 되어야 한다는 시민들의 의지가 반영된 결과

이다. 여수시 지역발전을 위해 가장 중점적으로 육성해야 할 부분에 대한 설문결과는 <그림 9-21>에 제시된 것과 같다. 즉 관광 31.3%, 수산업 19.0%, 교육 13.6%, 문화 7.8%, 환경 7.3%, 교통 6.0%, 공업 4.5% 등의 순서로 나타났다. 대부분의 시민들은 지속적인 여수지역의 성장을 위해서는 관광에 중점을 두어야 한다고 인식하였다. 그리고 수산업, 교육, 문화, 환경 등의 중요성도 강조하였다.

특히 관광이 여수시 도시발전에서 가장 중요한 부분으로 인식된 배경에는 지역이 보유한 자연적 관광자원의 결과이다. 여수시는 수려한 해안과 도서경관을 비롯하여 한려해상국립공원과 다도해해상국립공원이 있으며, 오동도는 여수시가 남해안의 관광도시로 기능하는 데 중요한 기여를 하였다. 여수시는 해양관광을 주제로 남해안에 위치한 다른 도시들과 경쟁해도 비교우위를 확보할 수 있는 잠재력이 있기 때문에 대부분의 시민들 또한 도시발전의 비전으로 관광을 강조한 것이다.

주변도시와의 경쟁에서 가장 우위 요소로 나타난 수산업이 지역발전을 위해 육성할 부분에서도 2순위를 차지한 이유는 지역경제의 전통성과 관련이 있다. 여수시는 오랫동안 남해안의 수산업 도시로 가능하였고, 많은 사람들이 수산업에 종사하고 있고, 수산업과 관련된 업종이 오늘날의 지역경제에서 중요한 비중을 차지하기 하기 때문이다. 그리고 연근해의 어족자원 고갈에 따른 어획량 감소로 경제활성화에 큰 기여를 하지 못할 것이라는 예상과 기존의 수산업을 유지하면서 여수시의 특성을 살려야 한다는 의견이 결합되어 표출된 결과라 할 수 있다.

여수시민들이 여수시의 도시기능성에서 교육과 문화 부문을 강조한 것은 현재의 교육·문화 기능이 주변의 다른 도시들에 비해 경쟁력이 떨어져 인재의 외부유출이 심하다고 느끼고 있기 때문이다. 또한 인재육성의 필요성과 병행해서 공연장, 도서관, 박물관 등의 문화시설을 확충하여 도시민의 삶의 질을 향상시켜야 한다는 것에 중점을 두기 때문에 교육과 문화 부문을 강조한 것이다.

그리고 환경 부문이 강조된 것은 도시의 쾌적성과 환경성, 그리고 지속가능성에 대한 관심의 결과이다. 여수시를 포함한 광양만권 공업화와 그에 따른 환경오염의 심화는 지역주민들에게 환경의 중요성을 인식시켜 주었다. 그리고 여수시가 지향하는 도시발전의 방향이 해외관광에 있기 때문에 청정한 해양과 연안을 유지하기 위해서는 환경이 중요하다는 인식을 주민들이 가졌기 때문이다.

3) 도시발전의 미래상에 대한 인식

여수시의 미래상에 대한 시민들의 인식태도를 파악하기 위하여 도시발전의 미래상, 도시개발의 공간구조, 도시의 기능성 등을 지표로 분석하였다. 여수시의 미래상에 대한 설문 결과는 <그림 9-22>와 같다.

여수시의 미래상에 대한 인식은 훨씬 살기 좋아질 것이다(12.3%), 살기 좋아질 것이다(60.2%), 별 변화가 없을 것이다(23.8%), 살기 나빠질 것이다(2.8%), 훨씬 살기 나빠질 것이다(0.8%) 등의 순서로 나타났다. 대부분의 시민들은 여수시의 미래상에 대해 긍정적으로 평가(72.5%)를 하였다.

〈그림 9-22〉 여수시의 미래상에 대한 분석

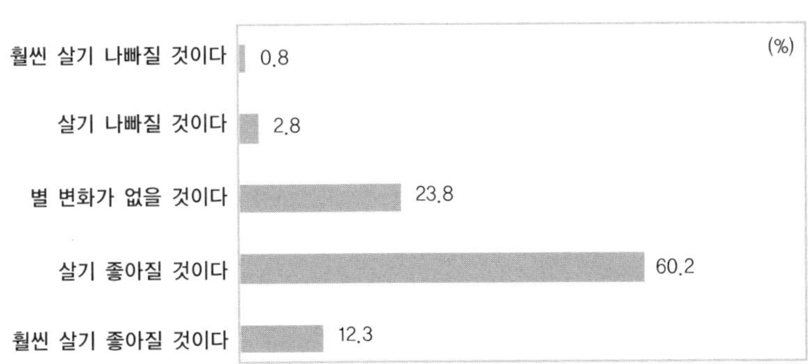

〈그림 9-23〉 21세기 여수시의 도시개발축에 대한 분석

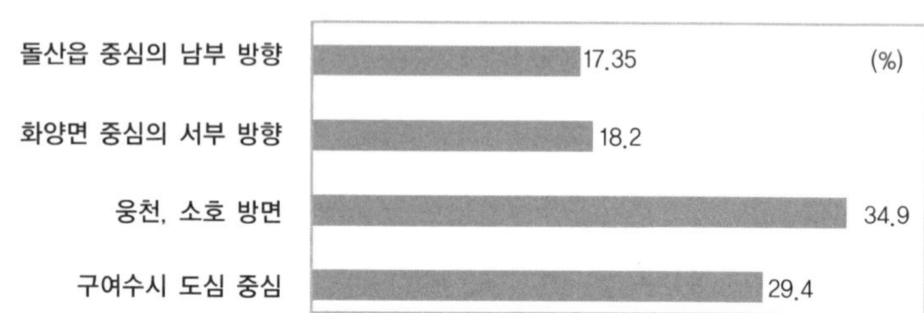

한편 '21세기 여수시의 도시개발축은 어느 방향으로 개발하는 것이 바람직하다고 생각합니까?'라는 설문에는 <그림 9-23>에 제시된 것과 같다. 도시개발축에 대한 인식에서, '웅천·소호 방면'이 34.9%, 구여수시 방면이 29.4%, 화양면 중심의 서북 방향이 18.2%, 돌산읍 중심의 남부 방향이 17.5%로 나타났다. 전체적으로 볼 때, 21세기 여수시의 공간구조는 웅천, 소호, 화양면을 중심으로 하는 여수반도 서부 방향으로 전개되어야 한다는 의견이 압도적으로 많았다. 시민들의 이런 인식은 현재 관광지 개발을 비롯하여 관광 관련 많은 사업들이 웅천·소호·화양 방향에서 진행되고 있는 것과 관련이 있다.

통합된 여수시의 도시개발의 축을 정하는 것은 매우 중요하다. 도시개발의 방향은 그 지역에 살고 있는 주민들에게 경제적·사회적·환경적으로 큰 영향을 미치기 때문에 도시개발의 방향은 시민들의 합의가 도출된 방향으로 정해져야 한다. 따라서 이러한 시민들의 의견은 향후 수립될 21세기 여수시 도시발전계획에 포함되어야 할 것이다.

그리고 21세기 여수시의 미래상에 대한 시민들의 인식태도를 분석하기 위하여 '여수시는 장기적으로 볼 때, 21세기에 어떤 도시로 발전하는 것이 바람직하다고 생각합니까?'라는 설문에 대한 분석 결과는 <그림 9-24>에 나타난 것과 같다. 대부분의 시민들은 여수가 해양관광도시(68.5%), 교육문

〈그림 9-24〉 21세기 여수시의 도시상에 대한 인식태도

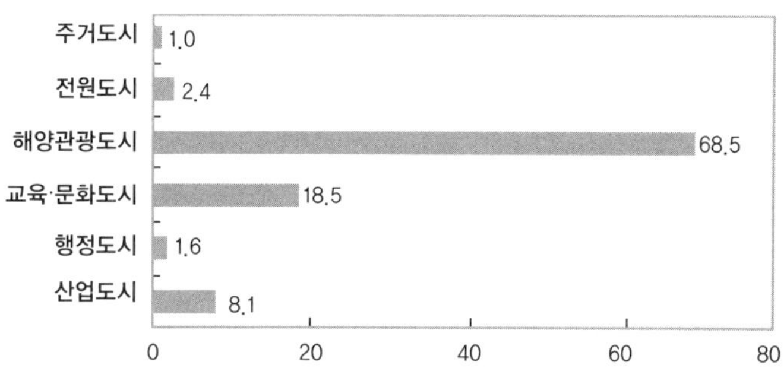

화도시(18.5%) 등의 순서로 발전하는 것을 선호하고 있으며, 여수시가 21세기에 광양만권의 중심도시로 기능하면서 지역주민들에게 양호한 삶의 질을 제공하기 위해서는 해양관광도시와 교육, 문화도시의 조성에 도시개발의 방향을 맞춰 중점적으로 추진해 나가야 할 것이다.

6. 맺음말

이 장에서는 통합시로 출범한 여수시의 정주환경과 삶의 질 분석을 토대로 여수라는 지역사회에 대한 시민들의 의식변화에 나타난 특징을 파악하는 데 중점을 두었다.

전체적인 측면에서 여수시민들이 평가하는 여수시의 삶의 질 수준은 만족스러운 상태는 아니지만, 대체로 긍정적인 평가를 하였다. 특히 지방의 다른 중소 도시와 비교해 보면, 삶의 질에 대한 만족도가 상대적으로 낮은 수준으로 분석되었는데, 이러한 특징은 여수시가 여천시와 여천군을 편입하여 통합시로 등장하면서 지역 내에 도시적 편의시설이 불균등하게 배치되었고, 이러한 지역적으로 불균형한 시설 배치가 만족도 수준의 평가에

커다란 영향을 미친 것으로 추론된다. 그러므로 여수시민의 삶의 질을 향상시키기 위해서는 도·농 통합형의 도시적 성격에 적합한 지역개발 모델의 정립이 필요하며, 이를 위해 장기적인 관점에서 새로운 여수시 종합개발계획의 수립과 시행이 필요하다고 하겠다.

삶의 질의 변화에 대한 평가에서 여수시민들은 5년 전에 비해 전체적으로 여수시의 삶의 질이 향상되었다고 평가하였다. 그러나 개별 항목 중 일부는 나빠지기도 하였다고 답하였다. 주거생활에 대한 삶의 질 변화에 대한 평가에서는 비교적 긍정적으로 평가하였다. 이는 아파트 증가에 따른 주거생활의 편리성과 쾌적함이 제고되었기 때문이다.

근린주거(neighborhood)에 대한 삶의 질의 변화는 비교적 좋아졌다고 평가하고 있다. 이러한 성과는 개인주의적 생활 패턴이 일반화되고 이웃과의 접촉이 덜한 아파트 생활을 하게 되면서 간섭받지 않는 삶에 대해 만족하기 때문으로 보인다. 자연환경은 5년 전보다 매우 나빠졌다고 평가하였고, 특히 해양이 많이 오염되었다고 평가하였다.

경제환경에 대한 삶의 질의 평가에서도 5년 전보다 나빠졌다는 평가가 우세하게 나타났다. 그러나 시장여건과 소비생활이 다른 지표보다 상대적으로 나쁘지 않게 평가된 것은 새로운 상업시설들이 여수시에 쇼핑을 유인할 수 있는 새로운 시설들이 많이 입지한 결과라고 할 수 있다. 교육환경의 삶의 질에 대한 여수시민들의 평가는 고등학교 이하의 교육여건은 비교적 좋아졌다고 평가하고 있으나 대학교육과 성인을 위한 교육여건은 상당히 나빠졌다고 평가하고 있다. 이는 5년 전에 비해 높아진 평생교육과 같은 사회교육에 대한 기대를 지역권 대학에서 충족시키지 못했기 때문으로 판단된다.

문화생활을 할 수 있는 공간, 즉 공연· 전시회 및 영화관, 박물관, 도서관 등의 시설 변화에 대한 평가는 이를 이용하고자 하는 욕구에 비해 시설이 부족함에 따라 대체적으로 나빠졌다고 인식하고 있다. 그리고 여가생활의 삶의 질에 대한 평가에서도 아침운동·산책공간에 대한 평가를 제외하고는 대부분이 나빠졌다고 평가하고 있으며, 특히 노인과 청소년을 위한 공간이 부족하다고 인식하고 있다.

교통환경은 더욱 나빠졌다고 평가했는데 차량의 증가율에 비해 도로의 확장이 상대적으로 느렸기 때문이다. 이에 반해 도시행정 및 편익 서비스 중 행정 서비스 여건은 지방자치제의 정착으로 인해 좋아졌다고 평가하고 있다. 그 외에 장애인을 위한 사회복지시설, 범죄로부터 안전, 도시미관은 대체적으로 나빠졌다고 평가하고 있다.

여수시가 도시경쟁력을 확보하여 지속적인 성장을 도모함과 동시에 주민들의 삶의 질을 향상시키기 위해서는 주민 중심의 새로운 도시발전의 비전을 재정립해야 한다. 그리고 '여수시를 어떤 도시로 만들 것인가?'에 대한 다양한 논의가 이루어져야 한다. 지금까지 시행된 대부분의 도시 및 지역개발정책들은 소비자인 지역주민이 아닌 일부 전문가와 지자체가 중심이 된 공급자 위주로 만들어졌던 것이 사실이다. 그러나 앞으로의 지역정책들은 계획의 수립과 집행과정에 지역주민을 적극 참여시키는 소비자 중심으로 전환되어야 한다. 이런 측면에서 지역주민 삶의 질이 향상된 정주공간을 구축함과 동시에 여수라는 공간의 지속적 발전을 위한 새로운 논의와 실천방안이 모색되어야 한다. 그리고 이런 논의는 지역주민이 주체가 되어 진행되어야 한다.

제10장

순천지역 주민의 인식과 태도

순천시는 조선시대에 접어들어 전남 동부지역의 행정·문화의 중심지 역할을 수행하였다. 그리고 전라선의 개통과 더불어 교통의 중심지로 부상하면서 명실상부한 전남 동부지역의 중심지가 되었고, 여수국가산업단지와 광양제철소의 준공 등 광양만권 공업화에 따라 도시인구가 증가하면서 지역경제권의 핵심도시로 성장하였다.

특히 광양만권 공업화로 인해 지역성장의 파급효과를 가장 많이 경험하고 수용한 도시가 바로 순천시이다. 이런 측면을 고려하여, 이 장에서는 광양만권의 대표적인 중심지역으로 기능하고 있고, 광양만권 공업화로 인해 도시인구가 많이 증가한 순천시를 사례로, 지역의 변화와 발전에 대한 주민의 인식과 평가 태도를 분석하였다(이정록, 2001: 23-36; 이정록 외, 2001: 91-116).

1. 연구내용과 방법

1) 연구목적과 내용

순천시는 역사적으로 전남 동부지역에서 행정과 문화의 중심지였으며, 특히 우리나라의 근대화 과정 및 1960년대 경제개발 과정에서 전남 동부지역의 사회·경제·문화적 중심지 기능을 수행해 왔다.

그리고 순천시는 1980년대에 진행된 광양만권 공업화로 도시인구가 증가하면서, 광양만권이라는 계획지역에서 이전부터 수행해 오던 중심지 역할을 지속하기 위해 다양한 도시개발 및 발전정책을 수립하여 시행하고 있다. 특히 여수시와 광양시, 그리고 경남 서부의 진주시가 광역 광양만권의 중심도시 기능을 놓고 치열하게 경쟁하고 있기 때문에 순천시는 도시의 중심지성 강화에 노력하고 있다.

이러한 배경에서 이 장에서는 역사·문화적으로 전남 동부지역의 중심지 역할을 해왔고 지금도 광양만권의 중심도시로 성장하고 있는 순천시의 도시발전에 대한 지역주민의 인식과 태도를 중심으로 설문조사를 실시했다.

2) 연구방법과 자료

광양만권 공업화로 도시의 기능이 변화하고 있는 순천시의 장기적인 도시발전정책에 관한 시민들의 인식과 태도를 조사하기 위해, 순천시 일반시민과 여론 주도층을 대상으로 실시한 설문조사를 이용하였다. 도시발전정책에 대한 시민들의 인식과 태도 조사는 삶의 질에 관한 내용과 도시발전정책에 대한 내용으로 구분하여 실시하였다.

순천시의 정주환경에 대한 삶의 질 분석에서는 주관적인 삶의 질 측정지표에서 공통적으로 포함되는 경제적 여건, 역사·문화적 배경, 교통, 교육

〈표 10-1〉 삶의 질과 주민의식 설문조사의 내용

구 분	주요 내용
삶의 질에 대한 만족도	순천시민으로서의 자부심과 긍지 순천시의 전반적인 생활여건 및 비교 변화 순천시의 삶의 질에 대한 만족도 정주공간으로서의 순천시의 장단점
도시개발의 방향	순천시의 대표적인 기능 조사 순천시의 경제 상황에 대한 인식 조사 순천시 개발 방향에 대한 인식 조사 순천시가 경쟁력을 지니고 있는 부문에 대한 인식
개인적인 속성	성별, 나이, 학력, 직업, 주거형태, 거주지, 거주기간, 직장소재지 등

환경, 문화·여가 생활, 자연환경, 사회적 안전성, 주택환경, 행정 서비스, 주민의 친근감, 사회복지 서비스 등 11개의 측정 지표를 이용하였다. 그리고 순천시의 장기적인 도시개발 방향에 관한 조사에서는 순천시의 미래에 대한 발전 전망과 함께 도시기능, 경쟁력을 갖춘 부문, 육성해야 할 부문 등으로 구성하였다(<표 10-1> 참조).

설문조사는 기본적으로 각 세대의 가구수를 대상으로 행하였다. 표본집단은 순천시에 거주하는 시민과 여론주도층에 해당하는 순천시의회 의원 및 순천시청 직원으로 구분하여 조사를 실시하였다. 설문조사는 2000년 9월 1일부터 9월 15일까지 약 15일 동안 진행되었다.

표본선정 방법은 전수조사의 제약성과 어려움을 고려하여 모집단의 특성을 잘 대변할 수 있는 표본을 추출하였고, 표본추출에서는 표본집단의 개인적인 속성보다는 거주지별 속성에 중점을 두고 작업을 진행하였다. 조사된 설문자료 중에서 통계적으로 유의한 445명의 사례(시민 381명, 여론주도층 61명)를 SPSS 프로그램을 이용하여 분석을 실시하였으며, 빈도분석과 교차분석을 주로 원용하였다.

3) 표본집단의 통계적 속성

(1) 표본집단의 공간분포

순천시의 삶의 질에 대한 만족도와 장기적인 발전 방향에 대한 설문조사는 기본적으로 각 세대의 가구주를 대상으로 실시하였다. 설문 응답자들의 거주지를 살펴보면 '덕연동'과 '왕조동', 그리고 '풍덕동'의 비율이 높게 나타났다. 이는 순천시의 전체 세대수에서 이들 세 개 동이 차지하는 비율이 약 37.8%에 달하기 때문이다(<표 10-2> 참조).

표본집단의 거주기간별 특징을 보면, '6～10년' 동안 거주한 응답자가 21.5%를 차지하였고, 이어서 '16～20년' 동안 거주했다고 응답한 사람이 16%, '1~5년'이 14.4%의 비율을 나타냈다. '30년 이상' 거주했다고 응답한 사람이 전체의 26.5%를 차지하여 가장 높은 비율을 보였다(<그림 10-1> 참조).

단순한 빈도분석의 결과로 보면 전체 응답자의 32.7%가 20년 이상 순천시에서 거주한 것으로 나타나, 비교적 지역 소속감이 강한 표본집단의 속성을

〈표 10-2〉 응답자의 거주지 분포

(단위: 명, %)

지 역	응답자	비율	지 역	응답자	비율
승주읍	2	0.4	조곡동	12	2.7
주암면	1	0.2	덕연동	132	29.7
낙안면	1	0.2	풍덕동	46	10.3
별량면	2	0.4	남제동	37	8.3
상사면	1	0.2	저전동	5	1.1
해룡면	20	4.5	장천동	6	1.3
서 면	12	2.7	중앙동	5	1.1
향 동	8	1.8	도사동	2	0.4
매곡동	16	3.6	왕조동	85	19.1
삼산동	49	11.0	합 계	445	100.0

〈그림 10-1〉 응답자의 거주기간

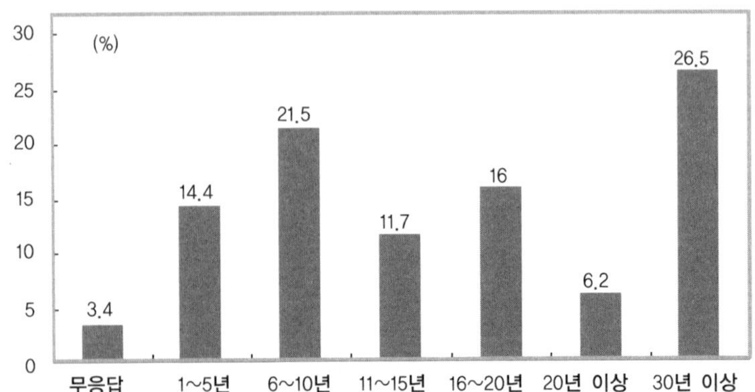

가지고 있는 것으로 사료된다.

(2) 표본집단의 개인적 속성

설문 응답자의 성별비율은 '남성' 52%, '여성' 48%로 남성이 약간 높은 비율을 보였다. 연령별 분포를 보면 30대와 40대가 전체의 91.4%를 차지하였다(<그림 10-2> 참조).

〈그림 10-2〉 응답자의 연령별 분포

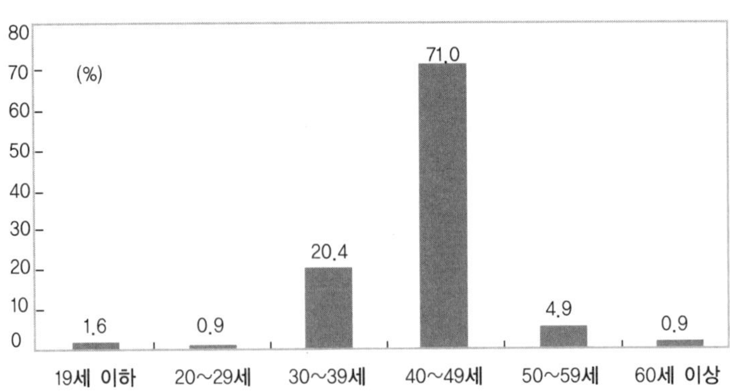

〈그림 10-3〉 응답자의 학력별 분포

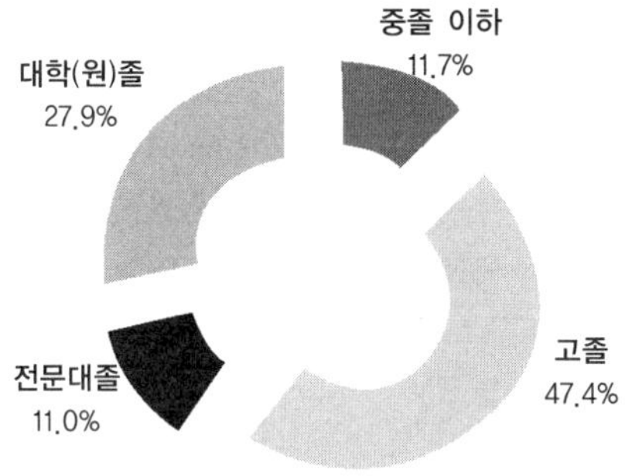

중졸 이하 11.7%
대학(원)졸 27.9%
고졸 47.4%
전문대졸 11.0%

응답자의 학력 분포는 '고졸'이 47.4%로 가장 많았고, '대학 및 대학원 졸'이 27.9%의 비율을 보였다. 그러므로 설문 응답자의 학력 분포는 고졸 이상의 학력자가 전체의 86.3%로 나타났다. 응답자의 평균 학력이 비교적 높기 때문에 설문분석의 결과를 통해 유의미한 내용을 도출하기가 비교적 용이하다(<그림 10-3> 참조).

설문 응답자의 직업별 분포를 보면, '주부'가 28.1%로 가장 많았고, '공무원'이 16%로 그 뒤를 이었다. 그리고 '전문직'에 종사하고 있다는 응답자가 11.9%, '자영업'인 응답자가 11.5%, '사무직' 종사자가 7.4%로 나타났다(<그림 10-4> 참조).

응답자의 직업별 분포에서 가정주부의 비중이 가장 높게 나타난 것은 표본집단 조사과정에서 나타난 문제이며, 이러한 응답자의 직업 구성이 순천시 직업분포를 대변하는 데는 한계가 있다. 공무원의 비중이 가정주부 다음으로 높게 나타난 것은, 유의미한 자료를 확보하기 위해 공무원과 시의원을 대상으로 실시한 2차 설문조사에서 비롯된 것이다.

설문조사에 응답한 표본집단의 직장 소재별 분포에 관한 조사 결과, '순천시'가 약 76.0%로 가장 많았고, 다음으로 '광양시'가 약 7.0%로 나타났다. '여수시'에 직장을 둔 응답자는 약 4.0%에 불과했다(<그림 10-5> 참조).

〈그림 10-4〉 응답자의 직업별 분포

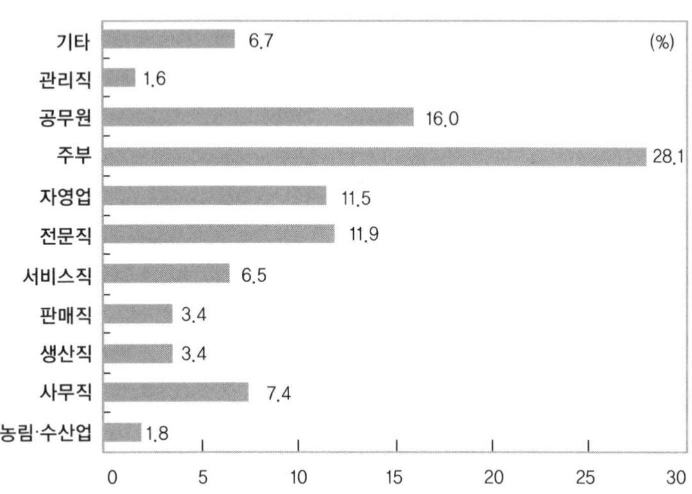

〈그림 10-5〉 응답자의 직장 소재별 분포

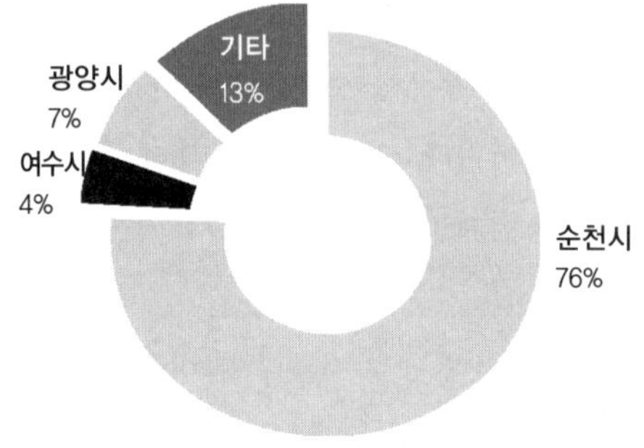

직장 소재와 직업의 교차분석을 통한 관계성을 검토해 본 결과, 순천시에 직장을 둔 응답자들은 약 21.3%가 공무원이었고, 여수시에 직장을 둔 응답자는 약 23.5%가 사무직 종사자였으며, 광양시로 통근하는 응답자는 약 25.0%가 생산직 종사자로 나타났다. 따라서 직장은 여수시와 광양시에 소재하지만 순천지역에 거주하고 있는 이유를 살펴보기 위해, 직장의 소재에 대한 결과와 타 지역에 비해 순천시가 유리한 부문에 대한 결과를 이용

〈그림 10-6〉 순천지역 이외의 출생지별 분포

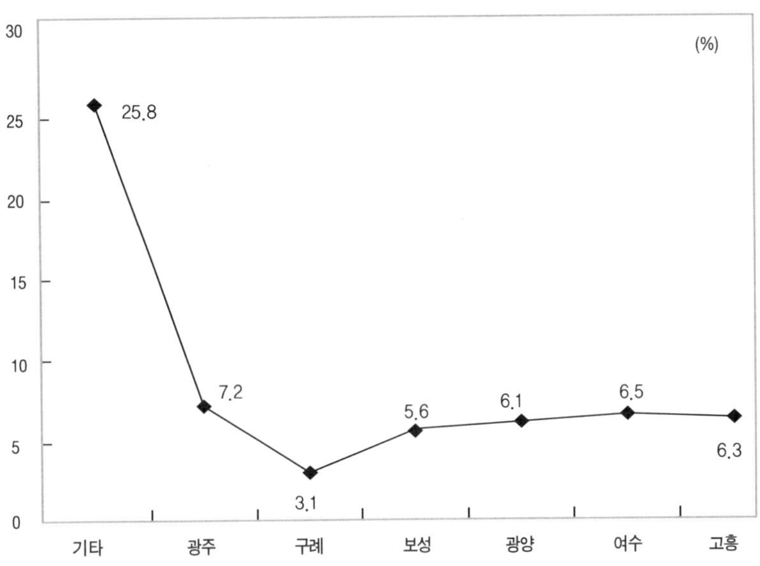

하여 교차분석을 실시하였다.

분석 결과를 보 광양지역에 직장을 둔 응답자들의 42.9%가 순천시의 이점으로 '교육기능'을 들었고 여수시에 직장을 둔 응답자의 23.5%와 순천시 인근의 기타 지역에 직장을 둔 응답자의 35.3%가 이에 동조하였다. 이를 통해 볼 때 자녀들의 교육을 위해 순천시에 거주하기를 원하는 것으로 사료된다.

응답자의 출생지역별 특성을 파악하기 위해 순천지역 출생 여부와 출신지역을 구분하여 분석하였다. 순천지역 출생 여부를 묻는 질문에는 44%의 응답자가 '예'라고 응답하였고, 56%의 응답자는 '아니오'라고 응답하였다.

출신지역을 보면 광주(7.2%), 여수(6.5%), 고흥(6.3%), 광양(6.1%), 보성(5.6%), 구례(3.1%) 등으로, 순천시 인근 지역에서 전입한 응답자가 전체의 34.8%를 차지하고 있어 기타 지역에서 전입해 온 응답자(25.8%)보다 많은 것으로 나타났다(<그림 10-6> 참조).

2. 순천시 삶의 질에 관한 만족도

1) 지역정체성에 대한 인식

일반적으로 특정 지역에 대한 정체성이 강할수록 지역사회에 대한 자긍심이 높으며, 지역사회에 대한 소속감이 강하기 때문에, 순천시민들의 지역정체성은 지역에 대한 긍지나 자부심의 정도를 통해 파악할 수 있다.

<그림 10-7>과 같이 순천시민의 지역적 소속감을 분석한 결과, 순천 시민으로서의 자부심과 긍지에 대해서 만족하고 있다는 응답이 전체의 40.9%로 나타나 대체로 만족하고 있음을 알 수 있다.

순천시민이 지니고 있는 지역정체성에 대한 인식은 정주의사와도 밀접한 관련성이 있다. 순천시에서 다른 도시로 거주지를 이동할 의향을 묻는 질문에서 전체 응답자의 약 66%가 계속해서 정주한다는 생각을 갖고 있는 반면에, 34%의 응답자는 '이주할 의향이 있다'라고 응답하였다.

순천시라는 지역사회에 대한 소속감과 자긍심, 그리고 정주의사 등을 고려하면, 순천시민의 지역정체성은 비교적 높은 것으로 평가할 수 있다. 그리고 이러한 높은 지역정체성은 도시발전을 위해 수립하는 각종 도시정책에 대한 시민들의 높은 참여와 요구가 앞으로 더욱 증대될 것임을 시사한다.

2) 생활여건의 변화에 대한 만족도

순천시의 전반적인 생활여건의 변화에 대한 인식태도를 살펴보기 위해, 조사시점을 기준으로 5년 전과 5년 후의 상태를 각각 비교·평가하였다. 분석 결과 전체 응답자의 약 78%가 현재의 생활여건에 대해 만족하는 것으로 밝혀졌다. 그리고 대부분의 순천시민들은 순천시가 계속 발전하여, 미래에는 현재보다 더욱 향상된 생활여건이 될 것으로 전망했다(<표 10-3> 참조).

〈그림 10-7〉 순천시민으로서의 긍지와 자부심에 대한 인식

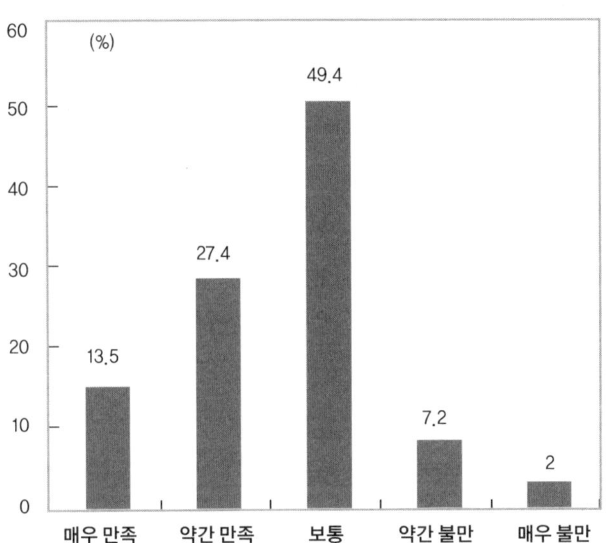

〈표 10-3〉 생활여건의 변화에 대한 만족도

(단위: %)

구분	매우 만족	약간 만족	보통	약간 불만	매우 불만	무응답
과거 상태(5년 전)	4	22.5	49.7	17.1	3.1	3.6
현재 상태(2000년)	5.4	21.8	50.8	17.3	3.8	0.9
미래 전망(5년 후)	13.7	30.6	37.3	13.3	2.9	2.2

생활여건에 대한 인식태도에서는 시기별로 차이를 나타냈다. 과거(46.5%), 현재(27.2%), 미래(44.3%)로 시간이 변화되면서 생활여건의 변화에 대한 만족도의 기대 수준이 향상되고 있음을 알 수 있다.

3) 정주환경과 삶의 질에 대한 만족도 평가

순천시의 전반적인 정주환경 및 삶의 질에 대한 만족도 조사에서는 과반수

에 가까운 응답자가 '보통'(42.2%)이라고 답변하였고, '불만스럽다'는 반응(18.4%)보다는 '만족스럽다'는 인식(38.4%)이 더 높게 나타났다(<그림 10-8> 참조). 또한 순천시민들은 현재의 정주환경에 비교적 만족하고 있고, 순천시의 삶의 질에 대해서도 긍정적인 인식을 갖고 있는 것으로 분석되었다.

한편 광양만권의 주변도시와 비교한 순천시의 정주환경 및 삶의 질에 대한 평가에서는 '보통이다' 50.0%, '살기 좋다' 42.0%, '나쁘다' 8.0%의 순서로 응답하여, 순천시는 주변의 광양시 및 여수시에 비해 양호한 생활여건을 확보하고 있는 것으로 판단된다. 이러한 인식태도는 순천시가 가지고 있는 교통중심지, 상업 및 서비스 시설의 입지, 양호한 교육환경 등과 밀접히 관련되어 있음을 알 수 있다.

순천시가 지니고 있는 정주환경에 대한 긍정적·부정적 평가를 상호 비교하기 위하여 경제적 여건, 역사·문화적 배경, 교통, 교육환경 등 11개 요인으로 구분하여 분석하였다(<표 10-4> 참조).

정주환경의 긍정적 평가에서는 '교통의 편리성'이 19.3%로 가장 높은 비율을 보였고, 교육환경 18.2%, 자연환경의 쾌적성 15.7%, 근린주거의 안정

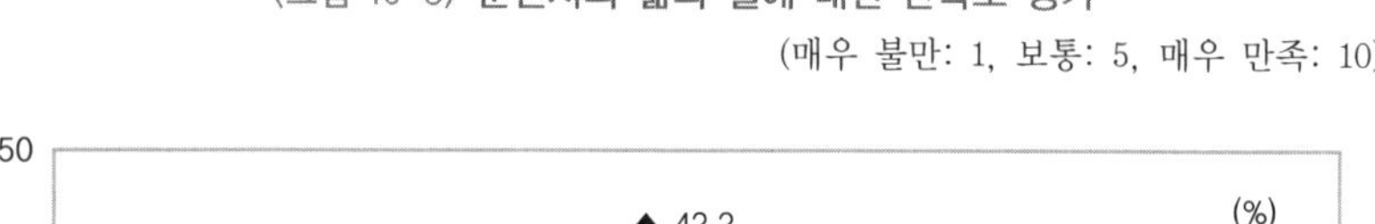

〈그림 10-8〉 순천시의 삶의 질에 대한 만족도 평가

(매우 불만: 1, 보통: 5, 매우 만족: 10)

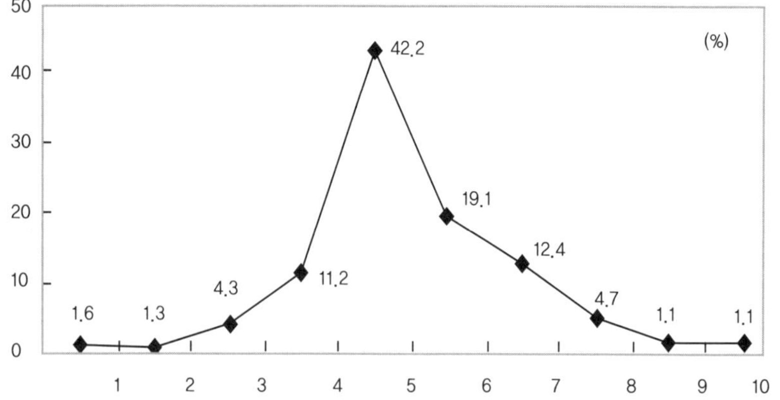

〈표 10-4〉 정주환경의 요인별 평가

구분	긍정적 평가		부정적 평가	
	비율(%)	순위	비율(%)	순위
경제적 여건	2.5	7	18.9	1
역사문화적 환경	5.6	5	1.8	7
교통환경	19.3	1	7.9	3
교육환경	18.2	2	7.6	4
문화여가 환경	2.2	8	15.5	2
자연환경	15.7	3	0.4	12
범죄의 안정성	0.7	10	1.6	8
주택문제	5.2	6	0.4	12
행정 서비스	0.4	11	3.6	6
근린 주거환경	9.2	4	0.7	10
사회복지 서비스	0.2	12	6.7	5
기타	1.6	9	1.6	8

성 9.2% 등의 순서로 나타났다. 반면에 부정적인 평가를 한 정주환경으로는 경제적 여건을 비롯하여 문화·여가 환경, 교통환경, 교육환경, 사회복지 서비스, 행정 서비스 등의 순서로 나타났다.

대부분의 시민들은 순천시가 주변도시에 비해 교통환경, 교육환경, 주거환경이 상대적으로 양호하다고 평가하였고, 이러한 주민들의 인식태도는 순천시 도시발전의 역사적 과정과 일치하는 것이다. 순천시는 전라선과 경전선, 그리고 순천-광주 간의 철도 개통으로 인하여 교통의 중심지로 성장하였고, 이러한 교통의 결절점은 1930년 이후 순천시의 도시발전을 담보하는 결정적인 요인이 되었다. 그리고 일부 고등학교와 순천대학교가 광양만권 주민들에게 양호한 교육 서비스를 제공하면서 순천시의 교육적 기능이 도시발전의 견인차 역할을 하였으며, 공업단지와 상대적으로 격리된 주거환경 또한 순천시 정주환경의 경쟁력을 제고시키는 요인으로 작용하였다. 또한 백화점과 쇼핑센터를 비롯한 각종 상업 및 서비스 시설도 순천시의 도시경쟁력 향상에 긍정적인 요인으로 작용하고 있다.

한편 순천시민이 평가한 부정적인 요인으로 교통환경(3위)과 교육환경(4위)이 제시된 것은 순천시라는 지방의 중소 도시가 안고 있는 구조적 한계라고 할 수 있다. 그러나 순천시가 광양만권에서 중심지로 기능한 주요 배경이 양호한 교통환경과 교육환경 때문이었다. 따라서 순천시가 광양만권의 중추도시로 기능하면서 지속적인 도시발전을 도모하기 위해서는 교육 및 교통환경을 더욱 개선해야 함을 말해준다. 또한 지역경제의 구조 개편, 쾌적하고 양호한 문화·여가 시설의 확보 등을 통해 도시경쟁력을 계속 확보해야 하는 문제점도 있음을 시사하고 있다.

4) 정주의식에 대한 평가

순천시에서 살고 있는 주민들은 타 지역으로 거주지를 옮길 의향을 묻는 질문에서 66%의 응답자가 '옮길 의향이 없다'라고 대답한 반면, 34%의 응답자는 '이주할 의향이 있다'라고 응답하여 비교적 높은 정주의식을 가지고 있는 것이 특징이다.

타 지역으로 거주지를 옮기는 주요 이유로는 응답자 가운데 26.5%가 '자녀교육의 기회 확대'라고 대답하여 가장 높게 나타났고, '직장을 비롯한 경제적 이유'를 들고 있는 응답자는 15.3%인 것으로 나타나고 있다. 그리고 '보다 나은 여가·문화생활을 위해'라는 응답자가 8.1%로 나타났는데, 이는 소득 수준의 향상에 따른 생활양식의 변화 때문으로 판단된다.

순천시의 부실한 경제적 여건과 부족한 문화·여가 생활의 기회는 주민들의 전출 요인으로 작용하기는 하나, 자녀교육의 기회 확대라는 요인에 비하면 아직은 미미한 수준이라고 볼 수 있다(<그림 10-9> 참조).

한편 순천의 인근지역에서 순천시로 이주한 응답자를 대상으로 이주배경을 분석한 결과, '직장 때문'이라고 대답한 응답자가 34.4%로 가장 많았

〈그림 10-9〉 타 지역으로 거주지를 옮기는 주요 이유

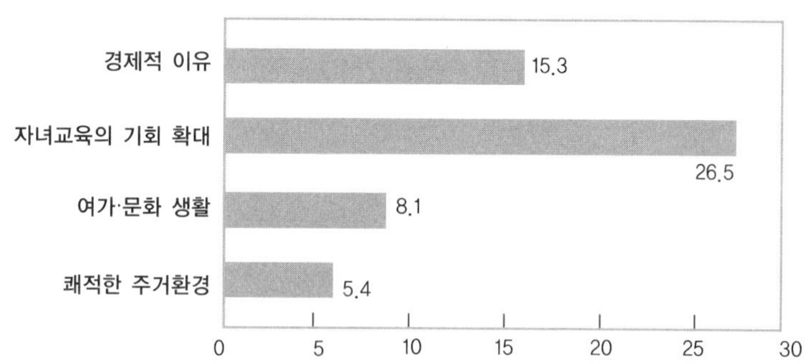

고, '자녀교육' 때문이라고 대답한 응답자가 17.1%로 나타났다. 반면에 '주거환경이 좋아서'라고 대답한 응답자는 5.2%에 그쳤다.

3. 순천시 도시발전에 관한 인식과 태도

1) 도시기능과 도시발전에 대한 인식

현재 순천시민이 인식하고 있는 순천시의 기능을 조사한 결과, 전체의 62.7%가 순천시의 도시기능을 '교육도시'로 인식하고 있었다. 그리고 농업도시 17.3%, 교통도시 9.7%, 문화도시 7.9% 등의 순서로 평가하였다.

대다수의 응답자가 순천시를 교육도시로 인식하고 있는 것은, 평준화되지 않은 고등학교가 유지되고 있고, 광양만권의 다른 도시에 비해 다수의 고등학교와 전문대학, 그리고 대학교가 입지해 있기 때문이다. 그럼에도 불구하고 '자녀교육의 기회 확대'를 위해 거주지를 옮긴다고 응답한 비율이 높았던 것은 지역의 교육환경이 상대적으로 열악하다는 것을 반증하는 것이다.

〈표 10-5〉 순천시의 도시기능에 대한 인식

(단위: %)

구분	교통도시	문화도시	교육도시	농업도시	공업도시	기타
비율	9.7	7.9	62.7	17.3	1.6	0.8

〈그림 10-10〉 순천시 도시발전의 장애요인에 대한 인식

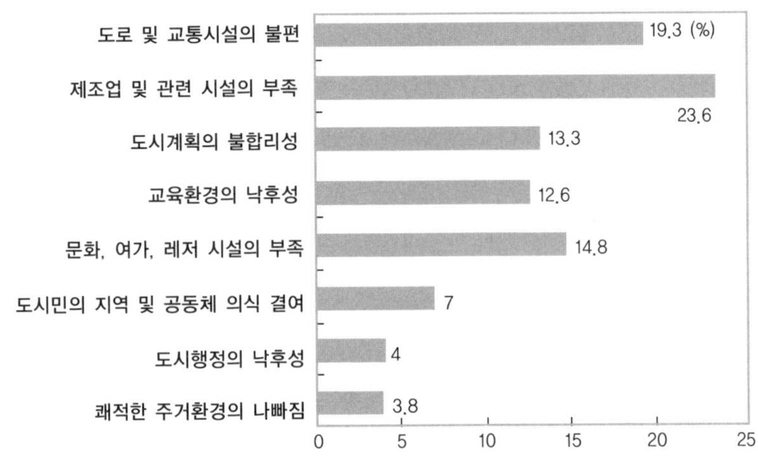

<그림 10-10>과 같이 순천시의 도시발전을 가로막는 장애요인에 대한 인식에서는 대부분의 응답자들은 '제조업 및 관련 시설의 부족'을 순천시의 지역발전에서 가장 큰 장애요인으로 인식하고 있었다. 이러한 인식태도는 광양만권에 위치한 여수시와 광양시에 비해 순천시의 제조업 기반이 상대적으로 낮다고 인식한 결과이다. 그러므로 장기적인 도시발전을 위해서는 제조업 육성정책이 필요한 것으로 나타났다. 또한 도시계획의 불합리성은 도시 내 교통문제에 대한 비판적인 인식과 관련성이 있다.

한편 순천시의 경제여건에 대한 시민들의 인식을 보면, '타 도시에 비해 약간 낙후되었다'가 43.0%, '타 도시와 비슷하다'가 29.0%, '타 도시에 비해 많이 낙후되었다'가 16.0%, '타 도시보다 양호하다'가 12.0% 등의 순서로

나타났다. 특히 전체 응답자의 59.0%가 순천시의 경제적 여건 및 사정에 대해 매우 부정적으로 인식하고 있는 것으로 나타났다. 이러한 부정적 인식에는 인접한 여수시와 광양시보다 순천시의 제조업 관련 기반이 취약하다는 것을 시민들이 인식한 결과라고 할 수 있다.

그리고 1960년대 이후 순천시의 도시발전에 영향을 미친 요인에 대한 평가를 분석해 보면, '광양제철소의 건설 및 준공'이라는 응답이 52.4%로 가장 높은 비율을 차지하였고, '경전선과 호남고속도로의 개통' 14.8%, '여천석유화학단지 개발' 13.9%, '율촌산단의 개발' 12.6% 순서로 나타났다. 따라서 대부분의 시민들은 1980년대 이후 순천시 도시발전에 광양제철소의 입지가 중요한 영향을 미쳤다고 인식하고 있는 것으로 조사되었다.

2) 도시발전에 대한 인식과 태도

순천시의 장기적인 도시발전을 위해 우선적으로 추진해야 하는 사업에 대한 인식태도를 살펴보면 <표 10-6>과 같다. 전체 응답자의 24.5%가 순천시 도시발전에 필요한 첫 번째 과제로서 '효율적인 도시계획'을 지적하였다. 광양만권 공업화에 따른 순천시의 시가지 개발이 동부지역 중심으로 이루어져 구도심과 신시가지 간 격차가 발생하고 있고, 구도심의 도시계획 재정비가 필요하다는 인식 때문이다.

또한 과거의 승주군이 순천시로 통합되어 도시와 농촌이 혼재하는 성격의 도시가 됨에 따라 도시지역과 농촌지역 간의 생활격차가 발생하고 있

〈표 10-6〉 순천발전을 위한 시급한 과제

(단위: %)

구분	산업시설 건설	교육환경 개선	효율적인 도시계획	택지·주택개발	생활편의시설 확충	도로·교통 시설 확충	기타
비율	18.9	21.1	24.5	2.5	22.2	10.1	0.7

〈표 10-7〉 도시발전을 위해 중점적으로 육성해야 할 부문

(단위: %)

구분	농업	공업	상업·유통	문화	교육	주택	교통	통신	관광	환경
비율	1.4	10.1	16.0	16.4	21.8	1.3	7.1	8.1	12.4	5.4

고, 농촌지역에서는 도시적 서비스를 제공받지 못하고 있기 때문에 도·농 통합시의 효율적인 발전을 위한 새로운 도시계획의 수립과 시행이 요구되고 있다.

또한 순천시가 광양만권의 중심도시로 기능하면서 도시민에게 양호한 정주환경을 제공하기 위해서는 문화·여가·생활편의 시설의 확충이 필요한 것으로 순천시민들은 인식하고 있었다. 실제로 순천시는 광양만권의 중심도시 기능을 수행하면서도 백화점을 비롯한 대규모 쇼핑 지구가 활성화되지 못한 실정이다. 또한 도시민에게 쾌적한 여가 및 위락 공간을 제공하기 위한 일련의 정책 시행도 상대적으로 일천한 실정이다. 그리고 교육도시로서의 기능성을 제고하기 위한 교육환경 및 시설의 개선, 도시 내 교통체계의 개선, 대규모 택지개발과 주택단지 조성을 통한 주변지역의 인구전입 등도 순천시의 장기적인 도시발전 과제로 제시되었다.

따라서 순천시가 광양만권의 중심도시로서 경쟁력을 확보하면서 지속적인 도시성장을 이룩하기 위해서는 새로운 도시계획의 수립, 시민을 위한 다양한 생활편익시설의 확충, 초·중·고등학교 학생을 위한 향상된 교육환경 제공 등에 중점을 두고 시정을 집행해야 할 것으로 판단된다.

한편 장기적으로 지속적인 도시발전을 도모하기 위한 주요 과제를 묻는 설문의 결과는 도시기능 육성 부문에 대한 평가와 유사한 결과를 보여주고 있다. 순천시의 장기적 도시발전정책을 수립하는 데 집중적으로 육성해야 할 부문으로는 교육(21.8%), 문화(16.4%), 상업·유통(16.0%) 등으로 나타났다 (<표 10-7> 참조).

이와 같이 순천시의 장기적인 발전을 위해 육성해야 할 부분으로 교육, 상업·유통, 문화를 강조한 것은, 대부분의 시민들이 21세기 순천시의 바람직한 도시상으로 문화와 교육 도시를 희망하고 있음을 보여준다. 그러므로 순천시의 주요 기능인 교육도시의 기능성을 제고하면서 문화도시로 발전시키는 정책을 지속적으로 추진할 필요가 있는 것으로 나타났다.

3) 순천시의 도시경쟁력에 대한 평가

일반적으로 도시경쟁력은 도시발전은 물론이고, 도시에 거주하는 주민의 삶의 질을 결정하는 중요한 요소이다. 그리고 거주하는 도시에 대한 주민들의 평가는 도시발전을 예측할 수 있는 좋은 준거가 된다. 즉 도시경쟁력을 긍정적으로 평가하는 주민이 많은 지역에서는 지역발전에 대한 비전 설정이 어렵지 않으며 지역발전을 위한 주민들의 자발적인 참여를 유도하기가 용이하다.

순천시의 도시경쟁력을 평가한 결과, 전술한 특징이 그대로 반영되었다. 순천시가 광양만권의 중심도시로 성장하는 데 주변의 타 도시에 비해 도시경쟁력을 갖추고 있는지를 묻는 질문에, 과반수 이상인 55.0%의 응답자가 '충분한 도시경쟁력을 갖추고 있다'고 응답한 반면, '아니다'라는 평가는 25.0%에 불과하였다.

순천시가 진주시, 여수시, 광양시 등 주변의 타 도시와의 경쟁에서 비교우위를 확보할 수 있는 가장 유리한 부문이 무엇인지를 조사한 결과, '교육

〈표 10-8〉 주변도시와 비교한 순천시의 비교우위 기능

(단위: %)

구분	농업	공업	상업	관광	주거	교육	문화	교통
비율	5.2	4.0	11.9	4.0	11.2	38.7	4.5	20.0

〈그림 10-11〉 도시발전에 영향을 미친 지역개발 사업의 평가

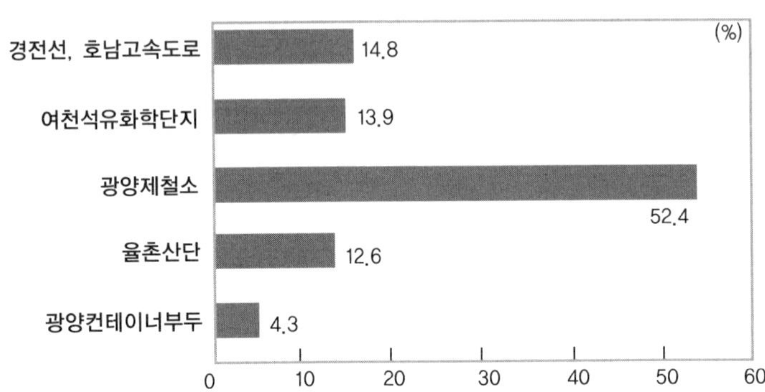

기능'이라는 답변이 38.7%로 가장 높은 비율을 차지하였다(<표 10-8> 참조). 따라서 순천시가 주변도시와 경쟁하여 비교우위를 확보하기 위해서는 교육여건의 개선, 광역적 교통계획의 수립을 통한 교통환경의 개선 등이 주요한 지역개발 사업으로 도출되었다.

한편 대부분의 시민들은 1980년대 이후 순천시의 도시발전에 광양제철소의 입지가 중요한 영향을 제공했다고 인식하고 있는 것으로 조사되었다(<그림 10-11> 참조).

4) 도시발전의 미래상에 대한 인식과 태도

2000년대 순천시 도시발전의 미래상에 대한 평가에서는 전체 응답자의 56.0%가 현재보다는 '살기 좋아진다'고 응답하였고, 8.1%의 응답자는 '매우 살기 좋아진다'로 인식하고 있는 것으로 나타났다(<표 10-9> 참조). 따라서 미래의 순천시 도시발전에 대한 인식에서는 전체의 약 60% 이상의 시민들이 순천시의 도시발전에 대해 매우 긍정적으로 인식하였다.

그리고 21세기의 바람직한 순천시 도시기능의 미래상에 대한 인식과 평가 태도를 조사해 보면, 전체 응답자의 38.9%가 미래 순천시의 주요 도시

〈표 10-9〉 도시발전의 미래에 대한 평가

(단위: %)

구분	훨씬 나빠진다	나빠진다	별 변화 없다	살기 좋아진다	매우 살기 좋아진다	기타
비율	1.6	6.1	27.9	56.0	8.1	0.3

〈표 10-10〉 바람직한 21세기의 도시상에 대한 인식

(단위: %)

구분	공업도시	교육도시	교통도시	문화도시	주거도시	환경도시
비율	8.3	30.1	4.3	38.9	2.9	13.9

기능으로 '문화도시'를 선호하였고, 30.1%의 응답자는 '교육도시'라고 인식하였다. 그러나 주거도시(2.9%)와 교통도시(4.3%)에 대해서는 부정적인 시각을 나타내고 있다(<표 10-10> 참조).

그리고 '문화도시'를 바람직한 순천시의 모습으로 인식하고 있는 것은 순천시민들이 도시발전 과정에서 문화의 중요성을 잘 이해하고 있음을 반증한 것이다. 그리고 이러한 인식태도는 현재 순천시가 추진하고 있는 시정 방향과도 일치하는 결과를 보여주었다.

결과적으로 대부분의 시민들이 순천시가 앞으로 광양만권에서 중심도시 역할을 수행하기 위해서는 교육 및 문화 도시로의 발전에 중점을 두는 시정을 선호하고 있음을 반증하고 있다.

한편 장기적인 순천시 도시개발의 방향에 대한 인식을 살펴보면, 현재 대규모 택지개발로 신시가지가 형성된 연향·금당지구 중심의 '동남 방향(40.0%)'을 가장 선호하고 있는 것으로 나타났다(<표 10-11> 참조).

순천시의 장기적인 도시개발축(방향성)에 대한 인식에서는 대부분의 시민들은 구도심보다는 동남 및 남부 방향을 선호하였고, 이러한 인식은 주변도시의 여건변화를 고려한 것으로 판단된다. 특히 광양컨테이너부두, 여수시 율촌면에 조성된 율촌 제1 산업단지, 그리고 현재 공사가 진행 중인

〈표 10-11〉 장기적인 도시 개발축의 방향

(단위: %)

구분	구도심 지향	동남 방향	서남 방향	북동 방향
비율	14.2	40.0	29.7	14.8

율촌 제2 산업단지 등과의 접근성과 위치성을 고려하여 동남부 지향의 도시개발을 선호하고 있었다. 그러므로 순천시의 장기적인 도시발전을 위해서는 연향·금당지구를 중심으로 해룡면과 여수시 율촌면, 그리고 광양시 세풍리로 연결되는 동남 방향을 새로운 도시개발축으로 설정하는 것이 필요하다.

4. 맺음말

도시발전의 정책에 대한 주민의 인식과 평가 태도는 정책의 성공 여부에 커다란 영향을 미치기 때문에 지역정책의 수립에 중요한 변수로 작용한다. 이 장에서는 역사·문화적으로 전남 동부지역의 중심지로 성장해 왔고, 오늘날에는 광양만권의 중심도시로 기능하고 있는 순천시를 사례로 지역변화와 발전정책에 대한 지역주민의 인식태도를 고찰하였다. 도시발전정책에 대한 시민들의 인식태도를 파악하기 위하여 정주환경과 삶의 질, 도시발전정책의 문제점, 그리고 장기적인 방향에 대한 내용을 중심으로 설문지 조사법을 이용하여 자료를 수집하고 분석하였다.

순천시민들은 순천시의 삶의 질에 대해 비교적 만족하고 있고, 지역경제의 활성화와 문화·여가 시설을 비롯한 생활편익시설의 확충에 많은 관심을 가지고 있다. 순천시 도시발전의 미래상에 대해서는 긍정적으로 인식하고 있으며 앞으로는 교육과 문화 기능 강화에 더욱 중점을 두어야 한다고 평가하였다.

순천시가 전남 동부지역의 중심지로, 그리고 광양만권의 중심도시로 성장하게 된 배경에는 순천시가 차지하고 있는 지리적 중심성, 양호한 교통 접근성, 순천시가 확보하고 있는 독점적이고 배타적인 고차계층의 중심 기능성, 넓은 배후지, 주변도시의 급속한 공업화에 따른 파급효과의 영향 등이다. 이러한 요인은 전통적으로 순천시의 성장에 지대한 영향을 미쳤으며, 이러한 영향에 의해 순천시는 오늘날에도 광양만권의 중심도시기능을 하고 있다.

순천시민을 대상으로 순천시의 삶의 질과 도시발전에 대한 인식을 조사한 결과, 전체 응답자의 약 90% 정도가 순천시 삶의 질에 대해 비교적 만족하고 있는 것으로 조사되었다. 또한 순천시민들은 순천시가 다른 도시에 비해 교통·교육환경, 자연환경 등 부문에서 비교적 양호한 것으로 인식하였지만, 지역의 경제기반과 문화·여가 시설을 비롯한 생활편익시설의 부족을 도시의 주요 문제로 인식하고 있었다. 21세기 순천시의 미래상에 대한 인식에서는 많은 시민들이 문화도시와 교육도시의 기능성을 선호하였고, 순천시 도시발전의 미래상에 대해 비교적 긍정적인 인식태도를 가지고 있는 것으로 분석되었다.

도시발전에 대한 시민들의 인식태도에서 나타난 특성을 고려해 볼 때, 순천시에서는 장기적인 관점에서 새로운 도시발전정책의 수립과 시행이 바람직할 것으로 판단된다. 이를 위해서는 새로운 도시발전을 위한 공간구조의 재편, 교육 및 문화 중심의 도시기능 강화, 정주공간의 재편전략, 주변지역의 여건을 고려한 지역 내 산업구조의 재편, 상업 및 서비스 기능의 지속적인 확충 등이 추진되어야 할 것으로 사료된다.

따라서 광양만권에 위치하고 있는 주요 도시인 진주시, 여수시, 광양시 등과 치열한 경쟁을 통해서 광양만·진주권의 중심도시로 한 단계 더 높이 성장하기 위해서는 21세기 광역광양권 시대를 주도할 순천시의 역할에 대한 종합적인 검토 작업이 요구된다.

제11장

광양지역 주민의 인식과 태도

광양지역은 광양만권 공업화의 핵심지역에 해당한다. 왜냐하면 광양만권 공업화 과정에서 광양제철소의 입지와 준공이 결정적인 영향을 미쳤고, 현재도 광양만권 공업화에 주도적인 역할을 수행하고 있기 때문이다. 광양 컨테이너부두 또한 광양만권의 경제구조 변화와 지역발전에 중요한 영향을 미치고 있다.

이런 측면을 고려하여 이 장에서는 광양지역의 변화, 특히 광양제철소의 입지와 광양제철소의 기업활동에 대한 광양지역 주민들의 인식과 태도의 특성을 고찰하였다. 광양제철소의 입지에 따른 지역주민의 의식변화는 구 동광양시의 주민을 대상으로 조사한 연구성과(이정록 외, 1993: 35-72)를 원용하였다. 그리고 광양지역의 경제·사회·문화적 변화에 중요한 영향을 미친 광양제철소의 역할에 대한 지역주민의 인식과 평가의 특성을 파악하기 위하여 광양시민을 대상으로 조사한 연구성과(이정록 외, 1999: 55-75)를 토대로 정리하였다.

1. 동광양지역 주민의 의식변화

1) 연구내용과 표본집단의 특성

(1) 연구내용과 방법

동광양지역은 전형적인 농어촌이었으나 1985년 이후 광양제철소의 입지와 연관공단의 조성으로 급속히 도시화가 진전되었다. 광양제철소의 입지로 인해 외부로부터의 전입인구가 증가하여 인구가 성장하였고 도시화가 진행되었으며, 광양제철소와 관련된 기업 및 공장의 입지로 지역의 공업화도 행해졌다. 이 절에서 의미하는 동광양지역의 지리적 범위는 광양군과 동광양시가 통합되어 광양시를 구성하기 이전의 동광양시를 지칭한다.

이러한 측면에서 동광양지역 주민을 대상으로 설문조사를 실시하여 지역변화에 대한 주민의 의식변화를 조사하였다. 설문조사는 1992년 11월 6일부터 11월 14일까지 9일 동안 실시되었다. 표본집단은 100명의 지도층과 일반시민 1,100명으로 구성되었으며, 청장년층(30~49세)을 주요 대상으로 선정하였다. 왜냐하면 일반 시민들 중 동광양지역에서 주도적으로 활동하고 있고, 앞으로 지역 내에서 오랫동안 거주하면서 시정에도 적극적으로 참여할 가능성이 가장 높은 연령층이 청장년층(30~49세)이기 때문이다. 표본집단의 분포는 현재 동광양지역의 동별 인구(가구)분포를 고려하여 층화무작위방법, 피조사자의 속성은 무작위추출법(random sampling)을 이용하였다.

(2) 표본집단의 속성

동광양지역에 거주민을 대상으로 실시한 설문조사에서 일반 시민의 설문지 회수율은 약 98%로 매우 높은 반면, 사회지도층의 회수율은 32%로서 매우 낮았다.

표본집단의 거주지(동)별 분포를 살펴보면 <표 11-1>과 같다. 사회통계

〈표 11-1〉 표본집단의 거주지별 분포

(단위: %)

구분	중마동	광영동	금호동	태인동	황금동	성황동	금당동
비율	22.8	27.7	21.1	9.9	8.9	6.9	2.6

〈표 11-2〉 표본집단의 연령분포

(단위: %)

구분	20~29세	30~39세	40~49세	50세 이상
비율	1.9	43.3	47.6	7.2

에서 나타나는 거주지역의 소속감으로 인한 분석 오류를 최소화하기 위하여 표본집단의 거주지별 분포를 가구와 거의 일치시켜서 선정하였다. 표본집단과 실제의 가구분포 간에 거주지별 유사성을 가지고 있으나 금당동과 황금동의 경우, 실제 가구분포와 표본집단의 크기 간에는 서로 차이를 나타내고 있다.

그 주요 이유는 황금동의 경우 다른 동에 비해 상대적으로 개발속도가 낮고, 도시화의 정도가 낮아 가구수의 분포가 상대적으로 적은 비율을 차지했기 때문이다. 특히 개발과정에서 소외되었다는 이유 때문에 시정에 관해서 비교적 부정적인 인식이 강할 것으로 예측되어 부정적인 측면에 대한 특징을 정확하게 파악하기 위하여 표본집단은 실제 가구비율보다 높게 선정하였다. 그리고 금당동의 경우 실제의 가구분포보다 표본집단의 크기가 작은 것은 금호동과 거의 유사한 특성을 나타낼 것으로 예상되기 때문이다. 대신 적은 비율만큼은 황금동의 표본집단으로 대체시켰다. 표본집단의 연령별 분포를 살펴보면 <표 11-2>에 나타난 것과 같다.

표본집단의 연령분포는 전체적으로 볼 때, 실질적으로 경제활동에 종사하고 있고, 앞으로 동광양지역에 비교적 오랫동안 거주할 청장년층 집단이 전체의 약 90%를 차지하였다. 이들 집단은 상대적으로 다른 연령층에 비해

〈표 11-3〉 표본집단의 직업분포

(단위: %)

구분	상업, 서비스업	농림 수산업	회사원	공무원	전문직	생산직	기타
비율	18.7	15.7	13.8	4.5	2.3	21.7	23.3

〈표 11-4〉 표본집단의 학력분포

(단위: %)

구분	중졸 이하	고졸	대졸 이상	기타
비율	29.5	48.9	17.4	4.2

시정, 시의 발전 방향과 성격규정에 매우 적극적으로 자신의 의사를 밝힌다는 점에서 매우 유용한 표본집단이라고 판단했다.

표본집단의 직업별 분포를 살펴보면 <표 11-3>에 나타난 것과 같다. 생산직에 종사하는 회사원이 가장 많은 21.7%를 차지하고 있고, 상업 및 서비스업(18.7%), 농림·수산업(15.7%) 등의 순서로 나타났다. 동광양지역의 지역적 특성인 회사원과 생산직이 가장 많은 35.5%를 차지했고 아직도 농업 및 수산업에 종사하는 가구도 상대적으로 많아 높은 비중을 차지했다.

표본집단의 학력별 분포를 살펴보면, <표 11-4>에 나타난 것과 같이 고졸이 가장 많은 48.8%를 차지하였고, 국·중졸(29.4%), 대졸(17.4%), 기타(4.4%) 순서로 나타나 응답자의 학력분포는 동광양지역 기업활동의 특성을 그대로 반영하였다.

표본집단의 가족구성원(가족수)의 특징을 살펴보면, <표 11-5>에 나타난 것과 같이 4인(45.3%), 5인(25.3%), 6인 이상(23.4%), 4인 이하(6.0%)의 순서로 비교적 최근에 전입한 가구들은 대부분 5인 이하의 가족수를 가지고 있는데 반하여 기존의 거주자들은 4인 이상인 것으로 나타났다. 그리고 최근에 전입한 대부분의 가구는 30대의 연령층이 상대적으로 많은 비중을 차지하

〈표 11-5〉 표본집단의 가족구성

(단위: %)

구분	3인 이하	4인	5인	6인 이상
비율	6.0	45.4	25.3	23.3

〈표 11-6〉 표본집단의 주택유형

(단위: %)

구분	단독주택	아파트	연립주택	기타
비율	39.3	43.2	9.7	7.8

고 있는 것으로 밝혀졌다.

표본집단 가구수의 주택유형을 살펴보면 <표 11-6>과 같이, 아파트(43.2%), 단독주택(39.3%), 연립주택(9.7%), 기타(7.8%)의 순서이며, 많은 응답자들이 아파트에 거주하고 있는 것으로 나타났다.

표본집단이 동광양지역에 거주한 거주기간의 특징을 살펴보면 <표 11-7>에 나타난 것과 같다. 7년 미만이 전체의 45%를 차지하여 가장 높은 비율을 점하고 있고, 21년 이상(26.3%), 7~10년(23.8%), 11~20년(4.7%)의 순서로 나타났다. 특히 응답자의 거주기간별 특징에서도 나타난 것과 같이, 신흥공업도시의 일반적인 특징인 외부에서 이주한 전입가구의 증가가 그대로 반영되어 1981년 이후 전입한 가구가 상대적으로 높은 전체의 50% 정도를 차지하였다.

표본집단의 출생지별 특징을 살펴보면 광양군과 현재의 동광양지역에서 출생한 응답자는 전체의 39%를 차지한 반면, 다른 지역에서 출생하여 1981년 이후 현재의 동광양지역으로 전입한 가구가 전체의 61%를 차지하고 있어 외부에서 전입한 가구가 상대적으로 많은 것으로 나타났다. 특히 이러한 특징은 신도시지역에서 나타나는 일반적인 현상으로 동광양지역에서도 그대로 나타났다.

〈표 11-7〉 표본집단의 동광양지역 거주기간

(단위: %)

구분	3년 미만	4~6년	7~10년	11~20년	21년 이상
비율	16.0	29.1	23.8	4.7	26.3

한편 표본집단의 가구 중에서 광양제철소 및 연관공단에 근무하고 있는 가족이 있는지를 조사한 결과, 전체 응답자의 41%가 "근무하고 있는 가족이 있다"라고 응답하였고, 59%는 관련이 없다고 응답하였다. 특히 41%가 광양제철소 및 연관공단과 경제적 관계를 가지고 있어 지역경제에서 이들 업체가 차지하는 비중이 어느 정도인지를 쉽게 파악할 수 있다. 그리고 거주지별로는 금호·금당동, 태인동, 광영동 등 공단과 지리적으로 인접한 곳의 주민들이 그렇지 않은 주민보다 상대적으로 높은 비중을 차지하고 있는 것으로 나타났다.

2) 생활환경과 지역발전에 대한 인식과 평가

(1) 동광양지역 생활환경의 변화에 대한 평가

신흥공업도시의 개발과 발전 과정에서는 지역의 생활환경이 잘 정비되어 있지 않기 때문에 많은 문제점을 야기시키고 있고, 시민의 불만 또한 높은 것이 일반적인 특징이다. 따라서 지역의 전체적인 생활환경에 대한 시민의 인식 및 평가를 파악하는 것은 시정을 수립하는 데 대단히 중요한 지표 중 하나이다.

그러므로 공업단지의 조성과 신도시의 개발과정을 통한 현재의 도시화 및 공업화가 동광양지역의 생활환경 향상에 어떠한 영향을 미쳤으며, 동광양지역의 시민들은 현재의 도시생활 부문의 정도에 대하여 어떻게 인식하고 평가하는가를 조사하는 것은 매우 중요하다.

▌전반적인 생활환경에 대한 평가

'귀하는 동광양지역의 전반적인 생활환경에 대해 어떻게 생각하십니까?'라는 설문에 대해서는 930명의 시민이 응답하였는데 그 결과는 다음과 같다. 현재의 동광양지역 생활환경에 대해 '보통이다'는 응답자까지 합하면 전체 응답자의 약 67%가 현재의 동광양지역 생활환경에 매우 만족하며, 긍정적으로 평가하고 있는 것으로 분석되었다.

그러나 대부분의 응답자가 동광양지역의 생활환경에 대하여 긍정적으로 인식한 반면, 전체의 3분의 1(31.9%) 정도는 부정적으로 인식하였다. 이러한 결과는 거주지(동)별, 직업별, 거주기간 등에 따라 상이한 결과를 보였다. 특히 응답자의 거주지(동)에 따라 생활환경의 인식 및 평가에서 상이한 결과를 나타내고 있는데(<표 11-9> 참조), 금호·금당동(31.4%)과 광영동(28.2%)에 거주하는 응답자들은 다른 동에 거주하는 응답자에 비해 생활환경에 대하여 상대적으로 긍정적으로 평가하였다. 반면에 금호·금당동의 29.4%, 태인동의 28.9%, 성황동의 31.2%는 '불편하다'고 응답하여 이들 동에 거주하는 시민들은 전반적인 생활환경에 대해 부정적으로 인식·평가하고 있는 것으로 나타났다.

그리고 금호·금당동의 주민들은 생활환경에 대하여 긍정적으로 인식(31.4%)함과 동시에 부정적인 인식(29.4%)도 가지고 있었다. 이러한 특징은 자신들이 살고 있는 거주지에 대해서는 비교적 긍정적으로 평가하는 반면, 동광양지역의 전체적인 생활환경에 대해서는 부정적인 평가를 하기 때문이다.

〈표 11-8〉 **동광양지역의 생활환경에 대한 평가**

(단위: %)

구분	보통이다	불편하다	좋다	기타
비율	42.2	31.9	24.7	1.2

〈표 11-9〉 **생활환경 평가에 나타난 거주지(동)별 특징**

(단위: %)

구분	황금동	성황동	중마동	광영동	태인동	금호(당)동
매우 좋다	24.3	16.8	25.2	28.2	19.8	31.4
보통이다	47.4	49.2	42.5	44.8	41.2	28.7
불편하다	27.2	31.2	29.4	25.8	28.9	29.4
기타	1.1	2.8	1.9	1.2	0.1	0.5

생활환경의 평가에 대하여 직업별로는 전문직 종사자의 55.0%, 공무원의 52.9%, 농업과 수산업에 종사하고 있는 응답자의 47.6%가 부정적으로 인식하였으며, 거주기간별로는 광양제철의 입지에 따라 전입한 거주기간 6년 이하의 시민들이 대체로 부정적 평가를 내렸다.

이러한 결과를 종합해 볼 때, 시민들은 동광양지역의 현재 생활환경에 대해서는 약 67%가 긍정적으로 평가하고 있어서 현재 동광양지역에서 제공하고 있는 각종 생활편익시설과 향후 계획 등은 비교적 양호한 것으로 판단할 수 있다. 반면에 생활환경에 대한 만족도에서 '매우 좋다'라는 응답자는 전체의 24.7%를 차지하고 있어 최적의 만족도는 아닌 것으로 파악할 수 있다. 그러므로 생활환경에 대한 만족도를 향상시키기 위해서는 수렴된 시민의식 조사의 결과를 바탕으로 장기적인 개발정책을 수립하고, 이를 시민들에게 적극적으로 홍보하는 방법도 시급히 강구되어야 할 것으로 판단된다.

한편 응답자들의 거주지별 분포에 따라서는 생활환경의 인식 및 평가가 서로 상이하게 조사되었다. 태인동과 금호동·광영동의 주민들은 생활환경에 대해 부정적으로 평가하는 비중이 상대적으로 높았다. 그러므로 이들 지역에 대한 보다 적극적인 개발계획의 수립과 효율적인 시정 홍보활동이 필요할 것으로 판단된다. 그리고 거주기간이 짧은 최근에 전입한 가구들을 대상으로 시정의 올바른 방향 및 향후 발전계획에 대한 홍보정책의 수립이 아울러 요구된다.

▌시 승격 전후의 변화에 대한 비교평가

동광양지역 생활환경에 대한 전반적인 평가 분석과 병행하여 동광양지역이 동광양시로 승격하기 전과 후의 생활환경을 비교해 보았다. '귀하는 현재의 생활환경이 시 승격 전과 비교하여 어떻다고 생각하십니까?'라는 설문항목에 전체 응답자의 과반수 이상인 약 54%가 시 승격 전보다 향상되었다고 인식하였으며, '비슷하다' 27.4%, '악화되었다' 11.4%, 기타 6.9%의 순서로 나타났다. 거주지(동)별 생활환경의 비교평가에 대한 특징을 살펴보면 다음과 같다.

중마동 응답자가 가장 높은 64.2%를 차지하여 시로 승격되기 전과 비교하여 생활환경이 매우 개선되었다고 응답하였다. 그리고 금호·금당동(58.4%), 광영동(58.4%), 태인동(54.1%), 성황동(53.7%) 등의 순서로 나타났다. 반면에 황금동에 거주하는 응답자의 25.4%는 생활환경이 오히려 과거에 비해 악화되었다고 응답하여 도시화의 상대적인 지연과 생활편익시설의 부재 등으로 생활환경에 대해 부정적인 시각을 가지고 있는 것으로 나타났다.

동광양지역은 과거의 반농반어적인 열악한 생활환경에서 시로 승격되

〈표 11-10〉 생활환경의 비교에 대한 거주지(동)별 특징

(단위: %)

구분	황금동	성황동	중마동	광영동	태인동	금호(당)동
개선되었다	37.9	53.7	64.2	58.4	54.1	58.4
비슷하다	32.1	31.3	21.3	22.8	23.3	33.3
악화되었다	25.4	9.5	6.8	7.6	17.3	2.3
기타	4.6	5.5	7.7	11.2	5.3	6.0

면서 도시화 및 공업화된 생활환경으로 변모하였고, 쾌적하고 향상된 생활편익시설을 가지게 되었다. 그러므로 많은 시민들이 기존의 광양군에서 동광양시로 행정구역이 변경되면서 생활환경이 향상되고, 지역이 발전하는 계기가 되었다고 인식하였다.

▌인접지역과의 비교평가

신도시는 개발 중인 지역이기 때문에 인근에 있는 기존의 도시지역에 비해 교육시설, 상업시설, 교통시설, 문화시설 등 생활편익시설이 부족한 것이 일반적인 특징이다. 따라서 동광양 지역민들은 현재의 생활환경을 인근 타 지역(순천시, 광양읍)과 비교하여 어떠한 인식 및 평가를 하고 있는가를 파악해 보았다.

'귀하는 동광양지역의 생활환경이 인접한 순천시, 광양읍에 비해 어떻다고 생각하십니까?'라는 설문항목에 대해서는 순천시 및 광양읍과 비교하여 '좋다'가 전체의 23.6%, '비슷하다'가 전체의 39.9%, '타 지역과 비교하여 못하다'가 전체의 36.5%를 차지하였다. 현재의 동광양지역 생활환경은 비교적 양호하지만, 도시화가 일찍 시작된 인근의 순천시 및 광양읍과 비교해서는 아직도 부족한 생활환경 시설이 많이 있다고 평가하였다.

그러므로 동광양지역은 이러한 생활환경의 비교평가에 대한 시민들의 의견을 바탕으로 생활환경의 개선과 생활편익시설의 균형된 배치를 위한 장기종합개발계획의 수립이 요청된다. 장기종합개발계획에서 이러한 문제점을 해결한다면 시민들의 정주성을 제고시킴으로써 동광양지역의 발전적 토대를 마련하게 될 것이다.

이상의 분석 결과를 요약하면, 동광양지역의 시민들은 현재의 도시생활 부문에 대하여 매우 긍정적으로 평가하고 있는 것으로 조사되었다. 전체 응답자의 67%가 현재의 생활환경에 대해 긍정적으로 평가하였고, 동광양지역에서 제공하고 있는 각종 생활편익시설과 계획 등은 비교적 양호한 것으로 인식하였다. 그리고 시로 승격하기 전의 생활환경과 비교해 볼 때, 현재의 생활환경은 매우 향상된 것으로 평가하였다. 반면에 현재의 동광양지역 생활환경은 비교적 양호하지만, 도시화가 일찍 진전된 인근의 순천시 및 광양읍과 비교해서는 아직도 부족한 생활환경 시설이 많이 있다고 평가하였다. 따라서 생활환경의 정비 및 확충을 위한 장기적인 종합개발정책을 하루 빨리 수립하여 쾌적하고 양호한 생활편익시설을 제공하여야 할 것이다.

(2) 지역발전과 소득변화에 대한 인식

▌지역발전에 대한 평가

동광양지역은 광양제철소의 입지에 의해 성장한 우리나라의 대표적인 신도시에 해당한다. 광양제철소의 입지와 연관공업단지의 조성으로 인한 공업화와 도시화가 지역발전에 어떠한 영향을 미쳤는가를 파악하기 위하여 '귀하는 광양제철의 입지가 지역발전에 어떠한 영향을 미쳤다고 생각하십니까?'라는 설문을 실시하였다. 대부분의 주민들은 광양제철소의 입지 및 연관공업단지 조성이 지역발전 및 성장에 매우 긍정적인 영향을 미쳤다고 인식하였다.

<표 11-11>에 나타난 것과 같이, 동광양지역 주민들은 광양제철소를 비롯한 동광양 지역의 공업화가 지역발전에 큰 공헌을 한 것으로 평가하였다. 대부분의 응답자들이 광양제철소를 비롯한 동광양지역의 공업화가 지역발전에 커다란 공헌을 한 것으로 평가하였지만, 응답자의 거주지(동), 학력, 연령 등에 따라 약간씩 상이하게 평가하였다. 거주지(동)별로 살펴보면, 태인동 거주자(21.3%)와 황금동 거주자(19.5%)가 상대적으로 부정적인 평가를 하였다(<표 11-12> 참조).

연령별로는 50세 이상 응답자의 22.6%가 공업화가 지역발전에 부정적인

〈표 11-11〉 광양제철이 지역발전에 미친 영향에 대한 평가

(단위: %)

구분	크게 기여했다	반반이다	대체로 부정적이다	기타
비율	71.7	14	8.0	6.3

〈표 11-12〉 지역발전 인식에 대한 거주지(동)별 특징

(단위: %)

구분	황금동	성황동	중마동	광영동	태인동	금호(당)동
크게 기여함	53.2	68.6	70.6	70.2	48.4	89.5
반반이다	17.5	15.4	16.5	16.9	20.6	1.4
대체로 부정적	19.5	9.7	6.6	6.0	24.3	4.2
기타	9.8	3.2	6.3	6.9	6.7	4.9

영향을 미쳤다고 평가하였는데 이는 공업화에 따른 생활공간 및 생업공간의 붕괴, 외부에서 들어온 전입가구의 증가로 유발된 사회공동체의 붕괴, 지역인심의 변화, 지역변화에 따른 가치관의 변화 등과 관련이 있다. 직업별로는 주로 농업과 수산업에 종사하고 있는 응답자 중 14.8%가 부정적인 영향을 미쳤다고 응답하였는데 특히 수산업에 종사하는 이들 중 과거 양식업을 했던 사람들이 매우 부정적인 평가를 하였다. 이는 제철소의 건설로 생업공간이 붕괴되어 피해를 보았다고 인식하기 때문에 부정적인 평가를 한 것이다.

▌소득변화에 대한 평가

지역발전에 대한 평가에 이어서 가구소득의 변화를 파악하기 위하여 '귀댁에서는 시 승격 전과 비교하여 가구소득(가족의 취업 등 포함)에 어떤 변화가 발생했습니까?'라는 설문을 실시하였다. 조사한 결과를 보면, '소득이 증가하였다'는 응답은 전체의 23.6%, '변함이 없다' 60.2%, '소득이 감소하였다' 16.2%로 대부분의 응답자들이 가구소득에는 변화가 없다고 응답하

〈표 11-13〉 소득변화에 대한 거주지(동)별 특징

(단위: %)

구분	황금동	성황동	중마동	광영동	태인동	금호(당)동
소득증가	21.0	25.4	29.6	27.5	37.1	3.2
변화 없음	51.9	55.6	52.2	57.5	42.7	86.8
소득감소	27.1	19.0	18.2	15.0	20.2	10.0

였고, 일부는 소득이 증가했다고 응답하였다.

거주지(동)별 특징을 살펴보면 <표 11-13>과 같이 태인동(37.1%), 중마동(29.6%), 광영동(27.5%)의 응답자들은 다른 동의 응답자에 비해 상대적으로 소득증가에 대해 높은 비율을 나타내고 있는 반면, 황금동의 응답자들은 상대적으로 소득감소에 높은 비율(27.1%)을 나타내고 있다. 이러한 특징은 공업화 및 도시화에 의해 대부분 시민의 가구소득이 향상되었으나, 황금동 거주자 중 일부는 생업공간의 붕괴로 가구소득이 감소한 것으로 판단된다.

동광양지역은 광양제철소의 입지 및 가동에 따라 외부에서 들어온 전입인구의 급격한 증가로 도시화가 이루어진 대표적인 지역이다. 따라서 개인 및 가구의 경제적 변화를 파악하기 위하여 동광양지역에 원래부터 거주하였던 원주민을 대상으로 소득변화를 비교한 결과, 원주민의 81.1%가 가구소득이 향상된 것으로 평가하였다. 이러한 개인 및 가구소득의 변화는 지역의 경제구조가 기존의 농업 중심에서 공업 및 상업 중심으로 전환된 것과 밀접한 관련을 맺고 있다.

광양지역은 전남의 최동부에 위치한 전형적인 농업지역으로서 지역경제의 활성화를 도모하고, 새로운 고용을 창출할 공업시설이 전무하였다. 그리고 전남의 산업화 과정에서도 그동안 소외된 지역이었다. 그러나 1981년 광양제철소의 입지가 동광양지역으로 결정되고, 관련된 공업기반의 시설이 조성되면서 공업화가 진전되었고 지역도 발전하게 되었다.

이상의 분석 결과를 요약하면, 동광양지역에 거주하고 있는 시민들은 광양제철소를 비롯한 동광양지역의 공업화가 지역발전에 매우 커다란 공헌을 한 것으로 평가하였다. 그리고 가구소득도 향상되었다고 평가하여 공업화가 지역발전에 매우 긍정적인 파급효과를 제공한 것으로 나타났다.

3) 사회문제에 대한 인식과 평가

(1) 지역의 사회문제에 대한 인식과 평가

급속하게 도시화와 공업화가 진행되고 있는 동광양지역에서 현재 당면하고 있는 주요 사회적 문제를 파악하기 위하여 '귀하는 동광양지역에서 발생하고 있는 다음의 사회문제에 관하여 어떻게 인식·평가하고 계십니까?'라는 설문을 실시하였다. 결과를 보면, 교통 무질서, 시내 교통체계의 문제, 부동산 투기로 발생한 빈부격차 문제, 쓰레기 및 분뇨처리 문제, 폭력 및 범죄·치안 문제, 유흥가의 퇴폐 및 풍기문란 등을 매우 부정적으로 인식하였다.

▌시민 간의 갈등과 위화감 조성문제에 대한 평가

시민 간의 갈등과 위화감 조성에 대한 평가에서는 '별로 문제가 없다' 50.2%, '심각하다' 43.2%, '매우 심각하다' 6.6%로 전입인구와 원주민 간의 갈등이 사회적 문제로 크게 확대될 것 같지는 않지만, 장차 사회적인 문제로 확대될 가능성을 고려하여 이에 대한 적절한 대비책이 강구되어야 할 것으로 판단된다.

〈표 11-14〉 시민갈등에 대한 거주지(동)별 특징

(단위: %)

구분	황금동	성황동	중마동	광영동	태인동	금호(당)동
별로 문제없다	59.3	55.6	49.2	43.5	54.0	53.3
심각하다	35.8	34.9	43.1	47.6	37.9	43.9
매우 심각하다	4.9	9.5	7.7	8.9	8.0	2.8

거주지(동)별 특성을 살펴보면 <표 11-14>에 나타난 것과 같이 광영동 응답자의 51.5%와 중마동 응답자의 50.8%가 시민 간의 갈등과 위화감이 발생하여 심각한 사회적 문제가 될 것이라고 응답하였다. 반면에 금호동과 금당동 주민들의 2분의 1 이상은 별로 문제가 되지 않을 것으로 인식하고 있어 거주지별로 차이를 나타냈다. 이는 금호동과 금당동에 거주하는 주민들 대부분이 광양제철소에 종사하고 있고, 광양제철소의 준공과 함께 전입한 인구가 많기 때문이다.

야간업소의 풍기문란에 대한 평가

야간업소의 퇴폐행위와 풍기문란에 대해서는 많은 응답자들이 문제를 제기하는데, '별로 문제가 없다' 38.8%, '심각하다' 40.5%, '매우 심각하다' 20.7%로 나타났다. 그리고 거주지별로는 <표 11-15>에 나타난 것과 같이, 금호·금당동(48.4%), 성황동(47.6%), 태인동(47.1%), 중마동(46.5%) 등에서는 별로 문제가 되지 않은 것으로 인식하였다. 그러나 광영동 응답자의 81.5%는 야간업소의 퇴폐·풍기문란으로 발생하는 사회문제를 심각하게 인식하는 것으로 나타났다. 광영동은 도시화 과정의 초기에 유흥업소 중심의 상업지역이 형성되면서 주거지역과 인접한 곳에 다방, 식당, 카페, 룸살롱 등 유해업소가 밀집함에 따라 퇴폐 및 풍기문란에 대해 매우 부정적으로 인식하였다.

〈표 11-15〉 **야간업소 퇴폐 및 풍기문란에 대한 거주지(동)별 특징**

(단위: %)

구분	황금동	성황동	중마동	광영동	태인동	금호(당)동
별로 문제없다	38.3	47.6	46.5	18.4	47.1	48.4
심각하다	42.0	39.7	37.4	46.3	40.2	36.6
매우 심각하다	19.7	12.7	16.2	35.2	12.6	15.0

▌도시 치안문제에 대한 평가

폭력과 범죄, 치안문제에 대해서는 '별로 문제가 없다' 36.7%, '심각하다' 41.1%, '매우 심각하다' 23.3%로 전체 응답자의 61.2%가 치안문제에 대해 매우 불만족하다고 평가하였다. 그리고 거주지(동)별로는 <표 11-16>에 나타난 것과 같이, 광영동 응답자의 74.5%, 황금동 응답자의 70.4%, 중마동 응답자의 62.5%가 치안문제에 대해 매우 심각한 반응을 나타냈다. 특히 광영동 응답자들이 치안문제에 대해 매우 부정적으로 인식하고 있는데, 이는 상가지역에 조성된 유해업소의 밀집에 따라 폭력·범죄 문제의 발생 가능성이 높기 때문인 것으로 판단된다. 그러나 금호동·금당동(46.2%)과 성황동(42.9%) 주민들은 폭력 및 범죄문제에 대해 거의 과반수가 별로 문제가 없다고 상대적으로 긍정적인 평가를 하였다.

〈표 11-16〉 **폭력 및 범죄, 치안문제에 대한 거주지(동)별 특징**

(단위: %)

구분	황금동	성황동	중마동	광영동	태인동	금호(당)동
별로 문제없다	29.6	42.9	37.4	25.5	39.1	46.2
심각하다	49.4	42.9	41.4	42.0	47.1	32.0
매우 심각하다	21.0	14.3	21.2	32.5	13.9	19.8

▌쓰레기와 분뇨처리 문제에 대한 평가

쓰레기와 분뇨처리 문제에 대해서는 '별로 문제가 없다' 34.3%, '심각하다' 41.9%, '매우 심각하다' 23.8%로 나타났으며, 전체 응답자의 64.7%가 쓰레기와 분뇨처리 문제에 대해 부정적으로 인식하였다. 그리고 거주지별로는 <표 11-17>에 나타난 것과 같이, 태인동 응답자의 85.3%가 가장 부정적으로 인식하였으며, 광영동(71.3%)과 황금동(71.6%)의 주민들 또한 부정적으로 평가하였다. 그러나 금호동·금당동 주민들은 전체의 53.1%가 별로 문제가 없다고 인식했다. 이런 거주지별 차이는 광양제철소 사택단지와 인근

〈표 11-17〉 쓰레기 및 분뇨처리 문제에 대한 거주지(동)별 특징

(단위: %)

구분	황금동	성황동	중마동	광영동	태인동	금호(당)동
별로 문제없다	28.4	34.9	31.3	28.7	14.6	53.1
심각하다	46.9	42.9	45.1	39.3	44.9	38.5
매우 심각하다	24.7	22.2	23.6	32.5	40.4	8.5

의 주거지구 간 생활편익시설의 차이와도 관련이 있다.

▌지가폭등에 의한 빈부격차에 대한 인식

동광양지역은 급속한 도시화와 공업화 과정에서 지가폭등과 부동산 투기, 보상지가의 환수금 등으로 가진 자와 그렇지 못한 사람들 간의 위화감이 극도로 팽배해졌다. 실제로 부동산 투기에 따라 발생한 빈부격차에 대한 시민들의 인식 역시 매우 심각한 것으로 나타났는데, '별로 문제가 없다' 34.0%, '심각하다' 37.9%, '매우 심각하다' 28.1%로 전체 응답자의 66%가 지가폭등과 부동산 투기로 인한 빈부격차 문제를 지적하였다.

▌도시 교통문제에 대한 평가

동광양지역의 현안 중 하나는 기존 취락지역과 신도시지역 간의 교통연계를 강화하는 방안이다. 실제로 기존 취락지역 특히 황금동과 중마동의 일부, 태인동 등지는 도시화된 교통시설을 전혀 이용하지 못하고 있는 실정이다. 시내 교통체계(군내 버스)의 정비에 대해서는 '별로 문제가 없다' 26.0%, '심각하다' 38.2%, '매우 심각하다' 35.8%로 약 74%의 주민들이 매우 불편하다고 응답하였다. 그러므로 군내 버스 및 택시의 운송체계를 비롯하여 공용 터미널의 조기 착공 등을 포함한 전면적인 시내 교통체계의 개편이 시급히 이루어야 할 것이다.

〈표 11-18〉 시내 교통체계의 정비에 대한 거주지(동)별 특징

(단위: %)

구분	황금동	성황동	중마동	광영동	태인동	금호(당)동
별로 문제없다	14.5	41.3	22.2	26.4	27.9	25.0
심각하다	37.0	30.2	36.4	38.8	39.5	42.5
매우 심각하다	48.1	28.6	41.4	34.7	32.6	32.5

거주지(동)별 분포를 살펴보면 <표 11-18>에 나타난 것과 같이, 성황동 응답자의 41.3%만이 별로 문제가 없다고 응답한 반면, 대다수의 주민들은 교통체계의 불편을 지적하였다.

시내 교통체계의 정비문제와 더불어 가장 큰 사회문제로 과적차량에 의한 교통의 무질서를 대부분의 시민들이 지적하였다. 시민들은 과적차량에 의한 교통 무질서에 대하여 '별로 문제가 없다' 12.6%, '심각하다' 36.5%, '매우 심각하다' 50.9%로 전체의 약 88%가 교통 무질서를 당면과제로 지적하였다. 물론 동광양지역은 도시시설을 확충하기 위한 각종 공사가 진행 중이고, 광양컨테이너부두의 조성공사 등으로 건설현장에 많은 차량이 동원되고 있다. 그리고 광양제철소에서 만들어진 각종 제품이 전국 각지로 운송되기 때문에 화물차량의 통행량이 많다. 이에 따라 대다수의 시민들은 각종 차량에 대한 강력한 교통법규를 적용하여 과적차량의 통제, 규정속도 준수 등 행정단속의 강화를 선호하였다.

이상에서 살펴본 것과 같이 동광양지역의 주민들은 광양제철소의 입지에 따른 급속한 공업화와 도시화에 의해 지역경제가 활성화되고 소득이 증대되었으며, 도시기반시설이 확충되고 주거환경이 향상되었다는 지역발전의 긍정적인 측면을 인정하고 이를 매우 중요하게 평가하였다. 그러나 급속한 도시화의 과정에서 나타난 사회문제에 대해서 매우 우려하고 있었다. 특히 급속한 인구증가에 따른 시민 간의 갈등과 위화감 조성문제, 야간업소의 풍기문란 문제, 도시치안 문제, 쓰레기 및 분뇨처리 문제, 지가폭등과

부동산 투기로 심화된 빈부격차에 따른 사회적 문제, 도시 교통체계의 정비불량에서 파생된 교통문제 등에 대한 시급한 개선을 지적하였다.

(2) 지역변화와 주민 간 갈등문제

▎지역사회와 지역주민 간의 갈등문제

지역사회의 결속과 통합은 주민들 사이의 사회적 교류 정도에 따라 변화한다. 왜냐하면 지역주민들이 갖는 가치와 규범이 얼마나 공통성을 갖는가, 나아가서 그들의 생활양식이 어떤 공통의 기반 위에서 얼마나 밀접히 관련되어 있느냐에 달려 있다고 할 수 있다. 이러한 점을 고려하면 동광양지역과 같이 급성장을 하고 있는 신흥공업도시에서는 높은 사회적 결속력을 기대하기는 어려운 것이 현실이다.

일반적으로 전형적인 농촌지역이 공업화·도시화되면서 나타나는 대표적인 특징 중 하나는 인구집단의 이질적 구성을 들 수 있다. 특히 동질적인 사회적·경제적 속성을 가진 인구집단에 이질적인 속성을 가진 전입자가 증가함에 따라 동질적인 사회집단이 가진 공동체적 의식은 희박해지고, 사회·경제적, 문화적 특성을 달리하는 인구구성은 다양한 사회적 갈등관계를 야기하게 된다.

동광양지역의 인구는 1986년부터 급증하기 시작하였는데, 이는 전입인구의 증가가 주요 요인이었다. 1986년부터 도내 전입자보다는 도외 전입자의 비중이 상대적으로 높아졌고, 이러한 증가 패턴은 광양제철소의 1단계 사업이 준공된 1987년까지 계속되었다. 1990년에 접어들어서는 상대적으로 도외 전입보다 도내에서 전입하는 인구가 많은 것으로 나타났다(<표 11-19> 참조).

필자는 1992년에 발표한 「공업단지의 입지가 지역변화에 미친 영향: 광양지역 주민의 의식변화」라는 연구논문에서 현재 동광양지역에 거주하고

〈표 11-19〉 **동광양지역 전입인구의 변화**(1986~1990)

(단위: 명)

구 분	도내전입	도외전입	합계
1986	6,384	6,698	13,082
1988	4,252	5,478	9,730
1990	8,543	6,526	15,069

있는 주민의 2분의 1 정도가 전입인구에 해당하고, 특히 상이한 문화적·사회적 배경을 가진 전입인구가 계속 유입됨에 따라 전입인구와 원주민 간에 사회적·문화적 갈등이 발생하고 있다고 지적하였다.

원주민과 전입주민 간의 갈등이 일상생활 속에서 어떻게 노정되어 있고, 이러한 갈등에 관해 지역주민들은 어떻게 인식하고 있는가를 분석하기 위하여 '원주민과 전입인구 간의 갈등관계는 앞으로 어떻게 변화될 것인가?' 라는 설문을 실시하였다. 설문분석의 결과를 보면, 전체의 52.3%가 증가할 것으로 인식한 반면, 감소할 것으로 인식한 주민은 전체의 47.7%로 나타나, 과반수 이상의 주민이 시간이 경과함에 따라 갈등관계는 더욱 증폭될 것으로 예측하였다.

▮ 지역주민 간의 갈등문제

필자의 연구결과(1992)를 바탕으로 현재 동광양지역 거주민들은 사회생활을 하면서 이웃 주민들과 갈등관계를 경험했는지 여부를 파악하기 위하여 '귀하는 현 거주지에서 생활하면서 이웃의 전입가구와 사회적·문화적 갈등을 경험한 적이 있습니까?'라는 설문항목을 조사한 결과, '갈등 경험이 있다'가 전체의 46.4%, '갈등 경험이 없다'가 전체의 53.6%로 나타났다.

'앞으로 사회적 갈등관계가 증가할 것인가 아니면 감소할 것인가?'라는 설문에 대해서는 전체 응답자의 50.2%가 증가할 것으로 응답하였고, 49.8%가 감소할 것으로 응답하여 서로 비슷한 비율을 나타냈다.

이러한 결과를 바탕으로 살펴볼 때, 앞으로 전입주민과 원주민과의 갈등관계는 심각한 지역문제를 발생시킬 가능성이 있는 것으로 생각된다. 학력이 높고, 연령이 낮은 청년층일수록 이러한 갈등관계가 앞으로 더욱 증대될 것으로 예상하고 있기 때문이다. 따라서 지자체와 지역의 사회단체들은 지역주민 간의 동질성을 조성하는 각종 사회교육 프로그램과 행사를 통하여 시민으로서의 결속력을 강화하는 정책을 마련하는 일이 매우 중요하다.

(3) 환경 및 공해문제에 대한 인식 및 평가

▮ 전반적인 환경 및 공해문제에 대한 인식

일반적으로 공업화가 지역변화에 미친 가장 부정적인 영향 중에서 대표적인 것이 환경 및 공해문제로 인한 생활환경의 질 저하와 정주공간의 변화라 할 수 있다.

동광양지역 거주민들은 자기들이 거주하고 있는 현재 동광양지역의 환경 및 공해문제의 실상과 앞으로 발생할 상황에 관해 어떤 인식을 가지고 있는가를 파악하기 위하여 '귀하는 자신이 거주하는 지역의 환경 및 공해문제가 어떻게 발전되리라 생각하십니까?'라는 설문을 실시한 결과, 전체 응답자의 과반수 이상인 57.1%가 '악화될 것이다'고 응답하였고, '큰 변화가 없을 것이다'가 21.7%, '개선될 것이다' 21.2%로서 대다수의 시민들은 지역 내 환경 및 공해문제의 발생에 대해 많은 우려를 표시하였다.

이러한 시민들의 인식을 바탕으로 시당국의 환경오염 방지책에 대해서는 어떻게 평가하고 있는가를 알아보기 위하여 '귀하는 시당국의 환경오염 방지대책에 대해 어떻게 생각하고 있습니까?'라는 설문을 행한 결과, '장기대책의 수립 필요' 52.7%, '방지대책의 미흡' 42.0%, '적절한 조치를 강구중임' 5.35%로 나타나 환경오염 방지에 대한 동광양지역의 대책에 문제가 많다고 평가하였다. 그리고 장기적인 환경오염 방지대책의 수립을 강력하게 희망하고 있는 것으로 나타났다.

한편 현재 거주하고 있는 지역의 환경오염 실태에 관해 시민들이 실제로 어떻게 인식하고 평가하는가를 살펴보기 위하여 '귀하는 자신이 거주하는 지역의 환경오염(공해)에 대해 어떻게 생각하십니까?'를 조사한 결과, 현재의 환경오염에 대해 '심각하다' 40.6%, '보통이다' 28.7%, '심각하지 않다' 30.7%로 나타나 지역 내 환경오염은 그렇게 심각한 수준은 아니라고 인식하였다. 그러나 오염방지책에 대한 다각적인 대비책을 모색하는 것이 필요하다.

그리고 거주지(동)에 따라 환경오염의 실태에 대해 어떻게 평가하는가를 분석한 결과는 다음과 같다. <표 11-20>에 나타난 것과 같이, 태인동에 거주하는 주민을 제외하고는 대부분의 시민들이 환경오염 실태에 관해 심각하지 않게 평가하였다. 특히 금호동·금당동 주민들의 43.0%가 환경오염이 심각하지 않다고 응답하여 거주지별로 차이를 보이고 있다. 이러한 차이는 이들 지역주민의 가족 대부분이 광양제철소와 관련된 직장에 근무하고 있기 때문에 직장과 관련된 민감한 환경오염 부분에 관심이 상대적으로 낮기 때문으로 생각된다.

〈표 11-20〉 **환경오염에 대한 거주지(동)별 특징**

(단위: %)

구분	황금동	성황동	중마동	광영동	태인동	금호(당)동
심각하다	44.4	42.4	39.8	44.0	50.0	22.9
보통이다	24.7	25.9	29.1	31.6	26.6	34.1
심각하지 않다	3.09	31.7	31.1	24.4	23.4	43.0

▮ 부문별 환경 및 공해문제에 대한 평가

동광양지역 거주민들의 환경오염 부문별 특징을 살펴보기 위하여 '만약

〈표 11-21〉 환경오염 및 공해 발생원에 대한 인식

(단위: %)

구분	수질, 해양오염	대기오염	주거지 소음	기 타
비율	39.8	32.0	20.1	8.1

환경오염이 심각하다면, 어느 부문의 공해가 특히 심각하다고 생각하십니까?'라는 설문을 실시한 결과는 <표 11-21>에 나타난 것과 같다. 전체적으로 보면, 수질 및 해양오염이 가장 심각하다고 응답하였다. 특히 다른 도시지역의 공해 발생원에서는 낮은 비중을 차지하는 '주거지 소음'이 상대적으로 높은 비중을 차지하고 있는데, 이는 동광양지역의 개발과정에서 나타난 건설공사 등으로 인한 과다한 차량통행량 때문이다.

환경 및 공해문제에 대한 시민들의 의식과 평가를 요약하면, 대다수의 동광양지역 주민들은 지역의 환경 및 공해문제에 대해 매우 적극적인 관심을 가지고 있었다. 현재는 환경 및 공해문제가 심각하지 않아 주거환경에 아무런 영향을 미치지 않는다고 인식하고 있지만, 앞으로 환경 및 공해문제가 발생한다면 주로 수질 및 해양오염이 심각하게 대두될 것으로 인식하였다.

또한 대부분의 주민들이 앞으로 환경 및 공해문제가 발생할 가능성이 높기 때문에 시당국의 적극적인 환경오염 방지정책의 수립이 필요하다고 지적하였다. 그러므로 앞으로 개발행정에서 환경문제의 부작용을 최소화하는 정책집행이 이루어져야 할 것으로 사료된다. 그리고 장차 조성될 각종 공업단지에는 수질 및 해양오염을 최소화하는 기업을 선별적으로 유치하고, 동시에 생활하수로 인한 해양오염을 방지하기 위하여 사회단체가 주도하는 사회적 캠페인을 적극적으로 전개할 필요성이 있다고 판단된다.

4) 도시생활의 질 향상에 대한 인식과 평가

(1) 도시생활의 질 변화에 대한 평가

▮ 지역발전의 전망에 대한 평가

도시생활의 질은 도시의 발전 방향 및 속도와 밀접한 관련성을 가지고 있다. 도시생활의 질을 파악하는 데 지역의 발전 방향에 대한 인식 및 평가는 매우 중요한 요소이다. 그래서 동광양지역 주민들이 도시의 발전 방향에 대한 평가를 파악하기 위하여 '귀하는 장래의 동광양지역 발전 전망에 관해 어떻게 생각하십니까?'라는 설문을 실시했다. <표 11-22>에 나타난 것과 같이, 전체 응답자의 과반수 이상이 장기적인 발전에 대해 긍정적으로 생각하고 있는 것으로 밝혀졌다.

발전 방향에 대한 거주지별 평가를 살펴보면 <표 11-23>에 나타난 것과 같이 금호동·금당동의 응답자가 상대적으로 높은 67.6%를 차지하고 있다. 이러한 결과는 이곳에 거주하는 대부분의 응답자들이 동광양지역의 발전

〈표 11-22〉 장기발전 전망에 대한 평가

(단위: %)

구분	낙관적이다	보통이다	비관적이다	기 타
비율	54.5	25.5	12.7	7.3

〈표 11-23〉 발전 전망에 대한 거주지(동)별 특징

(단위: %)

구분	황금동	성황동	중마동	광영동	태인동	금호(당)동
낙관적이다	49.1	60.4	56.3	51.1	42.9	67.6
보통이다	30.9	19.0	24.5	27.8	30.8	19.9
비관적이다	13.9	11.5	12.8	12.2	14.9	10.4
기타	6.1	9.1	6.4	8.9	11.4	2.1

에 중요한 역할을 한 광양제철소와 관련이 있는 사람들이기 때문에 다른 동에 거주하는 응답자보다 상대적으로 지역발전에 대해 긍정적으로 평가하였다.

지역발전 전망에 대한 평가에 있어서 연령별·거주기간별 특징을 살펴보면, 연령이나 거주기간에 관계없이 대부분의 지역주민이 향후의 지역발전에 대해 긍정적으로 평가하였다.

‖ 교육환경의 변화에 대한 평가

지역주민의 생활과 가장 밀접하게 관련성을 맺고 있는 교육환경에 관해서는 <표 11-24>와 같이, 대부분의 주민들이 교육환경은 더욱 악화되었다고 부정적으로 평가하였다. 또한 교육환경에 대해서는 연령이 낮으면 낮을수록 부정적인 평가를 하였다. 그리고 거주지별로는 금호동·금당동을 제외한 대부분의 응답자들이 교육환경에 대해 많은 불만을 나타냈다. 특히 광영동의 주민과 황금동의 주민들이 부정적인 반응을 보였는데, 광영동의 경우는 상가지역과의 인접성 때문에 교육환경이 악화되었다고 응답한 것으로 판단된다. 그리고 황금동의 경우는 근린주거 발전의 상대적 낙후성과 열악한 교육환경이 부정적 평가의 주요 원인이 되었다.

물론 동광양지역의 현재 교육시설은 급속한 전입인구의 증가로 인하여 양질의 쾌적한 교육시설을 제공하지 못하고 있는 실정이다. 그리고 광양제철단지 내에 있는 교육시설과 나머지 학교시설을 비교하면 커다란 질적 차이가

〈표 11-24〉 교육환경의 변화에 대한 평가

구분	빈도(명)	비율(%)
좋게 되었다	222	24.6
변하지 않았다	314	34.8
나쁘게 변했다	367	40.6

나타나기 때문에 일반 시민들이 교육시설에 관하여 많은 불만을 가지고 있었다. 그러므로 교육환경을 조성하고 양질의 우수한 교육시설을 배치하여 교육환경 및 시설에 관한 부정적인 인식을 불식시켜야 할 것이다.

▍지역주민의 가치관 변화에 대한 평가

지역주민의 가치관에 대한 평가는 <표 11-25>와 같이 '개선되었다' 19.8%, '불변하였다' 38.7%, '악화되었다' 41.5%로 나타나 지역주민의 가치관이 전입인구의 증가와 도시화로 인해 더욱 악화된 것으로 인식하였다.

지역의 인심에 대한 평가에서는 <표 11-26>에 나타난 것과 같이 거의 대부분의 응답자가 도시화와 공업화로 인한 전입인구의 증가로 지역주민 간의 유대감이 희박해졌고, 사회에 거주하는 주민 간 관계가 나쁘게 변했다고 평가했다.

거주지별 특징은 지역주민의 가치관에서 나타난 특징과 거의 유사한 패턴을 보이고 있고, 연령층이 높을수록 더욱 부정적인 평가를 하고 있다. 그리고 동광양지역을 비롯한 개발과정에 있는 신흥공업도시에서 공통적으로 나타나는 토지투기 및 지가상승 등에 따른 지역주민 간의 빈부격차와 위화

〈표 11-25〉 지역주민의 가치관 변화에 대한 평가

구분	빈도(명)	비율(%)
좋게 되었다	177	19.8
변하지 않았다	346	38.7
나쁘게 변했다	371	41.5

〈표 11-26〉 지역인심의 변화에 대한 평가

구분	빈도(명)	비율(%)
좋게 되었다	87	9.7
변하지 않았다	226	25.2
나쁘게 변했다	585	65.1

감 조성이 지역주민 간의 유대감을 약화시켜 지역인심을 더욱 나쁘게 만드는 요인이 되었다.

▌수산물 생산과 이용의 변화에 대한 평가

수산물의 생산과 이용에 대한 평가는 <표 11-27>에 나타난 것과 같이 매우 나빠졌다고 평가하였다. 거주지별로는 거의 대부분이 악화되었다고 응답하여 과거에 비해 신선한 수산물을 생산하고 이용하는 데 실질적인 어려움이 있는 것으로 나타났다.

도시생활의 질에 대한 비교는 동광양지역의 급속한 발전에 힘입어 주택과 주거환경의 정비, 교통시설의 정비 등 도시기반시설과 관련된 측면에서는 뚜렷한 긍정적인 변화가 나타났다고 평가하는 반면, 지역주민의 가치관, 수산물의 생산과 이용, 지역사회의 인심 등에 대해서는 부정적으로 평가하고 있다.

그러나 과거의 동질적인 생활공동체였던 농어업 중심의 생활공간에서 도시화가 진행됨에 따라 경제공간의 기능이 강조되는 도시지역으로 변화됨에 따라 지역공동체적 삶의 질은 약화되었다. 하지만 경제활동과 관련된 도시편익시설은 오히려 향상되었다. 그러므로 도시편익시설뿐만 아니라 지역문화와 관련된 상부구조와 생활의 질을 향상시킬 수 있는 각종 사회정책이 수립되고 집행되어야 할 것이다.

〈표 11-27〉 수산물 생산과 이용의 변화에 대한 평가

구분	빈도(명)	비율(%)
좋게 되었다	164	18.1
변하지 않았다	270	29.9
나쁘게 변했다	470	52.0

(2) 지역적 소속감의 변화에 대한 인식

지역의식의 기초는 특정 지역 또는 지역사회에 대한 소속감으로써 자신을 지역에 연대시키는 성향으로, 지역에 대한 관심이나 애착은 바로 소속감에서 비롯되는 것이다. 그러나 일반적으로 이러한 지역적 소속감 또는 지역의식은 생활공간이 붕괴되면서 점차 희박해지는데, 특히 인구이동성의 증가에 따라 이러한 특징은 더욱 두드러지는 경향이 있다.

동광양지역의 주민들이 현재 거주하고 있는 지역에 대해 어떠한 지역적 소속감을 가지고 있는가를 살펴본 결과는 <표 11-28>과 같이, 과거에 비해 많이 악화되었다고 평가하였다.

동광양지역에 거주하는 원주민들의 경우, 지역적 소속감에 대해 훨씬 부정적으로 인식하고 있고, 이러한 특성은 연령이나 거주기간에 관계없이 거의 공통적으로 높게 나타났다. 그리고 직업별로는 공무원(73.8%), 상업(66.7%), 농수산업(62.5%) 등에 종사하는 주민이 사무관리직, 서비스업, 전문직 등에 종사하는 주민에 비해 상대적으로 높은 지역의식을 가지고 있었다.

지역사회에 대한 결속과 통합은 주민들 사이의 사회적 교류 정도와 가치 및 생활규범, 생활양식의 공통성과 밀접한 관련을 맺고 있다. 그런데 도시화로 인하여 지역주민 간의 사회적 거리가 증가하여 사회적 결속력이 희박해짐에 따라 지역주민 간의 사회적 유대감은 점차적으로 감소하게 된다.

특히 광양지역은 예로부터 전남의 타 지역에 비해 지역주민 간 지역공동체적 연대의식이 매우 강해 뚜렷한 지역적 동질성과 지역의식 및 소속감을

〈표 11-28〉 지역적 소속감의 변화에 대한 평가

구분	빈도(명)	비율(%)
좋게 되었다	244	27.3
변하지 않았다	305	34.2
나쁘게 변했다	344	38.5

가지고 있는 지역으로 알려져 왔다. 그러나 전입인구의 증가와 경제적 공간으로의 기능 변화에 따라 지역의식 및 소속감은 점차적으로 희박해졌고, 이러한 현상은 도시화와 공업화가 진전될수록 더욱 가속화될 것으로 예상되기 때문에 지역의식 및 결속력을 강화시킬 수 있는 지역사회의 프로그램 개발이 요구된다.

(3) 정주의사에 대한 인식과 평가

동광양지역에 거주하고 있는 시민들은 동광양지역을 정주공간으로 어떻게 인식하고 있고, 동광양지역에서 계속 거주할 것인지를 알아보기 위하여 '귀하는 앞으로도 계속해서 동광양지역에 거주할 생각이십니까?'라는 설문을 실시하였다. 조사결과를 보면 전체 응답자의 75.1%가 계속해서 거주하겠다고 응답하여 대부분의 시민들이 현재의 거주지를 정주공간으로 인식하였다.

만약 거주지를 다른 지역(시·군)으로 옮기게 된다면 그 주요 이유가 무엇인지를 파악하기 위하여 실시한 '만약 현재의 거주지에서 타 지역으로 이사를 하고 싶다면 그 이유는 무엇입니까?'라는 설문에 대한 결과는 <표 11-29>과 같다.

거주지를 이전하려는 가장 주된 이유는 생활환경의 열악성이 아니라 '자녀의 교육문제'로 밝혀졌다. 따라서 개인적인 특별한 이유를 제외하고는 교육환경 부문만 해결된다면 대다수의 시민들이 동광양지역에서 계속 정주하려는 강한 의사를 가지고 있었다.

〈표 11-29〉 거주지 이전의 주요 이유

(단위: %)

구분	자녀교육	직장 (사업)	환경 (공해)	주택 (집 마련)	높은 생활비	재산증식
비율	54.8	22.6	8.7	7.5	3.6	2.8

그러나 상대적으로 젊은 연령층(30~40세)은 타 지역으로 이주하려는 성향을 가지고 있는 것으로 나타났다. 물론 동광양지역과 같이 인구가 지속적으로 증가하고 있는 상황을 고려하면 큰 문제는 아니다. 그러나 장기적인 관점에서 보면 이런 특성은 지역발전에 부정적인 요인으로 작용할 가능성이 매우 높다. 왜냐하면 정주의사가 없거나 불확실한 사람들, 흔히 '뜨내기'라고 불리는 비정착 인구집단이 사회구성원의 대다수를 차지하게 되면, 지역사회에서 주민들에게 안정된 삶을 제공한다거나 고유의 시민문화를 유지하며 가꾸어나가는 일은 점점 어려워진다. 그러므로 시당국에서는 교육시설을 향상시키고 열악한 교육환경을 개선시키기 위한 중·장기 정책의 수립과 함께 중앙정부나 지방정부에서도 동광양지역의 교육환경 향상과 개선을 위한 종합적인 대책을 마련해야 한다.

2. 광양제철소에 대한 인식과 평가

1) 연구방법과 자료

광양제철소의 입지는 광양지역 공업화와 도시화는 물론이고 지역의 사회적·경제적·문화적 발전에 중요한 영향을 미쳤다. 그리고 이런 결과는 필자(1992, 1993, 1999)의 연구성과에서 나타났다.

백운산의 남쪽 해안에 자리잡은 광양지역이 인구규모 14만 명의 기업도시로 성장한 결정적인 동인은 광양제철소의 입지이다. 광양지역은 1980년대 중반까지 전형적인 농촌지역이었으나 1987년 광양제철소 제1기 공사가 준공된 이후, 지역의 공업화와 도시화가 빠르게 진행되었다. 물론 광양제철소의 입지로 인해 지역주민의 공동체 의식 약화, 전입인구의 증가로 나타난 광양지역에 오랫동안 거주한 원주민과 전입주민 간의 사회적 갈등,

공업단지와 항만개발로 인한 자연환경의 파괴, 환경오염의 심화 등 부정적인 측면도 없지 않다.

그렇지만 광양제철소의 입지로 광양지역은 크게 변화·발전하였다. 광양제철소의 입지와 기업활동에 힘입어 지난 20여 년 동안 광양지역의 인구는 약 8만 명에서 14만 명으로 증가하였다. 지역의 경제구조는 농업에서 제조업과 서비스업 중심으로 전환되었고, 제조업 부문의 고용은 약 200명에서 1만 3,000명으로 크게 증가하여 지역경제에서 제조업이 높은 비중을 차지하고 있다. 지역의 재정 자립도 또한 22%에서 52%로 증가하여 전남에서 가장 건실한 지역재정을 나타내고 있다.

특히 광양제철소가 지역고용에서 차지하는 비중을 보면 더욱 그렇다. 광양제철소의 직접고용은 약 6,300명이고, 관련 기업을 포함하면 제철소에 의한 고용효과는 약 1만 5,000명에 이른다. 종업원 1인당 4명의 부양가족을 고려하면 광양제철소와 관련된 인구는 6만여 명으로 광양시 인구의 약 40%가 제철소와 직·간접적으로 관계를 맺으면서 살아가고 있다.

광양제철소는 광양지역의 물리적 변화뿐만 아니라 사회·문화적 변화에도 크게 기여하였다. 광양제철소가 지역성장과 발전에 미친 영향은 지역주민의 사회복지와 문화 수준의 향상, 지역경제 및 도시발전 등 여러 부문에서 구체적으로 나타나고 있다. 광양시가 철강도시라는 독특한 지역적 이미지를 갖게 된 것 또한 광양제철소의 입지에 기인한다.

따라서 이 절에서는 광양지역에 거주하는 주민을 대상으로 광양제철소의 기업활동, 광양제철소가 지역발전에 미친 영향, 지역의 생활환경 변화, 지역의 환경문제, 광양제철소가 지역사회 발전을 위해 추진한 지역협력사업 등에 대한 광양시민들의 인식과 평가를 조사·분석하였다.

광양제철소에 대한 인식과 평가를 파악하기 위하여 광양시민을 대상으로 설문조사를 실시하였다. 설문조사는 1999년 7월 15일부터 8월 30일에 걸쳐 행해졌다. 설문조사를 위한 표본집단은 각 집단의 사회적 특성에 따

〈표 11-30〉 표본집단의 연령별 분포

(단위: 명, %)

연령별	10대	20대	30대	40대	50대	60대	70대	80대
인원	20	160	295	209	138	111	46	4
비율	2.0	16.3	30.0	21.3	14.0	11.3	4.7	0.4

라 3개 그룹을 구분하여 일반 주민, 산단업체 임원, 여론선도집단(전문가집단 포함)을 선정하였다. 설문조사는 단계적 층화표본추출법을 적용하여 표본을 추출하였고, 동·면별 인구, 원주민 비율, 자매결연 여부, 광양제철 종사자수 등을 고려하였다.

표본집단의 인구통계적인 분포는 남자 584명(59.5%), 여자 397명(40.5%)으로 나타났으며, 학력은 초등졸 18.5%, 중졸 12.3%, 고졸 40.9%, 대졸 이상 28.3%로 나타났다.

한편 설문조사에서 전직 여부에 관해 물어보았다. 전체 응답자의 29.5%(289명)가 광양제철소 건설 이후 직업을 바꾼 것으로 나타났다. 그리고 전직 시기는 1989년 이전에 30.7%, 1990~1994년에 39.5%, 1995~1999년에 29.8% 나타나 1990년대 초반의 전직비율이 가장 높게 나타났다. 직업을 바꾼 주요 이유로는 신규 자영사업 기회확대가 39.4%로 가장 높은 비중을 차지했고, 이어서 생계기반 상실 11.6%, 연관단지 기업체 취업 10.2%, 전업기회 확대 9.1%, 광양제철소 취업 8.8%, 기타 20.4% 등의 순서로 조사되었다. 또한 응답자 중 직계가족이 광양제철소에 취업 중인 경우는 145명(14.8%)에 달했으며, 가족 또는 친척이 포스코 계열사나 협력업체에 근무하는 경우는 284명(28.9%)으로 밝혀졌다.

2) 지역의 정주환경에 대한 인식과 평가

광양지역의 정주환경에 대한 평가에서는 대부분의 응답자가 거주지의

〈표 11-31〉 시기별 생활 만족도 비교평가

(단위: %, /100점)

구분	매우 만족	약간 만족	보통 수준	약간 불만	매우 불만	평점
1989년 이전	12.4	17.2	50.2	13.7	6.7	62
최근(1990년대)	3.3	24.8	43.1	19.7	9.2	58
5년 후의 전망	11.3	30.0	31.2	14.8	12.6	62

전반적 생활환경에 대해 평균 이상의 긍정적 평가를 내렸다. 현 거주지에 대해 '살기 좋은 곳'으로 생각하는 응답자 비율이 42.2%인 반면, 불편하다는 응답자의 비율은 24.2%에 불과하였다. 또한 타 지역에 비해 광양지역이 지니고 있는 정주생활 환경의 비교우위 요소로는 연고관계, 자연환경의 쾌적성, 광양제철소 입지에 의한 경제적 여건의 개선, 비교적 잘 정비된 생활기반시설 등으로 나타났다. 반면에 타 지역에 비해 광양지역이 지니고 있는 생활환경의 비교열위 요소로는 환경오염 및 공해문제를 비롯하여, 교육·문화 시설의 낙후성, 교통여건 악화, 지역 내 신구 개발지역 간 성장격차 등을 지적하였다.

한편 가장 시급히 해결해야 할 지역의 현안으로는 환경문제, 지역경제 활성화 및 고용문제, 보건·의료·복지 등을 지적하였다. 그리고 시민들은 이들 현안을 해결하기 위해서 기업보다는 지자체와 중앙정부, 그리고 지역주민들의 역할이 더욱 더 중요하다고 평가하였다.

광양제철소 건설을 전후한 주민의 생활 만족도를 평가하였다(<표 11-31> 참조). 생활환경에 대한 만족도는 표본집단의 사회적 지위, 직업, 직종, 학력, 제철 및 협력사 고용관계, 소득 수준 등에 따라 차이를 보였다. 최근의 광양지역에 대한 생활 만족도는 광양제철소가 건설되기 전과 비교하면 상대적으로 약화되었다. 반면에 이러한 답변에도 불구하고 가까운 시일 내에 생활 만족도가 크게 개선될 것이라는 전망이 우세하게 나타나 서로 상반된 의견을 보였다. 정주공간으로서의 광양지역에 대한 전체적인 만족도를 보

〈표 11-32〉 거주환경별 만족도 비교평가

(단위: /100점)

시기별	자연	경제	교육	교통	문화	근린	사회	공공	평점
1989	82.7	57.7	48.6	45.7	40.8	42.4	65.3	51.7	54.36
1999	49.6	57.5	56.7	58.1	53.1	55.0	59.6	66.4	57.00
2010	42.8	62.3	63.6	66.2	63.3	64.1	59.6	71.5	61.67

면, 평균 수준을 약간 상회하는 만족도(약 60% 수준)를 보였다.

또한 광양제철소 건설을 전후한 거주환경별 만족도를 비교하였다(<표 11-32> 참조). 거주환경별 만족도는 광양제철소가 입지한 이후 전체적으로 향상되었고, 오는 2010년의 거주환경 만족도 또한 향상될 것으로 평가되었다. 1989년의 경우 자연과 사회환경의 만족도가 상대적으로 높았고, 문화와 근린 주거환경은 낮았다. 1999년의 만족도를 보면 공공 서비스, 사회, 교통환경에 대한 만족도는 상대적으로 높은 반면, 자연환경에 대한 만족도는 낮았다. 그리고 2010년의 거주환경 또한 전반적으로 향상될 것으로 인식했지만, 자연과 사회환경의 만족도는 낮아질 것으로 평가했다. 특히 자연환경의 만족도는 1989년 이후 지속적으로 약화되는 반면, 다른 부문의 만족도는 전반적으로 향상되었다. 그리고 거주환경별 만족도는 응답자의 연령, 현 거주지의 거주기간, 직업, 학력, 제철소 고용관계, 소득 수준, 주거형태 등에 따라 차이를 보이는 것으로 조사되었다.

전체적인 거주환경 만족도는 광양제철 건설 전에 비해 뚜렷이 높아졌으며, 향후 만족도는 더욱 높아질 것으로 전망되었다. 그러나 자연환경에 대한 만족도는 매우 급격히 저하되고 있으며, 사회환경에 대한 만족도 역시 악화될 것으로 평가되었다. 광양제철소 건설 전에는 자연환경에 대한 만족도가 가장 높았으나, 현재는 공공환경에 대한 만족도가 가장 높으며, 이러한 경향은 향후 더욱 강화될 것으로 평가하였다.

3) 광양지역 발전에 대한 광양제철소의 기여도

(1) 광양만권의 성장요인과 전망

광양만권 지역의 성장 잠재력에 대한 평가에 대해서는 거의 모든 응답자들(약 87%)이 지역의 성장 잠재력을 매우 높게 평가하였으며, 이 지역의 성장을 주도하게 될 핵심적 요소로는 컨테이너부두 및 배후단지, 광양제철소 및 연관단지 활성화를 선택하였다. 다음으로 향후 광양시가 갖추게 될 도시기능 중 가장 바람직한 기능에 대한 응답으로는 환태평양의 거점항구 기능을 꼽았으며, 세계적 수준의 철강도시로 발전해야 한다는 견해도 높은 비중을 차지하였다. 이는 대부분의 시민들이 광양시의 미래상을 달성하는 데 광양제철소의 비중이 크다고 평가한 결과이다.

광양제철소가 광양 및 인근지역의 발전에 미친 영향에 대한 평가에서는 약 71%의 응답자가 광양제철소의 지역발전 기여도를 높게 평가했으며, 기여도를 낮게 평가한 응답자 비율은 약 14%에 불과하였다. 특히, 광양제철소가 향후 지역발전에 미칠 기여도는 과거에 비해 더욱 높아질 것으로 평가하였다. 그러나 지역발전에 대한 광양제철소의 기여도는 제철소에서 거리가 멀어짐에 따라 원심적으로 약화되는 것으로 나타났는데, 즉 동광양지역, 광양군(읍), 순천·여수, 남해·하동 등의 순서로 기여도가 점점 낮아진다고 평가했다. 자매결연 여부 및 표본집단의 지위별 특성과는 별다른 차이를 나타내지 않았다.

(2) 광양제철소 입지와 지역발전의 효과에 대한 평가

광양제철소 입지가 지역발전에 미친 영향에 대한 평가를 부분별로 구분하여 분석하였다(<표 11-33> 참조). 긍정적 파급효과에 대한 평가에서는 광양지역을 포함한 광양만권의 성장, 지역경제 활성화, 지역의 이미지 제고, 소득증대, 인구증가, 대외홍보효과 등으로 나타났고, 특히 많은 지역주민들

〈표 11-33〉 광양제철소의 부문별 파급효과

(단위: /100점, 명)

파급 부문	평점	응답자수	기여 수준별 백분율(%)				
			크게	다소	보통	별로	전혀
광양 인근지역 성장 가능성	81	952	33.2	44.2	16.6	5.6	0.4
지역경제 성장 및 활성화	79	949	29.8	44.0	18.1	7.1	0.9
다양한 고용기회 제공	71	945	17.5	37.9	29.8	12.2	2.6
주민의 소득증대	69	945	15.2	36.0	31.7	12.2	4.9
공해방지를 위한 노력	51	945	4.5	11.4	33.6	35.1	15.3
도시기반시설 정비 및 확충	64	944	8.4	28.0	45.0	15.0	3.6
스포츠 및 여가활동	64	947	9.7	25.3	45.5	15.0	4.4
지역의 대외 이미지 제고	74	940	20.6	41.6	28.9	7.1	1.7
지자체에 대한 재정적 기여	71	936	18.1	32.8	37.6	9.6	1.9
인재양성을 위한 지원	64	944	7.2	28.6	43.2	16.6	4.3
공공 편익시설 확대	64	943	7.1	26.2	48.5	14.8	3.4
지역문화 서비스 제공	64	935	8.0	25.7	47.6	15.4	3.3
컨테이너부두 및 지역 내 기업 유치	72	938	20.0	33.0	35.2	8.1	3.6
전체 부문 평균값	68.31	943.31	15.3	31.9	35.5	13.37	3.87

은 광양제철소가 연관산업, 컨테이너부두 입지 등을 유인함으로써 지역의 성장 잠재력 증대에 결정적인 역할을 한 것으로 평가하였다. 반면에 제철소 건설에 따른 부정적 영향으로는 약 54%의 주민이 환경오염 문제를 지적하고 있으며 신구 개발지역 간의 지역갈등 심화, 교통량 증가로 인한 교통혼잡 문제 역시 부정적 측면으로 부각되었다.

전체적으로 살펴보면, 광양제철소의 입지는 지역경제 활성화를 통하여 고용기회를 증대시키는 동시에 지자체의 재정 확충에 기여했고, 지역의 대외홍보 효과 면에서 주요 성과를 거둔 것으로 평가되었다. 제철소 건설에 따른 파급효과에 대한 평가는 거주지, 연령, 직업 및 직종, 학력, 제철 관련 고용 여부 등에 따라 뚜렷한 차이를 보이고 있으며, 거주환경 만족도와 파급효과에 대한 긍정적 평가는 비례관계에 있는 것으로 밝혀졌다.

4) 광양제철소와 지역사회의 관계에 대한 평가

(1) 광양제철소의 기업 이미지

지역사회에서 광양제철소에 대한 총체적 이미지는 비교적 양호한 것으로 조사되었다. 제철소에 대한 이미지로 '우리 지역 기업'이라는 인식이 매우 강하였으며, 제철소가 지역 내에 입지하고 있다는 사실에 대해 대부분의 지역민들은 상당한 자부심과 긍지를 느끼고 있을 뿐만 아니라 친밀감을 갖고 있는 것으로 조사되었다.

그러나 주민들은 제철소(공장) 자체에 대해서는 대단히 긍정적 반응을 보이는 데 반해서, 임직원에 대해서는 상대적으로 비우호적 태도를 보이고 있었다(<표 11-34> 참조). 임직원에 대한 부정적 인식과 태도는, 임직원들의 시민의식 부족, 임직원에 대한 원주민들이 갖는 신뢰성 부족 등이 크게 작용하였기 때문으로 판단된다. 그럼에도 불구하고 임직원에 대한 친교 희망도가 높게 나타난 사실로 미루어볼 때, 임직원에 대한 부정적 태도는 제철소 임직원의 우월의식과 주민들의 상대적 열등의식, 그리고 상호 간의 정서적 괴리에 기인하는 것으로 판단된다.

그리고 포스코(POSCO)의 기업활동에 대한 이미지는 거의 모든 영역에서 긍정적 반응을 보였다. 그렇지만 환경보전 문제와 관련하여 부정적 이미지가 상대적으로 강하게 나타났다. 제철소, 임직원, 기업활동 등 각각에 대한

〈표 11-34〉 광양제철소의 기업 이미지에 대한 지역별 평가

(단위: /5.0점)

구 분	동광양	광양읍	광양군	순천·여수	남해·하동	전라남도
제철소의 이미지	3.53	3.18	3.37	3.04	2.58	2.88
임직원의 이미지	3.18	2.96	3.26	3.06	2.84	2.82
기업활동 호감도	3.55	3.33	3.47	3.50	3.31	3.39
이미지 종합	3.40	3.09	3.32	3.18	2.89	3.05

이미지는 기업활동(0.69/1.0), 제철소(0.64/1.0), 임직원(0.61/1.0)의 순서로 양호하게 평가되었다. 광양제철소에 관한 총체적 이미지와 관련하여, 부정적 반응을 보인 주민의 비율은 10.5%로 나타났다. 이에 반해 긍정적 반응을 보인 주민의 비율이 32.3%에 달하여 평균적 이미지는 비교적 양호한 것으로 조사되었다.

광양제철소 전반에 대한 긍정적 이미지는 지역별로 차이가 나타났다. 즉 동광양, 광양군(면), 순천·여수, 광양읍 등의 순서로 나타났으며, 광양읍지역 주민들의 호감도가 가장 낮게 조사되었다. 특히 순천·여수 지역 주민들은 기업활동과 관련하여 동광양지역 주민들과 거의 유사한 수준의 긍정적 반응을 보이고 있으며, 긍정적 이미지에서는 지역에 따라 약간의 차이를 보이나 부정적 이미지에서는 지역에 따른 차이를 보이지 않는 것으로 조사되었다. 표본집단의 사회적 지위는 제철소, 임직원, 기업활동에 대한 이미지와 별다른 상관관계를 보이지 않았으며, 광양읍은 나머지 인근지역에 비해 광양제철소와 관련된 거의 모든 면에서 부정적인 인식과 태도가 상대적으로 강한 것으로 나타났다.

〈표 11-35〉 광양제철소에 대한 부정적 평가의 원인

(단위: %, /5.0점)

구분	응답자 비율					평점
	극히 나쁨	다소 나쁨	보통	다소 좋음	매우 좋음	
환경 및 교통문제*	40.8	28.6	24.9	3.3	2.5	1.98
주민고용 배려미흡	22.6	32.1	37.5	6.1	1.7	2.32
단지·시설의 폐쇄성	23.2	29.4	40.2	5.3	1.9	2.33
민원에 대한 소극 대응	19.2	24.0	46.9	7.1	2.8	2.50
동반자 관계 인식 부족	15.3	26.8	49.6	5.8	2.6	2.54
직원의 우월의식·배타성	15.1	24.7	51.8	6.3	2.1	2.56
소비향락 산업 조장	16.0	23.9	48.5	8.8	2.8	2.59
지역발전 위한 투자인색*	15.4	24.4	44.3	11.8	4.0	2.65

주: * 이들 항목에 대한 인식은 상대적으로 편차가 뚜렷함(standard deviation>1.0).

광양제철소에 대해서 주민들이 갖는 부정적 시각의 일차적 이유로는 생산활동과 관련된 인근지역의 환경오염과 교통혼잡을 지적할 수 있다. 그렇지만 종업원 채용과정에서 지역주민에 대한 배려나 지역 연고업체에 대한 배려 등과 관련된 불만족 역시 많은 비중을 차지하는 것으로 조사되었다. 특히 광양제철의 지역에 대한 소극적 투자의지에 대해 부정적 견해를 갖고 있는 주민들이 제철소에 대해 부정적으로 평가를 하였다. 그밖에 주택단지를 비롯한 단지 내 시설의 폐쇄성도 부정적 이미지를 형성하는 요인으로 작용하였다(<표 11-35> 참조).

(2) 광양제철소와 지역사회의 관계에 대한 인식

광양제철과 지역사회 및 지역주민들의 관계에 대한 설문에 대해서는 대부분의 주민들이 비교적 원만하게 평가하였다. 대기업으로서 포스코, 광양제철소, 임직원 각각에 대한 지역사회(주민) 간의 관계에서는 광양제철소와 지역주민의 관계가 가장 협조적이며, 다음으로 포스코와의 관계이고, 임직원과 지역주민 간의 관계가 가장 비협조적인 것으로 평가하였다. 이들 관계의 시기별 변화에 대해서는 과거보다는 현재의 관계가 협력적인 것으로 평가했으며, 향후 관계는 현재보다 훨씬 더 협력적 관계가 될 것으로 전망했다.

포항제철소와 비교한 광양제철소의 지역사회 기여 정도에 대한 평가에서, 상당수 주민들은 광양제철소에 비해 포항제철소가 포항의 지역발전에 보다 많은 기여를 했다고 인식하였다. 즉 광양지역 주민들은 포스코가 과거에 포항지역에 기여한 것에 비해 광양지역에는 상대적으로 관심이 적다고 인식하였다. 이러한 평가는 객관적 자료에 근거하기보다는 '주위 사람들로부터 전해들은 이야기'에 바탕을 두고 있는 것으로 응답하였다. 그렇지만 응답자의 약 50%는 포스코의 지역사회 기여도는 포항과 광양 간에 거의 차이가 나지 않는다고 인식하였다.

지역발전을 위한 광양제철소의 투자에 대한 인식을 묻는 설문에는 만족

〈표 11-36〉 지역사회에 대한 광양제철소의 투자의지 평가

성 격 구 분	과 거	현 재	미 래	평 균
지역발전을 위한 투자 의지	1.83	1.94	2.19	1.99
지역발전을 위한 투자 규모	1.85	1.92	2.18	1.98
환경오염 방지를 위한 노력	1.62	1.75	2.03	1.80
평균	1.76	1.85	2.12	1.91

주: 1-소극적 2-보통 3-적극적.

〈표 11-37〉 투자의지(시기별)에 대한 지역별 평가

구분	동광양	광양읍	광양군	순천·여수	남해·하동	전라남도
과거	1.89	1.76	1.70	1.61	1.51	1.88
현재	1.99	1.82	1.85	1.76	1.53	2.03
미래	2.21	2.20	2.11	2.01	1.69	2.29
종합	2.01	1.93	1.88	1.80	1.58	2.07

주: 1-소극적 2-보통 3-적극적.

할 만한 수준이 14.3%, 보통 수준은 56.5%, 기대 수준 미달이 29.1%로 현시점에서 지역발전을 위한 광양제철소의 투자의지 및 노력은 주민들의 기대에 미치지 못하는 것으로 나타났다(<표 11-36> 참조). 그리고 많은 주민들이 광양제철소의 투자의지나 투자규모와는 달리, 공해방지를 위한 제철소의 투자의지에 대해서는 매우 부정적으로 인식하였다. 전체적으로 보면, 투자의지에 대한 종합적 평가는 거주지, 자매결연 여부에 따라 다소 다른 차이를 보이는데, 결연마을에 비해 비결연마을의 평가가 보다 긍정적이라는 점이 특이하다.

광양제철소의 지역 내 투자에 대한 평가에서는 시기별·지역별로 차이가 나타났다. 공장과 인접한 지역일수록 긍정적으로 평가하고 있었으며, 동광양, 광양읍, 광양군, 순천 및 여수, 남해 및 하동 순서로 긍정도가 낮아졌다. 특징적인 점은 직접 이해지역에 해당하지 않는 전남지역 응답자들은 이해지역 주민들에 비해 상대적으로 광양제철소의 지역 내 투자의지에 대해 호

의적인 반응을 보였다. 특히 남해 및 하동지역 주민들은 해당지역에 대한 광양제철소의 투자의지가 미래에도 그다지 크게 개선되지 않을 것으로 평가하였다(<표 11-37> 참조).

5) 광양제철소의 지역협력사업에 대한 주민의 인식과 평가

(1) 지역협력사업의 성격에 대한 인식

광양제철소는 기업이익의 사회환원을 통해 지역발전에 기여하고, 지역사회와 보다 더 원활한 관계를 유지하기 위해 1989년부터 다양한 지역사회 협력활동을 추진하였다. 광양제철소가 그동안 추진한 지역협력 프로그램으로는 기반시설 지원사업, 문화체육 사업, 불우이웃 위문, 교육지원 활동, 단위부락과의 자매결연사업 등이 있다.

광양제철소가 추진하고 있는 각종 지역협력사업의 배경에 대해서 주민들의 반응은 주민 측의 요구와 기업 측의 이해관계가 일치하기 때문이라는 견해가 지배적이었다(<표 11-38> 참조). 가장 중요한 배경으로는 지역협력사업을 통한 이미지 개선효과라고 응답하였으며, 이른바 기업시민으로서 지역사회에 대한 기업의 사회적 책임 이행을 요구하고 있는 것으로 평가된다. 그러나 광양제철이 주민이나 단체, 지자체 등의 요구 때문에 수동적으로 대응한다는 인식도 매우 강하게 나타났다. 이는 지역사회(주민)와 지역내 기업의 공동운명체 의식이 상당히 강하게 표출되고 있는 것으로 판단된다. 그러므로 기업 측의 협력사업 한계범위와 주민들의 기대 수준이 불일치한 데 따른 상호 불신해소가 바람직한 협력관계의 구축을 위한 관건이라 할 수 있겠다.

광양제철소가 지역사회에 대한 직·간접적 투자를 통해서 협력관계를 구축해야 하는 이유는 일부 지역주민들이 지역의 희생과 지역민의 배려로 광양제철소가 성장했다고 인식하기 때문이다. 동시에 광양제철소의 성장은

〈표 11-38〉 지역협력사업 실시 배경에 대한 인식

(단위: %)

주요 동기	순위 1	순위 2	순위 3	집계
타 기업들이 실시하고 있기 때문	14.2	0.8	1.2	5.5
주민·지자체 등의 요구	32.8	6.5	1.7	13.9
업계나 단체로부터의 요구	6.9	8.3	2.0	5.8
종업원, 노조 등 내부의 요구	3.2	6.6	1.8	3.9
인적·물적 자원의 여유 때문	10.3	13.7	3.5	9.3
기업이념에 부합되기 때문	12.9	10.5	3.5	9.1
지역사회의 일원으로서 의무	15.1	22.0	8.1	15.2
지역사회와 공동운명체이기 때문	1.7	26.3	21.3	16.3
이미지, 여론개선 등 간접 이점	2.9	5.5	57.0	21.0

지역을 기반으로 했다는 인식을 많은 주민들이 갖고 있기 때문이다. 이런 배경을 구체적으로 살펴보면, 광양제철소의 성장과정에서 악화된 지역의 환경문제에 대한 보상을 요구하는 견해와 관련이 있다. 그리고 일부 주민들은 지역사회에 대한 보상적 배려를 통해서 기업과 지역주민의 화합이 가능하다고 인식하였다.

그렇지만 대부분의 주민들은 지금까지 추진해 온 광양제철소의 지역협력사업이 지역의 발전을 촉진하는 데 기여해 왔으며, 앞으로도 크게 기여할 것으로 평가하였다.

(2) 지역협력사업에 대한 인지도

광양제철소가 시행하고 있는 협력사업에 대한 인지도는 부문별로 볼 때, 지역문화 활성화 사업 부문과 교류활동 사업 부문의 인지도가 상대적으로 높지만, 특정 부문 내에서는 각 개별 사업별로 상당한 차이를 보였다. 불특정 다수를 대상으로 하는 협력사업의 인지도는 높은 반면, 소수를 선발하여 선택적으로 지원하는 협력사업의 인지도는 상대적으로 매우 낮았다.

인지비율 40% 이상의 개별적인 지역협력사업으로는 백운 아트홀 영화·

〈표 11-39〉 **광양제철소 지역협력사업에 대한 지역별 인지도**

(단위: %)

구분	동광양	광양읍	광양군	순천·여수	남해·하동	전라남도	평균
문화 활성화	52	49	43	30	9	44	41.6
교류활동	45	34	42	32	20	43	37.4
체육사업	36	36	26	21	5	34	29.1
도시 기반시설	40	27	16	13	3	32	26.1
학술·장학 사업	32	28	18	20	6	28	24.4
홍보 및 기타	34	27	16	14	7	27	24.1
생활 개선 사업	33	25	21	14	3	30	23.7
소외계층 지원	32	25	21	13	1	25	22.6
영농사업 지원	24	17	13	8	3	20	16.3
종합적 평가	36	29	22	17	6	31	26.5

연극·공연 관람이 62.5%로 가장 높게 나타났다. 그리고 지역주민 초청 공장견학 및 간담회가 58.4%, 지역마을과 자매결연 활동 58.0%, 포철회장기 고등학교 축구대회가 46.2%, 포철장학금 및 백운장학회 기금 출연이 43.1%, 시민의 날 등 지역행사 지원 41.9%, 광양 커뮤니티 센터 건립이 40.8%로 분석되었다.

반면에 인지비율 15% 이하의 개별 지역협력사업으로는 농기계 구입 지원이 8.9%로 가장 낮게 나타났으며, 영농후계자 해외 선진지역 견학 지원 10.4%, 행정기관과의 교환근무 11.0%, 지역연고업체 상가입주 지원 11.8%, 마을 숙원사업 지원금 출연 14.0%, 남도학사 건립기금 출연 14.9% 등이다.

협력사업에 대한 지역별 인지도는 공장과 인접한 동광양지역에서 가장 높고 광양읍, 광양군 등 농촌지역으로 갈수록 인지도가 낮아지는데, 이는 광양제철소의 지역협력사업이 지리적으로 도시지역에 집중되어 추진되기 때문인 것으로 판단된다. 사업 부문별 인지도의 표준편차는 지역문화 활성화 사업에서 가장 크게 나타났으며 도시기반시설 지원사업에서 가장 작게 나타났다(<표 11-39> 참조).

(3) 지역협력사업에 대한 만족도

지역협력사업으로 실시되는 개별 사업에 대한 지역주민들의 만족도는 각 사업 부문에 대한 인지도와 약간 다른 경향을 보였다(<표 11-40> 참조). 이는 백운 아트홀 공연관람이나 공장견학 등 주민의 직접 참여(또는 관련)가 가능하면서도 수혜범위가 넓은 개별 사업에 대해서는 만족도가 비교적 높게 나타났다. 그러나 환경보전 및 공해방지 관련 사업의 경우에는 높은 인지도에도 불구하고 만족도는 가장 낮게 나타나고 있어 적극적인 홍보 및 대응이 필요한 것으로 판단된다.

개별 사업별 만족도는 사업에 따라 상당한 편차를 보일 뿐 아니라, 동일한 개별 사업이라 할지라도 지역에 따라 상당한 차이를 보이고 있었다. 지역별로 보면 동광양지역을 중심으로 거리가 멀어질수록 만족도와 그 편차가 감소

〈표 11-40〉 개별 사업에 대한 지역별 만족도

(단위: %±*sd*)

구 분	동광양	광양읍	광양군	순천·여수	남해·하동	전라남도	평균
영농사업 지원	61±21	58±18	55±19	56±18	52±25	60±15	58.7±19.5
소외계층 지원	60±22	58±20	51±22	54±21	50±20	59±18	57.5±20.5
문화 활성화	59±21	59±21	51±23	52±18	41±20	56±16	56.6±21.2
체육사업	59±22	59±21	48±22	51±22	49±25	57±18	56.4±21.7
생활 개선 사업	59±24	54±22	41±25	46±21	43±22	59±18	53.6±23.3
도시 기반 시설	56±24	54±20	45±24	46±23	47±25	58±14	53.2±22.7
학술·장학 사업	54±24	54±22	42±24	45±23	38±26	57±15	51.2±23.2
교류활동	56±21	54±20	44±21	40±20	31±17	57±15	49.9±21.9
홍보 및 기타	51±26	50±22	45±24	43±25	25±27	56±14	48.0±25.3
종합적 평가	43±28	43±26	28±26	26±26	12±21	51±21	36.4±28.1

하는 경향을 보이는 것으로 나타났으며 지역에 대한 광양제철소의 투자의지 평가 결과와 비교하면, 지역협력사업에 대한 광양읍지역 주민들의 만족도는 상당히 높게 나타나고 있는 것으로 평가되었다. 반면 지역협력사업에 대한 남해·하동 지역 주민들의 전체적 만족도는 극히 낮게 조사되었다.

(4) 지역협력사업에 대한 관심 정도

광양제철에서 실시하고 있는 지역협력사업에 대한 관심 정도의 평가는 사업별로 차이가 나타났다. 대부분의 주민들은 지역문화 활성화 사업에 대해 가장 관심이 많았으며, 반면에 학술·장학 사업에 대해서는 가장 낮게 평가되었다.

지역협력사업에 대한 관심·관련 정도는 지역별로 다르게 나타났는데 광양시 지역은 모두 지역문화 활성화 사업에 대한 관심도가 높으며 교류활동이나 영농사업 지원에 대한 관심도 상대적으로 높게 나타났다. 이에 비해 순천·여수 지역 주민들의 경우에는 영농 지원사업에 대한 관심도가 가장 높으며 지역문화 활성화 사업에 대한 관심도 높게 나타났다. 그러나 남해·하동 지역의 주민들은 지역문화 활성화 관련 사업과 특히 환경보전 및 공해방지 사업이 최대 관심사로 나타나 지역협력사업에 대한 지역 간 관심도에 있어서 뚜렷한 차이를 나타냈다. 농어촌을 포함하고 있는 지역의 경우에는 영농사업 지원 프로그램에 대한 관심이 높게 조사되었다.

(5) 지역협력사업에 대한 평가

광양제철에서 추진한 각종 지역협력사업에 대한 평가는 사업 및 효과의 지속성, 직접수혜 여부, 수혜인원 및 범위에 따라 다르게 나타나고 있는 것으로 조사되었다. 사업 및 효과의 지속성 면에서는 단기적·일회적 사업보다는 장기적·지속적 사업의 성과를 높게 평가하였으며 만족도 역시 높게 나타났다. 수혜의 직·간접성 면에서는 간접수혜 사업보다 직접수혜 사업의 성과를 높게 평가했으며, 수혜인원과 범위에서는 소수 특정인에 대한 지원보다 불특정 다수에 대한 보편적 지원사업에 대한 만족도가 높은 것으로 조사되었다. 또한 광양제철소가 의욕적으로 추진하였고, 일정한 성과가 검증된 자매결연사업은 광양제철소에 대한 이미지 제고와 홍보효과 면에서 지역주민들의 긍정적 반응과 부정적 반응을 동시에 강화시킨 것으로 판단된다.

지역협력사업의 부문별 효과에 대한 평가를 보면(<표 11-42> 참조), 자매결연 및 교류활동(25.2%), 지역문화 활성화 사업(19.0%), 도시기반시설 지원사업(16.0%), 체육진흥 사업(12.5%), 장학·학술 사업(11.6%), 주민생활 개선 및 봉사활동(9.2%) 순서로 나타났다. 특히 광양제철소가 지속적으로 추진한 자매결연사업의 효과를 가장 높게 평가하였다. 그리고 백운 아트홀의 공연을 비롯한 문화사업, 금당교 건설을 포함한 지역 내 기반시설 지원사업, 드레곤즈 축구단을 포함한 지역 내 체육지원 사업 등에 있어서 긍정적인 효과가 나타난 것으로 인식하였다.

전체적으로 볼 때, 광양제철소의 지역협력사업에 대한 자매결연마을 주민들의 만족도는 비자매결연마을 주민들에 비해서 오히려 낮게 나타났다. 그렇지만 자매결연사업과 직접 관련되어 있는 교류활동에 대한 인지도는 비자매결연마을 주민들보다 자매결연마을 주민들의 만족도가 더 높은 것으로 조사되었다.

협력사업 부문별 및 개별 협력사업 수준에서 보면, 일반적으로 협력사업에 대한 인지도가 높을수록 만족도 역시 높게 나타나고 있어 협력사업에 대한 적극적 홍보가 요구된다. 특히 도시기반시설 지원 부문, 지역문화 활성화 사업 부문, 체육사업 부문의 경우에는 인지도와 만족도 상호 간의 상승효과(synergy effect)가 명확하게 나타났다(<표 11-43> 참조).

지역협력사업에 대한 주민들의 만족도는 주민들의 인식과 관련된 다음 두 가지 요인과 밀접하게 관련된 것으로 나타났다. 첫째는 현재뿐만 아니

〈표 11-41〉 개별 사업에 대한 지역별 관심도

(단위: %±*sd*)

구 분	동광양	광양읍	광양군	순천·여수	남해·하동	전라남도	평균
문화 활성화	54	54	45	47	32	47	46.5±21.0
영농사업 지원	47	43	38	50	44	43	44.17±19.5
교류활동	46	43	42	39	29	43	40.3±19.8
생활 개선 사업	47	42	35	38	36	44	40.3±20.2
소외계층 지원	44	44	35	41	33	43	40.0±19.4
체육사업	42	42	35	42	32	41	39.0±20.6
홍보 및 기타	45	43	35	37	24	47	38.5±20.5
도시 기반시설	43	40	32	36	31	43	37.5±20.1
학술·장학 사업	41	42	29	36	27	40	35.8±20.2
종합적 평가	35±22	35±21	24±18	21±22	11±14	38±17	27.3±22.3

〈표 11-42〉 지역협력사업의 개별 사업별 효과에 대한 평가

(단위: %)

가장 효과적이었던 협력사업 부문	비율
자매결연 및 교류활동	25.2
지역문화 활성화 지원	19.0
도시기반시설 지원사업	16.0
체육진흥 사업	12.5
장학·학술 사업 지원	11.6
주민생활 개선 및 봉사활동	9.2
소외계층 및 군경지원	2.3
기타 사업	2.3
지역영농 지원사업	1.8

라 미래에 이 지역에 대한 광양제철소의 투자의지가 얼마나 명확한가 하는 것이다. 그리고 둘째는 환경오염 및 공해방지를 위해서 광양제철소가 얼마나 적극적으로 노력하고 있는지에 대한 것이다.

〈표 11-43〉 자매결연 여부와 협력사업의 인지도·만족도 비교

(단위: %)

부문별 협력사업	인지도		만족도	
	비결연	결 연	비결연	결 연
도시기반시설	26	24	55	43
홍보 및 기타	25	20	49	40
교류활동	36	45	51	45
문화 활성화	42	41	57	52
체육사업	30	25	58	47
학술·장학 사업	25	21	52	42
소외계층 지원	22	25	58	50
주민 생활 개선 사업	23	26	55	44
영농사업 지원	17	14	59	58
종합적 평가	27	26	38	28

(6) 지역협력사업에 대한 주민의 요구

현재까지 추진된 지역협력사업의 문제점으로 다음의 내용들이 도출되었다. 우선적으로 주민의사를 전혀 고려하지 않은 협력사업 추진과 지역주민과 광양제철소 간의 상호협조 체계 결여, 지역협력사업에 활용 가능한 사내·외부의 인적·물적 자원에 대한 소극적 개발 등으로 조사되었다.

지역협력사업의 방향에 대한 선호도 조사에서는 사업의 성격이 특정 집단이나 특정 지역을 대상으로 하는 사업보다는 불특정 지역과 다수 지역주민을 대상으로 하는 공공 성격의 사업을 절대적으로 선호하고 있는 것으로 평가되었다. 그리고 사업의 주체적인 측면에서 주민의 요구가 있을 때마다 수동적으로 대응하는 민원형 사업보다는 제철소 주도하에 능동적으로 이루어지는 지역협력사업을 선호하고 있었다. 또한 사업의 지속성 측면에서는 단기성과 위주의 일회적 사업보다는 장기적 지속사업을 절대적으로 선호하였다.

지역협력사업의 추진체계에서 각 이해집단 간의 관계에 대해서는 특정

집단이 일방적으로 추진하는 사업에 대해서는 부정적이었고 특히 공개적 사업선정 절차의 도입을 선호하였다. 이는 광양제철소, 연관단지, 지자체, 그리고 지역주민이 공동으로 기금을 조성하되 각각의 역할을 분담하는 사업 추진체계를 가장 희망하는 것으로 조사되었다.

향후 추진해야 할 지역협력사업의 우선순위에 대한 견해에서 1순위 사업으로는 자매결연, 봉사활동, 교육활동 등을 통해서 지역주민 간 이질감을 해소할 수 있는 지역사회 교류활동을 선호하였다. 2순위 사업으로 광양제철소의 주택단지와 광양제철소 내의 각종 문화·체육 시설을 주민들에게 개방하여 공동으로 이용할 수 있도록 하는 사업을 택했다. 3순위 사업으로는 항만·도로·공원 등을 비롯하여 지역에서 부족한 사회간접자본 시설 건설사업에 보다 적극적으로 참여하기를 원하고 있는 것으로 조사되었다.

광양제철소와 지역주민 간의 바람직한 관계 설정에 대해서는 대부분의 주민들이 제철소와 지역사회의 공동책임이라고 인식하였다. 그리고 광양제철소와 지역주민들이 상호 신뢰하는 바람직한 관계를 유지하기 위해서는 지방자치단체(광양시)의 역할이 매우 중요하다고 평가하였다. 특히 지역주민들은 광양시가 이해집단 간의 조정·중재자로서의 역할을 수행함과 동시에, 객관적 입장에서 이해집단 간의 관계조정에 보다 적극적인 자세로 임해야 한다는 반응을 보였다. 그리고 공익적 성격의 지역협력활동에 대해서는 지자체가 홍보를 담당할 필요가 있으며, 지역사회의 요구가 광양제철소의 지역협력사업에 투영될 수 있도록 중재자의 역할을 담당해야 한다고 보았다. 나아가 광양제철소의 지역협력사업이 효율적으로 추진될 수 있도록 그 방법과 수단에 관한 정보를 제공함으로써 공동체적 협력관계를 유지할 필요성이 있다는 의견이 나타났다. 마지막으로 광양제철소의 지역협력사업이 효과적으로 추진되고, 사업의 효과를 극대화시키기 위해서는 지역주민들이 광양제철소의 노력을 긍정적으로 이해하고 평가하는 사회적 분위기가 조성되어야 한다. 또한 광양지역 주민들이 광양제철소의 기업활동에 대해 긍정적으로 평가하는 지역사회의 환경이 매우 중요하며, 광양제철소가 지역발전에 미친 효과를 적극 홍보하고, 이해시키는 작업이 필요하다.

3. 맺음말

지역주민이 평가하는 지역환경의 만족과 불만족의 정도나 그 요소들의 비중, 그와 관련된 개발 수요의 내용과 크기, 나아가 지역의 바람직한 미래상에 대한 실상을 정확히 파악하는 것은 지역개발과 지역정책의 수립과정에서 매우 중요한 과제이다. 특히 다양한 지역개발 프로젝트의 영향으로 지역이 빠르게 변화되고 있는 경우에는 더욱 그렇다.

이러한 측면에서 동광양지역 주민을 대상으로 지역변화에 대한 인식태도를 고찰하였다. 동광양지역의 변화에 대한 주민들의 인식과 태도의 특징을 요약하면 다음과 같다.

첫째, 대부분의 주민들은 광양제철의 입지가 지역경제 활성화와 지역발전에 매우 긍정적인 파급효과를 미쳤다고 평가하였다. 둘째, 지역의 급속한 도시화와 공업화에 따라 앞으로 사회적 문제가 지역 내의 심각한 갈등문제로 확대될 가능성이 우려되기 때문에 지역의 결속력을 강화하는 정책을 펼치는 것이 주요 과제로 대두되었다. 셋째, 쾌적한 정주환경을 제공하기 위해서 환경문제에 많은 관심을 갖고, 관련 대책의 수립이 필요한 것으로 나타났다. 넷째, 공업화 이전과 비교하여 현재의 도시생활의 질에 대한 평가에 대해서는 매우 긍정적으로 평가하였다. 다섯째, 동광양지역 주민들은 향후 계속해서 거주하기를 선호하였고, 지역사회의 정주성을 제고시키기 위해서는 지역 내 교육시설의 확충을 통해 양질의 교육 서비스를 제공해야 하는 것이 주요 과제로 부각되었다.

한편 광양지역의 변화를 선도한 주요 동인으로 기능한 광양제철소 및 제철소가 추진하고 있는 지역협력사업에 대한 광양시민들의 인식과 태도를 분석하였다.

대부분의 광양시민들은 광양제철의 건설이 지역발전에 많은 경제적 파급효과를 제공하였다고 평가하였다. 구체적으로는 이 지역주민들의 소득 향상 및 지역발전에 대단히 긍정적 효과를 제공했다고 평가하였다. 광양시민들은 주민소득 증대나 광양지역에 대한 대외홍보 면에서 광양제철소의 기여효과가 큰 것으로 평가하였다.

그러나 지역주민들은 광양제철소가 지금까지 수행해 온 다양한 지역협력사업에 대해서 일관성을 갖고 지속적으로 수행해 왔는지 여부, 사업의 직접적인 수혜 여부, 사업 수혜대상 범위의 포괄성에 따라 상당한 만족도 차이를 나타냈다. 지금까지 수행해 온 다양한 지역협력사업에 대한 평가는 상당히 긍정적이고 우호적으로 나타났다. 그렇지만 일부 지역주민들의 불만과 부정적 인식은 환경 및 교통 문제에 대한 미온적 대응, 지역민 고용 배려 미흡, 직원들의 배타성과 우월의식, 단지 및 시설의 폐쇄성, 광양지역에 대한 지원 미흡, 협력사업의 내용선정이나 추진과정에서 지역민의 참여 배제 등과 관련된 것으로 밝혀졌다. 이러한 주민들의 부정적인 인식과 태도는 사실과 달리 왜곡된 정보에 의거하여 주관적으로 판단된 결과이며, 이는 제철소 스스로의 홍보 미흡과 지역협력 활동에 대한 지역민들의 인식과 이해부족에 기인한 것으로 보인다.

결론적으로 광양제철소의 입지가 지역발전에 미친 효과를 적극적으로 홍보하여 광양제철소에 대한 지역주민의 인식과 태도를 전환시켜야 한다. 특히 광양제철소의 경영활동, 지역협력사업의 성과, 지역발전에 미친 제철소의 기여도 등에 대한 종합적인 성과와 객관화된 자료를 지역주민들에게 적극적으로 제시한다면, 부정적 인식에 따른 편견과 불만이 상당 부분 해소되어 많은 지역민들이 광양제철소에 대해 긍정적인 평가를 하게 될 것으로 판단된다.

4부

광양만권 발전을 위한 과제

제12장

광양만권 발전 잠재력과 비전

광양만권은 한반도의 최남단인 남해안에 위치해 있기 때문에 육상·해상·항공 교통에서 결절의 위치를 확보하고 있고, 해양지향적 공간구조에서 환동해권과 환황해권을 연결하는 중간 지점이라는 위치적 속성을 갖고 있다. 또한 광양만권은 석유화학, 철강 관련산업의 클러스터 형성이 용이하고, 광양컨테이너부두를 보유하고 있기 때문에 물류기반도 확보하고 있다. 뿐만 아니라 광양만권의 일부 구역이 광양만권 경제자유구역으로 지정되어 있고, 향후 제조업·물류·관광 관련 외국의 기업과 자본의 유치가 활발해지면 우리나라의 대표적인 신산업지대로 기능을 수행하게 될 것이다.

따라서 광양만권이 확보하고 있는 공업·물류 관련 인프라를 바탕으로 국내외의 자본과 기업의 유치가 원활하게 진행된다면 광양만권은 우리나라는 물론이고 향후 등장할 동북아 경제권에서 중요한 경제공간(economic space)으로 기능할 많은 잠재력을 보유하고 있다. 이 장에서는 광양만권이 가지고 있는 발전 잠재력을 평가해 보고, 이를 바탕으로 광양만권 개발의 비전을 설정해 보려고 한다.

1. 광양만권 발전 잠재력

1) 광양만권 주변지역의 여건 변화

(1) 동북아 경제권의 등장과 광양만권

현재 전개되고 있는 동북아 경제권은 우리나라를 비롯하여 북한, 일본, 중국, 대만, 홍콩 등의 국가로 구성되어 있다. 지역 내의 경제교류는 자본주의와 사회주의 경제권 간의 협력에 의해 이루어지고 있고, 주로 연안 해안 지역의 경제특구, 또는 개방특구를 통하여 해상 운송망을 매개로 상호 연계되어 있다. 동북아 경제권은 해상 운송로를 통하여 주로 교역이 이루어지고 있고, 역내 자본이동은 직접투자의 형태를 띠고 있으며, 현재는 한국, 일본, 홍콩, 대만 등에 의해 주도되고 있다.

이러한 상황에서 광양컨테이너부두가 조성·운영되고 있기 때문에 광양만권은 동북아시아의 새로운 물류 중심지로 기능할 가능성이 매우 높다. 광양만권은 대외적으로 일본의 연안도시, 러시아의 극동지역, 중국 연안지역의 경제특구와 지리적으로 인접해 있을 뿐만 아니라, 일본의 고베, 홍콩, 싱가포르 등 아시아의 주요 항구와 단일운송권을 유지할 수도 있다. 또한 환황해 운송권과 환동해 운송권이 통합되면, 해상운송과 내륙운송이 결합되어 동북아시아 단일운송체계로 발전할 수 있다.

따라서 광양컨테이너부두는 중국, 동남아시아, 태평양 연안의 도시들을 연결하는 동북아 경제권에서 물류 중심의 기능을 수행하여 광양만권의 물류·항만 관련산업의 활성화에 기여할 잠재력이 있다.

(2) 신산업지대 및 경제자유지역의 기능

광역 광양만의 산업구조는 주로 철강, 기계, 석유화학 등 장치형 산업이 공업활동의 주종을 이루고 있다. 하지만 최근 들어 전반적으로 산업구조가 조정되면서 지역의 산업구조 또한 첨단화·정보화의 방향으로 전환되고 있다.

광양만권의 산업구조가 고도화·첨단화되면, 기존의 철강, 화학 중심에서 자동차 산업을 비롯하여 조선, 항만 관련, 산업정밀화학, 컴퓨터, 조립금속, 항공 관련 첨단산업 등으로 전환될 수 있다. 그리고 광양만권은 임해 기간산업의 거점 기능을 수행할 우리나라의 대표적인 신산업지대로 성장할 잠재력도 확보하고 있다.

광양만권에는 광양제철 및 연관공단, 광양컨테이너부두, 율촌산단, 여수국가산업단지 등이 광양만을 중심으로 환형으로 배치되어 있고, 그 중간에 중소 규모의 공단들이 배치되어 하나의 산업 벨트를 형성하고 있다. 그리고 앞으로 기술 및 정보 집약적인 고부가가치산업 중심으로 지역의 산업구조가 재편되면, 서남권의 신산업지대로 기능할 잠재력이 매우 높은 지역이다. 또한 항만·공항·도로 등 기반시설이 양호하여 외국 자본을 유치하기 위한 경제자유지역으로 개발될 경우 동남아시아를 비롯한 외국의 많은 산업자본이 투자될 가능성이 매우 높은 지역이다.

그리고 광양컨테이너부두를 비롯하여 율촌지구, 광양지구, 신덕지구, 경남 하동지구, 여수 화양지구 등의 5개 지구가 광양만권 경제자역구역으로 지정되어 운영 중에 있다. 그리고 광양만권 경제자유구역에 외국의 물류, 정밀화학, 기계 등과 관련된 기업이 입주하게 되면, 광양만권은 우리나라의 신산업지역으로 발돋음할 수 있는 잠재력이 높은 권역이다.

(3) 남해안 경제권의 거점지역으로 기능

우리나라의 남해안에 위치한 광양만권은 부산과 목포를 연결하는 남해안의 지리적 중간 지점에 해당하여 향후 전개될 남해안 경제권에서 중심지 기능을 수행할 잠재력도 가지고 있다. 광양시·여수시·순천시를 포함한 광양만권은 장기적인 국토발전축에서 광주와 부산을 연결하는 서남부 신산업지대의 중심적 위치를 확보하고 있고, 고속도로·철도·항만·공항 등의 교통시설 및 공업단지 관련 하부구조를 가지고 있어 한반도 서남지역 경제권에서 중추적인 기능을 수행할 수 있는 여건을 충분히 갖추고 있는 것도 사실이다.

앞으로 광양만권을 중심으로 남북·동서 방향의 기간 교통망과 역내를 연결하는 광역 교통체계가 구축되면, 광양만권은 생산기능과 생활기능이 하나로 통합된 자족적인 경제권을 형성하게 될 것으로 예상된다. 또한 광양만권은 지역 내에서 도시성장에 필요한 최소요구치(threshold)를 충족시키고, 자체 수요를 창출할 수 있으며, 생산과 소비가 순환적으로 발생할 수 있는 넓은 보완구역을 지니고 있기 때문에 광양만권은 새로운 서남지역 경제권의 중핵지로서 기능을 수행할 잠재력이 매우 높다.

따라서 산업 벨트의 조성, 사회간접자본 시설의 확충, 거점도시권의 형성, 항만시설을 중심으로 한 중추적인 교역 기능의 확보 등으로 광양만권은 남해안의 새로운 경제적 거점지역으로 발전할 것으로 전망된다.

(4) 국제적인 컨벤션 및 정보도시의 출현

광양만권에 국제 상거래와 관련된 제품의 전시·판매를 비롯하여 화물의 보관·판매·분류·배송·가공 등을 바탕으로 중계수송과 재수출업이 입지하면 국제적인 교역 기능도 수행할 수 있다. 또한 광양만권 경제자유구역에 화물유통 산업뿐만 아니라 해외자본의 투자가 확대되고, 신기술의 이전으로 새로운 고용효과의 창출과 외화획득, 수출 경쟁력 증대 등이 나타나면, 광양만권은 지역경제 및 국가경제에 중요한 기능을 수행하는 공간으로 기능할 수 있다.

또한 지역도시의 세계화 전략에 의해 고도의 정보통신 기술을 바탕으로 정보의 생산과 처리, 축적, 가공, 중계 등의 능력을 구비한 텔레포트가 구축되어 권역 내 일부 도시는 정보도시(information city)의 기능을 수행할 가능성도 있다. 특히 구역이 활성화되면, 이 지역에서 국제금융 거래를 전담하는 금융기관, 금융 서비스업, 금융 정보업, 법률 및 회계사무소 등의 활동도 활발하게 이루어질 수 있다.

(5) 광양만권의 기능적 통합과 연담도시권 출현

오늘날에는 도시화율의 증가로 도시지역의 경계가 외연적으로 확대되어 도시 간 지리적·기능적 연결성이 점차 증대되고 있으며, 광양만권 또한 그러한 유형에 해당한다. 특히 광양만권의 인구는 지역의 공업화와 도시화로 인해 외부에서 들어오는 전입인구가 꾸준히 증가하고 있고, 광양만권 개발사업이 활성화되고, 경제자유구역에 외국계 자본과 기업이 유치되면, 향후 권역의 인구가 지속적으로 증가할 잠재력이 있다.

이러한 도시인구의 증가는 광양만권 도시들의 연담도시화(conurbation)를 형성시킬 가능성이 매우 높다. 진주시-하동읍-광양시-광양읍-순천시-율촌산단-신도시-구여천시-여수시 등의 도시화가 진전되고, 이들 도시 간의 연계성이 확대되면서 시가지의 연담화가 이루어질 것으로 전망된다.

광양만권에 환형의 대도시권이 형성되면, 대규모 문화시설의 공동이용뿐만 아니라 상업시설, 교육시설, 각종 도시적 편의시설에 대한 광역적 이용이 가능해지기 때문에 대도시 생활권에서는 새로운 도시문화가 형성될 것이다. 특히 광양만을 중심으로 환형 대도시권(metropolitan area)이 형성되면, 권역 내에서는 서비스 중심의 산업구조, 국제업무 기능의 증가, 사무자동화 및 정보통신 기능의 고도화, 국제교류와 관련된 컨벤션 기능의 강화 등이 가시화될 것이다.

이러한 대도시 중추관리 기능의 수요 증대는 기존의 도시체계 및 도시의 내부 구조를 변화시켜 공업 기능, 항만 기능, 주거 기능, 상업 기능, 리조트 및 휴양 기능 등으로 기능 분화가 뚜렷이 나타날 것이다. 그리고 이런 연담도시권은 필연적으로 광양만권 지자체가 가진 기능 간 통합과 행정적 통합을 가속화시킬 것으로 예상된다.

(6) 워터프런트와 산악권이 연계된 새로운 관광·위락 벨트의 조성

우리나라의 최남단인 남해안에 위치한 광양만권은 기후가 매우 온화하며, 인근에는 지리산과 조계산을 비롯한 수려한 산악경관과 다도해의 해상경관을 보유한 관광의 보고이다. 또한 이 지역은 일본 규슈 및 중국 상해지역과 지리적으로 가깝기 때문에 일본과 중국으로부터 많은 관광객이 들어와 자유로운 관광활동을 할 수 있으며, 동북아시아 지역의 새로운 해상 관광거점으로 부상하게 될 잠재력 또한 갖고 있다. 비록 2010년에 여수 세계박람회 유치 프로젝트는 중국 상해와 경쟁해서 실패했지만, 현재 2012년 여수 세계박람회의 재유치를 국가계획으로 확정하여 현재 노력하고 있다. 그리고 여수지역을 비롯한 고흥-광양-남해-삼천포로 이어지는 지역의 통합적 관광개발을 통해 관광산업이 지역의 새로운 기반산업으로 성장하게 될 가능성도 매우 높다.

특히 도서 및 해안지역에서는 도시민을 위한 친수 공간의 조성, 소규모 마리나(marina) 시설 조성, 해양박물관 및 수족관의 건립, 위락 및 리조트랜드의 분산 배치 등 워터프런트(waterfront)를 적극적으로 개발할 수 있다. 세계관광의 성장, 관광 및 여가시간의 확대, 해양관광에 대한 선호도 증대 등으로 광양만권은 국제적인 해상관광 및 리조트 지역으로 성장할 수 있는 잠재력이 있고, 2012년 여수 세계박람회가 개최된다면 광양만권에는 국제적인 경쟁력을 갖춘 새로운 해양도시가 출현할 가능성도 있다.

2) 광양만권 발전 잠재력

(1) 환태평양으로 열려 있는 지정학적 위치성

21세기에는 국제적인 물류이동이 주로 해양을 통해서 이루어질 것으로 예상되기 때문에 해양의 중요성을 강조하는 신해양 시대가 전개될 것으로 전망된다. 한반도는 지정학적으로 볼 때, 대륙과 해양문화를 접목시키는 관문으로 기능을 해왔고, 그 기능은 삼면이 바다인 우리나라에서는 주로 황해안과 남해안에 위치한 해안 및 항구지역이 담당해 왔다.

게다가 신해양시대에 대비한 우리나라의 국토개발 방향이 'U'자형(신의주-목포-나진선봉지구)으로 전환되고 있고, 해양지향적 차원에서 황해안· 남해안· 동해안 개발 벨트가 등장하고 있다.

이러한 해양지향적 'U'자형 개발 벨트에서 중앙적 위치성을 확보하고 있는 곳이 바로 남해안개발 벨트(목포-광양-부산)이다. 그리고 해양지향적 'U'자형 개발 벨트의 중앙지점에 위치하여 태평양 연안의 국가들과 전략적 관문(strategic gateway)으로 기능할 잠재력을 확보하고 있는 곳이 바로 광양만권이며, 이것이 동북아시아와 환태평양으로 열려 있는 광양만권의 지정학적 위치성이라 할 수 있다.

(2) 동북아시아 물류도시로 성장할 수 있는 컨테이너항

광양컨테이너항은 항구 발달에 유리한 천혜의 자연적 조건을 지니고 있는 양항이다. 주변의 섬과 산이 자연방파제 역할을 하여 태풍·해일 등 자연재해에 안전하며, 항로수심 평균 22m로 대형선박이 입·출항하는 데 용이하다. 그리고 남해의 난류에 영향을 받아 양호한 기상조건으로 4계절 내내 선적 작업이 가능한 것도 특징이다.

광양항은 동북아 컨테이너 간선항로상에 위치하여 동북아시아 각국으로 환적화물을 수송할 수 있는 최적지가 되고 있다. 특히 광양만권은 상해· 청도· 천진· 고베 등 주요 경쟁 항만과 인구 100만 명 이상이 되는 도시 51개가 반경 1,200㎞ 이내에 위치하고 있는 동북아시아의 지정학적 중심지에 위치해 있다. 또한 유럽-아시아-북미를 연결하는 세계 주 간선항로상에서 환적항으로서 최적의 지리적 여건을 갖추고 있다.

따라서 광양항이 지니고 있는 지정학적 위치성을 고려하면, 광양컨테이너항이 위치한 광양만권은 다가오는 환태평양시대에 국제적인 무역 전진기지로 발전함과 동시에 동북아 경제권에서 중심항만의 기능을 담당할 수 있는 무한한 발전 잠재력도 확보하고 있다.

(3) 철강과 화학산업을 기반으로 한 공업 인프라

1987년 광양제철소의 준공으로 광양시를 포함한 광양만권은 우리나라의 대표적인 철강공업 중심지역으로 등장하였으며, 철강 관련산업활동은 광양만권의 경제구조에서 중요한 역할을 수행하고 있다. 특히 제철공업은 지역 내에 미치는 경제적 파급효과가 매우 크며, 광양제철소의 입지로 인하여 광양만권은 공업 발전에 필요한 인프라를 확보하고 있다.

그리고 조강생산 능력 세계 1위의 광양제철소와 여수석유화학단지, 율촌산업단지가 산업 벨트로 연결되어 있고, 상호 유기적인 협조체계를 구축하면서 철강-석유화학 등 산업 클러스터가 형성되어 있다. 이러한 공업 인프라의 확충은 지역발전에서 가장 중요하고 많은 부가가치를 창출하는 2차 산업을 견인할 수 있는 계기가 되었고, 이러한 지역경제적 특성은 광양만권의 지속적인 성장과 발전에 크게 기여할 것으로 예상된다.

(4) 서남권과 동남권 경제의 중간적 위치성

우리나라의 산업화 과정에서 나타난 영·호남 간의 차별적 성장을 해소시킬 수 있는 유리한 위치성을 확보하고 있는 권역이 광양만권이다. 우리나라의 동서 지역 간 갈등을 해소하기 위해서는 지역 간 협력체계의 구축과 함께 낙후지역의 공동개발이 필요한데, 이를 위한 개발 적지가 광양만권이다. 그러므로 부산 중심의 동남권과 목포 중심의 서남권 경제의 중간적 위치성을 차지하고 있는 광양만권은 앞으로 산업 기능과 고차의 도시기능, 그리고 관광·레저의 기능을 확보하게 되면, 남해안 경제권의 중심지로 부상할 잠재력을 가지고 있다.

(5) 쾌적하고 수려한 자연환경이 확보한 정주공간

광양만권은 백운산과 섬진강을 비롯하여 수려한 자연경관을 확보하고 있다. 백운산 주변을 중심으로 분포하는 쾌적한 자연환경은 전원적 정주공간을 제공하여 도시의 경쟁력을 제고시킬 것이다. 그리고 300여 개의 유·무인도가 펼쳐져 있는 한려해상국립공원과 다도해해상국립공원, 백운산, 조계산 등 천혜의 자연적 관광자원이 다수 분포하고 있다. 따라서 광양만권이 보유하고 있는 쾌적하고 수려한 자연환경은 주민에게 양호한 정주공간을 제공하여 21세기 지역성장을 더욱 가속화시키는 요인이 될 것이고, 이는 광양만권 발전에 긍정적 효과를 제공할 잠재력이다.

2. 광양만권 개발 비전

이 절에서는 우리나라의 대표적인 신산업지역으로서, 확고한 공업 및 항만 인프라를 바탕으로 남해안의 성장거점, 그리고 동북아시아의 새로운 물류 및 산업 공간으로 등장할 잠재력이 있는 광양만권의 장기적인 개발 비전을 동북아 경제권 차원, 국토 공간적 차원, 그리고 광양만권 중심의 지역적 차원으로 구분하여 살펴보려고 한다.

1) 동북아 경제권 차원

(1) 동북아 경제 중심을 실현할 거점지역

세계경제의 확대와 급격하게 재편되고 있는 동북아 경제권에서 우리나라의 국가경쟁력을 제고시키고, 지속적인 한국경제의 발전을 도모하기 위해서는 새롭게 부상하는 동북아 경제권에서 거점지역을 집중 육성할 필요가 있다. 거점지역의 육성은 우리나라가 동북아시아에서 경제 중심의 역할을 수행하는 데 매우 중요하기 때문이다.

지난 2004년 광양만권의 일부 지역이 경제자유구역으로 지정·개발되었고 항만시설도 확보하고 있으며 제조업 관련 인프라도 갖추고 있기 때문에 동북아 경제권에서 주도적인 역할을 수행할 수 있는 여건을 확보하였다. 따라서 향후 광양만권 경제자유구역에 국내외의 자본이 유치되면, 광양만권은 우리나라가 동북아 경제 중심 국가를 실현하는 데 중심적인 역할을 수행할 많은 잠재력이 있고, 실현이 가능한 지역이다.

(2) **동북아 경제권의 생산공간**(production space)

동북아 경제권이 세계경제에서 중요한 역할을 수행하고 있고, 중국경제의 급속한 성장으로 인해 동북아 경제권 내의 경제 중심이 일본에서 중국으로 이전되고 있다. 이런 여건에서 광양만권은 중국의 상해, 청도, 천진, 일본의 고베, 오사카, 러시아의 블라디보스토크 등 동북아 경제권의 주요 경쟁 도시들과 반경 1,000㎞ 이내의 거리를 유지하고 있어 동북아 경제권에서 유리한 지경학적 중심을 형성하고 있다.

광양만권은 한·중·일의 트라이앵글에서 중심지적 위치성을 확보하고 있을 뿐만 아니라, 광양항을 중심으로 활발한 해상 교역 및 물류활동이 행해지고 있어 동북아 경제권에서 매우 유리한 지경학적 위치에 있다. 또한 향후 우리나라의 경부선과 전라선이 중국횡단철도(TCR)와 러시아의 시베리아 철도(TSR) 등과 연결되는 '철의 실크로드' 시대가 열리면, 광양만권은 환황해권과 환동해권의 중간 지점에 위치하기 때문에 동북아의 새로운 물류, 교역의 중심지로 등장할 가능성이 매우 높은 지역이다.

또한 향후 논의가 진행될 한·중·일의 자유무역협정(FTA)이 체결되면, 광양만권이 동북아 경제권에서 차지하는 지리적·지경학적 위치성은 더욱 중요해질 것으로 전망된다. 왜냐하면 광양만권은 중국의 경제 중심지인 상해 지역, 일본의 규슈 및 오사카 지역과 최단거리로 연결되는 해상교통의 결절지역이다. 그리고 동북아 경제권에서 갖는 유리한 지경학적 위치성을 확보한 광양만권은 확고한 생산공간(production space) 기능을 수행해야 한다

(3) 동북아 물류의 중심기능을 수행하는 항만지역

정부가 추진한 양항(two-port)정책에 힘입어 광양컨테이너부두는 1997년 개항하였다. 그리고 1998년부터 취급물동량이 꾸준히 증가하고 있고, 2002년에는 31만 4,000TEU로 증가하여 중심 항만의 역할을 수행하고 있다. 그리고 광양항 개발이 예정대로 추진된다면, 동북아 경제권에서 광양항의 물류 기능은 더욱 강화될 것으로 전망된다. 왜냐하면 광양항은 지리적으로 반경 1,200㎞ 이내에 인구 100만에 달하는 50여 개의 주요 도시를 확보하고 있으며, 세계 최대의 무역항로인 중국-북미 항로상에 입지하여 다른 항만과 비교할 때 상대적으로 유리한 지리적 여건을 가지고 있다. 특히 이러한 위치적 장점은 환적화물의 수송비용을 절감하는 효과를 제공하고 있다.

따라서 광양항이 보유한 물류 인프라를 바탕으로 향후 세계의 생산공간으로 등장하고 있는 동북아 경제권에서 일정한 역할을 수행할 수 있으며, 특히 물류 기능은 관련산업 활성화에 기여하여 광양만권이 수행할 생산공간의 기능성을 제고시킬 것이다.

2) 국토 공간적 차원

(1) 낙후된 서남권 발전을 선도하는 성장거점

전남을 포함한 서남권은 농업을 중심으로 하는 경제적 특성 때문에, 전국에서 지역총생산액이 낮은 경제적 낙후지역에 속한다. 특히 전남의 경우, 매년 인구가 감소하여 지난 2004년에는 200만 명이 붕괴되었고, 전남 전체 인구의 14.1%가 65세 이상의 노령인구에 해당하기 때문에 지역발전을 주도할 새로운 성장 동력의 발굴과 육성이 시급한 과제이다.

이런 지역적 측면을 고려하면, 광양만권에는 석유화학 중심의 여수국가산업단지, 광양제철소, 광양컨테이너부두, 율촌 1산단 자유무역지역, 광양만권 경제자유구역 등이 분포하고 있기 때문에 상대적으로 낙후된 서남권의 발전을 주도할 잠재력과 여건은 이미 확보하고 있다. 그러므로 광양만권은 자유무역지역으로 지정된 목포 대불산단, 그리고 광주대도시권의 산업단지와 광역적 네트워크를 구축하여 서남권 지역발전을 촉진시키는 거점 역할을 수행해야 한다.

(2) 동서 화합 및 영·호남 상생발전을 주도하는 중심지역

경남 서부지역은 1차 산업의 비중이 34.9%로 전국 평균(8.4%)보다 4배 이상 높고, 인구유출로 지역발전의 잠재력이 약화되어 경남지역에서도 상대적 낙후도가 비교적 높다. 반면에 동부 전남은 전라남도에서 제조업 부가가치 생산액이 가장 높은 지역에 해당된다. 영·호남의 경계지역에 위치한 광양만권의 위치성을 고려하여 최근 정치권에서는 전남의 동부지역과 경남의 서부지역을 포괄하는 광양만권을 가칭 '지역화합발전특구'로 지정하여 영·호남의 상생발전을 도모해야 한다는 논의가 제기되고 있다(이정록, 2004). 그러므로 광양만권은 여수-광양-하동-진주-남해로 연결되는 영·호남의 광역적 연계개발이 가능하고, 이는 영·호남의 균형발전 및 동서 화합 추진에 긍정적 효과를 제공할 수 있다.

(3) 남해안 해상관광의 거점지역

한반도의 최남단에 위치한 남해안은 리아스식 해안의 독특한 해상경관과 연중 온화한 기후조건을 가지고 있고, 이런 자원성은 동북아 관광권에서 비교우위를 확보할 수 있는 자연적 조건이 된다. 그리고 일본 및 중국과 지리적으로 인접하여 국적을 초월한 해상관광 루트의 설정(일본-남해안-중국 동부 연안)이 가능하기 때문에 해양형 관광지 또는 동북아 거점 관광단지

로 성장할 수 있는 잠재력도 있다.

이런 지리적 여건을 바탕으로, 광양만권은 동북아 관광권에서 해양관광의 거점 및 중계기지로 성장할 수 있다. 만약 남해를 중심으로 동해와 서해의 해안과 도서를 연결하는 주유형 관광 루트가 개설되고, 러시아-일본-한국-중국 등지를 연결하는 초국적 해양관광 루트가 만들어지면, 광양만권이 가진 결절적(nodal) 위치성은 동북아 경제권은 물론이고 우리나라 해양관광에서 중요한 역할을 수행할 수 있을 것이다.

3) 광양만권과 관련된 지역적 차원

(1) 미래 전략산업의 클러스터 구축지역

광양만권은 우리나라의 대표적인 석유화학 및 철강산업 집적지로서 관련산업 간 연계성이 매우 높아 석유화학 및 제철산업의 클러스터가 형성되어 있고, 여수국가산업단지와 광양제철은 우리나라 소재산업의 중심지역으로 비교적 수준 높은 인적 자원을 보유하고 있다. 특히 광양만권에는 석유화학과 철강산업의 후방 연관산업을 적극적으로 유치하고, 관련 기업의 창업을 활성화시켜 지역 내 산업 연계의 고도화를 유도할 수 있는 장점을 보유하고 있다. 그래서 광양만권의 경제자유구역에 외국 자본의 투자로 항만 및 물류 관련산업, 정보통신산업, 그리고 각종 가공 및 조립 공업 등이 발달하여, 남해안의 첨단산업 중심지역으로 등장할 가능성도 있다.

또한 전술한 광양만권이 보유한 인프라를 기반으로 광양만권은 광주· 목포권, 전주· 군산· 장항권 등의 기업과 기능적으로 연계한 광역적 클러스터를 구축할 수도 있다. 그리고 진주와 광양-순천-여수로 연결되는 광양만권에 항공· 첨단 산업을 비롯하여, 철강, 조선, 중화학, 기계공업을 특화시키면 우리나라의 대표적인 신산업지역으로 성장할 수도 있다.

(2) 삶의 질이 향상된 광양만 대도시권

광양만권은 도시발전에 필요한 배후 부지를 다양하게 확보하고 있고, 섬진강과 백운산, 한려해상국립공원과 다도해해상국립공원 등 자연환경이 양호하여 정주도시로서의 기능성을 강화시킬 수 있다. 특히 양호한 정주환경을 바탕으로 광양만권이 활성화되고, 새로운 투자와 고용기회가 확대되면, 여수시, 순천시, 광양시 등은 인접한 하동군과 남해안을 포함하여 인구 100만 명 규모의 대도시권으로 성장하여, 남해안에서 중요한 기능을 수행할 수 있다.

실제로 광양만권에 면해 있는 여수시-순천시-광양시가 중심이 되어 경남의 하동군과 남해군을 광역적으로 연계하여 대도시권을 형성할 수 있고 연담도시권에서 광역계획 및 광역행정이 시행된다면, 단일 행정구역으로의 통합도 배제할 수 없다.

그리고 광양만권은 생산공간과 생활공간의 조화로운 배치와 도시 및 농촌 간의 균형발전을 통해 도시민의 삶의 질이 충만하고 산업, 교육, 의료, 관광 등의 기능이 복합된 정주도시로 성장할 수도 있다. 특히 경제자유구역의 활성화로 외국 유명대학의 분교와 의료기관 등이 입주하게 되어 교육 및 의료 환경이 개선되고 인구가 지속적으로 성장하면, 수려한 자연경관을 바탕으로 관광휴양도시로 성장할 수 있다.

3. 맺음말

광양만권은 세계화 시대에 환태평양 경제권의 중심지적 위치성을 확보함과 동시에 지역발전에 유리한 광양컨테이너부두, 여수국가산업단지, 광양제철소 등과 같은 항만과 산업시설을 보유하고 있기 때문에 앞으로의 성장 잠재력이 매우 많은 지역이다. 이러한 광양만권의 발전 잠재력을 적극적으로 활용하면 광양만권의 지속적인 발전은 물론이고, 동북아 경제권에서 생산 및 물류 공간으로 중요한 역할을 수행할 수 있다.

광양만권의 발전 잠재력을 살펴보면, 환태평양으로 열려 있는 지정학적 위치성으로 연안국 사이에서 전략적 관문 역할이 가능하다. 광양컨테이너항은 동북아시아 간선항로상에 위치하여 각국으로 환적화물을 수송하는 최적지로서 동북아시아의 물류 중심지 역할을 담당할 수 있다. 또한 광양제철소와 여수국가산업단지가 입지해 있기 때문에 철강-석유화학 등의 산업 클러스터 형성이 용이하고, 이러한 공업 인프라는 지역에 많은 부가가치를 창출하는 동인이 된다. 부산 중심의 서남권과 목포 중심의 동남권 경제의 중간적 위치성을 활용하여 영·호남의 갈등해소와 지역 간 협력체계를 구축할 수 있다. 뿐만 아니라 한려해상국립공원과 백운산, 조계산 등 천혜의 자연적 관광자원을 보유하여 광양만권 지역민들에게 양호한 정주공간을 제공할 수 있다.

전술한 발전 잠재력을 바탕으로 광양만권 개발 비전 또한 동북아 경제권 차원, 국토 공간적 차원, 지역적 차원으로 설정할 수 있다. 동북아 경제권 차원에서 보면, 광양만권은 한·중·일을 삼각 벨트로 연결시킬 수 있는 중심지적 위치에 있기 때문에 동북아 경제권에서 물류 중심지 및 생산공간의 역할을 수행할 수 있다. 국토 공간적 차원에서 보면, 광양만권은 낙후된 서남권의 발전을 주도하는 거점역할을 수행함과 동시에 영·호남의 경계지역에 위치하기 때문에 광역적 연계개발을 통해 영·호남의 균형발전과 동서화합에 기여할 수 있다. 또한 남해안 해상경관과 기후조건을 바탕으로 동북아시아 해양형 거점관광 기능도 수행할 수 있다.

마지막으로 지역적 차원에서 광양만권의 비전은 철강·석유화학 등 공업 인프라를 기반으로 미래 전략산업의 클러스터를 구축하여 우리나라의 대표적인 신산업지역으로 성장할 수 있고 광양만 대도시권을 구축할 수 있으며, 아름다운 자연경관을 활용하여 관광휴양도시의 기능도 수행할 수 있다.

제13장

광양만권 발전을 위한 과제와 전략

전술한 12장에 제시된 것과 같이, 광양만권은 우리나라의 대표적인 신산업지대로서 향후 동북아 경제권에서 중요한 생산공간과 물류거점으로 역할을 수행할 많은 잠재력을 가지고 있다.

따라서 앞으로 광양만권이 외국의 자본과 기업의 유치를 통해 우리나라의 경쟁력을 높이는 성장거점으로, 낙후된 서남권의 발전을 견인하는 선도지역으로, 영·호남의 상생발전을 도모하는 화합의 공간으로, 그리고 광양만권에 거주하는 지역주민에게 삶의 질이 보장된 생산 및 정주공간으로 기능하기 위해서는 효율적인 지역개발 전략의 수립과 시행이 전제되어야 한다. 이런 관점에서 이 장에서는 광양만권의 지속적인 발전을 위해 중앙정부와 지자체가 관심을 갖고 추진해야 할 주요 과제와 전략을 제시하려고 한다.

1. 광양만권 도시 간 기능분담과 특화전략

광양만권에 위치한 도시들은 향후 도시 연담화 현상에 의해 광양만을 중심으로 구축할 개연성이 매우 많다. 그러나 대도시권 형성에 따른 특정 도시 중심의 단핵의 도시체계보다는 여수시, 순천시, 광양시가 서로 광역적 네트워크를 형성함과 동시에 이들 도시가 각각 독립적으로 중핵적 기능을 담당하는 다핵의 공간구조를 구축하는 것이 매우 중요하다(박양호, 2002: 49-50). 따라서 광양만권의 3개 도시가 각각의 분야에서 중핵적 기능을 수행하도록 기능을 분담하고, 특화발전을 추진하는 전략을 수립·시행해야 한다. 이를 구체적으로 제시하면 다음과 같다.

1) 광양만권 도시의 여건과 현황

(1) 광양지역

광양지역에는 광양항 배후의 중마지구, 광영지구, 금호지구 등의 시가지와 광양읍 중심의 구시가지로 구성되어 있고, 물류 기능을 수행하는 광양항과 광양제철소, 공업단지 등의 산업시설이 위치해 있다. 공업단지로는 광양제철소 및 연관공단, 태인공단, 초남공단, 신금공단 등이 입지해 있지만, 이들 공단 간의 기능적·협력적 연계는 매우 낮은 실정이다.

또한 광양항 배후에는 신시가지가 조성되어 있고, 개발 가능한 부지가 분포하고 있지만, 배후단지의 개발이 지연되어 생산 및 물류 관련 시설의 입지는 전무한 실정이다. 광양지역의 구시가지인 광양읍은 순천시와 지리적으로 인접해 있고, 국도 2호선과 연결되어 있으며, 향후 광양만권의 발전에 따라 연담도시화가 가속화될 가능성이 매우 높다. 특히 광양읍을 비롯하여 용강지구와 덕례지구 등은 수려한 자연환경과 쾌적한 전원적 주거환경을 확보하고 있어 주거와 연구 관련 배후지원 기능을 수행할 수 있다. 광양읍의 덕례지구는 순천시·여수시와 지리적으로 인접하여 접근성이 비교적 양호하며, 넓은 가용부지의 확보가 용이하여 물류·유통 기능을 수행할 수 있는 입지적 장점이 있다.

(2) 순천지역

순천지역은 오랫동안 전남 동부지역에서 경제·사회·문화·지방행정의 중심지 역할을 수행하였고, 특히 광양만권의 배후 중심도시로서 주거, 교육, 상업, 서비스 등의 중심지적 기능을 수행하고 있다. 순천지역의 신시가지인 연향·금당지구는 광양과 여수를 연결하는 교통의 결절에 위치하고 대규모 택지개발에 의해 광양만권에서 주거지구로서 중심적 역할을 수행하고 있다. 그리고 광양만권의 개발 정도에 따라 인접한 오천·인월지구, 해룡면 대안·남가지구 등으로 도시의 교외화가 확산될 전망이다.

또한 순천지역의 인구 중에서 인접한 여수와 광양으로 통근하는 인구비율은 매우 높고, 앞으로도 순천시의 통근·통학권은 계속 확대될 것으로 전망된다. 순천지역에는 순천대학교를 비롯하여 전문대학이 많이 위치하여 광양만권의 교육 기능을 수행하고 있고, 향후 광양만권에 필요한 전문인력을 공급하는 기능을 담당할 수 있다. 전술한 순천지역의 기능은 광양만권에서 갖는 순천의 역할을 더욱 강화시킬 가능성이 많다.

(3) 여수지역

여수지역은 광양만권 공업화를 선도했던 석유화하 중심의 여수국가산업단지가 입지해 있고, 율촌산업단지의 건설로 공업단지의 개발이 매우 활발하게 진행되고 있으며 가막만과 한려수도는 해상경관이 수려하여 전국에서 많은 관광객이 방문하고 있다. 최근 해양관광·레저 인구가 증가함에 따라 지역의 자연적, 사회·문화적 관광자원을 바탕으로 해상관광의 중심지로 발돋움할 잠재력을 지닌 지역이다.

또한 여수지역은 국도 17호선을 비롯하여 남북 방향의 교통체계가 개선되고, 인접한 고흥군과 연륙·연도교 사업이 진행되면 여수지역의 접근성이 향상되어 전국의 많은 관광객을 유인할 수 있을 것으로 전망된다. 그렇지만 농촌, 어촌, 도시가 혼재한 도·농 통합형의 여수지역은 권역 내의 인구감소 비율이 비교적 높고, 경쟁관계에 있는 순천지역에 비해 교육· 상업· 서비스 등의 부문에서 경쟁력이 상대적으로 낮은 것이 특징이다.

(4) 지역 특징의 종합

광양만을 중심으로 환형으로 배치된 광양, 순천, 여수는 광역적 교통체계를 확충함으로써 도시 간 접근성이 매우 높아졌고, 이들 도시 간의 연담화가 진행되고 있어, 향후 도시 연담화에 따른 대도시권의 형성이 가능할 것으로 전망된다.

현재 순천시는 광양만권의 중심도시이면서 교통의 결절로서 주거, 교육, 문화, 상업, 금융 서비스 등 중추적인 도시기능을 수행하고 있고, 여수지역은 해양관광과 제조업 중심 기능을, 광양지역은 물류·유통·항만 지원기능을 수행하고 있다.

순천시·여수시·광양시는 현재 초기 단계의 연담도시권을 형성하고 있으며, 도시 간에 기능분화가 나타나고 있다. 그러나 향후에는 광역적 교통망 확충에 따라 광양만으로부터 동심원상의 기능분화가 나타날 것으로 예상된다. 광양만과 인접한 지역은 생산 및 물류 기능을 담당하는 공간으로, 기존의 시가지는 주거, 교육, 상업 기능의 공간으로, 그리고 이들 공간의 중간지대는 지원 및 서비스 기능을 수행하는 공간으로 분화되고, 기존 시가지의 배후에 위치한 농촌·취락지·산악·해안 등지는 농업· 관광 관련 기능을 수행하는 공간으로 특화될 것으로 전망된다.

2) 기본 방향

광양만으로부터 거리에 따라 생산공간, 지원 및 서비스 공간, 생활 중심의 정주공간, 그리고 농업· 관광· 레저 공간의 순서로 기능을 분담할 수 있도록 개발의 일관성과 방향성을 유지해야 한다. 그리고 연담화가 진행되는

〈표 13-1〉 광양만권 지역 간 기능배분과 특화산업

구 분	순천지역	광양지역	여수지역
현재 도시기능	·광양만의 중심도시 ·교육·문화 기능 ·상업·서비스 기능	·철강, 물류도시 ·제철, 물류 기능	·해양관광도시 ·석유화학 특화도시 ·제조업, 관광 기능
향후 도시기능	·광양만 중추관리 기능 ·교육, 인력양성 ·주거, 정보, 유통 ·지원 서비스	·항만물류 중심지 ·항만물류 유통 ·제철, IT, 전기전자 ·주거 지원 서비스	·해양관광의 중심지 ·신소재, 기계 제조업 ·항공물류, 관광, 레저
주요 육성산업	·교육·문화 산업 ·생산자 서비스 산업 ·유통·물류 산업 ·정보통신 산업	·항만물류 서비스 산업 ·금융, 보험산업 ·비철금속, 전기전자	·관광, 레저 산업 ·화학, 신소재산업 ·항공물류, 국제금융

순천·광양·여수 간의 접근성과 연계성을 강화하면서 동시에 도시 간 기능의 차별화를 통해 상생발전을 꾀할 수 있도록 기능분담을 추진하고, 현재의 도시기능과 경제자유구역의 효율성을 제고시킬 수 있는 기능, 지역 내의 산업구조 등을 고려하여 도시 간 기능을 배분하고 특화시키는 방향으로 지역정책이 전개되어야 한다(<표 13-1> 참조).

3) 도시별 기능분담 및 특화발전전략

(1) 순천시 특화발전전략

도시 연담화와 광역화가 진행 중인 광양만권에서 중추관리 기능을 수행하는 지역거점도시로 육성하고, 인접한 보성·고흥·구례 등의 하위도시에도 관련 서비스를 제공할 수 있도록 중심지 기능을 강화시킨다. 특히 교육, 문화, 상업 서비스, 공공업무, 주거기능 등을 강화하여 주변지역에 대한 배후지원기능을 원활하게 수행하도록 한다. 또한 주거·상업·연구 등 산업단지의 지원기능을 담당할 신덕지구가 도시기능을 수행할 수 있도록 서비스 기능을 제고시켜야 한다.

광양만권에서 향후 필요한 항만물류, 제조업, 정보통신, 기타 지원 서비스 부분에 대한 인력을 양성·배출하는 교육 기능을 강화시키기 위해 순천대학교를 중심으로 지역 대학이 상호협력· 연계 시스템을 구축한다. 그리고 지역 대학들이 지역 산업을 지원하기 위한 연구개발(R&D) 기능을 수행하도록 한다. 또한 순천지역에 교육· 문화 산업, 생산자 서비스 산업, 유통· 물류 산업, 정보통신 산업 등을 주요 육성산업으로 선정하여 이들 업종을 특화·발전시켜야 한다.

(2) 광양시 특화발전전략

국제적인 물류·항만·비즈니스 관련 기능의 특화 개발을 통해 광양만 경제자유구역의 활성화를 도모한다. 특히 물류· 유통 부문을 집중 육성하여 물류거점의 기능을 제고시킴과 동시에 농수산물 유통 기능도 강화시켜야 한다.

또한 광양항 배후단지의 개발과 제철, IT, 전기전자 등 고부가가치 제조업을 육성하여 조립금속, 전기전자 등 최첨단 산업의 생산공간으로 개발한다. 그리고 순천·신덕지구와 연계하여 광양읍의 용강과 덕례지구가 주거, 교육, 연구개발 등을 지원할 수 있도록 관련 서비스 기능을 강화해야 한다.

(3) 여수시 특화발전전략

광양만권 경제자유구역의 기능성을 제고하고 동시에 지역경제의 활성화를 위해 국제적인 해양관광· 레저 기능의 확보는 필수적이다. 그러므로 다도해해상국립공원과 연계가 가능한 여수반도의 가막만, 장수만 일대에 관광· 레저 시설을 집중 배치하여 해양관광· 휴양· 레포츠 단지로 기능하도록 유도해야 한다.

여수국가산업단지와 율촌산업단지, 율촌 1산단 자유무역지역을 중심으로 기계, 선박, 석유화학, 정밀화학, 신소재 등의 제조업 기능으로 특화시킨다. 그리고 광양만권 경제자유구역의 활성화를 고려하여 여수공항· 율촌

컨테이너부두 일대를 중심으로 항공물류, 국제금융 기능도 부여해야 한다.

2. 율촌 1산단 자유무역지역 활성화와 클러스터 구축전략

광양만권 공업화와 경제 활성화를 위한 선결과제는 다양하지만, 그중에서도 율촌산단의 활성화는 지역의 경제성장에 결정적인 영향을 미칠 것으로 예상된다. 율촌산단은 많은 고용효과를 창출할 기업의 입지가 현실적으로 가능한 공간이기 때문이다.

최근 지정된 율촌 1산단 자유무역지역은 석유화학·철강·기계·조선 등 기존 산업에서 정밀화학, 기계, 조립금속 등으로 산업구조가 다각화됨과 동시에 고도화되어 기존 산업 및 지식 기반산업의 고부가가치화가 진전될 가능성이 매우 높다.

율촌 1산단은 단순 소재생산에서 탈피하여 신소재, 조립금속, 정밀화학 등의 고부가가치산업으로의 전환이 용이하기 때문에 지역 산업의 첨단화가 가능하다. 특히 율촌 1산단 자유무역지역이 지정되었기 때문에 미래형 첨단산업과 관련된 기업이 입지하면, 율촌산단은 광양만권의 산업구조를 수출 및 고부가가치 위주로 개편시킬 수 있다. 또한 기존의 주력산업과 지식 기반 제조업이 클러스터를 구축하여 산업구조를 고도화시킬 수 있다. 그러므로 산업구조의 고도화를 위한 클러스터 구축전략이 필요한 과제이다(조상필·이정록·이철, 2005: 188-194).

1) 율촌 1산단 자유무역지역 활성화 전략

율촌 1산단이 자유무역지역으로 지정되었기 때문에 자유무역지역에 광양만권 산업구조와 관련된 제조업체의 유치는 매우 중요하고, 이는 광양만

〈표 13-2〉 **율촌 1산단 자유무역지역 입주가능 업종의 비교와 평가**

구분	A	B	C	D	E	F	종합 평가
·신소재, 정밀화학산업	◉	◉	◉	◉	◉	◉	1순위
·철강, 비금속광물, 조립금속	◉	◉	◉	◎	◉	◉	1순위
·기계산업	◎	◎	◉	◉	◎	◉	1순위
·조선산업	◎	○	◉	○	◉	◎	2순위
·에너지 산업	○	○	○	◎	◉	◉	2순위
·무역 관련 도매업 관련 업종	○	○	◎	○	◎	◎	3순위
·국제운송 주선, 국제선박 거래업	○	○	◎	○	◎	◎	3순위
·포장, 보수, 가공, 조립업	◎	◎	◉	◎	◎	◎	2순위
·선박의 수리, 정비, 조립업	◎	◎	◎	◎	◎	◎	2순위
·연료 및 물품 공급업	◎	○	◎	○	◎	◎	3순위
·보관·창고업, 냉장창고업	◎	◎	◎	◎	◎	◎	3순위
·부동산 및 개발·임대업	○	○	◎	○	◎	◎	3순위
·지원 서비스 관련 업종	○	○	○	○	◎	◎	3순위

자료: 광양만권경제자유구역청, 『율촌 제1산단 자유무역지역 신규지정 타당성 연구』, 2005, 134쪽.

주: A-지역 내 산업과의 연관성, B-산업 클러스터 구축 용이성, C-산업구조 고도화가 용이한 첨단업종, D-외국인 기업유치가 용이한 업종, D-지역경제 활성화에 대한 기여도, E-지역 내 개발계획과의 관련성.

◉ 매우 양호, ◎ 양호, ○ 보통.

권 공업화와 지역발전에 중요한 영향을 미칠 것으로 예상된다. 특히 자유무역지역의 활성화에서 가장 중요한 과제는 지역의 산업구조와 연관성에 있고, 장기적인 관점에서 성장산업에 해당하는 업종의 기업체와 공장을 유치하는 것이다.

율촌 1산단 자유무역지역에서 적극적으로 유치가 가능한 업종을 분석해 보면, 물류 관련산업보다 제조업이 입주하는 것이 자유무역지역 활성화에 크게 기여할 것으로 예상되며, 제조업 부문에서도 신소재, 정밀화학, 철강, 비금속광물, 조립금속, 기계산업 등이 상대적으로 높게 평가되었다.

그러므로 율촌 1산단 자유무역지역에서는 물류 관련 업종보다는 광양만권의 지역 산업과 관련성이 높고, 향후 산업 클러스터 구축이 용이하며, 지역 산업의 고도화를 촉진시킬 잠재력이 높은 철강, 비금속광물, 조립금속,

기계, 신소재, 정밀화학 등의 제조업을 1차적으로 입주시키는 것이 자유무역지역 활성화에 유리할 것으로 예상된다(<표 13-2> 참조).

또한 광양항과 관련하여 물류 관련 업종의 유치도 직접적으로 고려할 수 있지만, 전반적으로 물류 관련산업이 우선순위에서 2순위로 평가되었기 때문에, 단순히 보관과 관련된 물류업종보다는 포장, 보수, 가공, 조립 등의 복합물류 관련 업종이 우선적으로 입주할 수 있도록 유도해야 한다. 그리고 광양제철소와 현대하이스코 등의 기업과 관련된 업종, 여수국가산업단지의 석유화학 계열 공장의 관련성을 고려해야 하지만, 광양만권에서 시행되고 있는 중소 규모의 산단에 배치될 업종 등도 종합적으로 고려하여 입주업종을 결정하고, 유치하는 것이 바람직하다.

2) 조선산업 클러스터 구축전략

조선산업이 갖는 입지적 특성인 넓은 부지의 확보와 소재가 되는 철강산업과의 연계성을 고려하면, 광양만권은 조선산업 클러스터를 구축할 입지조건을 확보하고 있다. 그리고 지방정부와 조선산업의 육성에 적극적인 관심을 가지고 투자하고 있기 때문에, 광양만권이 조선산업의 거점 생산지 역할을 수행할 수도 있다.

조선산업의 주요 부품의 원료는 철강인데, 광양제철소와 현대하이스코 등 지역 내의 업체에서 우수한 자재를 쉽게 공급할 수 있다. 뿐만 아니라 광양항은 정기선의 취항과 환적화물의 처리로 국제물류항으로 성장할 가능성이 많기 때문에 선박의 건조와 수리업을 육성시킬 여건이 된다. 특히 여수지역을 중심으로 소형 조선업체들과 조선기자재업체들이 조합을 구성하고 협동화되어 있어서 조선산업 전문단지로 성장할 수 있는 토대가 마련되었다.

또한 광양제철소, 여수국가산업단지, 여천석유화학단지, 율촌산업단지 등이 산업 벨트로 연결되어 있어 상호협조 체제를 구축하는 데 용이하다.

〈표 13-3〉 조선산업 클러스터 구축에 따른 생산·고용유발효과

(단위: 명)

구분		2004~2010	2011~2015	2016~2020	2021~2025	합계
클러스터 구축효과	생산유발	7,874	4,648	4,293	4,322	21,137
	고용유발	6,858	5,596	5,475	5,512	23,441
조선생산 증가효과	생산유발	900	2,557	2,780	2,983	9,220
	고용유발	1,111	3,154	3,429	3,678	11,372
합계	생산유발	7,969	8,750	8,904	9,190	35,813
	고용유발	8,774	7,205	7,073	7,305	30,357

자료: 국가균형발전위원회, 『광양만권 산업발전을 위한 혁신클러스터 구축방안 연구』, 2004, 931쪽.

그러므로 부산 중심의 동남권과 차별되는 중소형 조선소를 유치하여 전후방 산업의 연계를 꾀할 수 있고, 특히 광양만권에 입주하고 있는 산업단지의 특성과 원자재·부품·제조품과도 일치되어 조선산업 클러스터의 구축이 용이하다.

이런 측면에서 율촌 1산단에 조선 관련 기업을 유치하여 조선산업 클러스터를 구축하게 되면, 광양만권에서 발생하는 생산유발효과는 약 3조 357억 원에 이를 것으로 추정되고, 특히 클러스터 구축 시 직접투자(인프라 구축, 조선소 및 기자재 업체 입지, R&D 센터 설립 및 운영)에 의한 생산유발효과는 2025년까지 약 2조 1,137억 원에 이를 것으로 추정된다. 그리고 조선산업 클러스터 구축에 따른 관련 전후방 산업에 대한 고용유발효과는 약 3만 4,813명으로 추정되며, 클러스터 구축 시 직접투자에 의한 고용유발은 2025년까지 약 2만 3,411명에 이를 것으로 추정된다. 게다가 조선 및 기자재 업체의 입지에 따른 조선산업의 생산증가로 발생할 고용유발효과는 2025년까지 약 1만 1,372명에 이를 것으로 추정되며, 직접투자의 경우 2010년까지의 효과가 클 것으로 예측되었다(<표 13-3> 참조).

따라서 율촌 1산단을 중심으로 중소형 선박을 건조하는 조선소가 유치

되면, 광양제철과 관련된 철광산업과 기능적으로 연계되고, 지역 내에 입지한 중소형 조선소들이 상호협력체제를 이루어 조선산업의 클러스터를 구축할 수 있을 것이다. 결과적으로 조선산업 클러스터 구축전략은 광양만권의 제조업의 활성화와 고용성장에 결정적인 파급효과를 제공하게 될 것으로 전망된다.

3) 항만 관련산업 클러스터 구축전략

광양만권에는 광양컨테이너부두 배후단지와 율촌 1산단 자유무역지역을 중심으로 항만 및 물류 관련 기업들을 유치하여 항만 관련 클러스터를 구축할 기반과 여건을 확보하고 있다. 유치 가능한 업종으로는 해운·항만업, 화물처리산업, 장비공급업, 항만 관련 제조업 등을 고려할 수 있다.

항만 관련 클러스터 구축전략은 지역고용의 증가, 관련산업에 인력을 공급하는 교육·훈련 기관의 설립, 광양항의 기능 활성화, 광양만권 경제자유구역의 활성화 등에 커다란 기여를 하게 될 것이다. 특히 항만 관련 클러스터의 구축전략은 조선산업 클러스터의 활성화에 기여할 뿐만 아니라 광양만권이 동북아 물류거점으로 부상하는 데 결정적인 역할을 할 것이다.

4) 신소재산업 클러스터 구축전략

광양만권의 산업구조를 고려해 볼 때, 광양만권은 부품 및 소재 산업의 집적 가능성이 많고, 이를 바탕으로 신소재산업 클러스터 구축이 가능한 지역이다. 특히 최근 전라남도가 수립한 '지역 산업 클러스터 진흥 기본계획'에 따르면, 기존 소재 관련산업의 고도화를 위하여 전략산업으로 신소재산업을 포함하여 철강 및 화학 산업과 연관성이 높은 자동차, 우주·항공, 정보통신산업 등의 신소재산업을 집중 육성하려고 추진 중에 있다.

이와 관련하여 전라남도에서는 지역 산업 진흥계획의 일환으로 율촌산단을 중심으로 '전남 신소재 기술산업 지원 센터의 특화사업'을 추진하고, 신금속 및 파인세라믹스 분야의 특화사업, 차세대 성장 동력 산업인 정밀화학과 PDP 및 LED용 무기소재 개발사업, 미래형 친환경 자동차기술 사업 등을 육성하려고 계획 중이다. 광양만권의 경우 율촌산단을 관련 생산의 거점으로 순천대 금속연구소, 철강소재 공정기술기반 구축사업 센터, 나노기술 센터를 비롯하여 광양제철 기술연구소 등과 공동으로 고기능성 신금속 소재 기술의 산업화를 도모하기에 비교적 유리한 여건이다.

율촌산단은 기존의 철강산업과 경량금속 산업, 파인세라믹스 산업, 고분자산업, 표면처리 산업 등 후방 산업 육성을 위해 전남 테크노파크, 전남전략산업기획단, 신소재 지원 센터, 지역 내 산재된 대학의 기술·연구 센터 등과 유기적인 산·학·연·관 협조체계의 구축이 용이하다. 그리고 광양제철소를 중심으로 한 철강산업, 여수산업단지를 중심으로 한 화학·고분자산업, 세라믹스 산업 등의 신소재산업을 집중 육성할 수 있는 조건이 충족되어 있는 상황이다.

이런 배경에서 율촌산단은 부품·소재 산업 집적지로서 경쟁 산업단지들에 비해 매력도가 매우 높다. 부품·소재의 각 부문별 세계 수요가 지속적으로 늘고 있고, 중국의 자본재 수요 급증이 예상되기 때문에 율촌산단의 여건으로 보아 부품·소재 산업이 집적할 가능성이 매우 높다.

그러므로 광양만권은 율촌산단을 중심으로 신소재산업의 클러스터 구축이 가능하고, 지역 내 혁신역량 및 기술축적 여건이 매우 양호하기 때문에, 국내외 관련 기업의 유치를 통해 파인세라믹스, 신금속 등의 신소재 부문의 혁신거점으로 육성시켜야 한다. 동시에 기존의 금속, 비금속, 화학 관련 업체를 고부가가치화하고 신소재 생산거점으로 육성시킬 전략도 수립해야 한다.

3. 광양만권 경제자유구역 활성화 전략

광양만권 경제자유구역은 우리나라를 동북아 비즈니스의 중심지로 육성하기 위한 실천전략의 일환으로 인천 및 부산·진해와 함께 2003년 10월에 지정·고시되었고, 구역을 관리하는 광양만권 경제자유구역청이 지난 2004년 3월 개청하였다. 광양만권 3개 도시와 경남 하동군 일부 지역을 개발구역으로 하는 광양만권 경제자유구역은 광양만권의 지속적인 발전을 결정하는 중요한 동인이자, 향후 지역성장을 주도할 성장 동력이다. 그러므로 경제자유구역의 활성화 전략을 제시하면 다음과 같다(계기석, 2005: 1-27).

1) 광양만권 경제자유구역의 문제점

광양만권 경제자유구역의 문제점으로는 첫째, 기존 산업의 지역적 파급효과가 미흡하다. 광양만권의 기반산업을 구성해 왔던 철강산업과 석유화학산업은 자본집약형 장치산업의 특성 때문에 지역고용 및 관련산업의 지속적 확대를 포함한 지역 내의 파급효과가 비교적 크지 않고, 고립적인 산업구조를 형성하고 있다. 광양만권 산업구조의 속성 때문에 현재의 산업구조만으로 경제자유구역 내에 관련 기업을 유치하고 물동량의 추가적인 확대를 꾀하는 데는 일정한 한계가 있다.

둘째, 광양만권 공업발달을 주도할 선도사업의 부진으로 새로운 기업과 공장을 유치하는 작업이 계속해서 지연되는 악순환이 지속되고 있다. 광양만권의 선도사업 중에서 생산기능을 수행하는 율촌 1산단과 지원기능을 수행하는 신대지구의 사업추진이 부진한 실정이다. 이러한 이유는 율촌산단의 비싼 임대료 때문에 잠재적인 투자자들이 산단에 입주하는 것을 기피하고 있으며 사업추진 주체의 재정여건이 취약하기 때문에 대행 기업이 의

욕을 상실하여 사업이 장기간 방치되었기 때문이다. 또한 최근의 글로벌 물류기업은 가공과 조립을 병행하는 추세이지만, 광양항의 배후 부지에 연관단지가 조성되지 않아 물류기업의 유치가 지연되고 있는 상황이다. 이런 지역여건 때문에 연관산업의 집적 저조, 지역 내(local) 물동량 창출의 미흡, 항만 경쟁력 약화, 항만·배후단지·교통망 등을 연결하는 물류 인프라의 미확충 등이 누적적 악순환 과정을 지속시키고 있다.

셋째, 수도권 컨테이너 화물의 광양항 이용률이 매우 저조하다. 광양항과 수도권을 연결하는 배후 수송망(전라선 단선 운영, 전주-광양 간 고속도로 미개통 등)이 구축되어 있지 않고, 구역 내 교통망(여수산단 진입도로 미비 등) 확충이 미흡하고, 구역 내 교통 혼잡구간(여수-순천 간 국도 17호선, 광양-순천 간 경전선 철도)이 있기 때문에 수도권 화물의 광양만 이용은 매우 저조하다. 또한 광양항 배후 부지에 선원 휴양시설이나 국제 비즈니스 센터 등이 마련되지 않은 것도 광양항을 이용하는 물동량이 저조한 원인이 되고 있다.

넷째, 외국 자본이 광양만권에 투자될 여건과 생활환경이 열악하고, 외국인과 기업을 위한 행정 서비스 지원체계도 부족하다. 광양만권의 2003년 외국인 투자액은 약 1,389만 달러이며 외국인 거주자는 약 1,222명에 달하지만, 외국인을 위한 생활환경이 매우 열악한 실정이다. 그리고 외국기업의 유치를 위한 인·허가 기능 분산, 외국어 서비스의 취약성 등도 주요 문제점이다. 또한 개발사업의 인·허가 의제 처리가 원만하지 않은 점을 지적할 수 있다. 다른 법률에 의한 개발계획에 우선하여, 경제자유구역법 제11조의 규정에 따라 37개 법률의 인·허가 등 의제사항을 처리하여 경제자유구역의 운영 효율화를 꾀할 수 있도록 법률 개정 작업도 필요하다.

2) 광양만권 경제자유구역 활성화의 과제

광양만권 경제자유구역의 활성화를 위한 기본 방향으로는 구역 활성화를 선도할 수 있는 산업과 기능의 집중적 육성, 광양만권의 접근성 향상을 위한 기반시설의 지속적 확충, 광양만권에 대한 적극적인 장소 마케팅을 통한 인지도 향상과 외국 자본 유치, 정부의 강력한 지원과 지자체 간 협동 체계 확립 등이 전제되어야 한다.

이런 측면에서 활성화 방향을 제시하면, 첫째, 전략적 투자유치 산업의 선정과 정책적 지원이 필요하다. 미래성장산업 육성, 지역발전 파급효과 등을 고려하여 지원대상을 선정하고, 지원하는 시스템이 만들어져야 한다. 즉 광양지구는 국제항만물류거점으로, 광양제철 CTS 유통기지와 율촌지구는 신소재 및 첨단산업 생산기지로 화양지구는 해양관광 레저의 거점으로 집중 지원해야 한다.

둘째, 광양항을 종합물류의 거점항으로 육성한다. 이를 위해서는 국내외 화물과 선사를 적극 유치하여 광양항의 활성화를 도모해야 한다. 따라서 광양항을 활용하여 물류를 선도하는 선사, 프레이트포워딩 업체, 유통업체, 중계무역업체의 유치를 위해 이들 기업에게 각종 인센티브를 제공해야 한다. 투자유치 전략분야로 국제물류 관련 기업, 한·중·일 무역물류 연계 기능 강화, 일본과 중국 시장을 대상으로 한 공략의 전진기지화 등에도 관심을 가져야 한다. 또한 광양항 컨테이너부두 활성화를 위해 항만시설 사용료의 장기간 면제, 공 컨테이너에 대한 하역료 감면, 화물주에 대한 인센티브제 도입, 해외 마케팅 활동 강화 등을 포함한 화주에 대한 인센티브 확대를 적극 시행해야 한다.

셋째, 적극적인 투자유치 전략의 수립과 추진이다. 구체적인 시책으로 투자자의 철저한 사전분석과 맞춤형 개별 상담 실시, 선도산업인 철강 및 석유화학 연관산업의 집중 유치, 광양만권의 입지 매력도 증진과 정체성 확립, 외국인 기업을 위한 비즈니스 환경 개선 등에 관심을 가져야 한다.

넷째, 배후의 수송체계와 정보 관련 인프라의 구축이 필요하다. 국내외 기업과 자본의 투자유치를 원활하게 하기 위하여 도로, 철도, 항만 등 사회간접자본(SOC)을 조기에 확충하는 것이 필요하다. 구체적인 사업으로는 광양-구례-전주 간 고속도로를 조기에 완공하고, 장기적으로 남북철도의 연계와 중국횡단철도, 시베리아 철도, 몽골 횡단철도와 연계된 광양만권 배후 수송체계가 확립되어야 한다. 그리고 유비쿼터스 도시를 목표로 통신 인프라도 구축하고, 유무선망 단말기 등을 네트워크화하며 항만관리·무역·경제자유구역 관련 민원 서비스의 원스톱(one-stop)화가 가능한 정보 인프라를 구축해야 한다.

다섯째, 개발사업 시행 시 의제처리 및 적극적인 지역 마케팅 전략을 추진해야 한다. 광양항과 광양만권의 강점을 집중적으로 홍보하고, 지역발전의 비전을 제시해야 한다. 이를 위해 최적의 투자환경 조성, 국가 이미지 홍보를 위한 전문조직의 동원, 세계적인 투자자문 컨설팅 회사와의 네트워크 활용 등도 고려할 수 있다.

여섯째, 교육과 의료를 포함한 정주환경 조성이 선행되어야 한다. 외국의 교육기관을 설립할 수 있는 외국학교 법인의 자격, 외국 교육기관의 승인조건 등 교육기관의 설립과 운영 등을 위한 요건을 완화해야 한다. 그리고 내국인의 입학비율을 확대하는 방안도 적극적으로 채택해야 한다. 뿐만 아니라 영리를 목적으로 하는 외국인(법인) 병원의 설립이 가능하도록 유도해야 한다.

일곱째, 경제자유구역청의 특별지방자치단체화를 적극 검토할 필요가 있다. 현재 경제자유구역청은 지자체에 소속되어 전문성과 자율성이 부족하며, 과감한 집행기능을 수행하지 못하고 있다. 따라서 경제자유구역청이 기존의 조합 형태에서 탈피하여 정부의 지원을 용이하게 받으면서도 지자체의 불필요한 간섭에서는 벗어날 수 있는 형태로 전환되어야 한다. 현재 재정경제부에서 검토하고 있는 구역청의 특별지방자치단체화가 좋은 사례가 될 수 있다.

4. 광역적 교통체계의 확립과 시설 확충

광양만권은 한반도의 최남단인 남해안에 위치해 있기 때문에 수도권 및 동남권과의 지리적 접근성이 비교적 낮은 것이 특징이다. 특히 광양항으로의 물동량 유입을 용이하게 하고, 수도권의 기업을 광양만권으로 유인하기 위해서는 수도권 및 동남권과의 접근성 개선이 필요하고, 광양만권 내의 도시들을 연결하는 지역 내 교통망도 확충되어야 한다. 결과적으로 광양만권의 지속적인 발전을 위해서는 광역적인 교통체계의 확립과 부족한 사회간접자본의 지속적인 확충이 요구된다.

1) 광역 교통체계 구축의 기본 방향

광양만권 광역 교통체계 구축의 기본 방향은 다음과 같은 6가지로 설정할 수 있다(전라남도, 2005: 179-181). 첫째, 광양만권의 토지이용에 적합한 교통체계의 구축이다. 최근의 교통계획은 직주균형(jobs-housing balance), 대중교통 중심의 개발 등 신도시주의적 계획 개념을 수용하고, 자동차 중심에서 교통수단의 다변화로 옮겨가는 추세이다. 그러므로 광양만권의 광역 교통망 구축도 이런 추세를 반영하면서 더욱 장기적인 관점에서 광양만권 토지이용에 부합하는 교통체계를 구축하는 것이 필요하다.

둘째, 광양만권 3개 도시가 광역적 차원의 교통계획을 수립해야 한다. 개별 도시 차원을 벗어나 광역적인 관점에서 도시별 교통시설 계획의 연계성을 강화하는 통합 교통시설 체계를 구축해야 한다. 그리고 광양만권 및 주변지역과 전라남도 전체, 그리고 국가 전체의 교통망 구성 차원에서 지역 간 도로체계와 철도, 항공, 해운 등 다른 교통수단과의 연계성을 고려해 계획해야 한다.

셋째, 동북아 물류 중심 도시의 기능 확대를 위한 교통망 구축이 전제되어야 한다. 광양항의 물동량 변화를 고려하여 장기적인 관점에서 여객 및 화물수송을 위하여 교통수단별 최적의 교통시설 계획과 효율적인 운영방안이 마련되어야 한다. 이를 위해서 광역 물류교통망 체계를 구축하고, 대형 화물차량의 통행에 적합한 도로등급의 상향 조정이 필요하다. 그리고 광양항이 동북아시아의 물류 중심항으로 기능할 수 있는 광역물류·교통망의 구축이 전제되어야 한다.

넷째, 광양만권 중심의 대중교통망 구축과 활성화가 필요하다. 광양만권에서는 대중교통의 서비스 권역이 광역적이지만, 운영의 효율성 및 서비스 수준이 낮다. 특히, 광역철도망 부족, 버스 서비스 공급 부족, 교통수단 간 연계성 미흡 등으로 여타 교통수단이 승용차와의 경쟁력에서 떨어지며, 교통혼잡 심화, 대기오염 발생 등 여러 교통문제를 야기시키고 있다. 그러므로 광역적 관점에서 다양한 대중교통시설을 계획하고 노선 간 환승체계 구축, 합리적 요금체계 구축 등을 통해 대중교통의 활성화를 유도해야 한다.

다섯째, 교통 수요의 다양화와 교통 서비스 제고가 요구된다. 쾌적한 주거환경과 교통환경 조성을 위해서는 지속 가능한 교통체계 및 친환경적 교통체계를 구축해야 한다. 그리고 이용자에 대한 교통 서비스 제고를 위하여 지능형 교통체계를 구축하며, 광양만권 3개 도시를 광역적으로 연결하는 경전철(LRT: Light Rail Transit)과 같은 신교통 수단의 도입을 적극적으로 추진해야 한다(전라남도, 2005: 140-143).

2) 광역 교통체계 구축의 주요 전략

(1) 국제적 교통망 확충

국제적 교통망의 확충은 인천국제공항 및 무안국제공항과 연계하여 여수·사천공항의 기능을 강화시킬 수 있는 교통체계를 구축하는 것이 필요하다. 특히 2012년 여수 세계박람회의 성공적 유치를 위해서는 여수공항에서 근거리 국제노선을 취항시킬 수 있도록 박람회 개최 이전에 여수공항 2단계(2020) 확장사업을 조기에 완공하는 것이 중요하다. 왜냐하면 박람회 개최 기간 중에 동남아시아 등 단거리 국제여객을 원활하게 수용할 수 있기 때문이다. 또한 해상수송을 위해 크루즈선 전용항을 조성하여 중국, 러시아, 일본 등 동북아시아 주요 항구와 남해안권 주요 항구를 연결하는 정기 크루즈 유람선을 취항시켜 해양관광을 활성화시켜야 한다(이정록, 2005: 215).

(2) 광역적 교통망의 확충

제4차 국토종합개발계획에 반영된 광양만권과 수도권, 동남권, 그리고 전남의 동부와 서부 지역을 연결시키는 광역 교통망이 예정대로 추진된다면, 광양만권의 광역 교통망 구축에는 커다란 문제가 없을 것으로 추정된다. 그러나 2012년 여수 세계박람회의 성공적 유치와 개최 효과를 광양만권으로 분산시키기 위해서는 일부 광역적 교통시설이 조기에 건설되고 완공되어야 한다. 고속도로의 경우, 동서 간 원활한 교류를 위해 남해고속도로 확장(4→6차로)이 박람회 개최 이전(2011)에 완공되어야 한다. 철도의 경우, 호남선 전철화(2004), 호남고속철도(2011), 전라선 개량과 복선 전철화(2011), 경전선 복선화와 목포-광양 구간 신설(2012) 등이 계획대로 추진되어야 한다(이정록, 2005: 215-216).

(3) 지역적 교통망의 확충

여수를 포함한 광양만권은 남북으로 길게 뻗은 반도적 지형으로 남북 간의 접근성과 교통체계가 비교적 불량한 것이 특징이다. 현재의 국도 17호선을 제외하면 남북 방향에서 육상교통의 접근은 불가능한 상황이며, 동서 간 해상 교통체계는 전무한 상태이다. 또한 남북 및 동서 방향의 지역 내 교통망은 다른 곳과 비교할 때 잘 정비된 상태가 아니다. 그러므로 여수-순천 간 국도 17호선 확장 공사 조기 완공, 국도 17호선 우회도로의 건설, 남해안 일주도로(국도 77호선)의 일부 구간인 고흥-여수 간 연륙·연도교 사업의 조기 완공, 여수지역 교통 수요를 고려한 엑스포 대로 건설, 광양-묘도-여수 국가산업단지를 연결하는 여수국가산업단지 진입도로(8.5㎞)의 조기 완공 등이 전제되어야 한다(이정록, 2005: 216).

(4) 주요 도로망 확충전략

전국의 주요 거점과 직접 연결할 수 있는 간선 고속교통망 체계 구축을 기본으로 도로시설의 개선 및 확충을 통하여 여수국가산업단지, 광양항 등 권역 내 주요 지점의 접근성을 제고시키는 광역적 차원의 효율적인 교통망을 구축해야 한다.

또한 도시별 도로계획을 수립하여 광역 차원의 최적 가로망으로 구성하며, 기존 가로망(국도 17호선, 국도 2호선)의 정비체계를 개선해야 한다. 그리고 권역 내에 간선 도로망의 미연결구간이 많이 있으므로 접근성 개선을 위한 간선 도로망 정비와 미연결구간의 개선을 통하여 권역의 전체적인 가로망 체계가 확립되도록 유도할 필요가 있다.

(5) 철도·항만·공항 시설 계획

철도 부문의 광역 교통망은 광양항의 기능을 제고시키는 데 기여함과 동시에 철도의 수송능력을 향상시키기 위해 전철화와 복선화로 개선되어야 하며 또한 장기적으로는 고속철도가 완공되어야 한다. 그렇지만 단기적으로는 전라선의 직선화와 개량화, 경전선 복선화를 추진하고, 익산-여수 구간의 고속철도 건설도 적극 검토할 필요가 있다.

공항시설은 광양만권 경제자유구역 활성화, 2012년 여수 세계박람회의 유치 등을 위하여 2010년까지 활주로의 확장(2,800m×45m)이 필요하며, 국제노선의 취항이 가능한 연계체제를 구축해야 한다.

〈표 13-4〉 도로망 계획 현황

(km, 억 원)

노선 및 사업명	구 간	연장 (사업비)	사업기간	시행주체	비고
전주-광양 간 고속도로	전북 완주군 용진면-전남 순천시 해룡면	118.0 (33,565)	2003~2011	한국도로공사	여수 연장
목포-광양 간 고속도로	전남 영암군 학산면-전남 순천시 인월동	100.3 (26,630)	1999~2011	한국도로공사	
국도 17호선 우회도로	순천 중흥-왕지, 여수 종화-주삼	13.2, 15.5	1997~2006	건교부	공사 중
초남-석정 간 지방도 4차로 확장공사	광양읍 용강리-초남리	3.94	2001~2004	전라남도	
컨부두-광영 간 도로개설	부두-광영	4.5(677)	2001~2005	광양시	
해룡 삼동-신대 간 도로개설	순천 삼동-신대지구	1.62(284.3)	2005~2006	순천시	
해룡 대기-신대 간 도로개설	순천 대기-신대지구	1.12(196.6)	2005~2006	순천시	
국도 17호선 여수-순천 간 국도 확장	여수 주삼-해룡 호두리	17.9(4,455)	2000~2008	건교부	
국도 2호선 우회도로	순천 월전-광양읍 세풍리	5.8	2000~2007	건교부	공사 중
광양항 서측 배후도로	2단계 부두-광양 IC	11.4(2,689)	~2010	해수부	
컨부두-초남 간 도로확장	광양 중마동-광양 초남리	9.8(1,470)	~2010	광양시	
여수국가산단 진입도로개설	삼일-묘도-광양제철소	9.1(5,280)	2004~2008	국가, 전남	
국지도 22호선 확장	덕양-세포	21.0(650)	1995~2007	전남	
율촌1산단 진입도로	국도 17호선-1산단구역	0.82(41.0)	2004~2010	전남	
해룡 상삼-월전 간 도로개설	순천 상삼-순천 월전	3.4(956.4)	2005~2008	순천시	
해룡 상삼-복성 IC 간 도로개설	순천 좌야 국도 17호선	4.1(719.6)	2005~2007	순천시	
해룡 좌야-국도 17호선 도로개설	순천 좌야 국도 17호선	4.1(719.6)	2005~2007	순천시	
국도 2호선 우회도로	광양 세풍-광양 중군	9.8(1,254)	2003~2011	건교부	
율촌 2산단 진입도로	국도 17호선-2산단 구역	0.75(37.5)	2011~2015	전남	
율촌 3산단 진입도로	국도 17호선-3산단 구역	0.77(38.5)	2016년 이후	전남	
한려대교	남해군 서면-여수 낙포동	24(600)	2007~2011	건교부	

자료: 전라남도, 『2025년 광양만권 광역도시계획(안)』, 2005, 189쪽.

〈표 13-5〉 **철도망 계획 현황**

(km, 억 원)

노선 및 사업명	구간	연장(사업비)	사업기간	시행 주체
전라선 개량 및 복선 전철화	신리-동순천(개량화)	122.6(10,882)	1988~2004	철도청
경전선 복선화	동순천-광양	10.9(3,258)	2001~2006	철도청
서남선(광양-수도권) 철도건설	광양-(동)순천 (경전선)	10.9	2001~2006	철도청
전라선 개량 및 복선 전철화	익산-여수 (복선 전철화)	194.9(16,405)	2001~2011	철도청
	동순천-여수 간 철도 개량	41.5(5,446)	2000~2008	철도청
경전선 복선화	목포-광양	141.5(26,167)	2004~2011	철도청
	광양-진주	56.1(9,898)	2003~2012	철도청
서남선(광양-수도권) 철도건설	익산-군산(군산선)	23.1(4,115)	2008·2012	철도청
	군산-예산(장항선)	110.2(11,741)	2008~2012	철도청
	예산-아복(서해선)	75.5(7,773)	2021~2024	철도청
서남선(광양-수도권) 철도건설	아목-능곡(수도권)	41.7(11,041)	2012~2020	철도청

자료: 전라남도, 『2025년 광양만권 광역도시계획(안)』, 2005, 190쪽.

항만시설은 광양컨테이너부두의 지속적인 공사 진행과 함께 광양만권 내 다양한 항만시설에 대한 대대적인 시설 확충도 병행해야 한다. 동시에 광양만권에 위치한 광양항과 여수항, 그리고 인근 연안항을 하나로 통합하여 운영·관리하는 통합항만 운영체계를 구축할 필요가 있다(전일수·박창호, 2002: 93-94).

5. 광양만권 광역관광 벨트 구축전략

1) 광양만권 관광개발의 현황과 특징

광양만권에는 다도해해상국립공원, 한려해상국립공원 등의 2개 국립공원과 조계산도립공원이 있고, 산악과 해양 관광자원이 풍부하게 분포하고 있다. 그러나 지정 관광지는 여수시 화양면 일대의 화양관광단지 1개소만이 분포하고 있다.

광양만권 관광의 문제점으로는 관광시장과의 지리적 원격성으로 관광수요가 많지 않다는 점, 관광객을 위한 각종 관광 인프라가 부족한 점, 지역 내 관광자원의 연계성 확보 및 관광자원의 다각화·상품화 노력이 미흡한 점 등을 들 수 있다. 또한 하계 관광객 집중형, 남해안 해상관광의 거점역할 미수행, 지자체 간 광역적 관광개발과 광역행정의 미흡 등도 주요 문제점으로 지적된다.

그러나 연중 온화한 기후조건, 수려하고 독특한 다도해 해상경관, 넓은 개발 가능지 확보의 용이성, 해양형 관광 행태와 관련된 최근의 관광 수요 증대 경향 등은 광양만권이 보유한 관광의 강점이다. 특히 해안형 관광자원의 경관 매력성, 개발 가능 부지의 확보 용이성, 관광자원 간의 연계 가능

〈표 13-6〉 **광양만권 관광 수요의 예측**(2006~2025)

(단위: 명)

구 분	2006	2010	2015	2020	2025
여수시	4,399,488	5,046,471	6,031,905	7,874,985	9,176,732
순천시	2,163,519	2,529,771	3,156,328	4,083,619	5,167,104
광양시	1,689,355	2,273,384	3,547,197	4,873,252	6,044,451
합 계	8,252,361	9,849,626	12,735,430	16,831,856	20,388,287

자료: 전라남도, 『2025년 광양만권 광역도시계획(안)』, 2005, 115쪽.

성, 해양관광과 레저를 중시하는 향후의 관광·위락 행태 등을 종합적으로 고려할 때, 광양만권은 남해안의 관광거점으로 기능할 잠재력이 높으며, 또한 관광자원의 관광 포지셔닝(positioning)의 설정이 매우 용이한 지역에 해당한다. 이런 특성 때문에 향후 광양만권을 방문하는 관광객은 지속적으로 증가하여, 관광기능의 활성화에 기여하게 될 것이다.

2) 광양만권 관광개발의 기본 방향

광양만권 관광개발의 기본 방향은 첫째, 관광자원 및 지역적 여건을 고려한 여가·관광권역을 설정해야 한다. 내륙과 해양, 호소와 산악, 도시와 농촌 등의 관광 여건을 고려하고 동시에 관광자원 간 연계성을 강화할 수 있도록 계획권역을 설정하는 것이 바람직하다. 둘째, 권역 내 거주주민의 접근성과 편의성을 고려한 여가 공간의 위계적 배치가 행해져야 한다. 그리고 외부지역의 방문객과 지역주민의 관광 레저 수요를 동시에 충족시킬 수 있도록 접근성과 편의성을 고려하여 여가 공간의 위계적 배치를 추진해야 한다.

셋째, 관광시장 확대에 대비한 관광거점의 육성과 개발이다. 외부의 관광객을 지역 내로 집중 유인할 수 있는 대규모 관광거점을 육성하고, 관광거점과 연계한 여가 공간의 배치를 시도하는 것이다.

넷째, 지역의 역사·문화성, 관광자원의 속성을 고려한 여가·관광 벨트의 설정이다. 광양만권에는 불교적 관광자원, 충무공 이순신과 관련된 역사적 관광자원, 공단 중심의 산업적 관광자원 등이 분포하기 때문에 이러한 자원의 속성을 고려한 광역적 관광 벨트의 설정이 필요하다.

다섯째, 관광·여가 행태와 관광자원의 속성을 고려한 관광 루트의 개발이다. 관광객 및 도시민의 관광·여가 행태와 향후 전개될 관광 행태의 변화, 그리고 권역 내 관광지 및 관광자원의 속성을 고려하여 관광 루트를 개발하고 설정해야 한다.

여섯째, 주변지역과 연계성을 강화하기 위하여 관광 네트워크를 구축해야 한다. 특히 경남의 서부권과 전남의 서남부권이 광역적 관광 네트워크를 구축할 수 있도록 관광 루트의 광역화를 추진하는 것이다(전라남도, 2005: 115-116).

3) 광역적 관광개발을 위한 주요 전략

(1) 개발권역의 설정과 벨트화 전략

광양만권 내에 분포하는 관광지와 관광자원의 효율적인 개발을 위해 관광개발권역을 설정하고, 거점관광지와 주변관광지, 관광자원을 연계하는 벨트화 전략을 추진해야 한다. 이를 위해서 광양만권의 관광권역을 내륙관광권과 해양관광권으로 구분하고, 관광자원의 기능적 속성에 의거하여 내륙, 해양, 역사·문화, 사회·산업관광 벨트 등의 4개 관광 벨트를 설정한다(전라남도, 2005: 116-117).

내륙관광 벨트에는 영취산, 조계산, 백운산, 지리산 등지와 연계한 내륙관광 벨트 조성, 섬진강과 백운산 일대에 내륙형 관광복합단지 배치 등이 주요 사업이 될 수 있다. 그리고 해양관광 벨트는 거문도, 백도, 돌산도, 가막만의 주요 도서, 장수지구, 고흥반도 등지를 연계한 사업이다. 역사·문화관광 벨트는 조계산 도립공원을 중심으로 고인돌공원, 낙안읍성, 충무공 이순신 유적지, 백운산 도선국사 유적지, 섬진강, 하동 등으로 연계되는 권역이다. 사회·산업관광 벨트는 섬진강, 광양 매화마을, 광양제철소, 광양컨테이너부두, 율촌산단, 여수국가산업단지 등을 연결하는 관광 벨트이다.

따라서 전술한 4개의 관광 벨트를 중심으로 기능적 동질성을 확보하는 관광 루트의 개발, 거점단지 조성, 4개 관광 벨트와의 연계성 강화 등을 통해 광양만권 관광개발의 효율화·구조화를 도모할 수 있다.

(2) 가막만과 여자만 중심의 거점관광단지 개발전략

광양만권의 관광개발에 거점역할을 수행할 관광자원은 해양형이며, 해양형 관광거점은 여수시의 여자만과 가막만을 중심으로 전개시키는 것이 바람직하다. 즉 광양만권 경제자유구역에 해당하는 화양면 일대의 화양관광단지와 소호동 일대의 여수 오션리조트(ocean resort) 지구를 집중 개발하고 육성하여 광양만권의 대표적인 관광개발 거점지구로 기능하도록 한다.

특히, 현재 개발이 진행 중인 여수화양관광단지는 전남 여수시 화양면 화동리·장수리 일원(면적: 989만㎡)으로, 현재 광양만권 경제자유구역의 관광개발지구로 지정되어 있다. 화양지구는 21세기 동북아 관광 허브 기능을 수행할 수 있는 남해안 거점 관광단지 개발을 목표로 하며, 관광·건강·문화·교류·위락을 주제로 한 국제적 커뮤니티형 해양 복합 리조트를 조성 중에 있다. 거점관광단지의 개발내용으로는 해양·문화 관광의 구심적 역할을 수행할 해양 테마파크 조성, 건강한 대중문화 확산을 위한 스포츠 레저타운 조성, 청정자원을 바탕으로 휴양·레저 중심의 휴양 레저타운 조성, 과거와 미래가 함께하는 문화교류의 장으로서 세계문화 타운 조성 등이다. 주요 도입 시설은 해양 테마파크, 스포츠 레저타운, 휴양 레저타운, 세계문화 타운 등으로 구성된다.

한편 여수 오션리조트 특구는 여수시 소호동 산99번지 일원(면적: 3만 8,000평)이다. 최근에 지역특화발전특구로 지정되었고 관광호텔, 콘도미니엄, 컨벤션 센터, 워터파크 등의 관광시설을 배치한 종합적인 리조트 단지를 조성하여 관광거점의 기능을 수행할 것으로 전망된다.

(3) 농어촌지역 중심의 생태관광 연계전략

광양만권의 관광개발에서 거점단지는 해양형 관광자원을 중심으로 개발되기 때문에 농어촌지역을 대상으로 생태관광 자원화 및 연계전략이 필수적이다. 이를 위한 구체적인 전략으로 농어촌지역의 생태관광 자원화를

〈표 13-7〉 여수화양관광단지의 구성과 도입 시설

단지구분	시설명	주요 도입 시설
해양 테마파크	오션파크	체험형 놀이 시설, 해양 관련 관람 시설, 스파 시설 등
	마리나	마리나, 요트 계류장, 정비 시설, 동호인 해양 클럽 등
	Fisherman's Wharf	레스토랑, 상업시설, 이벤트 광장, 전시 시설 등
	바다목장	바다낚시, 스쿠버다이빙, 스노쿨링 등
스포츠 레저타운	골프장	골프코스, 클럽하우스, 골프텔 등
	스포츠 타운	축구장, 스포츠 메디컬 센터, 지도자 육성 센터 등
	스포츠 학교	훈련장, 기숙사 등
휴양 레저타운	숙박시설	호텔, 컨벤션, 콘도미니엄 등
	휴양형 의료시설	의료 센터, 연구소 등
세계문화 타운	세계문화촌	영상 테마파크, 공연장, 이벤트 광장, 쇼핑몰 등
	외국인학교	학교, 기숙사 등

자료: 전라남도, 『2025년 광양만권 광역도시계획(안)』, 2005, 120쪽.

추진해야 한다. 생태적으로 보전가치가 있고, 교육·관광·체험 효과가 높은 생태자원을 관광자원으로 활용한다. 농어촌 휴양시설, 민가 등 농어촌 자원을 활용하여 관광 수요를 농어촌 지역으로 유인하여 농가소득 및 농촌 활성화를 도모할 수 있다. 특히 순천시·광양시의 면부(面部), 여수시의 해안 또는 도서지역 중 관련 자원을 보유한 지역이 대상지가 될 수 있다.

또한 광양만권의 농어촌지역을 광역적으로 연계한 에코드라이브 루트(eco-drive root) 전략을 채택하는 것도 바람직하다. 농촌전원마을, 생태관광마을을 광역적으로 연계하고 특성별 차별성을 유도한다. 그리고 지역별로 다양한 꽃길 조성과 계획된 가로수 조경, 경관조망 지점의 개발 등 지역별로 차별화된 이미지를 조성하여 연계성을 확보할 수 있어야 한다. 동시에 생태관광자원을 보유한 지역을 광역적으로 연계하면서 경관이 수려한 도로 구간을 에코드라이브 루트로 설정하여, 관광 이미지를 구축하는 것도 고려할 수 있겠다(전라남도, 2005: 120).

(4) 지역별 주요 관광지 개발계획

광양만권의 주요 관광지 및 관광자원이 광역적 관광 벨트 및 관광 루트로 연계되어 권역 내 관광·여가 공간의 기능성을 제고시키고, 지역 간 차별성, 관광지 간 상호 보완성 및 연계성을 유지할 수 있는 광역적 동선을 고려하여 지역별 관광지를 개발해야 한다.

여수지역에서는 해안부를 중심으로 환형의 해양 리조트 및 관광 시설의 집중 배치하고, 내륙부는 순천 및 광양 지역과의 관광자원 유사성을 고려하여 개발을 억제하는 방안을 적극 검토해야 한다. 이를 위한 사업으로 여수시 경호도 및 대경도 일원(80만 4,000평)을 해양형 관광지, 관련 리조트, 골프장, 해안산책로 등으로 개발하는 경도해양관광단지, 여수시 봉계동 일대(51만 8,000평)에 골프장·관광호텔·휴양림·리조트 관련 시설을 배치하는 여수 시티파크 리조트(City Park Resort) 지구 등이 주요 사업지구이다. 또한 해양 리조트형 관광 레저 지구로서 돌산읍 둔전 및 죽포 일원의 돌산 시사이드(sea side) 골프장, 소라면 죽림리 일원의 안심산 온천 리조트 개발 등이 주요 사업이 될 수 있다.

순천지역에서는 순천만의 갯벌과 갈대숲을 중심으로 자연적 특성을 고려해 권역 내 대표적인 생태환경 관광지로 기능하도록 하는 시설 배치, 상사댐과 주변의 자원을 활용한 생태·여가 공간의 개발 등을 기본 방향으로 설정할 수 있다. 주요 사업지구로는 도사동, 해룡면, 별량면 일원(8만 8,000평)에 순천만의 자연적 자원을 활용하여 생태학습 및 체험관광지로 개발하는 순천만 자연생태공원지구, 주암면 광천리 일원(6만 4,000평)을 수변관광지로 개발하는 광천 수변휴양지구, 그리고 해룡면 성산리 및 신성리 일원(17만 6,500평)의 임진왜란 전적지 역사공원지구 등을 고려할 수 있다.

광양지역에서는 백운산을 중심으로 생태환경 및 산악휴양지 개발과 섬진강변에서 집중 재배되는 특화작물인 매실을 활용한 농업과 생태관광지 개발이 기본 방향이 될 수 있다. 주요 사업으로는 옥룡면과 봉강면의 백운산 일원을 생태공원 중심의 관광휴양지구로 개발, 다압면 신원리 일대를 전국 최대의 매실농업 및 생태관광지로 개발, 옥룡사지 복원 등이 있다.

6. 여수 중심의 남해안 관광거점 개발전략

광양만을 중심으로 하는 남해안은 천혜의 관광자원을 보유하고 있으며, 관광개발을 통해 지역경제의 활성화는 물론 지역주민의 소득증대, 관광지로서의 지역 이미지 구축, 중국과 일본을 연결하는 해상관광의 중계지점으로 개발이 가능하다. 그러나 전술한 지역의 관광 비전을 달성하기 위해서는 다음과 같은 과제에 대한 정책적인 검토와 구체적인 지원책이 요구된다.

1) 남해안 관광 진흥을 위한 특별법 제정

남해안 지역의 효율적인 관광개발을 유지하고, 구체적인 개발과정과 실천력 있는 계획집행을 담보하기 위해 가칭 '남해안 관광 진흥을 위한 특별법' 제정이 필요하다. 실제로 남해안에서 개발 가능한 지역은 대부분이 국립공원 지구로 개발행위가 철저하게 제한되기 때문에 대규모 관광개발이 현실적으로 불가능한 실정이다. 개별 관광지 개발 또한 현행법과 제도 때문에 추진에 한계가 있고, 인프라 부족으로 민간자본의 유치와 관련 투자재원 조달이 어렵고 추진에도 많은 시간이 소요된다.

그러므로 효율적인 개발계획의 집행을 위해서는 관련 법규의 정비 및 철폐가 선행되어야 하며, 개발을 저해하는 개별 법을 검토하여 원활한 사업추진이 가능하도록 별도의 특별법 제정이 필요하다. 특별법 제정의 기본 목적은 남해안 벨트를 동북아시아의 대표적인 해양관광의 거점으로 육성하는 것이며, 이를 위해 규제를 대폭 완화하거나 폐지하는 내용을 포함해야 한다. 그리고 남해안 전체 또는 일부 지역을 대상으로 하는 특별법에서는 각종 규제완화, 세제우대 조치, 인프라 개발에 필요한 국고지원 등이 명시되어야 한다.

또한 특별법에는 그린벨트와 국토관리계획의 규제완화, 개발행위를 제한하는 수자원보호구역의 해제, 워터프런트형 개발에 필요한 내수면 매립·이용과 연안관리계획상의 제한, 국립공원 등의 공원계획을 포함한 환경 관련 규제 등이 명시되어야 한다. 동시에 중앙정부와 지방정부의 역할 등을 규정하고, 계획을 집행할 때 장애가 되는 각종 규제를 합리적으로 조정하고 지원할 수 있는 특별법의 제정은 매우 중요하다(이정록, 2005: 16-17).

2) 한·중·일 해상관광 루트의 구축

여수 중심의 남해안은 동북아시아 지역의 지리적 중심에 위치하고 있으며 세계적으로 독특한 관광자원이 다수 분포하고 있다. 그러므로 한·중·일 해상관광 루트를 설정하여 남해안 일대를 동북아 해양관광의 거점으로 육성할 수 있다.

남해안은 크루즈 운항에 양호한 조건을 갖추고 있기 때문에 1차적으로 국내 남해 연안을 범역으로 하는 크루즈 루트를 개발한 후, 단계적으로 중국 상해-남해안-일본의 후쿠오카(오사카) 등 동북아 국제 크루즈 루트로 확대할 수 있다. 그리고 장기적으로 시드니, 싱가포르에 버금가는 거점 크루즈항을 남해안에 조성할 수 있다. 이런 측면에서 남해안 중앙에 위치한 여수시는 동북아 크루즈의 중심항 역할을 수행할 대안이 될 수 있다. 또한 동북아 크루즈 항만의 육성은 2012년 여수 세계박람회의 파급효과를 제고시킴과 동시에 박람회 개최 이후 광양만권의 관광산업 활성화에 긍정적 효과를 제공할 것으로 기대된다(이정록, 2005: 17-18).

3) 여수 중심의 한려해상공원계획과 남해안 관광특구 지정

남해안 지역은 교통기반이 취약하고 수지형 지형·지세로 인해 남북 방향의 반도와 만으로 분리되어 동서 지역 간 연계성이 낮은 것이 특징이다. 관광자원 또한 하계 중심의 강한 계절성을 가지고 있다. 이런 분리성과 계절성을 해소시키기 위해서는 광역적 차원에서 관광지를 개발하고 관리해야 한다.

현재 중앙정부에서 추진하고 있는 남해안 관광 벨트 개발계획(2000~2009)은 4개 권역으로 구분되어 있다. 부산도시관광권과 역사문화관광권(목포)이 중심권역에 해당한다. 그리고 여수·고흥·남해 등지는 종합휴양관광권으로, 사천·고성·통영 등지는 해양 레저 스포츠권으로 분리되어 권역 간 연계성과 보완성이 약하다. 따라서 광역차원의 관광지 개발과 관리를 위해 고흥-여수-남해-통영으로 이어지는 해역을 대상으로 가칭 '한려해상공원계획'을 수립하는 것도 필요하다.

민간자본이 투자된 일부 관광지 개발을 제외한 대부분의 관광지는 국비지원에 의해 관광 관련 인프라가 확충된다. 현재 대부분의 관광지 사업은 소규모 영세업자들이 주로 담당하고 있어 민간자본의 유입을 촉진할 방안은 많지 않다. 그러므로 대규모 개발사업자에게 세제혜택, 행정절차 간소화 등 대폭적인 인센티브를 제공하여 관광개발을 활성화시켜야 한다. 이를 위해 남해안 관광개발을 주도하는 선도지역(leading area)의 선정이 필요하고, 그 대상지역으로 고흥-여수-광양-하동-남해로 이어지는 광양만·진주권 일대를 가칭 '남해안 관광특구'로 지정하는 방안을 고려할 수 있다(이정록, 2005: 18).

특히 남해안 관광특구가 구체화되기 위해서는 현재 논의되고 있는 광양만권 중심의 영·호남 '지역화합특구'의 개념과 방식을 남해안 관광특구로 전환하여 시행하는 것도 현실적인 대안이 될 수 있다. 관광 관련 활동은 광양만과 진주권을 전체적으로 포괄할 수 있는 지역 산업이기 때문이다.

4) 남해안 워터프런트의 연계개발전략

남해안은 다도해의 수많은 도서와 리아스식 해안선, 난대성의 독특한 식생, 그리고 해안에 분포하는 취락 등이 매우 수려한 해상경관을 연출하여, 하나의 거대한 해양공원(ocean park)을 형성하고 있다. 다도해 및 한려해상 국립공원에 해당하는 수역은 우리나라의 '금강해역'으로 불릴 정도로 해상 경관이 우수하다. 특히 여수에서 경남 충무(통영)로 이어지는 한려수도는 그리스의 에게 해나 일본의 세토나이카이(內海), 남미의 카리브 해 연안 등과 필적할 수 있는 아름답고 수려한 해상경관을 보유하고 있다.

이런 지역적 특성을 고려하여 고흥-여수-남해-사천으로 이어지는 남해안 지역을 가칭 '남해안 관광특구'로 지정하거나, 한려해상공원계획의 대상구역으로 설정하여 관련 계획을 수립하는 것도 고려할 수 있다. 전술한 구간의 워터프런트 개발지구는 자연과 인간, 해양과 문화가 조화로운 레저·휴양과 정주 활동 기능을 수행할 수 있고, 워터프런트형 저밀도 주거단지를 개발하여 해양관광 숙박지(콘도), 실버 계층의 휴양지 등으로 활용할 수 있는 잠재력이 높은 지역이다.

또한 고흥-여수-남해-사천 지역의 워터프런트에 2012년 여수 세계박람회의 주제와 관련된 소규모의 해양공원을 분산 배치하여 이들 구간의 워터프런트가 해양공원의 기능을 수행하도록 개발한다. 2012년 여수 세계박람회 개최를 전제로 여수지역과 인접한 남해안의 워터프런트에 관광 편익시설을 배치하면, 2012년 세계박람회를 방문한 관광객을 남해안 전역으로 이동시켜 남해안의 관광산업 활성화를 도모할 수 있다.

결과적으로 여수 중심의 남해안 일대를 '남해안 관광특구'로 지정하고 지구 내의 워터프런트를 상호 연계하여 개발하면, 2012년 여수 세계박람회의 개최효과를 인접한 남해안으로 분산시킬 수 있는 현실적 대안이 될 수 있다. 워터프런트 연계개발은 현재 시행 중에 있는 남해안 관광 벨트 개발계획에서 추진할 수 있지만, 고흥·여수·광양·하동·남해·사천 등지가 하나의 워터프런트 개발조합을 결성하여 광역지자체(전라남도, 경상남도)가 지원하는 방식을 채택해 시행하는 것이 바람직하다(이정록, 2005: 222-223).

5) 남해수도 여객항로 개설전략

여수를 중심으로 하는 광양만권의 효율적인 지역발전과 관광개발을 위한 주요 과제 중 하나가 권역 내 주요 도서와 관광지를 연결하는 연안관광항로의 개설이다. 과거에 여수에서 부산으로 이어지는 여객항로는 한려수도를 체험할 수 있는 좋은 관광 루트였으나, 이용객의 감소로 항로가 폐쇄되었다.

그러나 최근에는 서울과 부산을 연결하는 고속철도의 영향으로 부산에서 목포를 연결하는 남해안 관광객이 증가하는 추세이다. 따라서 남해안 관광의 활성화를 위한 전략적 투자사업의 일환으로 경남 충무에서 여수를 연결하는 가칭 '남해수도(南海水道) 여객항로'의 개설을 적극 검토해 볼 시점에 도달했다. 현재는 남해안(목포-부산 간)을 연결하는 여객항로 또는 크루즈 루트가 개설되지 않아 남해안의 수려함을 느끼고 체험할 기회가 없는 실정이다.

경남 충무와 전남 여수를 연결하는 가칭 '남해수도 여객항로'의 개설은 단기적으로는 남해안 연안지역의 해상 접근성을 강화하여 남해안 관광 활성화에 기여하게 되며, 중기적으로는 2012년 여수 세계박람회의 개최효과를 남해안 전역으로 확산시키는 매개수단이 될 수 있다. 그리고 장기적으로는 향후 등장할 한·중·일을 연결하는 동북아 해상 크루즈 루트, 연안 크루즈의 활성화에 기여하게 되며, 영·호남의 통합에 긍정적 효과를 제공하게 될 것이다(이정록, 2005: 225).

그리고 이 여객항로는 목포와 부산을 연결하는 항로로 확대되어 남해안 관광개발에 중요한 계기를 제공하게 될 것이다. 따라서 지역의 상공회의소와 관련 업계를 중심으로 여객항로의 재개설에 관심을 가져야 한다.

6) 연륙·연도교를 통한 다리의 관광자원화

수려한 한려해상의 경관을 관광자원화하기 위해서는 이들 해상자원에 대한 접근성을 보장해야 한다. 이를 위해서는 고흥반도-여수반도-남해를 연결하는 다리의 관광자원화와 해안일주도로의 건설을 통한 연계관광의 효과를 극대화시켜야 한다. 특히 지역의 대표적인 관광 이미지가 부재하고, 체류형 관광거점이 없는 상황에서 다리의 관광자원화는 새로운 관광 수요를 유인하는 관광자원이 될 수 있다. 또한 수도권 및 동남권과의 접근성 개선을 위한 공항, 항만 등 기간 교통망의 정비· 확충, 전라선과 경전선의 철도망 개선도 요구된다.

우선적으로 다리를 관광자원화하는 방안으로 국도 77호선(부산-인천)의 확· 포장, 도서와 육지부의 연륙· 연도교 사업을 관광개발 관점에서 전략적으로 지원해야 한다. 현재 전남의 경우 고흥-여수 간(고흥 포두-여수 화양-여수 돌산) 연륙· 연도교 사업(2001~2010)이 행해지고 있다. 사업구간은 39.1km (도로 30km, 해상교량 11개소 9.1km)이며, 사업비는 총 1조 2,254억 원으로 추정된다. 따라서 연륙· 연도교 사업이 예정대로 진행될 수 있도록 중앙정부의 적극적인 예산배분이 요구된다. 이를 위해 가칭 '도서연륙· 연도교사업 촉진 특별법'의 제정을 고려할 수 있다.

그리고 여수-남해 간을 연결하는 가칭 '한려대교'의 건설도 적극 검토해 볼 필요가 있다. 한려대교는 사업 타당성 분석에서 긍정적인 평가를 받았기 때문이다. 일본 세토나이카이(內海)에 건설된 나로토(大鳴)·아카시(明石) 대교 등 12개 대교는 대표적인 다리 관광자원화 사례에 속한다. 일본의 이마바라시는 다리의 관광자원화로 연간 2,500억 엔의 관광수입을 올리고 있다. 서해안고속도로의 평택대교도 성공적인 사례에 해당한다(이정록, 2005: 221-222).

그러므로 한려대교가 건설되면, 여수-순천-광양-하동-남해를 연결하는 남해안 일주도로의 건설이 가능하고, 남해안 일주도로는 새로운 관광자원으로 많은 관광객을 유인할 수 있다. 그리고 남해안 동서 간 접근성을 개선시켜 남해안 지역의 발전에도 기여할 수 있다.

7. 광양만권 지자체 간 협력과 제휴전략

1) 지자체 간 협력과 제휴전략

최근 광역적 개발방식에서 새롭게 강조되고 있는 패러다임이 '지역 간 협력과 제휴' 방식이다. 이는 연결의 경제성을 통해 공간의 내적 통합을 강화하고, 공동의 발전으로 전이시키는 방식이다.

광양만권의 여수시·순천시·광양시는 기능적으로 연계된 지역경제권을 형성하고 있고, 산업구조 또한 유사하기 때문에 지자체 간 협력과 제휴는 매우 필수적이다. 그러나 일부 지역개발 사업에서는 3개 도시 간 협력과 연대보다는 행정구역별 개발 체제의 강화로 자원의 중복적 이용과 낭비가 초래되고 있으며, 개발사업 추진에 다른 갈등과 분쟁이 증대되기도 한다.

따라서 효율적인 광양만권의 개발을 위해 개발사업과 행정의 협력 및 제휴전략이 요구된다. 3개 도시 간 자원의 중복적 이용보다는 기능분담과 특화개발, 상호협력과 연대·제휴의 원칙을 지향하는 연담도시권 강화전략

〈그림 13-1〉 광양만권 지자체 간 협력과 제휴전략

기본 방향
·연담도시권 강화 ·광역적 교통체계 구축 ·경남지역과 기능적 연계

⇨

협력·제휴전략	주요 내용
광양만 산업 벨트 구축	·환형의 산업 벨트 구축 ·지구별 업종 특화로 상호 보완성 강화 ·단계별 개발을 통한 경쟁 완화
교통·정보통신 관련 인프라 확충	·해안 순환 도로의 개설 ·광역적 연담 전철의 개설 ·정보통신 네트워크의 구축
행정협력 네트워크 구축	·공동발전계획 수립의 의무화 ·광역적 행정협력 체계 ·다양한 협력방안의 도출

을 추진해야 한다. 즉 3개 지역이 기능분담과 특화개발을 통해 도시별 경쟁우위를 유지하고, 나아가 상호 보완성을 확보함으로써 광양만권의 경쟁력을 제고시키는 것이다. 또한 광양만권 경제자유구역의 뿌리내림과 조기 활성화를 유도하고, 향후 행정통합에 대비한 대통합 여건과 환경을 축적하는 것도 중요하다.

광양만권 지자체 간 협력 및 제휴전략의 구체적인 과제로서, 첫째 광양만 중심의 환형의 산업 벨트를 구축해야 한다. 하동 갈사만-광양제철소-광양컨부두-배후단지-해룡산단-율촌산업단지-여수국가산업단지로 이어지는 산업 벨트를 구축하여 산업 벨트 내에서 지구별로 업종을 특화하여 상호 보완성을 제고시켜야 한다.

둘째, 연담도시권의 강화를 위한 교통·정보통신 인프라를 구축하는 것이다. 관련사업으로는 하동-광양-순천-여수 간 해안 순환 도로의 개설, 주요 시가지 및 개발단지를 광역적으로 연결하는 경전철의 개발, 연담도시권 내 정보통신 네트워크의 구축 등이 있다.

셋째, 3개 도시 간 광역적 행정협력 네트워크를 구축해 주요 사업별 공동발전계획을 수립하고, 이를 공유하는 행정협력 체계를 유지해야 한다.

게다가 도시 간 계약방식, 광역행정협의회, 사업별 조합의 결성 등 연계방안의 도출도 가능하다. 또한 광양만권 3개 도시와 인접한 고흥군과 보성군, 구례군을 비롯하여 경남의 하동군과 남해군으로 광역적 행정협력 네트워크를 확대시키는 것도 현실적 대안이다.

광양만권의 지속적인 발전을 도모하기 위해서는 지자체 간에 종합적인 협력·제휴 체계가 구축되어야 한다. 이를 위해서는 지역문제를 공동으로 인식하고, 이를 해결하기 위한 공동의 수단과 방법을 공유해야 한다. 그리고 지역 간 자율적인 참여와 협력을 구체적으로 실현할 수 있는 다양한 제도적 기반과 수단을 확보하는 것이 중요하다. 즉 공동의 계획수립을 위한 지역협력체의 구축, 환경·자원의 공동이용과 관리를 위한 지역협력체 구축, 광역 서비스 공급을 위해 광역시설을 건설하고 관리하는 지역협력체 구축 등이 필요하다.

2) 광양만권 행정구역의 통합방안

광양만권의 공업화와 도시화는 여수시, 순천시, 광양시의 인구성장과 발전에 중요한 영향을 미쳤다. 하지만 광양만권의 3개 도시는 시설의 중복투자, 개발과정에서 나타난 지역 간 이기주의, 광역개발계획 시행의 어려움 등으로 광양만권의 효율적인 발전에 장애요인이 되고 있는 것 또한 사실이다. 이런 측면에서 광양만권 3개 도시의 행정구역 통합화에 대한 논의는 광양만권의 지속적인 발전과 국제적인 경쟁력을 강화하기 위해 장기적으로 검토되어야 할 중요한 지역발전의 과제에 해당한다.

현재 여수시, 순천시, 광양시로 분리된 광양만권의 3개 도시는 광역행정, 광역개발 등의 시행에 많은 비경제적 문제가 상존해 있다. 따라서 행정구역의 통합화와 광역화는 도시의 기능성과 경쟁력 제고를 위해 매우 중요하며, 특히 광양만권의 지속적인 성장과 발전을 위한 효율성 확보와 광양만권이 갖는 지리적·경제적 공간의 위상 강화를 위해서는 행정구역의 통합화 작업은 아무리 강조해도 지나치지 않다고 본다.

3개 도시의 통합에 대한 대안으로 다음과 같은 두 가지를 검토할 수 있다. 첫째는 현행 제도를 준용하여 광양만권 광역의회를 구성하고 광역행정협의회의 기능을 강화하는 방안이다. 이 방안은 소극적 방식이지만, 현재의 독립적인 행정구역을 존중하면서 점진적으로 통합을 추진할 수 있다는 점에서 현실적인 대안이 될 수 있다. 둘째는 3개 도시를 하나의 행정구역으로 통합하고 대도시 특례제도를 도입하는 방안이다. 즉 하나의 대도시를 만들어 일본의 정령 지정도시와 같은 혜택을 부여하는 특례제도를 도입하는 것이다(김명수 외, 2005).

광양만권 3개 도시의 행정구역 통합화는 명분과 실리를 동시에 가지고 있기 때문에 지역주민들이 적극적으로 검토하고 수용할 지역정책이라 할 수 있다. 문제는 어떤 합의과정을 거쳐서 통합을 만들어낼 것인가에 있다. 주지하다시피, 광양만권의 3개 도시는 역사적·문화적·행정적으로 독립된 지역공동체를 유지해 왔다. 물론 중심지이론에 입각하면 광양시와 여수시는 순천시라는 중심지의 배후지역 또는 보완구역적 속성이 있었지만, 사회정치적 측면에서는 독자적인 생활공간을 형성·유지해 온 것이 사실이다. 즉, 3개 도시가 광양만권에 위치한다는 지리적 속성을 제외하면 동질성보다는 이질성이 강한 것이 특징이다.

이런 지역적 속성을 고려하면, 광양만권 3개 도시의 행정구역 통합화는 많은 시간을 갖고 추진하는 것이 바람직하다. 도시계획 및 광역행정의 측면에서는 빠른 시일 내에 통합화를 만들어내는 것이 필요하다. 그렇지만 3개 지역주민이 갖는 독자성과 차별성을 고려할 때, 인위적인 행정구역 통합화보다는 왜 행정구역 통합작업이 필요하고, 행정구역의 통합화가 광양만권 발전에 어떤 의미를 가지는가에 대한 공론화 작업이 선행되어야 한다. 동시에 광양만권 3개 도시만 통합할 것인가 아니면 경남의 하동군과 남해군을 포함한 광역화를 추진할 것인가에 대한 면밀한 연구작업과 지역주민 의견수렴을 병행해야 한다.

광양만권에 속한 지자체의 행정구역 통합화 및 광역시의 등장은 광양만권의 장기발전에 중요한 전환점을 제공할 것이 분명하다. 하지만 역사적으로 오랫동안 분리된 행정구역을 지역발전이라는 대의만 가지고 속전속결식으로 통합하는 것은 많은 문제를 양산할 가능성이 매우 크다. 따라서 지역주민, 지역 내의 여론지도층 및 기업과 상공인, 지자체, 학계 등이 더욱 심도 있게 논의하여 행정구역 통합의 필요성을 도출하고, 이를 실천하는 구체적인 실행계획을 만들어내야 한다. 그렇게 하기 위해서는 단선적인 사고보다는 종합적이고 복합적인 사고를 가지고 점진적으로 추진하는 것이 바람직하다.

결론적으로 말해서, 광양만권 행정구역의 통합화는 충분한 명분과 실리가 있는 것이 사실이다. 그렇지만 전술한 명분과 실리가 통합작업의 충분조건이라고 하면, 지역주민들의 동의와 적극적인 협조는 필요조건에 해당한다는 사실에 주목할 필요가 있다.

8. 맺음말

광양만권은 1960년대 후반 이후 중앙정부가 추진한 여천산단, 광양제철소 등 여러 개발 프로젝트에 힘입어 우리나라의 임해형 산업지역으로 기능하고 있다. 따라서 광양만권이 지속적인 발전을 통해 우리나라 물류의 중심지, 서남권 발전을 선도하는 성장거점의 역할을 수행하기 위해서는 광양만권의 경쟁력을 강화시킬 수 있는 전략의 수립과 시행이 요구된다.

첫째, 광양만권에 위치한 광양시, 순천시, 여수시 간의 기능분담과 특화전략이 필요하다. 광양만권의 3개 도시가 서로 경쟁하는 것도 중요하지만,

서로 도시의 기능을 차별화시키고, 분담하여 개발하는 것이 광양만권 전체의 성장에 도움이 된다. 광양은 물류기능으로, 순천은 교육·문화 기능으로, 여수는 신소재·관광 기능으로 특화시켜 기능을 분업화하는 방안이다.

둘째, 율촌산단의 활성화를 위한 다양한 전략을 수립해야 한다. 광양만권의 지속적인 경제성장은 무엇보다도 율촌산단의 활성화와 직접적인 관련이 있다. 율촌산단의 활성화를 위해서는 현재 지정된 자유무역지역에 신소재, 철강, 조립금속, 기계, 조선 등과 관련된 기업을 적극 유치하는 것이 필요하다. 그리고 조선·항만 관련산업, 신소재산업 중심의 클러스터를 구축해 율촌산단의 경쟁력을 강화시켜야 한다.

셋째, 광양만권 경제자유구역을 활성화시켜야 한다. 이를 위해서는 지역의 경제성장을 주도할 전략적 산업의 성장과 유치, 광양항의 종합물류 거점화, 적극적인 투자유치 전략의 수립, 배후 수송체계 및 정보 관련 인프라 구축, 적극적인 지역 마케팅, 교육과 의료를 포함한 정주환경의 조성, 경제자유구역청의 제도 개선 등이 필요하다.

넷째, 광양만권과 주변지역을 연결하는 광역적 교통체계가 구축되어야 한다. 이를 위해서는 국제적인 교통망의 확충, 수도권 및 동남권과 연계되는 광역적 교통망 확충, 지역 내의 남북 간 접근성을 개설할 교통망 확충, 그리고 권역 내의 통합성과 연계성을 제고시킬 교통망의 확충 등이 필요하다.

다섯째, 광역관광 벨트의 구축이 요구된다. 이를 위해서는 권역 내의 관광자원을 구분하여 내륙, 해양, 역사와 문화, 사회와 산업관광 벨트를 설정하고 차별적인 개발을 추진해야 한다. 그리고 가막만과 여자만 중심의 거점 관광단지 개발, 농어촌 중심의 생태관광 연계전략 등도 계획적으로 추진해야 한다.

여섯째, 남해안의 개발전략이 요구된다. 즉 남해안 관광 진흥을 위한 특별법 제정, 한·중·일 해상관광 루트의 구축, 한려해상공원계획과 남해안 관광특구 지정, 남해안 워터프런트 개발 전략, 남해수도 여객항로의 개설, 연륙·연도교를 통한 동서 간 접근성 개선 및 관광자원화 등이 행해지면, 광양만권의 관광산업이 활성화되어 지역경제에 크게 기여하게 될 것이다.

마지막으로, 광양만권이 지속적으로 성장하기 위해서는 인접한 지자체 간 갈등과 경쟁체계를 유지하는 것보다 서로 협력과 연대를 통해 상생발전을 도모하는 것이 중요하다. 이를 위해서는 광양시, 여수시, 순천시가 서로 협력하고 연대하여 공동의 발전을 꾀할 수 있는 사회적·제도적 환경을 만들어야 한다. 제도적 환경의 대안으로서 행정구역의 통합도 고려될 수 있지만, 이와 관련된 후속 연구가 계속 진행되어야 한다.

참고문헌

계기석. 2005. 「광양만권 경제자유구역의 추진상황과 활성화 방안」. 『광양만권 경제자유구역 활성화 및 2012 세계박람회에 관한 심포지엄 자료집』, 1~27쪽.

광양시지편찬위원회. 2005. 『광양시지』.

국가균형발전위원회. 2004. 『광양만권 산업발전을 위한 혁신클러스터 구축방안 연구』.

국토연구원. 2005. 『제4차 국토종합계획 수정계획』.

______. 1999. 『제4차 국토종합계획 시안(제1권)』.

김경석. 2000. 「광양항의 효율화를 위한 인프라 구축방안」. 『광양항의 물류산업 수도화와 21C 비전 심포지엄 자료집』. 대한지리학회, 67~90쪽.

김명수 외. 2005. 『광양만권의 21세기 비전과 도시통합의 타당성 연구』. 여수상공회의소·순천상공회의소.

______. 1998. 『순천시 경제활성화를 위한 특화산업 분석 및 육성방안』. 순천대학교 사회과학연구소.

김의준·조상필·박양호. 2003. 『21세기 동북아시대의 관문 여수대도시권 발전방향』. 여수경제연구총서, 제10호. 여수상공회의소.

김재철. 2005. 「여수시 산업단지 활성화 방안」. 『여수대도시권 발전방향 심포지엄 자료집』. 대한지리학회, 93~132쪽.

김정호 외. 1994. 『태인도와 금호도』. 향토문화진흥원.

김종기. 1992. 「광역광양만권의 산업구조 개편방향」. 『21세기를 향한 광역광양만권 발전방향 심포지엄 자료집』. 여수상공회의소, 105~134쪽.

김종일 외. 2005.「산업과 환경의 공생: 여수산업단지의 생태산업단지 구축」. ≪리전인포≫, 96.

김학유. 1988.『여수여천 발전사』. 도서출판 반도.

대한민국정부. 1992.『제3차 국토종합개발계획(1992~2001)』.

박삼옥. 2005.「남해안 중심도시 여수대도시권 발전의 기본방향」.『여수대도시권 발전방향 심포지엄 자료집』. 대한지리학회, 13~28쪽.

박양호. 2002.「광역광양만지역의 연담도시권 개발전략」.『21세기 국제 해양도시로서의 여수대도시권 발전전략 심포지엄 자료집』, 29~56쪽.

산업연구원. 2004.『2012년 세계박람회 유치타당성 연구』.

삼여통합사편찬위원회. 2004.『3여 통합사』.

순천시사편찬위원회.『순천시사』.

안영진. 2005.「2012년 세계박람회 여수유치를 위한 실천방안」.『여수대도시권 발전방향 심포지엄 자료집』. 대한지리학회, 29~63쪽.

여수상공회의소. 1990.「광역광양만권 개발의 미래상」. 창립50주년 기념논단.

______. 2005.『건의사업 종합보고서(1990~2004)』.

______. 1986.『광역광양만권 산업재배치에 관한 연구』.

______. 1991.『여수상의 50년사』

______. 2005.「여수구도심 활성화 어떻게 추진할 것인가?」.『2005 정책토론회 자료집』.

여수·여천향토지편찬위원회. 1982.『여수·여천향토지』.

여천시·여수상공회의소. 1989.『여천공단 지역주민 대책에 관한 연구』.

유성종. 2001.「광양제철소의 입지와 지역경제의 변화」. ≪한국경제지리학회지≫, 3(2), 63~79쪽.

______. 2002.『철강 산업의 입지에 의한 지역변화: 광양지역 사례연구』. 전남대학교 대학원 박사학위 청구논문.

유학상. 1994.「현대자동차 율촌공단 입지에 따른 지역경제 활성화 방안」.『21세기를 향한 여수반도권의 발전전략 심포지엄 결과보고서』, 37~125쪽.

유영휘. 1998.『한국의 공업단지』. 국토개발연구원.

음성직. 1992.「국토개발과 광양만권의 광역교통망 구축방안」.『21세기를 향한 광역광양만권 발전방향 심포지엄 자료집』. 여수상공회의소, 75~101쪽.

이건철. 1997.『2000년대 통일한국시대를 주도할 여수반도권의 개발전략』. 지역연구총서, 제3호. 여수상공회의소.

______. 2005.「2012 세계박람회 사후활용방안과 실현과제」.『동아시아 포럼 및 민관합동토론회 자료집』, 185~207쪽.

이건철·이정록. 1999.『2010 세계박람회와 여수도시발전』. 지역연구총서, 제7호. 여수상공회의소.

______. 2000.『남해안 거점도시로서의 여수시 광역교통망 확충전략』. 지역연구총서, 제8호. 여수상공회의소.

이상갑·이상수·김정한. 2005.『여수산단 산업평화 정착 및 노사화합을 위한 방안 연구』. 여수경제연구총서, 제11호. 여수상공회의소.

이정구·이정록·선영규·이성웅. 1993.「광양제철 입지가 주변지역의 지역성장에 미친 파급효과」. ≪국토계획≫, 28(3), 163~178쪽.

이정록. 1989.「광양권의 사회복지 및 관광부문의 개발구상」. ≪지역개발연구≫, 21(1), 265~278쪽.

______. 1991.「광양만권 및 목포권의 광역개발 방향」. ≪지역개발연구≫, 23(1), 265~279쪽.

______. 1992.「공업단지의 입지가 지역변화에 미친 영향: 광양지역 주민의 의식변화를 중심으로」. ≪국토계획≫, 27(3), 117~133쪽.

______. 1992.「광양만권의 광역개발을 위한 방향 및 정책적 과제」, ≪지역과 전망≫, 5, 34~44쪽.

______. 1995「전남 동부지역의 발전방향과 전망, 과제」.『제2회 지방자치와 민주발전을 위한 세미나 자료집』, 47~70쪽.

______. 1995.「전남 동부지역과 순천시의 역할」.『도농통합 순천시 발전방향을 위한 토론회 자료집』.

______. 1995.「지역개발정책에 대한 지역주민의 인식 및 대응행태」. ≪국토계

획≫, 30(5), 231~248쪽.

______. 1996.「광양만권 광역개발 무엇이 문제인가」.『새정치국민회의 전남도지부 정책세미나 자료집』, 1~46쪽.

______. 1996.『여수반도권의 컨벤션 센터 건립방안 및 추진전략』. 지역연구총서, 제1호. 여수상공회의소.

______. 1996.「광양만권 개발에 따른 중심도시 기능확충 전략: 순천시를 사례로」.『지역과 문화의 공간적 전개』. 전남대학교 출판부, 353~378쪽.

______. 1996.「광양만권 광역개발계획의 문제점과 당면과제」. ≪지역개발연구≫, 28(1), 1~16쪽.

______. 1996.「여수반도권 광역관광개발 구상 및 전략에 관한 연구」.『해암김우관교수회갑기념논문집』, 243~265쪽.

______. 1997.「광역광양만권의 발전을 위한 기반시설 확충전략」. ≪현대사회과학연구≫, 제8집, 139~170쪽.

______. 1997.「21C 동북아시아의 성장거점 광역광양만권의 발전전략」.『광양만권 발전연구원 창립 심포지엄 자료집』, 21~87쪽.

______. 1997.『21C 신해양시대를 대비한 여수대도시권 워터프런트 개발전략』. 지역연구총서, 제4호. 여수상공회의소.

______. 1998.「해양 EXPO 여수지역 입지타당성 분석」.『2010 해양 EXPO 여수유치 심포지엄 결과보고서』. 여수상공회의소, 31~176쪽.

______. 1998.『여수시 삶의 질과 도시발전』. 여수경제연구총서, 제6호. 여수상공회의소.

______. 2000.「광양만권의 공업화와 지역경제의 변화: 1987~1996」. ≪국토계획≫, 35(2), 175~106쪽.

______. 2001.「지방도시의 발전정책에 관한 주민의 인식 및 태도: 전남 순천시를 사례로」. ≪한국경제지리학회지≫, 4(2), 23~36쪽.

______. 2002.「공업단지의 입지와 지역변화에 관한 연구: 여천산업단지를 사례로」. ≪한국경제지리학회지≫, 5(2), 137~155쪽.

______. 2004.「광양제철소의 입지와 지역의 인구변화: 1980-2001」. ≪한국경제지

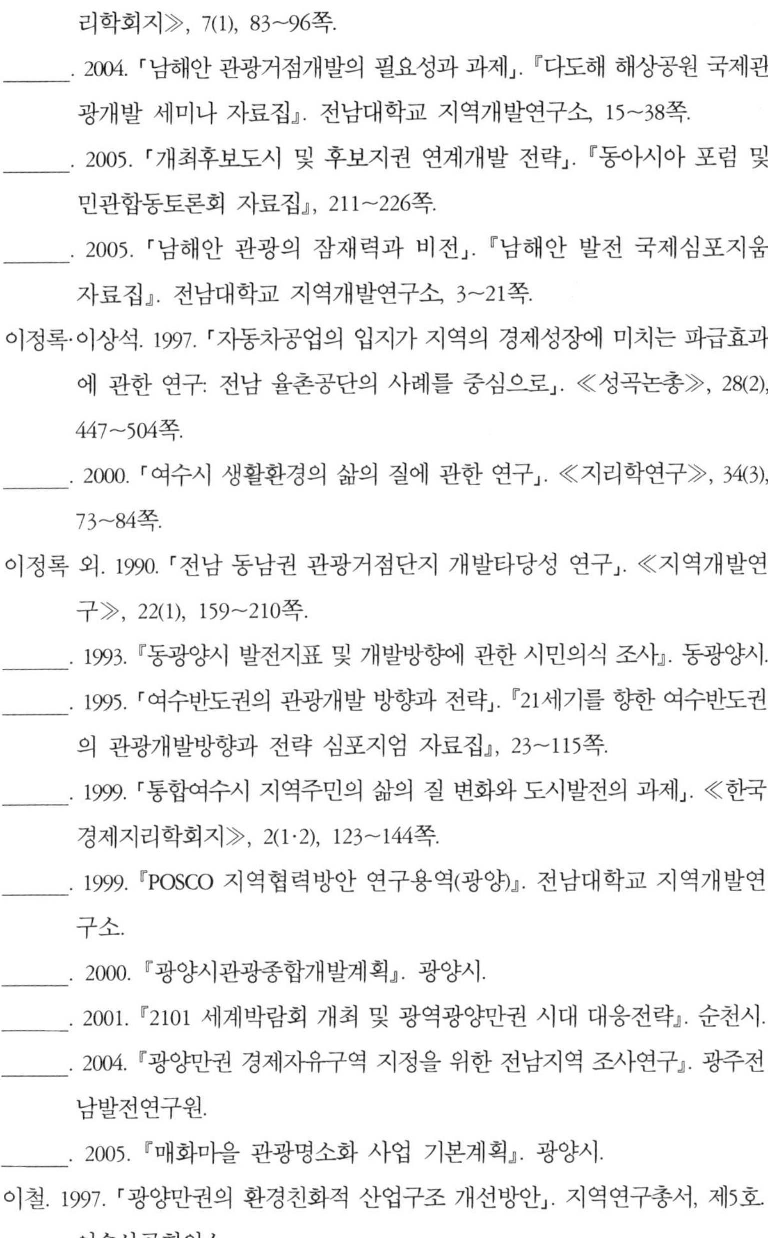

리학회지≫, 7(1), 83~96쪽.

______. 2004. 「남해안 관광거점개발의 필요성과 과제」. 『다도해 해상공원 국제관광개발 세미나 자료집』. 전남대학교 지역개발연구소, 15~38쪽.

______. 2005. 「개최후보도시 및 후보지권 연계개발 전략」. 『동아시아 포럼 및 민관합동토론회 자료집』, 211~226쪽.

______. 2005. 「남해안 관광의 잠재력과 비전」. 『남해안 발전 국제심포지움 자료집』. 전남대학교 지역개발연구소, 3~21쪽.

이정록·이상석. 1997. 「자동차공업의 입지가 지역의 경제성장에 미치는 파급효과에 관한 연구: 전남 율촌공단의 사례를 중심으로」. ≪성곡논총≫, 28(2), 447~504쪽.

______. 2000. 「여수시 생활환경의 삶의 질에 관한 연구」. ≪지리학연구≫, 34(3), 73~84쪽.

이정록 외. 1990. 「전남 동남권 관광거점단지 개발타당성 연구」. ≪지역개발연구≫, 22(1), 159~210쪽.

______. 1993. 『동광양시 발전지표 및 개발방향에 관한 시민의식 조사』. 동광양시.

______. 1995. 「여수반도권의 관광개발 방향과 전략」. 『21세기를 향한 여수반도권의 관광개발방향과 전략 심포지엄 자료집』, 23~115쪽.

______. 1999. 「통합여수시 지역주민의 삶의 질 변화와 도시발전의 과제」. ≪한국경제지리학회지≫, 2(1·2), 123~144쪽.

______. 1999. 『POSCO 지역협력방안 연구용역(광양)』. 전남대학교 지역개발연구소.

______. 2000. 『광양시관광종합개발계획』. 광양시.

______. 2001. 『2101 세계박람회 개최 및 광역광양만권 시대 대응전략』. 순천시.

______. 2004. 『광양만권 경제자유구역 지정을 위한 전남지역 조사연구』. 광주전남발전연구원.

______. 2005. 『매화마을 관광명소화 사업 기본계획』. 광양시.

이철. 1997. 「광양만권의 환경친화적 산업구조 개선방안」. 지역연구총서, 제5호. 여수상공회의소.

재경경제부·부산광역시·경상남도·전라남도. 2003.『부산·진해 및 광양 인근지역 경제자유구역 개발방안 연구』.

전라남도. 1992.『율촌공업단지개발계획』.

______. 1995.『광양만권 광역개발계획(안)』.

______. 1998.『21세기 전남비전(1998~2011)』.

______. 2002.『제3차 전남관광개발계획(2002~2006)』.

______. 2004.『제1차 지역혁신발전 5개년 계획』.

______. 2005.『2025년 광양만권 광역도시계획(안)』.

전라남도·경상남도. 2004.『광양만권경제자유구역 개발계획』.

______. 2005.『광양만권경제자유구역 활성화방안과 외국인투자유치계획』.

전일수. 1992.「21세기 동북아 중심항으로서의 여수권역항의 발전방향」.『21세기를 향한 광역광양만권 발전방향 심포지엄 자료집』, 45~72쪽.

전일수·박창호. 2002.「여수대도시권의 해운항만산업 발전전략」.『21세기 국제해양도시로서의 여수대도시권 발전전략 심포지엄 자료집』, 57~114쪽.

조상필. 2000.「광양항 배후부지 활용과 자유무역지대 지정」.『광양항의 물류산업수도화와 21C 비전 심포지엄 자료집』, 93~121쪽.

______. 2001.「광양만권 도시통합의 시너지 효과와 과제」.『광양만권 도시통합의 과제와 21세기 비전에 관한 심포지엄 자료집』, 37~59쪽.

조상필·이정록·이철. 2005.『율촌 제1산단 자유구역지역 신규지정 타당성 연구』. 광양만권 경제자유구역청.

주성재. 2005.「남해안 중심도시 여수시 관광개발의 방향과 전략」.『여수대도시권 발전방향 심포지엄 자료집』. 대한지리학회, 65~92쪽.

진영환 외. 1989.「산업기지 개발의 지역파급효과 분석」.≪국토연구≫, 89(23). 국토개발연구원.

최상철. 1992.「광양만권 광역대도시 개발구상과 전략」.『21세기를 향한 광역광양만권 발전방향 심포지엄 자료집』, 19~42쪽.

최재선. 1986.『광역광양만권 산업재배치에 관한 연구』. 여수상공회의소.

추명희·이정록·김재철. 1996.「전남 동부지역 관광지의 선호도와 관광행태에 관한 연구」. ≪한국지역지리학회지≫, 2(1), 115~131쪽.
포항제철주식회사. 1993. 『영일만에서 광양만까지: 포항제철 25년사』.
한병세·윤민석. 2001. 『여수지역경제 활성화를 위한 지역산업의 현황과 발전 방향』. 여수경제연구총서, 제9호. 여수상공회의소.
해양수산부. 1999. 『광양항 광역개발 기본계획』.
2010년 세계박람회유치위원회. 2001. 『2010년 세계박람회기본계획Ⅱ』.

Andrikopoulos, A., Brox, J. and Carvallho, E. 1990. "Shift-share analysis and the potential for predicting regional growth patterns: some evidence for the region of Quebec Canada." *Growth and Change*, Vol.21, No.1, pp.1~10.
Barff, R. A. and Knight III, P. L., 1988. "Dynamic Shift-share analysis." *Growth and Change*, Vol.19, No.2, pp.1~10.
Buck, T. W. 1970. "Shift and share analysis: a guide to regional policy." *Regional Studies*, Vol.4, pp.445~450.
Chisholm, M. 1990. *Region in recession, restructuring and resurgence?*. London: Unwin Hyman.
Esteban-Marquillas, J. M., 1992. "Shift and share analysis revisited." *Regional and Urban Economics*, Vol.2, No.3, pp.249~261.
Hayter, R. 1990. *The dynamics of industrial location*. New York: Wiley.
Healey, M. J. and Clark, D. 1984. "Industrial decline and government response in the West Midlands: the case of Coventry." *Regional Studies*, Vol.18, pp.303~318.
Healey, M. J. and Ilbery, B. W., 1990. *Location and Change: perspective on economic geography*. Oxford: Oxford University Press.
Lee. J. R., Yoo, S. J. and Ahn, Z. H., 2005. "Potential and Strategy on Tourism Development of the Southern Costal Area in Korean Peninsular." *Journal of the Korean Association of Regional Geographers*, Vol.11, No.3, pp.410~423.
Richardson, H. W. 1978. "The state of regional economics: A survey article." *International Regional Science Review*, Vol.3, No.1, pp.1~48.

■ 지은이

이정록(李楨錄)

전남 광양 출생.
전남대학교 지리교육과 졸업.
전남대학교 대학원 지리학과 수료.
미국 오하이오주립대학 Post-Doc. Fellow(박사후과정) 수료.
전남대학교 사회과학대학 지리학과 교수(1987년~현재).
미국 클락대학 지리학과 객원교수 역임.
일본 도쿄(東京)대학 인문지리학교실 객원교수 역임.
대통령직속동북아경제중심추진위원회 전문위원 역임.
한국경제지리학회, 한국지역학회 부회장 역임.
공공기관지방이전특별위원회 위원 역임.
새국토연구협의회 상임대표 역임.
대한지리학회장 역임.
행정중심복합도시건설추진위원회 자문위원(현재).
전라남도 도정자문(지역개발) 위원(현재).
저·역서
　『지방화시대의 지역문제와 지역정책』(푸른길, 2001)
　『세계의 분쟁지역』(푸른길, 2005)

한울아카데미 869

광양만권 잠재력과 비전

지은이 | 이정록
펴낸이 | 김종수
펴낸곳 | 도서출판 한울

편집 책임 | 안광은
편집 | 최진희

초판 1쇄 발행 | 2006년 9월 25일
초판 2쇄 발행 | 2007년 10월 12일

주소 | 413-832 파주시 교하읍 문발리 507-2(본사)
121-801 서울시 마포구 공덕동 105-90 서울빌딩 3층(서울 사무소)
전화 | 영업 02-326-0095, 편집 02-336-6183
팩스 | 02-333-7543
홈페이지 | www.hanulbooks.co.kr
등록 | 1980년 3월 13일, 제406-2003-051호

Printed in Korea.
ISBN 978-89-460-3556-0 93900(양장)
ISBN 978-89-460-3570-6 93900(학생판)

* 가격은 겉표지에 있습니다.
* 이 도서는 강의를 위한 학생판 교재를 따로 준비하였습니다.
강의 교재로 사용하실 때에는 본사로 연락해 주십시오.